中国特色社会主义"四个自信"研究丛书编委会

主　任　　王燕文

副主任　　赵金松

委　员　　王明生　尤　健　任　平　许益军

　　　　　李程骅　尚庆飞　夏锦文　徐　海

　　　　　（按姓氏笔画顺序）

制度自信

ZHIDU ZIXIN

夏锦文 ◎ 主编

四个自信

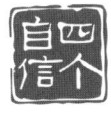

中国特色社会主义“四个自信”研究丛书

ZHONGGUO TESE SHEHUIZHUYI SIGEZIXIN YANJIU CONGSHU

江苏人民出版社

前　言

自信,是一个国家、一个民族、一个政党对自身价值的充分肯定,对自身生命力的坚定信念。自信,是开拓奋进的强大动力,是通往光明的精神支撑。没有足够的自信,一个国家、一个民族、一个政党,就无法真正安身立命,坚定走向未来。

党的十八大报告对全党提出了要坚定道路自信、理论自信、制度自信的要求。在庆祝中国共产党成立95周年大会上,习近平总书记又进一步将文化自信与道路自信、理论自信、制度自信相并列,由此形成了"四个自信"的有机整体,使我们对社会主义的认识在实践维度、理论维度、制度维度的基础上,又增加了更基本、更深沉、更持久的文化维度。"四个自信"是中国特色社会主义的重大理论创新,是习近平新时代中国特色社会主义思想的重要内容,是实现中华民族伟大复兴中国梦的精神动力。

"四个自信"是一个有机统一体,既相对独立,又相辅相成。道路自信是对发展方向和未来命运的自信。坚持道路自信就是要坚定走中国特色社会主义道路,坚信这一道路是实现社会主义现代化、创造人民美好生活的必由之路,是实现中华民族伟大复兴的必由之路。理论自信是对马克思主义理论特别是中国特色社会主义理论体系的科学性、真理性的自信。坚持理论自信就是要坚定以中国特色社会主义理论体系为指导,坚信这一理论体系是指导党和人民实现中华民族伟大复兴的正确理论,是立于时代前沿、与时俱进的科学理论。制度自信是对中国特色社会主义制度具有制度优势的自信。坚持制度自信就是要深刻认识中国特色社会主义制度是当代中国发展进步的根本制度保障,坚信这一制度是具有鲜明中国特色、明显制度优势、强大自我完善能力的先进制度。文化自信是对中国特色社会主义文化先进性的自信。坚持文化自信就是要激发党和人民对中国特色社会主义文化先进性的自豪感,坚信这一文化积淀着中华民族最深沉的精神追求,代表着中华民族独特的精神标识,是激励全党全国各族人民奋勇前进的强大精神力量。在"四个自信"中,道路自信是实现途径,理论自信是行动指南,制度自信是根本保障,文化自信是灵魂支柱,"四个自信"统一于中国特色社会主义伟大实践,共同铸就中华民族伟大复兴的精神力量。

习近平总书记在党的十九大报告中强调,"全党要更加自觉地增强道路自信、理论自信、制度自信、文化自信。"当前,广大党员干部群众对树立和增强"四个自信"的意识是明确的,态度是坚定的,行动是有力的。同时也要看到,在新时代进行具有许多新的历史特点的伟大斗争中,我们会面临许多可以预料和难以预料的重大风险、重大挑战、重大阻力。一些西方国家加紧对我国进行干扰遏制打压,处心积虑地从战略上围堵、发展上牵制、形象上丑化,两种道路、两种制度的竞争和斗争日趋激烈。美国挑起了与中国的贸易摩擦,来势汹汹,打乱中国发展进程的意图暴露无遗。强权政治和霸权国家不断对中国实施西化、分化战略,以"自由、民主、人权"等为招牌,凭借长期积累的话语强势和对信息技术的控制权,大力进行意识形态渗透,试图动摇我们的思想根基,摧毁中国人的自信心和凝聚力。中国正处于由大向强发展的关键阶段,"改革已经进入攻坚期和深水区",面临"大国成长中的烦恼"、"国家治理能力和治理体系现代化中的困扰"和"经济新常态下的变局",各种矛盾叠加,风险忧患集聚。意识形态领域斗争形势依然严峻复杂,历史虚无主义、新自由主义等错误思潮暗流涌动,马克思主义"过时论""无用论"等错误论调不绝于耳,在干部群众中产生消极影响。在风云变幻的国际形势中站稳脚跟,在发展模式的国际比较中增强底气,在固守根本中保持定力,在众声喧哗中立心固魂,我们比以往任何时候都更加需要高举旗帜、坚定自信,统一思想、凝聚力量。

走好新时代的长征路,全党必须始终高举中国特色社会主义伟大旗帜,坚持以习近平新时代中国特色社会主义思想为指导,不断从"四个自信"中汲取前行的力量。"中国特色社会主义'四个自信'研究丛书"紧扣党的十八大以来习近平总书记系列重要讲话精神和党中央治国理政新理念新思想新战略,围绕学习贯彻习近平新时代中国特色社会主义思想和党的十九大精神这条主线,紧贴中国共产党97年的探索实践,以中华文明5000多年发展中孕育的优秀传统文化为源头和根脉,深入阐释"四个自信"的时代背景、实践基础、科学内涵、精神实质、内在逻辑与历史地位。丛书集政治性、学术性、可读性于一体,体现一定的前瞻性、创新性和实践性,是广大党员干部群众和青年学生进行理论学习、提高思想水平的重要参考书。

我们衷心希望,广大读者通过对丛书的学习,更加深刻地理解"当今世界,要说哪个政党、哪个国家、哪个民族能够自信的话,那中国共产党、中华人民共和国、中华民族是最有理由自信"的宏阔背景,精准把握"中国特色社会主义是改革开放以来党的全部理论和实践的主题,全党必须高举中国特色社会主义伟大旗帜,牢固树立中国特色社会主义道路自信、理论自信、制度自信、文化自信,确保党和国家事业始终沿着正确方向胜利前进"的丰富意蕴,更加自觉增强"四个意识",切实坚定"四个自信",做到"两个维护",以昂扬的姿态、饱满的热情投入到社会主义现代化建设中去,为实现中华民族伟大复兴中国梦而不懈奋斗。

丛书编写组
2018年12月

目 录

导论　毫不动摇地坚定中国特色社会主义制度自信　1

第一章　中国特色社会主义制度自信的历史渊源　49
　　第一节　空想社会主义对社会主义制度的设想　50
　　第二节　社会主义从空想转变为科学的理论过程　56
　　第三节　社会主义制度由理论转变为现实　66

第二章　中国特色社会主义制度自信的理论逻辑　79
　　第一节　新中国社会主义基本制度的确立与理论探索　80
　　第二节　改革开放新时期中国特色社会主义制度的形成与发展　91
　　第三节　新时代完善和发展中国特色社会主义制度的理论遵循　102

第三章　中国特色社会主义制度自信的实践逻辑　114
　　第一节　制度自信根植于不断发展的中国特色社会主义伟大实践　114
　　第二节　不走封闭僵化的老路　128
　　第三节　不走改旗易帜的邪路　137

第四章　中国特色社会主义制度自信的命脉所系　147
　　第一节　自信之根：中华优秀传统文化的自信精神凝结　147
　　第二节　自信之魂：马克思主义意识形态的价值引领　156
　　第三节　自信之体：人民群众及其社会主义创造热情　167
　　第四节　自信之核：党的坚强领导的政治保证　175

第五章　中国特色社会主义制度自信的比较优势　182

第一节　中国特色社会主义制度自信的比较视角　182

第二节　中国特色社会主义制度在发展能力上的优势　189

第三节　中国特色社会主义制度在运行效率上的优势　199

第四节　中国特色社会主义制度在国际合作与竞争中的优势　205

第六章　中国特色社会主义制度自信的四梁八柱　212

第一节　政治制度挑起自信的大梁　212

第二节　经济制度夯实自信的基础　227

第三节　法律制度构筑自信的保障　238

第四节　社会治理制度彰显自信的活力　249

第七章　在建构认同中增强制度自信　261

第一节　坚持科学认同　261

第二节　提升价值认同　269

第三节　彰显特色认同　280

第八章　在辨识他信中增强制度自信　290

第一节　正视西方资本主义的弊病　290

第二节　排除非马克思主义思潮的干扰　303

第三节　用中国话语讲好中国制度故事　312

第九章　在自强自觉中增强制度自信　326

第一节　自强彰显制度自信的魅力　326

第二节　自觉补齐制度自信的短板　334

第三节　改革创新注入制度自信的动力　343

结语　以坚定的制度自信助推建设社会主义现代化强国　353

第一节　在坚定制度自信中追求最高理想　354

第二节　在坚定制度自信中推进国家治理体系和治理能力现代化　363

第三节　在坚定制度自信中实现中华民族伟大复兴　372

主要参考文献　381

后记　383

导论　毫不动摇地坚定中国特色社会主义制度自信

制度问题更带有根本性、全局性、稳定性和长期性。现代政党政治经验表明，重视制度建设、增强制度自信，既是一个成熟型执政党的重要标识，也是其生存发展的基本准则。作为在一个人口众多、国情异常复杂又处于追赶现代化浪潮的国家中长期执政的马克思主义政党，中国共产党始终高度重视制度建设。特别是近年来，以习近平同志为核心的党中央深刻把握中国特色社会主义制度的科学内涵和时代使命，着力推进中国特色社会主义制度更加成熟更加定型，不断挖掘中国特色社会主义制度优势和潜力，切实增强制度自信。

习近平总书记在党的十九大报告中指出："中国特色社会主义进入新时代，在中华人民共和国发展史上、中华民族发展史上具有重大意义，在世界社会主义发展史上、人类社会发展史上也具有重大意义。全党要坚定信心、奋发有为，让中国特色社会主义展现出更加强大的生命力！"[1]何以自信？对此，习近平总书记继续给出了答案、指明了方向："全党要更加自觉地增强道路自信、理论自信、制度自信、文化自信，既不走封闭僵化的老路，也不走改旗易帜的邪路，保持政治定力，坚持实干兴邦，始终坚持和发展中国特色社会主义。"[2]"四个自信"浑然一体、有机融合、辩证统一。其中，制度自信是当代中国发展进步的根本制度保障。因此，在坚

---

[1] 习近平：《决胜全面建成小康社会　夺取新时代中国特色社会主义伟大胜利》，人民出版社2017年版，第12页。
[2] 习近平：《决胜全面建成小康社会　夺取新时代中国特色社会主义伟大胜利》，人民出版社2017年版，第17页。

定中国特色社会主义自信的伟大征程中，我们必须把制度自信这个重大议题回答好、阐释好、传承好。

第一节　夺取新时代中国特色社会主义伟大胜利需要坚定制度自信

实践总是在不断向前发展的。伟大的政党总会根据时代进步的潮流不断更新对实践的认知。在党的十九大报告中，习近平总书记指出："经过长期努力，中国特色社会主义进入了新时代，这是我国发展新的历史方位。这个新时代，是承前启后、继往开来、在新的历史条件下继续夺取中国特色社会主义伟大胜利的时代，是决胜全面建成小康社会、进而全面建设社会主义现代化强国的时代，是全国各族人民团结奋斗、不断创造美好生活、逐步实现全体人民共同富裕的时代，是全体中华儿女勠力同心、奋力实现中华民族伟大复兴中国梦的时代，是我国日益走近世界舞台中央、不断为人类作出更大贡献的时代。"①新时代会面临新情况新任务，更需要进一步坚定制度自信，从制度自信中汲取力量、注入动能。

一、中国特色社会主义进入新时代

道路问题是关系党的事业兴衰成败第一位的问题，道路就是生命。在长期实践探索中，中国共产党带领广大人民群众坚持独立自主走自己的路，开创和发展了中国特色社会主义，从根本上改变了中国人民和中华民族的前途命运。这段气势恢宏的历史和实践证明，中国特色社会主义，是科学社会主义理论逻辑和中国社会发展历史逻辑的辩证统一，是根植于中国大地、反映人民意愿、适应中国和时代发展进步要求的科学社会主义，是中国共产党和中国人民团结的旗帜、奋进的旗帜、胜利的旗帜，更是我们勇于创造和始终坚持的一项伟大事业。

江河万里总有源，树高千尺也有根。改革开放之初，我们党就发出了走自己的路、建设中国特色社会主义的号召。但是其思想、理论和实践的源头则可以追溯到更远。从源头看，500多年前的社会主义是其基础。作为一种政治思潮，社会主义已有500余年的历史；作为一种科学理论已有170年的历史，作为一种社会制

---

① 习近平：《决胜全面建成小康社会　夺取新时代中国特色社会主义伟大胜利》，人民出版社2017年版，第10—11页。

度,已有100余年的历史;作为一种实践探索,社会主义在中国已经走过了70年的奋斗历程。这一组沉甸甸的数字反映出社会主义经历了从空想到科学、从理论到实践、从一国实践到多国发展的过程,清晰地描绘了中国特色社会主义思想发展的脉络。这一组沉甸甸的数字还映射出时间的凝练,昭示着中国共产党人对前进发展道路的不懈探索和艰苦奋斗。

伴随历史和实践的不断发展,浸润在深厚历史土壤中的中国特色社会主义必然随着实践的发展而不断前进。在全面建成小康社会决胜阶段、中国特色社会主义进入新时代的关键时期召开的党的十九大,回顾和总结了党的十八大以来坚持和发展中国特色社会主义的历史进程和宝贵经验,科学分析当前所处的国际国内形势,深刻阐述在新的历史条件下坚持和发展中国特色社会主义的一系列重大理论和实践课题,宣示我们"经过长期努力,中国特色社会主义进入了新时代,这是我国发展新的历史方位"①。

时代是一个表述历史进程的范畴。不同的历史时期、不同的发展阶段、不同的社会状态都蕴含着时代的鲜明烙印和深刻内涵。党的十九大作出中国特色社会主义进入新时代的科学判断,是基于党的十八大以来经济社会发展的历史性变革和社会主要矛盾发生的重大现实变化,反映出我们党在把握发展大势、明晰发展方向方面的高度清醒和理性自觉。

回顾党的历程可以清晰看出,我们党一直注重对所处阶段、形势任务和历史进程的把握。早在革命战争时期,毛泽东就指出:"认清中国的国情,乃是认清一切革命问题的基本的根据。"②这对中国共产党夺取革命战争胜利发挥了重要的思想指引作用。在解放战争胜利不久,毛泽东就科学分析党和国家面临的形势任务,提出党的工作重心由农村转移到城市、党由革命党转向执政党的判断。中华人民共和国成立以后,在对生产资料私有制进行社会主义改造的基础上,党的八大对当时的主要矛盾形成了崭新认识,提出社会主要矛盾已经不再是阶级矛盾,而是人民对于经济文化迅速发展的需要同当前经济文化不能满足人民需要的状况之间的矛盾。基于此,全国人民的主要任务随之转移到集中力量发展生产力,

---

① 习近平:《决胜全面建成小康社会 夺取新时代中国特色社会主义伟大胜利》,人民出版社2017年版,第10页。
②《毛泽东选集》第2卷,人民出版社1991年版,第633页。

逐步满足人民日益增长的物质和文化需要。党的十一届三中全会拉开了改革开放的序幕,中国走上了中国特色社会主义发展道路,但彼时的主要矛盾并没有发生实质性变化,所要解决的主要矛盾还是人民日益增长的物质文化需要同落后的社会生产之间的矛盾。

经过改革开放40年的发展,我国经济实力、综合国力大幅提升,经济总量跃居世界第二,已经成为全球第二大经济体、第一大贸易国、第一大外汇储备国,对世界经济增长的年均贡献率超过30%,贫困发生率从10.2%下降到4%。一系列数据表明,我们已经成功实现了从低收入国家向中等收入国家的跨越。事实胜于雄辩。这样的发展、这样的成就,在人类发展史上是罕见的。快速的经济社会发展预设着社会主要矛盾必然会发生变化。在经济层面,虽然中国经济保持了中高速增长,但是逐渐进入一个与过去40年高速增长期不同的新常态。增长速度换档期、结构调整阵痛期、前期刺激政策消化期三期叠加的特征比较明显。但是,地区发展、空间发展的不平衡格局尚未完全根除,并对经济社会发展发挥着不可忽视的影响。在社会层面,一个利益诉求多元化、价值观念多元化、行动逻辑多元化的多样化社会正在到来,并与转型社会、风险社会、网络社会发挥同步作用、实施同步影响。与此同时,人民群众的生产生活需求也发生了深刻变化,不仅有更高的物质生活需求,而且对民主、法治、公平、正义、环境、安全等方面提出新的更高要求。

正所谓,"人们自己创造自己的历史,但是他们并不是随心所欲地创造,并不是在他们自己选定的条件下创造,而是在直接碰到的、既定的、从过去继承下来的条件下创造。"①社会发展的阶段性特征发生了变化,自然促使主要矛盾随之发生改变。这就是我们当前社会主要矛盾发生重大变化的深刻背景。所以,党的十九大报告提出,"中国特色社会主义进入新时代,我国社会主要矛盾已经转化为人民日益增长的美好生活需要和不平衡不充分的发展之间的矛盾。"②这是以习近平同志为核心的党中央深入把握党的十八大以来我国经济社会发展发生历史性变革和中国未来发展趋势而作出的科学判断。

---

① 《马克思恩格斯文集》第1卷,人民出版社2009年版,第540页。
② 习近平:《决胜全面建成小康社会 夺取新时代中国特色社会主义伟大胜利》,人民出版社2017年版,第11页。

社会主要矛盾的变化不仅对党和国家的各项工作提出了新的要求,而且蕴含着深刻内涵。首先,它表明人民群众的生产生活需要发生了深刻变化。如果说物质文化生活需要主要是着眼于解决生存问题,那么日益增长的美好生活需要则是着眼于生活质量问题,二者具有质的区别。在全面建成小康社会决胜阶段,要解决的问题自然是生活质量问题、如何生活得更好的问题,而不是基本的生存保障问题。其次,经济社会发展状况发生了历史性变化。以前是经济社会发展比较落后,主要任务是解放和发展生产力。现在则是着力解决发展不平衡、不充分的问题。虽然二者都是要发展,但是发展的着力点不一样:前者是着力解决生产力落后、发展速度缓慢的问题,后者则是着力解决发展的充分性和平衡性问题。通过解决不平衡不充分的问题,最后让发展更均衡、更全面,更加体现社会主义本质要求,更加彰显中国特色社会主义的无穷魅力和独特优势。

虽然社会主要矛盾发生巨大变化,但是并"没有改变我们对我国社会主义所处历史阶段的判断,我国仍处于并将长期处于社会主义初级阶段的基本国情没有变,我国是世界最大发展中国家的国际地位没有变"[①]。这就是中国特色社会主义进入新时代"一个变,两个没有变"的基本含义。这是理解中国特色社会主义一系列理论、政策、方针、路线的基本依据。

为什么说社会主义初级阶段的基本国情没有改变?这是我们党在总结正反两方面历史经验的基础上得出的基本结论。20世纪50年代末60年代初,毛泽东在研读苏联政治经济学教科书时就提出,社会主义可以分为"不发达"和"比较发达"两个阶段。随后,邓小平从廓清社会主义与共产主义关系的角度,将社会主义看作是共产主义的初级阶段,并清醒地意识到中国正处在社会主义初级阶段,就是不发达的阶段。1981年,中共中央《关于建国以来党的若干历史问题的决议》第一次提出"我们的社会主义制度还是处于初级的阶段""我们的社会主义制度由比较不完善到比较完善,必然要经历一个长久的过程"。随后,党的十三大、十五大都提出社会主义初级阶段概念。其中,党的十五大在党的纲领中正式明确提出社会主义初级阶段的科学概念,这在马克思主义历史上是第一次。十五大报告提出,"社会主义的初级阶段至少需要一百年时间。至于巩固和发展社会主义制度,

---

① 习近平:《决胜全面建成小康社会 夺取新时代中国特色社会主义伟大胜利》,人民出版社2017年版,第12页。

那还需要更长得多的时间,需要几代人、十几代人,甚至几十代人坚持不懈地努力奋斗。"①这足可见社会主义初级阶段的长期性和发展任务的艰巨性。党的十七大在对社会形势的研判上继续提出,我国仍处于并将长期处于社会主义初级阶段。在党的十八届中央政治局第一次集体学习时,习近平总书记审时度势地指出,"社会主义初级阶段是当代中国的最大国情、最大实际。我们在任何情况下都要牢牢把握这个最大国情,推进任何方面的改革发展都要牢牢立足这个最大实际。"②这已经非常清晰地指出了准确客观把握社会主义初级阶段这个国情的重要性。

历史和实践是最好的参照物,也是最好的说明书。对于社会主义初级阶段这一基本国情,党的十三大作出了"三个同时存在"的判断:"一部分现代化工业,同大量落后于现代水平几十年甚至上百年的工业,同时存在;一部分经济比较发达的地区,同广大不发达地区和贫困地区,同时存在;少量具有世界先进水平的科学技术,同普遍的科技水平不高,文盲半文盲还占人口近四分之一的状况,同时存在。"可见,从我国当前的发展情况看,很多方面发生了重大变化甚至是部分质的变化,但是"三个同时存在"所揭示的发展不平衡问题仍然存在。党的十五大报告对社会主义初级阶段作出的"九个历史阶段"描述,虽然大大向前推进了,但仍然处于跨越这些历史阶段的进程之中。正是基于这些历史经验,党的十九大报告在准确研判各方条件的基础上,继续将国情定位于社会主义初级阶段。这是客观务实的,也是科学准确的。

中国特色社会主义进入新时代是对当代中国所处历史方位的科学研判和最新诠释。它既深刻回答了新时代举什么旗走什么路、担负什么样的历史使命、实现什么样的奋斗目标、塑造什么样的外部世界等一系列重大问题,而且向人们描绘了一个宏伟的发展蓝图和光明前景。正如习近平总书记指出,"这个新时代,是承前启后、继往开来、在新的历史条件下继续夺取中国特色社会主义伟大胜利的时代,是决胜全面建成小康社会、进而全面建设社会主义现代化强国的时代,是全国各族人民团结奋斗、不断创造美好生活、逐步实现全体人民共同富裕的时代,是

---

① 江泽民:《高举邓小平理论伟大旗帜,把建设有中国特色社会主义事业全面推向二十一世纪》,人民出版社1997年版,第13页。
②《习近平主持中共中央政治局进行第一次集体学习》,载《人民日报》2012年11月19日。

全体中华儿女勠力同心、奋力实现中华民族伟大复兴中国梦的时代,是我国日益走近世界舞台中央、不断为人类作出更大贡献的时代。中国特色社会主义进入新时代,在中华人民共和国发展史上、中华民族发展史上具有重大意义,在世界社会主义发展史上、人类社会发展史上也具有重大意义。全党要坚定信心、奋发有为,让中国特色社会主义展现出更加强大的生命力!"①新时代既让中国特色社会主义处于一个新的历史方位,也让中国特色社会主义展现新特征、呈现新面貌。

二、肩负新时代的历史使命需要坚定制度自信

"中国特色社会主义进入新时代,意味着近代以来久经磨难的中华民族迎来了从站起来、富起来到强起来的伟大飞跃,迎来了实现中华民族伟大复兴的光明前景;意味着科学社会主义在二十一世纪的中国焕发出强大生机活力,在世界上高高举起了中国特色社会主义伟大旗帜;意味着中国特色社会主义道路、理论、制度、文化不断发展,拓展了发展中国家走向现代化的途径,给世界上那些既希望加快发展又希望保持自身独立性的国家和民族提供了全新选择,为解决人类问题贡献了中国智慧和中国方案。"②这"三个意味着"着眼于历史和现实、理论与实践、国内和国际的维度,既阐释了一个重大判断,也对中国特色社会主义取得的成就作出了科学总结,同时还把中国特色社会主义在未来一段时间内的历史使命明确了下来,这就是奋力实现中华民族的伟大复兴。

时代在不断发展变化,但是中国共产党和中国人民对梦想的追求没有发生变化。这个梦想就是矢志不移地奋力实现中华民族的伟大复兴。梦想是伟大的、使命是光荣的。但是绝不是轻轻松松、敲锣打鼓就能实现的,我们必须准备付出更为艰巨、更为艰苦的努力。这就要求必须健全完善科学合理的制度,坚定对中国特色社会主义制度的自信。正如党的十九大报告指出,"实现中华民族伟大复兴,必须建立符合我国实际的先进社会制度。我们党团结带领人民完成社会主义革命,确立社会主义基本制度,推进社会主义建设,完成了中华民族有史以来最为广

---

① 习近平:《决胜全面建成小康社会 夺取新时代中国特色社会主义伟大胜利》,人民出版社 2017 年版,第 10—12 页。
② 习近平:《决胜全面建成小康社会 夺取新时代中国特色社会主义伟大胜利》,人民出版社 2017 年版,第 10 页。

泛而深刻的社会变革,为当代中国一切发展进步奠定了根本政治前提和制度基础,实现了中华民族由近代不断衰落到根本扭转命运、持续走向繁荣富强的伟大飞跃。"①这说明,在新时代完成历史使命,必须把根基牢牢地置放在中国特色社会主义制度之上,毫不动摇地坚定中国特色社会主义制度自信。这既是应对伟大事业前进中可能出现的挑战,也是廓清西方迷雾的需要,还是深化主体自觉认识的需要。

(一)应对伟大事业前进中的挑战需要坚定制度自信

中国特色社会主义事业是人类最光辉最伟大的事业。它不仅着眼于中国人民在"站起来"后如何"富起来",而且还以深邃的眼光谋划何以"强起来"。然而,事情总是一分为二的。正如列宁所言:"设想世界历史会一帆风顺、按部就班地向前发展,不会有时出现大幅度的跃退,那是不辩证的,不科学的,在理论上是不正确的。发展似乎是在重复以往的阶段,但它是以另一种方式重复,是在更高的基础上重复(否定的否定),发展是按所谓螺旋式,而不是按直线式进行的。"②中国特色社会主义伟大事业也是如此。它在展现其蓬勃增长和生机活力的同时,不可避免地会遇到一些困难和挑战。就现阶段而言,我们所遭遇的困难和挑战都不少:"发展不平衡不充分的一些突出问题尚未解决,发展质量和效益还不高,创新能力不够强,实体经济水平有待提高,生态环境保护任重道远;民生领域还有不少短板,脱贫攻坚任务艰巨,城乡区域发展和收入分配差距依然较大,群众在就业、教育、医疗、居住、养老等方面面临不少难题;社会文明水平尚需提高;社会矛盾和问题交织叠加,全面依法治国任务依然繁重,国家治理体系和治理能力有待加强;意识形态领域斗争依然复杂,国家安全面临新情况;一些改革部署和重大政策措施需要进一步落实;党的建设方面还存在不少薄弱环节。这些问题,必须着力加以解决。"③更何况,随着改革进程的不断加快,特别是当改革步入深水区,容易的、皆大欢喜的改革都已经完成了,好吃的肉都吃掉了,剩下的都是难啃的硬骨头。在这种情况下,更容易出现一些困难和挑战。

当然,最深层次的挑战还是来自传统社会主义和资本主义。传统社会主义教

---

① 习近平:《决胜全面建成小康社会 夺取新时代中国特色社会主义伟大胜利》,人民出版社2017年版,第14页。
② 《列宁专题文集》,人民出版社2009年版,第263页、第12页。
③ 习近平:《决胜全面建成小康社会 夺取新时代中国特色社会主义伟大胜利》,人民出版社2017年版,第9页。

条式地理解经典作家关于社会主义经济是计划经济的论断,把社会主义与计划经济等同起来,从而极力否定市场经济。资本主义同样反对市场经济与社会主义相结合,认为搞市场经济就要放弃公有制而实行全面私有化。事实上,这些都是错误的。"说市场经济只存在于资本主义社会,只有资本主义的市场经济,这肯定是不正确的。社会主义为什么不可以搞市场经济,这个不能说是资本主义。"①事实上,市场经济体制已经超出了资本主义范畴,成为世界上大多数国家采用的一种经济发展方式。比如,在中国,推动社会主义与市场经济相结合,并不是向资本主义妥协,而是社会主义制度在秉持自身根本原则基础上的一种创新,其目的是更好地推动社会主义发展。

但是,应对这些困难、挑战甚至诘难并不是一件容易的事情。在这个过程中,我们需要把握两个关键因素:从制度层面坚定迎接挑战的信心和探索解决问题的办法。前者让我们在困难和挑战面前不退缩,后者让我们以求真务实的实干作风迎难而上。我们要坚信,中国特色社会主义制度是当代中国发展进步的根本制度保障,是具有中国特色、明显制度优势、强大自我完善能力的先进制度。不管遭遇什么样的困难和挑战,我们都要坚定对中国特色社会主义制度的自信,通过坚持不懈的努力在各方面形成一整套更加成熟、更加定型的制度。尤其要看到,任何国家在前进道路上都会遭遇一些困难和挑战,制度优势的彰显也不是一朝一夕就能实现的,而是一个长期过程,不能将阶段性或个别问题当作整体、根本性问题。

实践已经清晰表明,中国特色社会主义之所以取得巨大成就,根本之处就在于我们建立和不断巩固了适合中国国情的制度,继而为中国特色社会主义发展提供了制度支撑。改革开放以来,中国共产党在带领广大人民群众推进中国特色社会主义事业过程中继续把制度建设作为一个重要着眼点。概括起来就是:经济上赶超发达资本主义国家;政治上创造比资本主义国家更高更切实的民主,并且创造比资本主义更多更优秀的人才。事实证明,这既是我们在前进道路上所取得的一个又一个成就,也是我们为之不懈奋斗的目标。既然过去,通过加强制度建设、不断增强制度自信,我们取得了巨大成就。未来,即使遭遇再大的困难和挑战,我们也有信心中国特色社会主义制度能引领全国各族人民抵抗"严寒"、抗击"飓风"。

---

① 《邓小平文选》第 2 卷,人民出版社 1993 年版,第 236 页。

我们一定要清醒地意识到,在前进道路上,中国特色社会主义所遭遇的困难和挑战只是暂时的、阶段性的,不必惊慌失措、大惊小怪。任何社会都有矛盾,任何事业都会遭遇挑战,这是任何时候都无以回避的问题。期望中国特色社会主义一马平川、一路凯歌,本身就不是真正的马克思主义者,会陷入空想社会主义思维。正反两方面的经验表明,如果在困难和挑战面前,自己首先乱了阵脚,姑且不谈如何自信地推动事业发展,连能不能坚守好不容易开创的事业基础都会成为一个未知数。

(二)廓清西方迷雾需要坚定制度自信

当今世界是一个充满竞争的世界。对于中国特色社会主义在成长发展过程中取得的巨大成就,世界上很多国家给予了高度评价。但是,他们很少对中国特色社会主义事业取得成功背后的制度因素作出深入分析,有的甚至对中国制度持以质疑、歪曲甚至攻击。比如,美国麻省理工学院教授黄亚生在分析中国经济增长奇迹时就断章取义地说:"我们这个时代长久的不解之谜之一便是中国是如何在它这样的环境中建立资本主义的。"英国《每日电讯报》的一篇文章也将中国的改革开放归为走资本主义道路:"30年的资本主义改革改变了中国人的物质生活。"持以类似观点的还有《耶鲁全球化》在线杂志,它刊载的一篇文章中提到:"中国资本主义的惊人增长,增加了这种东亚基本模式的吸引力。"更为夸张的是英国的《观察家报》,它在一篇题为《中国是如何学习资本主义的》的文章中说:"中国人仍然受根深蒂固的文化支配,但他们接受资本主义的速度并不值得惊讶。"诸如此类,不一而足。西方国家的这些奇谈怪论给中国特色社会主义发展披上了一层厚厚的思想迷雾,亟须廓清。

中国特色社会主义的发展果真如此吗?显然不是。

西方国家制造的这些思想迷雾,其实质就是美化西方宪政民主、把西方国家所谓的进步因素肆意夸大并向外输送,进而达到贬低中国特色社会主义制度的目的。但有时事实恰恰相反,越是鼓吹的制度越是低效。正如有人感慨,"西方是定期的换人换党,中国是定期换人不换党,阿拉伯社会是既不换人也不换党。从目前看,中国模式表现最佳"[①]。这就是对中国特色社会主义制度优势的鲜活表达和高度评价。正如习近平总书记指出:"近些年来,国内外有些舆论提出中国现在搞

[①] 宋鲁郑:《中国能赢:只有去中国才能看到未来》,人民出版社2014年版,第2页。

的究竟还是不是社会主义的疑问,有人说是资本社会主义,还有人干脆说是国家资本主义,新官僚资本主义。这些都是完全错误的。"①如何廓清西方国家制造的这些思想迷雾?归根结底就是,在谋求发展的同时进一步毫不动摇地坚定中国特色社会主义制度自信,真正做到"千磨万击还坚劲,任尔东西南北风"。

其实,早在20世纪80年代,邓小平就提醒过人们,"我们的改革不能离开社会主义制度,不能没有共产党的领导,这两点是相互联系的,是一个问题"②。实践最具说服力。中国自改革开放以来所取得的巨大成就一再证明,我们既不会搞资本主义,也不会效仿西方国家建立资本主义制度,而是要建立和完善适合中国国情的中国特色社会主义制度。西方国家的制度有其存在的历史传统和现实支撑,只适合西方国家的实际,但是,要将其移植到其他国家尤其是中国,既不合适也是妄想。比如,上个世纪末,一些复制西方制度模式的俄罗斯、乌克兰、格鲁吉亚、突尼斯、埃及等国家,在经济发展、社会稳定、国计民生等方面已经遭遇到了困难。这些历史经验已经清晰地警示人们,历史条件、现实国情和经济基础等要素存在千差万别,因此而来的制度自然也就不可能完全一样。我们已经建立起来的中国特色社会主义制度不会也不能被抛弃而另起炉灶。相反,我们要看到,一个国家实行什么样的主义,坚持什么样的制度,关键要看这个主义和制度能不能解决这个国家面临的历史性课题。我们坚持中国特色社会主义,那就是无论怎样改革,怎样开放,都要始终坚持中国特色社会主义制度。这些都是在新的历史条件下坚持和发展中国特色社会主义的基本原则。丢掉了这些,那就不成其为社会主义了。改革开放以来的实践表明,在中国共产党的领导下,"具有5000多年文明历史的中华民族全面迈向现代化,让中华文明在现代化进程中焕发出新的蓬勃生机;使具有500年历史的社会主义主张在世界上人口最多的国家成功开辟出具有高度现实性和可行性的正确道路,让科学社会主义在21世纪焕发出新的蓬勃生机;使具有60多年历史的新中国建设取得举世瞩目的成就,中国这个世界上最大的发展中国家在短短30多年里摆脱贫困并跃升为世界第二大经济体,彻底摆脱被开除球籍的危险,创造了人类社会发展史上惊天动地的发展奇迹,使中华民族焕发

---

① 中共中央宣传部:《习近平总书记系列重要讲话读本(2016年版)》,学习出版社、人民出版社2016年版,第29页。
②《邓小平文选》第3卷,人民出版社1993年版,第242页。

出新的蓬勃生机。"①在这个过程中,中国特色社会主义制度发挥了重大引领和支撑作用。同时,这也说明在新时代坚定中国特色社会主义制度自信,就一定能取得中国特色社会主义事业的伟大胜利。

(三)深化主体理性认识需要坚定制度自信

自信不仅需要物质条件的支撑,还需要内化成社会成员的主观体认和心理感知。所以,中国共产党在构筑制度自信的过程中,不仅把着力点放在促进经济社会发展以提振发展绩效上,而且高度重视民意的信任和支持。但是,民意的形成受外在环境的影响。因为,任何人都是生活在一定社会环境中的存在物,客观环境的各种现象都会对人的思想观念产生影响。

近年来,中国特色社会主义事业蒸蒸日上,整体面貌焕然一新。但是,这并不是说中国当前的发展不存在矛盾和问题。就目前而言,有些矛盾和问题还比较突出。比如,贫富差距、贪污腐化、环境污染、就业压力等,都给人们的生产生活带来制约,从而在一定程度上让人们产生一些非理性的认知。在这个过程中,甚至一度出现了极端片面地否定中国共产党领导、否定中国特色社会主义制度的声音。他们将当今社会存在的问题归结为改革开放所致。客观而言,揭露问题、分析问题无可非议,但是夸大式的论述、发酵式的宣传则是偏离了正常轨道也无益于问题的解决。

对此,我们除了通过推动发展以从根本上解决问题外,还需要把着力点放在增强主体的制度自信上。比如要通过增强制度自信,让人们理性地辨识一些问题。其一,当今中国出现的问题,有其复杂的历史渊源和现实因素,绝不是中国制度自身所造成的。建立和完善中国特色社会主义制度的出发点是使人民的生活变得美好。其二,中国经济社会发展确实出现了一些问题,但是并不能将之归结于中国特色社会主义根本制度上,而是因为某些具体制度和体制机制尚不够完善,不能将根本制度与基本制度和具体体制混为一谈。其三,当前出现的这些问题并不能代表全部,而是暗流和支流,是暂时性的,不会冲垮中国特色社会主义事业。因此,对于这些问题不必夸大,唯需保持理性应对。其四,对于这些问题,中国共产党正在努力探寻解决方案。比如,统筹推进"五位一体"总体布局、协调推

---

① 习近平:《在庆祝中国共产党成立95周年大会上的讲话》,载《人民日报》2016年7月2日,第2版。

进"四个全面"战略布局,尤其是狠抓全面从严治党,以更加有力的举措确保中国特色社会主义事业沿着正确的方向前进。其五,要善于进行中西比较,在比较中增强制度自信。有些人动不动言必称西方,总以为西方国家比中国好。其实,真实情况未必如此。西方资本主义国家在有些地方确实比中国做得好,但那是数百年发展的结果。我们不能枉顾这一事实来武断地作出中西比较。更何况,西方国家已经暴露出越来越多的问题和制度困境。而这些问题恰恰是中国正在试图解决和已经解决的。总之,纠偏一些错误认知,深化主体理性认识,让其看到"这条道路来之不易,它是在改革开放 30 多年的伟大实践中走出来的,是在中华人民共和国成立 60 多年的持续探索中走出来的,是在对近代以来 170 多年中华民族发展历程的深刻总结中走出来的,是在对中华民族 5000 多年悠久文明的传承中走出来的,具有深厚的历史渊源和广泛的现实基础"[①],从而进一步坚定中国特色社会主义制度自信。只有坚定制度自信,才能帮助我们形成强大的精神动力和坚定的理想信念,理性对待前进道路上的各种困难和问题,不为各种杂音所扰,不为错误思想所迷惑。

第二节 坚定制度自信具有充足理由

习近平总书记坚定指出:"当今世界,要说哪个政党、哪个国家、哪个民族能够自信的话,那中国共产党、中华人民共和国、中华民族是最有理由自信的。"正是基于这种高度和清醒的自信,我们很自豪地说,随着中国特色社会主义的不断发展,我们的制度必将越来越成熟,优越性必将进一步显现,对世界的影响必将越来越大。我们之所以有如此坚定的制度自信,主要是源自对历史经验的深刻体悟、深厚的文化底蕴、辉煌的发展成就和鲜明的比较优势。

一、自信源于对历史经验的深刻体悟

一个国家做出什么样的制度设计并不是随心所欲的,而是由这个国家的性质、基本国情和历史经验等因素决定。历史底蕴及其基本经验,既成为一个国家

---

① 中共中央宣传部:《习近平总书记系列重要讲话读本(2016 年版)》,学习出版社、人民出版社 2016 年版,第 23 页。

制度选择的必备参照，又能构筑其自信的根基。中国特色社会主义制度凝聚着无数仁人志士的心血，也是中国共产党带领中国人民基于历史经验而作出的必然选择。回顾并深刻体悟这段历史实践及其经验，我们有更多的理由坚定制度自信。

1840年的鸦片战争轰开了中国古老的大门，中国沦陷为半殖民地半封建社会。面对深重的民族灾难，中国人民进行了可歌可泣的斗争。其中，既有农民起义，也有资产阶级改良运动，还有资产阶级革命。但是，最终都失败了。虽然这些探索付出了沉重代价甚至是鲜血和生命，但终究为无产阶级进行新的制度探索提供了宝贵的经验教训。正当中国人民茫茫不知所措之际，俄国爆发的十月革命特别是苏维埃社会主义制度的建立犹如黑暗中闪耀的灯光，"使在黑暗中彷徨无计的中国先进分子受到极大震撼和激励，燃起了实现民族独立和人民解放的新希望。他们运用马克思列宁主义的立场观点方法，逐步认清了人类社会发展的潮流，认清了帝国主义瓜分世界并压迫中国的现实，认清了中国社会的性质和中国革命的目标，最终找到了挽救民族危亡的根本出路——走十月革命开辟的社会主义道路。"①

在把马克思列宁主义与中国工人运动相结合的过程中，中国的先进分子创建了中国共产党。从此，中国人民在中国共产党的带领下，围绕实现中华民族的独立和社会主义制度的建立作出了不懈奋斗。为探索社会主义制度，中国共产党提出了"两步走"战略："第一步，改变这个殖民地、半殖民地、半封建的社会形态，使之变成一个独立的民主主义的社会。第二步，使革命向前发展，建立一个社会主义的社会。"②1949年中华人民共和国的成立，宣告了第一步战略初步完成，开始步入第二步战略时期。在这个过渡时期，中国人民面临社会主义制度与资本主义制度的选择。中国共产党凭借强大的感召力量，最终使社会主义因素不断增长并成为主导因素，社会主义制度因此得以建立起来。

此后，如何巩固和完善社会主义制度就成为摆在中国共产党面前的一项重大课题。这一时期，以毛泽东同志为代表的中国共产党人从分析社会主义基本矛盾入手，对社会主义经济政治体制进行了有益探索。由于社会主义制度探索的艰巨性和形势任务的复杂性，再加上我们党缺乏足够的经验，一度出现了严重失误。

---

① 刘奇葆：《在"十月革命与中国特色社会主义"理论研讨会上的讲话》，载《人民日报》2017年9月27日。
②《毛泽东选集》第2卷，人民出版社1991年版，第666页。

惨痛的历史教训启示中国共产党必须对社会主义制度展开更加贴近中国实际的探索。特别是要看到"'社会主义社会'不是一种一成不变的东西,而应当和任何其他社会制度一样,把它看成是经常变化和改革的社会"①。所以,进入改革开放新时期,中国共产党继续对社会主义制度展开新的探索。以邓小平同志为代表的中国共产党人始终坚信"社会主义制度是个好制度",但是也必须坚持自我完善。为此,在明确区分"基本制度"与"具体制度"的基础上,提出了"改革是社会主义制度的自我完善"的命题。自此,中国共产党锐意进取、奋力开拓,不断完善中国特色社会主义制度,使其逐渐走向成熟。

历史选择了中国共产党,中国共产党带领广大人民群众选择了社会主义制度,并最终建立了中国特色社会主义制度。这一切都源于对历史经验的体悟和遵循。诚如习近平总书记所言,历史就是历史,历史不能任意选择,一个民族的历史是一个民族安身立命的基础。不论发生过什么波折和曲折,不论出现过什么苦难和困难,中华民族5000多年的文明史,中国人民近代以来170多年的斗争史,中国共产党90多年的奋斗史,中华人民共和国60多年的发展史,都是人民书写的历史。重视历史、研究历史、借鉴历史,可以给人类带来很多了解昨天、把握今天、开创明天的智慧。所以说,历史是人类最好的老师。基于此,党的十八大以来,以习近平同志为核心的党中央带领全国各族人民在传承历史经验的基础上,继续健全完善中国特色社会主义制度。

由此可见,中国特色社会主义制度不是从天上掉下来的,是党和人民历尽千辛万苦、付出巨大代价取得的根本成就。诚如习近平总书记指出,"中国特色社会主义道路来之不易,它是在改革开放30多年的伟大实践中走出来的,是在中华人民共和国成立60多年的持续探索中走出来的,是在对近代以来170多年中华民族发展历程的深刻总结中走出来的,是在对中华民族5000多年悠久文明的传承中走出来的,具有深厚的历史渊源和广泛的现实基础。"②过去,我们历经千辛万苦、付出各种代价,最终在反复比较和经验总结的基础上,自信自主地建立健全了中国特色社会主义制度;未来,条件会更好、基础会更牢、前景会更光明,坚持完善中国特色社会主义制度必定让我们的事业走得更远、成就更加辉煌。

---

① 《马克思恩格斯文集》第10卷,人民出版社2009年版,第588页。
② 习近平:《在第十二届全国人民代表大会第一次会议上的讲话》,人民出版社2013年版,第2页。

二、自信源于深厚的文化底蕴

"一种制度要赢得人们的承认,是必须要具有一些制度优势的,并且需要有知识、思想和信仰为它的正当性和有效性提供支撑。因此,制度自信,首先是对制度背后的之文化价值的自信。"①正如习近平总书记指出:"体现一个国家综合实力最核心的、最高层的,还是文化软实力,这事关一个民族精气神的凝聚。我们要坚定道路自信、理论自信、制度自信,最根本的还有一个文化自信。"②今天,我们对中国特色社会主义制度持以自信,同其深厚的文化底蕴密不可分。

从一般意义上讲,"文化是人类在处理人和世界关系中,所采取的精神生活与实践活动的方式及其创造出来的物质和精神成果的总和,是活动方式与活动成果的辩证统一。"③由此可见,文化并不是一个高深莫测的概念,我们每天都同文化打交道,都生活在一定的文化环境之中,并受文化所影响。中国特色社会主义制度的建立和完善也是如此,自开始就浸润在中华民族深厚的文化土壤之中,并从中汲取增强自信的营养成分。总体上看,这种文化土壤主要体现为传统文化、革命文化和社会主义先进文化三大文化因子。

优秀传统文化是制度自信最深厚的文化根基。古往今来的实践经验证明,任何一个国家和民族,其道路选择、理论创新和制度设计,都深深根植于自己的文化传统之中。对于中华民族而言,5000多年连绵不断、博大精深的中华文化,积淀着中华民族最深沉的精神追求,包含着中华民族最根本的精神基因,是中华民族生生不息的丰厚滋养。它从深层次上构成中国特色社会主义制度的文化根基。从主要内容看,中华优秀传统文化是博大精深的,不屈不挠、浴血拼搏、奋力抗争、海纳百川、兼收并蓄、包容融合、崇尚团结、反对分裂、追求爱国、彰显凝聚力等都是其鲜明因子。从演进过程看,它在几千年的历史长河中从未间断过。这是任何一个国家、任何一个民族都无以媲美的。正如梁漱溟总结道:"历史上与中国文化若后若先之古代文化,或已夭折,或已转易,或失其独立自主之民族生命。唯中国能

---

① 袁峰:《对我国制度自信基础的认识》,载《人民论坛》2013年第6期。
② 中共中央宣传部:《习近平总书记系列重要讲话读本(2016年版)》,学习出版社、人民出版社2016年版,第201页。
③ 张岱年、程宜山:《中国文化精神》,北京大学出版社2015年版,第26页。

以其自创之文化永其独立之民族生命,至于今日岿然独存。"①中国特色社会主义制度之所以能在错综复杂、充满严峻挑战的环境中得以产生并不断走向成熟,同这种深厚的文化传统密不可分。所以,习近平总书记深情地告诉我们,"站立在960万平方公里的广袤土地上,吸吮着中华民族漫长奋斗积累的文化养分,拥有13亿中国人民聚合的磅礴之力,我们走自己的路,具有无比广阔的舞台,具有无比深厚的历史底蕴,具有无比强大的前进定力。"②回顾历史,我们的制度依靠深厚的文化土壤而建立和成长。展望未来,绵延不断而且不断革新的优秀传统文化必将继续支撑我们的制度保持更加强大的生命力。

革命文化是制度自信的重要精神导引力量。革命是中国近代历史的主线。在波澜壮阔的革命斗争中,中国共产党带领广大人民群众形成了独特的革命文化。这些革命文化体现为"抛头颅、洒热血"的情怀,"视死如归、坚贞不屈"的大无畏精神、"精忠报国"的爱国情怀、"天下兴亡,匹夫有责"的担当意识和"舍生取义"的牺牲精神等。孕育和成长于革命岁月中的革命文化,无论是对争取民族独立还是国家解放,抑或是社会进步,都是强大的思想武器。检视革命斗争实践可以看出,革命文化不仅指引中国人民取得了革命、建设和改革的胜利,而且也对包括制度建设在内的各种创制行为产生深刻影响。它使共产党人树立了不屈不挠的战斗精神和大无畏精神。今天,虽然不再需要进行血与火的革命斗争,但是革命文化所传递出的精神力量依然发挥着不可忽视的影响。比如,它能让我们在制度建设过程中始终保持清醒意识和奋斗状态。因此,只要我们能保持革命文化所蕴含的精神状态,就能在前进道路上从容应对各种困难和挑战。这就是中国特色社会主义制度从革命文化中汲取而来的自信。

社会主义先进文化激发中国特色社会主义制度保持旺盛生命力。先进文化是一个国家持久发展的内在牵引力。以马克思列宁主义为指导、以社会主义核心价值体系为引领、以社会民主和谐为基础、立足于社会主义伟大实践的中国特色社会主义文化是当代社会主义先进文化。同优秀传统文化和革命文化相比,社会主义先进文化的最大特征是时代性,它总能根据时代的发展而不断前进。早在

---

① 汤恒:《文化自信的来源及价值》,载《红旗文稿》2017年第19期。
② 习近平:《决胜全面建成小康社会 夺取新时代中国特色社会主义伟大胜利》,人民出版社2017年版,第70页。

1940年,毛泽东就提出了新中国的文化纲领,即建立中华民族的新文化。中华人民共和国建立以后,社会主义先进文化建设逐渐步入正常轨道。当然,真正推动社会主义先进文化快速发展的是改革开放以来的新实践。这一时期,"我们党以我们正在做的事情为中心,坚持走中国特色社会主义文化发展道路,凝聚中国特色社会主义共同理想,建设社会主义核心价值体系,培育和践行社会主义核心价值观,不断推动文化事业和文化产业发展,赋予社会主义先进文化以崭新的时代内涵。"①实践证明,社会主义先进文化为中国特色社会主义制度更加成熟提供了充足的营养支撑。从未来的发展趋势看,中国共产党对社会主义先进文化建设会更加重视,广大人民群众对社会主义先进文化的认同和遵循会更加坚定。这些都会使社会主义先进文化的营养成分更加丰腴,中国特色社会主义制度自信的根基更加坚实。

总之,在5000多年文明发展中孕育的中华优秀传统文化、在党和人民伟大斗争中孕育的革命文化和社会主义先进文化,积淀着中华民族最深层的精神追求,蕴含了中华民族独特的精神标识,为中国特色社会主义制度自信提供了充足的营养成分。它清晰地显示,我们坚持和发展的中国特色社会主义制度不仅是近代以来中国历史发展的必然逻辑,也是在对中华民族5000多年悠久文明的传承中走出来的。

三、自信源于辉煌的发展成就

世界各国的发展经验表明,一个制度之所以能获得社会成员的信赖,首要之处就在于这个制度是有效的,能促进生产力发展,促进社会进步,提高综合国力。否则,根本就不可能获得社会成员的信任和支持,谈制度自信也是枉然。这就是因发展成就而来的制度绩效为制度自信所提供的支撑。正如习近平总书记指出:"我们讲要坚定道路自信、理论自信、制度自信,要有坚如磐石的精神和信仰力量,也要有支撑这种精神和信仰的强大物质力量。"②制度自信不仅需要精神力量的引导,还离不开物质因素的支撑。中华人民共和国成立特别是改革开放以来,中国经济社会发展取得了巨大成就,这正是我们坚定中国特色社会主义制度自信的坚

---

① 徐茂华:《增强社会主义先进文化自信》,载《人民日报》2017年4月28日。
② 《习近平谈治国理政》,外文出版社2014年版,第93页。

实基础和最大理由之一。对于这一点,不仅我们自身有深刻体会,西方国家同样有相似认识。如俄罗斯著名经济学家弗拉迪米尔·波波夫在分析中国"转型绩效"和俄罗斯衰退的原因时说:"中国良好的转型绩效恰恰是因为在国家的制度能力方面,即国家制度现代化的程度。与中国相反,曾以强国闻名的俄罗斯,在转型进程中却沦落到国家衰败、能力薄弱的地步,自然导致俄罗斯陷入秩序崩溃和衰退的边缘。"①

在国际竞争日趋激烈的当代世界,制度竞争说到底就是一种生产力发展的竞争。当年邓小平在论述社会主义制度优越于资本主义制度时就早已提出,社会主义制度之所以先进,"首先要表现在经济发展的速度和效果方面。没有这一条,再吹牛也没有用。"②今天,我们对中国特色社会主义制度持以高度自信,同改革开放以来所取得的巨大发展成就密不可分。国内外长期跟踪中国经济发展的相关研究发现,"改革开放以来长达 30 多年的高速增长是迄今为止世界上持续时间最长的高速增长,从 2000 年到 2010 年,中国超过西方 7 国中的 6 个国家,经济总量跃居世界第二。如果以脱贫的人数为指标,那么中国过去 30 年所取得的成就超过了世界上所有发展中国家的总和,因为世界上 70% 的脱贫是在中国实现的;如果以经济发展为指标,那么中国的成就超过所有转型经济国家的总和,因为过去 30 年中,中国经济增加了 18 倍之多,而转型经济国家总体上为 1 倍左右。"③特别是党的十八大以来,中国经济发展的成就是更加显著的。截至 2017 年,我国"经济保持中高速增长,在世界主要国家中名列前茅,国内生产总值从五十四万亿元增长到八十万亿元,稳居世界第二,对世界经济增长贡献率超过百分之三十。供给侧结构性改革深入推进,经济结构不断优化,数字经济等新兴产业蓬勃发展,高铁、公路、桥梁、港口、机场等基础设施建设快速推进。农业现代化稳步推进,粮食生产能力达到一万二千亿斤。城镇化率年均提高一点二个百分点,八千多万农业转移人口成为城镇居民"④。这些数据再次证明,"鞋子合不合脚,自己穿了才知

---

① 黄秋菊、景维民:《转型期中俄国家制度能力的实证分析——兼论后危机时代的战略选择》,载《海派经济学》2012 年第 1 期。
② 《邓小平文选》第 2 卷,人民出版社 1994 年版,第 251 页。
③ 欧阳景根、李社增:《社会转型期的制度设计理论与原则》,载《浙江社会科学》2007 年第 1 期。
④ 习近平:《决胜全面建成小康社会 夺取新时代中国特色社会主义伟大胜利》,人民出版社 2017 年版,第 3 页。

道。"中国特色社会主义制度是不是好,要看事实,要看中国人民的判断,而不是看那些戴着有色眼镜的人的主观臆断。近年来,我们绘就了经济总量不断跃升的"中国轨迹",创造了人民生活水平显著提升的"中国奇迹",书写了破解各种改革发展难题的"中国答卷",解决了许多长期想解决而没有解决的难题,办成了许多过去想办而没有办成的大事,取得了全方位的、开创性的成就,推动了深层次的、根本性的变革。这些伟大成就足以让我们对中国特色社会主义制度保持自信。

中国共产党推动的国家发展不是简单的经济增长,试图通过经济增长带动人民的共同富裕和社会的整体进步。因此,中国的发展成就不仅仅表现在经济增长和GDP上,还体现为融经济、政治、社会、文化、生态、国家崛起等一体化发展。全方位、多领域的发展为坚定中国特色社会主义制度自信奠定了稳固基础。在政治建设方面,大力发展社会主义民主政治,不断健全完善政治制度,持续推进政治体制改革,切实保护广大人民群众的合法权益。在这里,有两个方面尤其可圈可点:其一,廓清民主政治发展问题上的模糊认知和错误思想。习近平总书记指出,每个国家的政治制度都是在这个国家历史传承、文化传统、经济社会发展基础上长期发展、渐进改进、内生性演化的结果,不能想象突然就搬来一座政治制度上的"飞来峰",否则就会水土不服,就会画虎不成反类犬,强调坚持中国特色社会主义道路,最根本的是坚持中国特色社会主义政治发展道路。这些论述既强有力地回应了西方国家在民主政治上的诘难,又有助于我们进一步坚定制度自信。事实也是如此,我们坚持选举与协商相结合,保证人民依法享有民主选举、民主协商、民主决策、民主管理和民主监督。同西方国家的金钱民主相比,我们的民主内容实、形式活。其二,积极稳妥地推进政治体制改革。不管形势如何复杂多变,中国共产党在坚持根本政治制度、基本政治制度上始终立场坚定、旗帜鲜明,同时把健全权力运行制约和监督体系、扩大有序政治参与作为政治体制改革的重要内容,坚持用制度管权管事管人,在加强全面从严治党、营造政治体制改革的良好生态上下大力气。在社会建设方面,大力发展社会事务,不断提升基本公共服务水平和均等化程度,一大批民生举措不断落地、持续推进,人民获得感显著增强。特别是近五年来,"脱贫攻坚战取得决定性进展,六千多万贫困人口稳定脱贫,贫困发生率从百分之十点二下降到百分之四以下。教育事业全面发展,中西部和农村教育明显加强。就业状况持续改善,城镇新增就业年均一千三百万人以上。城乡居民收入增速超过经济增速,中等收入群体持续扩大。覆盖城乡居民的社会保障体系基本建立,人民健康和医疗卫生水平大幅提高,保障性住房建设稳步推进。社会治理体系更加完善,社会大局保持稳定,国家安全全面加强。"[①]文化是一种软实力。文化建设的突出成效对中国特色社会主义制度自信同样发挥着重要支撑作用。在深刻感受公共文化服务水平不断提高的同时,人民群众感受最为直观的莫过于一部部国产大片登上荧屏,甚至技压长期占据荧屏的好莱坞大片,让老百姓坐在家里就能欣赏自己人拍摄的大片。此外,主旋律更加响亮,正能量更加强劲,中华文化影响力大幅度提升,文化自信得到充分彰显。这些都极大彰显了制度自信。

这就是中国特色社会主义制度在实践中所取得的巨大成就。回顾这一个个"奇迹",我们没有理由不为选择中国特色社会主义制度而自豪;展望未来,依然只有始终不渝地坚持和发展中国特色社会主义制度,才能凝聚力量、攻坚克难,创造新篇章。

四、自信源于鲜明的比较优势

"物之不齐,物之情也。"世界上从来不存在完全相同的两片树叶。制度选择、制度设计同样如此。我们选择了中国特色社会主义制度,自然就意味着与其他国家的制度有所不同。有差异,就存在比较,有比较,就会有感受。实践亦表明,社会成员往往不是单纯地通过历史纵向性比较来感知发展成就,进而增强对一国制度选择及其发展模式的自信。他们还会通过与其他国家的横向比较来衡量制度优劣,进而对自身制度产生相应的情感和认知。当通过比较,感知到自身所处的制度具有明显优越性时,就会对制度油然而生地产生积极评价和认同支持;反之,则容易形成负面评价甚至抵抗情绪。由此可见,制度之间的比较优势对制度自信的影响作用是直观而又重要的。通过比较分析发现,中国特色社会主义制度不仅是100多年来最成功的制度,而且从长远看,也是未来最具生命力的制度。对此,习近平总书记用"四个有效"对中国特色社会主义的显著优势作了高屋建瓴的概

[①] 习近平:《决胜全面建成小康社会 夺取新时代中国特色社会主义伟大胜利》,人民出版社2017年版,第5页。

括：能够有效保证人民享有更加广泛、更加充实的权利和自由，保证人民广泛参加国家治理和社会治理；能够有效调节国家政治关系，发展充满活力的政党关系、民族关系、宗教关系、阶层关系、海内外同胞关系，增强民族凝聚力，形成安定团结的政治局面；能够集中力量办大事，有效促进社会生产力解放和发展，促进现代化建设各项事业，促进人民生活质量和水平不断提高；能够有效维护国家独立自主，有力维护国家主权、安全、发展利益，维护中国人民和中华民族的福祉。这是对西方之乱和中国之治的准确把握，对我们理解中国特色社会主义制度的比较优势具有重要的启发意义。

就保障人民权益而言，中国特色社会主义制度优势是最为突出的。1945年，毛泽东在与民主人士黄炎培的"窑洞对"中就提出，中国已经找到了可以使国家与社会避免黄炎培所忧虑的历史周期律问题的办法。这就是民主：让人民起来监督政府，政府就不会松懈。中华人民共和国成立后，这个办法逐渐变成实践。我们建立的人民代表大会制度，解决了在一个人口众多、区域发展不平衡、国情异常复杂的发展中国家如何保障人民当家作主的问题。这一民主制度不仅体现了国家一切权力属于人民的本质要求，而且充分调动了人民群众生产生活的积极性、创造性和主动性，切实维护人民群众合法权益。相比较而言，西方民主的虚伪性和欺骗性是非常明显的，并带来了严重的社会失序，根本无法保障普通民众的各项权益。"美国91％的选举就是由获得资助最多的候选人当选，回报金钱和政治分肥也成为当选者的义务，选举已经扭曲成一个由庞大资金支持的'寡头体系'。"[①]诸多事例清晰地证明，西方国家表面说主权在民，实则是金钱政治，普通民众根本无法有效参与国家民主政治生活中来。结果，危机此起彼伏。比如，2014年，英国《经济学人》杂志刊发的《民主出了什么问题》指出，从2000年至今，西方民主在全球范围内正在面临越来越多的挑战，以往被津津乐道的西方民主现在只剩下选举这个外壳了，国家内部运转失灵、社会失序动荡不安等问题正在充分暴露。2011年9月，由最初的游行示威活动而逐渐演化为席卷全美的"占领华尔街"运动，就将美式民主的金钱政治、两党纷争等问题暴露无遗。随后，2016年4月，华盛顿再次爆发了"民主之春"运动，"金钱民主"、竞选腐败等伪民主的"遮羞布"被再次掀

---

① 周余云：《西式民主的乱象》，载《求是》2016年第19期。

开。可悲的是，一些国家迷信美国所谓普世模式的鼓动，直接复制、移植了美式民主。然而，这些国家不但没有走上民主发展道路，还带来了社会动荡、国家走向衰败的灾难。欧洲的乌克兰和非洲的埃及等国家，就是非常典型的案例和惨痛的教训。相比之下，我们选择的中国特色社会主义民主制度，既保证了人民享有充分民主，保障人民群众合法权益，而且维护了社会稳定、国家安全。这就是我们的优势，也是我们值得自信的地方。

就各种关系调节而言，中国特色社会主义制度具有最直观的优势。"每个事物（现象等等）的关系不仅是多种多样的，并且是一般的、普遍的。每个事物（现象、过程等等）是和其他的每个事物联系着的。"①既然各种各样的关系是不以人的意志为转移的客观存在物，那么就需要调节各种关系的制度规范。中国特色社会主义制度在建立之初就把调节政党关系、民族关系、宗教关系、阶层关系、海内外同胞关系等有助于国家发展的各种政治关系作为重要一维。以多党合作和政治协商的政党制度为例，它有效调节了执政党与参政党之间的关系。毛泽东早就谈道："究竟是一个党好，还是几个党好？现在看来，恐怕是几个党好。不但过去如此，而且将来也可以如此，就是长期共存，互相监督。"②邓小平也指出："'长期共存、互相监督'也是这样，有监督比没有监督好，一部分人出主意不如大家出主意。"③正如此，它形成了中国共产党领导、民主党派参政议政的和谐政党关系。这种"长期共存、互相监督、肝胆相照、荣辱与共"的政党关系，既是对传统政党关系的突破和创新，也是对西方资本主义国家以竞争和博弈为基调的政党制度的扬弃。实践证明，这既是中国特色的政党制度，也是民主集中制原则的灵活应用。它有力地维护了政治稳定、促进了社会和谐、保证了公共政策的连续性。这恰恰是西方政党制度所不能比拟的。以最为典型的美国为例。民主党和共和党经常上演"驴象之争"，大搞轮流执政，时常是一方把持国会，另一方控制总统宝座，继而导致双方反目成仇、推诿扯皮。比如，2013年9月，美国时任总统奥巴马提出医疗保障改革方案未能获得参议院通过，从而导致联邦政府陷入瘫痪而不得不"关门"。控枪法案也是如此，由于军火利益集团到处游说，奥巴马的控枪法案无法通

---

① 《列宁专题文集（论辩证唯物主义和历史唯物主义）》，人民出版社2009年版，第140页。
② 《毛泽东文集》第7卷，人民出版社1999年版，第34页。
③ 《邓小平文选》第1卷，人民出版社1994年版，第272—273页。

过,美国民众继续生活在巨大的安全隐患之中。糟糕的政党关系不仅使一些重要政策难以落地,还使教育、医疗、财政、政府机构等重大问题的改革一直停滞不前,没有实质性进展。相比之下,由于能很好地调处各种关系,我们的政党制度展现出鲜明的优势:连续制定并一以贯之地实施12个"五年规划",经济实力不断增长,民生不断改善,各方面的改革进程稳步推进。

就集中力量办大事而言,中国特色社会主义制度的优势得到了最集中体现。诚如邓小平所言,"社会主义同资本主义比较,它的优越性就在于能做到全国一盘棋,集中力量,保证重点。"①中国特色社会主义制度具有强大的凝聚力,能有效整合各种资源,凝聚各方力量共同推动社会主义现代化建设。习近平总书记对这种优势作了充分概括:"我们最大的优势就是我国社会主义制度能够集中力量办大事,这是我们成就事业的重要法宝。"②一方面,以人民代表大会制度为根本、中国共产党领导的多党合作的政治协商制度为核心的政治制度,既能充分调动人民群众的积极性,又能保障党的权威和国家统一,为集中力量办大事奠定了制度根基;另一方面,作为中国特色社会主义事业的坚强领导核心,中国共产党拥有强大的组织动员能力,能够调配全国资源,减少矛盾冲突,为集中力量办大事提供了条件。正如此,人们基本上形成了一致性意见:"集中力量办大事是中国制度的突出特点。执政党有着强大的社会动员能力,中央享有较高的权威,掌握着巨大的资源,社会成员具有很强的认同和服从意识,这三个要素构成了中国制度集体行动能力的支柱。"③事实确实如此。在苏联解体、东欧剧变的风云变幻和亚洲金融危机、国际金融危机的严峻考验中,中国特色社会主义制度彰显出了巨大优越性、强大生命力、深远影响力。特别是近年来,面对各种突发的灾害和困难,中国特色社会主义制度一次次展现出鲜明的发展优势、力量优势,让中国"风景这边独好"。有参照才会有比较,有比较才会增强自信。鲜明的比较优势进一步坚定我们坚持和发展中国特色社会主义的信心与决心。

---

① 《邓小平文选》第3卷,人民出版社1993年版,第16—17页。
② 《在中国科学院第十七次院士大会、中国工程院第十二次院士大会上的讲话》,人民出版社2014年版,第16—17页。
③ 杨雪冬:《全球化背景下的中国制度优势》,载《中国特色社会主义研究》2013年第4期。

第三节　中国特色社会主义制度自信具有丰富内涵

夺取新时代中国特色社会主义伟大胜利向我们提出了坚定中国特色社会主义制度自信的必要性,对历史经验的深刻体悟、深厚的文化底蕴、辉煌的发展成就和鲜明的比较优势让我们有充足的理由对中国特色社会主义制度持以自信。在此基础上,我们需要深刻把握中国特色社会主义制度自信的丰富内涵,以此深刻领会其精准要义。

一、从制度到中国特色社会主义制度自信

谈及中国特色社会主义制度自信,首先需要理解制度和自信。在人们的思想认识中,制度是一个内涵丰富但又充满争议的概念。《辞海》把制度看作是社会成员共同遵守、按一定程序行动的规则。《韦伯新特字典》也有接近的定义,它把制度看作引导人们行为的规范。被认为将"制度"作为关键词来研究的新制度经济学,在理解制度时也将制度定义为一种行为规范。比如,其代表人物舒尔茨将"制度定义为一种行为规则,这些规则涉及社会、政治及经济行为"①。诺思也指出,"制度是一个社会的游戏规则。或更正式地说是人类设计的、构建人们相互行为的约束条件。它们由正式规则(成文法、普通法、规章)、非正式规则(习俗、行为准则和自我约束的行为规范),以及两者执行的特征组成。"②马克思则直接"将制度的形成归结为一定生产关系以及与这种生产关系相适应并维护这种生产关系的社会机构和规则的确立过程"③。由此可见,在一般意义上,人们大多将制度看作约束和调整人们行为行动的基本规范、规则。这种规则既有正式的也有非正式的,二者共同对人们的行为产生影响和制约。

既然制度是一种约束人们行为的规则规范,那么要想让其发挥作用就必须激发社会成员对它持以认可态度和信念。这就是制度自信的问题。自信,顾名思义就是自己相信自己,自己信赖自己。在心理学里中,自信常用来描述个体对自己

---

① [美]R.科斯、A.阿尔钦:《财产权利与制度变迁》,上海三联书店 1996 年版,第 253 页。
② [美]道格拉斯·C.诺思:《制度、制度变迁和经济绩效》,上海三联书店 2000 年版,第 48 页。
③ 《马克思恩格斯选集》第 2 卷,人民出版社 2002 年版,第 287 页。

持以积极肯定和充分认可的态度。《心理学大辞典》把自信看作是"个体对自己能力、品格和力量的肯定评价而产生的信任自己的情感"[①]。也有人认为,自信是"对自己的信任,对自己身体、心理和社会性的信任,表现为有信心,不怀疑"[②]。"自信是个体做出的、并经常保持的对自己的评价,说明个体在何种程度上认为自己能干、重要和有价值;表达了一种对自己的赞许或不赞许的态度,显现了对自己能力、身份、成就及价值的信心;是人对自己的感觉,关键在于能力的经验。"[③]美国著名心理学家阿尔伯特·班杜拉将自信看作是一种自我效能感。哈维·得奇道夫把自信是看作"一个人在与外界交往的过程中有能力维持自我的领地边界,并能够清楚而直接地表达自我需求"[④]。尽管不同的人出于不同的需要对自信作出了不同解释,但总体上都认为,它是人们对自身能力、价值作出客观、正向的认知与评价,是主体对自己持以积极肯定的态度和信念。

由于制度的制定和实施是一个复杂的系统工程,因此,制度自信既需要制度制定者对其持以积极态度,还离不开其约束对象的肯定和支持。从这个意义上讲,只有当制度制定者和约束对象都对制度本身及其实施效度产生积极肯定和充分认可等正向评价时,制度自信才会形成。一般而言,积极肯定态度越强,制度自信也就越强。中国特色社会主义制度自信同样如此。它是中国共产党及广大人民群众对中国特色社会主义制度体系持以积极、肯定的认知和评价,相信这一制度体系能最大程度实现广大人民群众的根本利益、促进社会整体发展进步,并能通过不断自我革新实现制度自身的长足发展和保持旺盛生命力。由此可见,它有三个关键词:

其一,积极态度。这是最基础层面的含义。也就是说,广大人民群众对中国特色社会主义制度持以积极情感,表现出坚定信心。而且这种积极态度既是对中国特色社会主义制度在以往成长发展过程中所取得成就的评价和赞许,也是对其未来发展空间的积极畅想。其二,制度体系。中国特色社会主义制度自信是对"人民代表大会制度的根本政治制度,中国共产党领导的多党合作和政治协商制度、民族区域自治制度以及基层群众自治制度等基本政治制度,中国特色社会主

[①] 林崇德、杨治良、黄希庭:《心理学大辞典(下)》,上海教育出版社 2003 年版,第 1779 页。
[②] 毕重增、黄希庭:《青年学生自信问卷的编制》,载《心理学报》2009 年第 3 期。
[③] 车丽萍:《国外关于自信的研究综述》,载《心理科学进展》2002 年第 2 期。
[④] [加]哈维·得奇道夫:《情商课》,蒋宗强译,中国商业出版社 2012 年版,第 34 页。

义法律体系,公有制为主体、多种所有制经济共同发展的基本经济制度,以及建立在这些制度基础上的经济体制、政治体制、文化体制、社会体制等各项具体制度"①这一制度体系的自信。也就是说,它是对根本制度、基本制度和具体体制这三个层次的制度持以自信。如果把根本制度归纳入基本制度范畴,那么就可以把中国特色社会主义制度体系进一步简约概括为基本制度和具体体制机制两大层面。比如,邓小平在总结社会主义建设经验教训时就把社会主义制度体系划分为"基本制度"和"具体制度"。这样做的目的是不至于将推动社会主义发展的具体做法与基本制度混为一谈。因为,相比具体体制机制而言,基本制度在整个制度体系中居于主导地位,既规定了一个国家政体的性质、社会的性质以及政权组织之间的相互关系,还会预设着一个国家的发展目标。因而,它往往决定着一个国家的基本性质和社会形态,并使不同国家和社会在制度上得以区别开来。从这个意义上讲,一个国家基本制度的改变,必然意味着其性质的改变。正如习近平总书记指出:"我们党始终强调,中国特色社会主义,既坚持了科学社会主义基本原则,又根据时代条件赋予其鲜明的中国特色。这就是说,中国特色社会主义是社会主义,不是别的什么主义。"②由此可见,我们对中国特色社会主义制度的自信,是对其制度体系总体的自信,而不是对其中某一个具体制度的自信。理解了这一点就可以纠偏一些似是而非的观点。比如,有人认为,制度自信就是对政治制度的自信,尤其是对中国共产党领导的多党合作政治协商制度的自信。这种观点就是犯了以偏概全的错误。还有人认为,坚定制度自信就是对社会主义市场经济体制的自信。这同样是不全面的。市场经济体制是体制机制层面的范畴,它既可以与社会主义结合,也可以与资本主义结合。社会主义市场经济体制是在坚持社会主义基本经济制度前提下对社会主义的发展。没有社会主义基本制度,就没有社会主义市场经济体制。总而言之,在理解中国特色社会主义制度自信过程中,必须紧扣"制度体系"这个关键词。其三,制度绩效。社会成员对某一制度之所以持以积极肯定和信赖支持的态度,重要原因就在于能感受它所展现的效能。如果一个制度本身是无效的,不能促进生产力发

---

① 胡锦涛:《坚定不移沿着中国特色社会主义道路前进　为全面建成小康社会而奋斗——在中国共产党第十八次全国代表大会上的报告》,人民出版社 2012 年版,第 12—13 页。
② 中共中央宣传部:《习近平总书记系列重要讲话读本(2016 年版)》,学习出版社、人民出版社 2016 年版,第 28 页。

展、带来社会整体进步，它就不可能获得人们的信赖和支持。中国特色社会主义制度之所以能获得源源不断的信赖和支持，重要原因就在于它能最大程度实现广大人民群众的根本利益、促进社会整体发展进步，并能通过不断自我革新实现制度自身的长足发展和保持旺盛生命力。这就是制度绩效。从这个意义上讲，要继续保持中国特色社会主义制度自信，就必须竭尽全力地发挥制度效能。

实践表明，坚定的制度自信能发挥出积极效能。首先，有助于形成坚定的制度认同。坚持中国特色社会主义制度自信能反映出中国共产党和广大人民群众对中国特色社会主义制度体系的肯定和支持态度，从而在思想、行动上传递出强大的影响力，促使人民群众高度认同制度体系，自觉拥护和支持制度体系。其次，有助于增强社会凝聚力。凝聚力是使人或物体聚集到一起的力量，发自内心的凝聚力最牢固。当社会成员都能对生活其间的制度持以自信，就能汇聚成一股强大的力量，进而共同维护制度、推动制度发展。

二、中国特色社会主义制度自信的主要特征

在理解制度自信的基本含义基础上再深入分析其主要特征，有助于更加全面、系统地认知中国特色社会主义制度自信。既然中国特色社会主义制度自信彰显的是一种积极态度和肯定评价，那么从中也可以窥探出其基本特征。总体上看，其特征主要体现在三个方面：主体对制度内涵的价值取向有高度自信、制度体系设计的科学性体现出高度自信、制度具有自我革新完善能力彰显出高度自信。

（一）主体对制度内涵的价值取向表现出高度自信

制度自信说到底是主体对于制度的一种肯定性评价和认可态度。而主体之所以产生肯定性评价，一个重要原因就在于这个制度始终坚持把其赖以依托的主体放在中心位置。中国特色社会主义制度就是如此，它在价值取向上具有鲜明的人民性，从而获得了广大人民群众的高度认可和积极支持。

唯物史观早就告诉我们，人民群众是历史的创造者。"我们要求把历史的内容还原给历史，但我们认为历史不是神的启示，而是人的启示，并且只能是人的启示。"[1]习近平总书记指出："人民是创造历史的动力，我们共产党人任何时候都不

---

[1]《马克思恩格斯全集》第3卷，人民出版社2002年版，第520页。

要忘记这个历史唯物主义最基本的道理。"①只有坚持这个基本原理,才能把握历史前进的基本规律;只有按照这个规律办事,才能无往而不胜。中国特色社会主义制度从其萌生伊始就始终把"人民性"摆在首位。从"为人民服务""一切为了人民,一切依靠人民",到"人民满意不满意、答应不答应、高兴不高兴、拥护不拥护",到"立党为公、执政为民",到"以人为本""权为民所用、情为民所系、利为民所谋",再到"人民对美好生活的向往就是我们的奋斗目标"等,都体现了中国特色社会主义制度在价值取向上的人民性。实践证明,坚持人民的主体地位、坚持人民利益至上的价值取向,才能为中国特色社会主义制度体系的健全和完善提供可靠保障。更何况,当今世界是一个充满竞争的世界,西方国家在对中国特色社会主义制度的成长发展给予赞赏的同时也充满质疑。在这种情况下,要想坚持和发展中国特色社会主义制度,就必须深深地扎根于人民群众之中。用坚定的人民群众立场和果敢维护人民利益的原则,在自觉扫除对中国特色社会主义制度的诘难和挑战的同时,引导人民群众树立对中国特色社会主义制度的高度自信。"得人心者得天下,失人心者失天下;得人心者昌,逆人心者亡",说的就是这个道理。

人民群众对中国特色社会主义制度内涵的价值取向持以高度自信,集中体现在两个方面:其一,坚信它能充分保障人民权利。民主权利是一项重要人权,能否保障广大人民群众享有充分的民主权利是检验一项制度优劣的重要标准。特别是在现代社会,权利日益受到人们的关注和重视,并以此建构起对制度体系的认知和判断。中国特色社会主义制度体系恰恰在保障人民权利方面具有显见优势并切实发挥了积极作用。以人民代表大会制度这一根本政治制度为例,它以保障人民权利为根本目的。比如,宪法就开宗明义地提出:"中华人民共和国的一切权力属于人民。人民行使国家权力的机关是全国人民代表大会和地方各级人民代表大会。人民依照法律规定,通过各种途径和形式,管理国家事务,管理经济和文化事业,管理社会事务。"②这就是以最高法和根本政治制度的形式保障人民群众有效行使民主权利。其二,坚信它能自觉维护人民利益。《共产党宣言》把人民利益作为首要准则:"无产阶级的运动是绝大多数人的,为绝大多数人谋利益的独立

---

① 中共中央宣传部:《习近平总书记系列重要讲话读本(2016年版)》,学习出版社、人民出版社2016年版,第127页。
②《中华人民共和国宪法》,人民出版社2004年版,第2—3页。

的运动。"①列宁也直观地说:"社会主义不是少数人,不是一个党所能实施的。只有千百万人学会亲自做这件事的时候,他们才能实施社会主义。"②来自人民、植根于人民的中国共产党更是充分体会到自觉维护人民群众利益的重要性。因此,在中国特色社会主义制度建设过程中,始终把维护广大人民群众的根本利益作为自己的价值追求。比如,在中国特色社会主义制度探索之初,邓小平就指出,"我们一定要根据现在的有利条件加速发展生产力,使人民的物质生活好一些,使人民的文化生活、精神面貌好一些。"③在新时代,习近平总书记多次强调,"在前进道路上,我们一定要坚持从维护最广大人民根本利益的高度,多谋民生之利,多解民生之忧……时刻把群众安危冷暖放在心上,及时准确了解群众所思、所盼、所忧、所急,把群众工作做实、做深、做细、做透。"④正是在这些举措中,人民群众形成了实实在在的获得感,对中国特色社会主义制度产生一种发自内心的信赖和支持。

(二)制度体系的科学性体现出高度自信

一种制度要形成自信,不仅要通过鲜明的价值导向让社会成员对其形成积极态度,还同其自身体系设计的科学性密不可分。实践证明,如果一个制度是充分自信的,它必定有科学合理的体系设计并通过这个体系设计展现出来。否则,它就不可能有自信。这如同一个人对自己充满自信一样,他会非常注重自己的外表,总是试图把自己打扮得端庄得体、阳光积极,满身充满正能量和十足的精气神。中国特色社会主义制度也是如此,科学的体系设计往往能彰显出其深刻自信。

人们对中国特色社会主义制度科学性的自信首先来自它对科学社会主义所面临问题作出了科学回答。19世纪中叶,马克思、恩格斯在深入考察资本主义经济、政治、社会状况的基础上,创造了唯物史观和剩余价值学说,并把社会主义思想置于这两大理论基石之上,从而使社会主义实现了从空想到科学的飞跃。"科学社会主义深刻揭示了资本主义产生、发展、灭亡和共产主义取代资本主义的历史必然性,对未来社会主义社会的发展过程、发展方向、一般特征作了科学预测和

---

① 《马克思恩格斯选集》第1卷,人民出版社2012年版,第411页。
② 《列宁选集》第3卷,人民出版社2012年版,第464页。
③ 《邓小平文选》第2卷,人民出版社1994年版,第128页。
④ 习近平:《全面贯彻落实党的十八大精神要突出抓好六个方面工作》,载《求是》2013年第1期。

设想。"①然而,这种设想主要是理论上的,迄今为止科学社会主义尚未在发达资本主义国家变成实践,在经济文化落后的国家如何巩固和发展社会主义也成为一个崭新课题。中国特色社会主义制度则是在总结社会主义制度成败得失的基础上逐渐发展和成熟起来的科学制度体系,并因此获得人们的信赖和支持。历史和实践证明,中国特色社会主义制度是科学社会主义理论逻辑和中国社会发展历史逻辑的辩证统一,是根植于中国大地、反映人民意愿、适应中国和时代发展进步要求的科学社会主义。基本原则和理论本源的科学性,必然从深层次预设着立基于上的制度体系的科学性,从而奠定制度自信的深厚根基。

人们对中国特色社会主义制度科学性的自信来自它关注实践、回应实践的鲜明特质。"全部社会生活在本质上是实践的。凡是把理论引向神秘主义的神秘东西,都能在人的实践中以及对这种实践的理解中得到合理的解决。"②一种科学合理的制度必然浸润在广阔的实践之中,并对实践课题作出清晰回答。更何况,"理论的方案需要通过实际经验的大量积累才臻于至善。"③广大人民群众对中国特色社会主义制度科学性的感受同样来自对实践的关注。在宏观上,它回应和关注重大实践问题,对"什么是社会主义、怎样建设社会主义""建设什么样的党、怎样建设党""什么是发展、怎样的发展才是科学的"等重大实践问题作出回应和探索。随着实践的不断进展,在新时代它还对中华民族的伟大复兴和现代化国家建设等重大实践问题作出系统化设计和回应。在微观上,中国特色社会主义制度把推动经济建设、发展社会主义民主、弘扬和传承社会主义先进文化、改善民生等作为重要实践指向,还把参与全球治理实践作为重要追求。这些都体现出鲜明的实践导向。从人类历史实践看,往往只有一个科学性的制度体系才能达到这种境界,但是一旦达到这种境界的制度体系也必然是充满自信的。否则,它就没有底气来回应这些重大实践课题。

人们对中国特色社会主义制度科学性的自信还来自它全面周全的系统化设计。制度的科学性同其体系设计紧密相关。如果一项制度在体系设计上残缺不

---

① 中共中央宣传部:《习近平总书记系列重要讲话读本(2016年版)》页,学习出版社、人民出版社2016年版,第20—21。
② 《马克思恩格斯文集》第1卷,人民出版社2009年版,第501页。
③ 《马克思恩格斯文集》第5卷,人民出版社2009年版,第437页。

全,那么这项制度就不可能是科学的,也就不可能让人们对其充满信赖和支持。中国特色社会主义制度是一套相互衔接和紧密相连的制度体系,它有根本制度、基本制度和具体体制机制。这种严密的制度体系既能保障中国特色社会主义制度富含长期性、稳定性,又能充分发挥其灵活性。这就是科学性的体现。它能保证在对具体体制机制进行改革完善的同时,不至于影响根本制度的变化。毫无疑问,这种系统化设计就是一种制度自信。缺乏足够自信的制度是难以作出如此精致的顶层设计的。

(三)自我完善的革新能力彰显出高度自信

一个高度自信的制度从来不会回避自身存在的问题,相反总是通过自我革新来不断完善自己。中国特色社会主义制度正是如此,它告诉人们:坚定制度自信并不是说制度不存在问题,不需要革新完善制度体系,更是要对制度中存在的问题有深刻、清醒的认识,否则就是自我迷恋、固步自封。对此,习近平总书记有着清醒的警示:"中国特色社会主义制度是特色鲜明、富有效率的,但还不是尽善尽美、成熟定型的。中国特色社会主义事业不断发展,中国特色社会主义制度也需要不断完善。我们说坚定制度自信,不是要固步自封,而是要不断革除体制机制弊端,让我们的制度成熟而持久。"[1]这就是一种制度自信。其实,对中国特色社会主义制度有自我革新完善的能力充满自信,早在改革开放之初就体现出来了。邓小平在回应当时存在的一些质疑时说,"我们的制度将一天天完善起来,它将吸收我们可以从世界各国吸收的进步因素,成为世界上最好的制度。"[2]这里既蕴含着清醒的理性认知,同时也流露出高度的自信。试想,如果没有充分自信,何以直言制度会越来越好直至成为"世界上最好的制度"?

习近平总书记指出,"人类在漫长的历史长河中,创造和发展了多姿多彩的文明。各种人类文明在价值上是平等的,各有千秋,人类文明因多样才有交流互鉴的价值。文明交流互鉴,是推动人类文明进步和世界和平发展的重要动力。我们应该从不同文明中寻求智慧、汲取营养,为人们提供精神支撑和心灵慰藉,携手解

---

[1] 中共中央宣传部:《习近平总书记系列重要讲话读本(2014年版)》,学习出版社、人民出版社2014年版,第41—49页。
[2] 《邓小平文选》第2卷,人民出版社1994年版,第337页。

决人类共同面临的各种挑战。"①这就是说,制度的革新和完善离不开对人类文明成果的借鉴和参照。而且这本身也是一种自信,自信中国特色社会主义制度能够在与世界文明成果交流中实现自我完善而不至于被泯灭。

但是,制度真正的自我完善和革新还是蕴含于全面深化改革之中。改革是一个国家、一个民族的生存发展之道。习近平总书记强调,"改革是决定当代中国命运的关键一招,也是实现两个一百年奋斗目标,实现中华民族伟大复兴的关键一招。"②当前,全面深化改革是顺应时代发展发展潮流的必然选择,也是坚持制度改革完善的必然要求。通过全面深化改革,不断革除制度弊端,让中国特色社会主义制度变得更好更成熟更持久。正是从这个意义上,习近平总书记指出:"中国的改革是中国特色社会主义制度的自我完善和发展。我们要把完善和发展中国特色社会主义制度、推进国家治理体系和治理能力现代化作为全面深化改革的总目标,勇于推进理论创新、实践创新、制度创新以及其他各方面创新,让制度更加成熟定型,让发展更有质量,让治理更有水平,让人民更有获得感。"③这正是党的十八大以来,中国特色社会主义制度不断走向健全完善的内在机理。在这个过程中,广大人民群众充分认识到,对中国特色社会主义制度的自信不能迷恋、不能陷入制度神话,期望制度能解决所有问题本身就是不客观的,容易走向极端。理性的态度是不断调适和完善中国特色社会主义制度,使其更科学更健全。

三、中国特色社会主义制度自信的判断标准

通过什么样的标准来衡量制度自信,是在理解制度自信内涵时应该深刻把握的一个基准点。既然制度自信是社会成员对制度的一种积极评价和肯定赞誉,那么判断制度自信的主要标准也应从主观体认的角度来设定。

(一)对中国特色社会主义制度的先进性有积极体认

只有先进性的制度才能获得社会成员的认可和信赖,否则,难以获得人们的信任。实践证明,人们只有对其赖以生存和发展的制度先进性有了切身体会和深

---

① 习近平:《在联合国教科文组织总部的演讲》,载《人民日报》2014年3月28日,第3版。
② 中共中央宣传部:《习近平总书记系列重要讲话读本(2016年版)》,学习出版社、人民出版社2016年版,第68页。
③ 习近平:《在庆祝中国共产党成立95周年大会上的讲话》,载《人民日报》2016年7月2日,第2版。

刻感知，才会萌生出对制度的积极情感。由此可见，要评价社会成员是不是对某一制度持以充分信赖和积极评价，就需要观察和分析他们对这一制度先进性的认知态度。中国特色社会主义制度就是一种先进制度。正如习近平总书记在庆祝中国共产党成立95周年大会上的讲话中指出："中国特色社会主义制度是当代中国发展进步的根本制度保障，是具有鲜明中国特色、明显制度优势、强大自我完善能力的先进制度。"①广大人民群众信赖和支持中国特色社会主义制度，首先就是发自内心地认为它是一种先进的制度。

那么，中国特色社会主义制度的先进性来自哪里呢？其一，它来自对人类社会发展规律的高度把握。迄今为止，人类社会先后经历了原始社会、奴隶社会、封建社会、资本主义社会和社会主义社会这几大社会形态。它们都是从低向高依次递进的，体现了人类社会的发展规律。中国特色社会主义制度成长发展的历史已经被证明"它是中国共产党领导中国人民在马克思主义的指导下，遵循人类社会发展规律，从中国具体国情出发，经过90多年艰难曲折的持续探索形成和发展起来的"②。中国特色社会主义制度对人类社会发展规律的尊重，是建立在对生产力与生产关系二者关系架构清醒把握的基础之上。恩格斯早在170多年前就说过："社会制度中的任何变化，所有制关系中的每一次变革，都是产生了同旧的所有制关系不再相适应的新的生产力的必然结果。"③无论在何种形态的社会，"社会的物质生产力发展到一定阶段，便同它们一直在其中运动的现存生产关系或财产关系发生矛盾。于是，这些关系便由生产力的发展形式变成生产力的桎梏。那时社会革命的时代就到来了。"④中国特色社会主义制度从其诞生伊始就从中国国情出发，通过不断变革和完善生产关系，促进生产力发展，使一个一穷二白的国家日渐变成一个繁荣昌盛的社会主义现代化国家，让科学社会主义焕发出蓬勃生机。这就是对人类社会发展规律的高度把握。可喜的是，广大人民群众在日常生活中对此形成了清醒的认知。其二，具有良好的制度绩效。社会制度的先进性不仅仅是指制度自身所蕴含的价值正当性，还同其有效性直接关联。制度只有有效，才能

---

① 中共中央宣传部：《习近平总书记系列重要讲话读本（2016年版）》，学习出版社、人民出版社2016年版，第74页。
② 秦宣：《中国特色社会主义制度是具有明显制度优势的先进制度》，载《求是》2016年第21期。
③ 《马克思恩格斯文集》第1卷，人民出版社2009年版，第684页。
④ 《马克思恩格斯文集》第2卷，人民出版社2009年版，第591—592页。

让社会成员形成积极评价。比如,制度能带来经济增长、社会进步、政治文明、文化繁荣、生态改善、科技发展、国力强盛等。这些看得见摸得着的制度绩效,会使人们感受到制度的先进性,进而为生活在这种制度里感到骄傲自豪。反之,一个低效无能的制度往往会使社会成员对社会制度产生怀疑和自卑心理。改革开放以来,中国特色社会主义制度在推动经济社会发展过程中展现出了强大的生命力和战斗力,推动中国特色社会主义不断开辟新境界。广大人民群众既感受到了其客观真实的显见成效,也因此形成了积极肯定的支持态度。

由此可见,只要人们对这两个方面持以积极肯定态度,就可以判断出他们对中国特色社会主义制度持以积极认知。

(二) 对中国特色社会主义制度的未来趋势积极乐观

制度建设并不是一劳永逸的。一个能让社会成员对其充满信赖和支持的制度,必定不是静止不变的,更不会倒退,而会随着实践的发展不断前进。如果说对中国特色社会主义制度的先进性、优越性特别是客观的现实绩效表现出充分认可,是用当下的现实指标来衡量制度自信。那么,对其未来发展趋势的感知,则是用发展的预期指标来衡量制度自信。这两者是有机融合、辩证统一的,也契合中国特色社会主义制度是"发展的,不是一劳永逸的"的特质。因此,在评判、衡量制度自信时,不能忽视这种显见而又重要的衡量指标。

恩格斯早就有着清醒判断:"'社会主义社会'不是一种一成不变的东西,而应当和任何其他社会制度一样,把它看成是经常变化和改革的社会。"①制度建设的经验更是清晰地表明,"一个社会只有大多数社会成员对社会制度的未来发展走向表现出积极看法和充满信心时,即相信社会制度具有自我发展和创新能力,即使社会制度在未来运行时会出现这样或那样的问题,甚至是危机,但是仍相信社会制度具有自我调整、自我完善的能力,能够通过自我修复、自我革新加以解决,这才表明社会成员具有较高程度的制度自信。否则,如果社会成员对社会制度的未来走向持怀疑和悲观态度,则意味着社会成员对社会制度的信心不足或缺乏信心。"②作为一种先进制度,"社会主义制度是个好制度,必须支持"③。立基于中华

---

① 《马克思恩格斯文集》第 10 卷,人民出版社 2009 年版,第 588 页。
② 张帆:《关于制度自信的理论思考》,载《求实》2015 年第 9 期。
③ 《邓小平文选》第 3 卷,人民出版社 1994 年版,第 116 页。

民族5000多年悠久文明的传承、170多年中华民族发展历程的深刻总结、中华人民共和国成立60多年的持续探索和改革开放40年的伟大实践,中国特色社会主义制度更是具有光明前景和广阔的发展空间。中国共产党和中国人民完全有信心为人类对更好社会制度的探索提供中国方案。

当然,制度朝着美好的前景发展并不是说永远漫步在铺满鲜花的康庄大道上,其间也会遇到一些困难甚至挑战。正如马克思主义经典作家所言:"设想世界历史会一帆风顺、按部就班地向前发展,不会有时出现大幅度的跃退,那是不辩证的,不科学的,在理论上是不正确的。历史通常是循着曲折的道路发展的,马克思主义者必须善于重视历史的极其复杂奇特的曲折道路,这是无可争辩的。"[①]中国特色社会主义制度同样如此。其前景是光明的,但是在前进的道路上同样会遭遇一些自身无法一时彻底解决的突出问题以及西方发达国家的敌视等外在制约因素。这就意味着,在用未来的发展预期目标来衡量人们对中国特色社会主义制度信心、信赖等主观态度时,要引导人们用发展的眼光来作出认知和评价,特别是要树立久久为功、持之以恒的思维理念,不能搞"毕其功于一役"。就像邓小平1992年在视察南方时所讲:"恐怕再有三十年的时间,我们才会在各方面形成一整套更加成熟、更加定型的制度。"[②]这就是一种积极乐观的态度,也是对中国特色社会主义制度的积极信念。

(三) 对中国特色社会主义制度的现实不足有理性认知

制度自信并不是盲目的,而是建立在科学理性的基础上形成的积极、健康的态度。特别是要对制度自身所存在的不足有着清醒认知和理性判断,这是检验社会成员对制度自信的重要参照。无数事实证明,盲目自信、不正视甚至故意回避制度自身的不足,会让制度失去自我革新和完善的机会,逐渐丧失生存发展的战斗力和凝聚力,最终根本无法燃起人们对它的信赖。苏联模式的崩塌就是典型的经验教训。更何况,任何一种制度都不可能是十全十美的,总会或多或少地存在这样那样的问题或不足。如果说一种制度通过彰显强大绩效来获得社会成员的信赖和支持,会被人们看作是理所应当、自然而然的,那么当一种制度存在瑕疵或不足的时候,若还能获得人们对其持以积极认可、广泛支持的态度,并且愿意与它

---

① 《列宁专题文集》,人民出版社2009年版,第138—263页。
② 《邓小平文选》第3卷,人民出版社1994年版,第372页。

一起同舟共济,共同应对前进发展道路上的困难和挑战,则充分彰显出这种制度已经足够深入人心。而获得如此信赖和支持的社会制度,也必定是具有强大生命力的制度,尽管它目前仍存在一些不足。

中国特色社会主义制度是科学社会主义基本原则与当代中国鲜活实践紧密结合的先进制度,但是这并不意味着它是十全十美的。正如习近平总书记强调:"中国特色社会主义制度是特色鲜明、富有效率的,但还不是尽善尽美、成熟定型的。中国特色社会主义事业不断发展,中国特色社会主义制度也需要不断完善。"[1]这就告诉人们,对于中国特色社会主义制度,要有理性的认知态度,既要看到其先进性、科学性,也不能好高骛远地忽视其客观存在的不足。就当前存在的一些突出问题而言,制度不足主要集中体现在:制度体系不健全,需要有制度作为的地方却出现了制度漏洞、制度空挡;制度执行力不强,"牛栏关猫""橡皮图章"的制度运行困境时常出现;制度绩效不明显,正效应的发挥明显不足。正是站在提升中国特色社会主义制度整体水平的高度,习近平总书记反复强调:"我们要坚持以实践基础上的理论创新推动制度创新,坚持和完善现有制度,从实际出发,及时制定一些新的制度,构建系统完备、科学规范、运行有效的制度体系,使各方面制度更加成熟更加定型,为夺取中国特色社会主义新胜利提供更加有效的制度保障。"[2]

制度的不足并不构成我们失去信心的理由。相反,更激发了我们维护制度、健全完善制度的信心和动力。因此,在衡量和评价中国特色社会主义制度自信的过程中,应该把社会成员客观务实的理性态度作为重要参照。只有这样,才能避免盲目自信。

综上所述,关注中国特色社会主义制度自信的衡量标准是在理解制度自信这一重要议题时必须认真思考和着力解决的重大问题。将对中国特色社会主义制度先进性的积极体认、对中国特色社会主义制度未来趋势的积极乐观态度以及对中国特色社会主义制度不足的理性认知作为重要的评价参考标准,有其科学性和合理性。通过对这些指标的综合分析,能形成制度自信的准确判断。当然,由于

---

[1]《习近平谈治国理政》,外文出版社2014年版,第10页。
[2] 习近平:《紧紧围绕坚持和发展中国特色社会主义 学习宣传贯彻党的十八大精神》,载《人民日报》2012年11月19日,第2版。

这些指标大多是主观层面的因素，对其准确测量并不是一件容易的事情。这就需要进一步细化其二级和三级评估指标。这也应该成为未来一段时间相关研究亟需拓展的重要领域。

第四节　制度自信是根本保障性的自信

习近平总书记指出，坚持不忘初心、继续前进，就是要坚持中国特色社会主义道路自信、理论自信、制度自信和文化自信，坚持党的基本路线不动摇，不断把中国特色社会主义伟大事业推向前进。在"四个自信"中，中国特色社会主义道路是实现社会主义现代化、创造人民美好生活的必由之路，中国特色社会主义理论体系是指导党和人民实现中华民族伟大复兴的正确理论，中国特色社会主义制度是当代中国发展进步的根本制度保障，中国特色社会主义文化是激励全党全国各族人民奋勇前进的强大精神力量。制度自信是根本保障性的自信，它彰显出鲜明的中国特色、明显的制度优势和强大的自我完善能力。

一、"四个自信"是一个有机统一体

党的十八大以来，站在新的历史起点上，以习近平同志为核心的党中央高举中国特色社会主义伟大旗帜，不断推进中国特色社会主义事业向前发展，党和国家的面貌焕然一新，党和国家的事业取得了历史性成就、发生了深刻变革，中国特色社会主义进入新时代。在推进中国特色社会主义伟大事业的征程中，以习近平同志为核心的党中央大力发扬马克思主义政党与时俱进的理论品格，紧紧围绕新时代坚持和发展什么样的中国特色社会主义、怎样坚持和发展中国特色社会主义这个重大时代课题进行理论创新，形成了习近平新时代中国特色社会主义思想。习近平新时代中国特色社会主义思想是马克思主义中国化最新成果，是党和人民实践经验和集体智慧的结晶，是中国特色社会主义理论体系的重要组成部分，是全党全国人民为实现中华民族伟大复兴而奋斗的行动指南。

坚定道路自信、理论自信、制度自信、文化自信是习近平新时代中国特色社会主义思想的重要组成部分。习近平总书记在庆祝中国共产党成立95周年大会上进一步明确指出："坚持不忘初心、继续前进，就要坚持中国特色社会主义道路自信、理论自信、制度自信、文化自信，坚持党的基本路线不动摇，不断把中国特色社

会主义伟大事业推向前进。"在党的十九大报告中,习近平总书记强调:"全党要更加自觉地增强道路自信、理论自信、制度自信、文化自信,既不走封闭僵化的老路,也不走改旗易帜的邪路,保持政治定力,坚持实干兴邦,始终坚持和发展中国特色社会主义。"①与此同时,近年来,习近平总书记在不同场合对为什么要坚定"四个自信"、怎样坚定"四个自信"等问题,从理论和实践的高度作出了精辟阐述。从理论上看,"四个自信"源于马克思、恩格斯创立的科学社会主义的科学性和中国共产党人带领中国人民在改革开放的伟大实践中创立的中国特色社会主义的科学性。从实践上看,"四个自信"源于中国特色社会主义的成功实践和中国人民对中国共产党领导的中国特色社会主义事业的衷心拥护。"四个自信"彰显中国共产党人和中国人民对中国特色社会主义的高度自信,表达了中国共产党人和中国人民坚持和发展中国特色社会主义的坚定决心和坚定信心。

中国特色社会主义道路、中国特色社会主义理论体系、中国特色社会主义制度、中国特色社会主义文化是一个相互联系、相互作用、相辅相成的有机统一整体,并统一于新时代中国特色社会主义伟大事业的实践中。中国特色社会主义伟大事业的实践是"四个自信"的源头活水和深厚沃土。

中国特色社会主义道路是实现社会主义现代化、创造人民美好生活的必由之路。中国特色社会主义道路,是在中国共产党领导下,立足基本国情,以经济建设为中心,坚持四项基本原则,坚持改革开放,解放和发展社会生产力,建设社会主义市场经济、社会主义民主政治、社会主义先进文化、社会主义和谐社会、社会主义生态文明,促进人的全面发展,逐步实现全体人民共同富裕,建设富强民主文明和谐的社会主义现代化国家。道路自信是自信之用,关系到中国特色社会主义的实现路径是否科学。在社会主义历史时期,民族国家将长期存在。由于各个民族国家的历史传统和现实国情不同,各个国家建设社会主义的具体道路也会有所不同,体现出各自的特色。中国特色社会主义道路正是基于我国的历史传统和现实国情而发展出来的一条在中国进行社会主义建设的道路。历史和实践早已告诉人们,中国特色社会主义这条道路是在改革开放 30 多年的伟大实践中走出来的,是在中华人民共和国成立 60 多年的持续探索中走出来的,是在对近代以来 170 多

---

① 习近平:《决胜全面建成小康社会　夺取新时代中国特色社会主义伟大胜利》,人民出版社 2017 年版,第 17 页。

年发展历程的深刻总结中走出来的,是在对中华民族五千多年悠久文明的传承中走出来的,具有深厚的历史渊源和广泛的现实基础。可见,中国特色社会主义道路是我们党和人民在长期历史发展过程中历尽千辛万苦、付出巨大代价探索出来的,是中国人民自主选择、自主设计、自主探索出的独特发展道路,是被实践证明的正确道路。中国特色社会主义道路之所以能带领中华民族走向复兴、国家走向富强、人民实现幸福,最根本的原因在于这条道路符合中国实际,符合中国最广大人民群众的根本利益,符合人类社会发展规律。今天,坚定道路自信就是要坚信它能引领我们顺利实现社会主义现代化,能创造人民美好生活。

中国特色社会主义理论体系是指导党和人民实现中华民族伟大复兴的正确理论。中国特色社会主义理论体系,是包括邓小平理论、"三个代表"重要思想、科学发展观、习近平新时代中国特色社会主义思想在内的科学理论体系,是对马克思列宁主义、毛泽东思想的坚持和发展。这个理论体系凝结了几代中国共产党人带领人民不懈探索实践的智慧和心血,是马克思主义中国化第二次历史性飞跃的最新成果,是党最宝贵的政治和精神财富,是全国各族人民团结奋斗的共同思想基础。理论自信是自信之魂,关系到中国特色社会主义的行动指南是否科学。习近平总书记在不同场合多次指出:"我们党是高度重视理论建设和理论指导的党""只有掌握科学理论才能正确把握前进方向""理论上坚定成熟,什么力量也不能动摇我们""理论上清醒,政治上才能坚定"。这正是告诉我们,理论是实践的先导,思想是行动的指南。中国特色社会主义事业需要科学理论指导,坚持和发展中国特色社会主义必须高度重视理论的作用,增强理论自信和战略定力。实际上,中国共产党自诞生之日就坚持以马克思主义这一科学理论作为自己的指导思想,并在实践中不断把马克思主义普遍原理同中国革命、建设和改革的具体实际相结合,创造性地发展了中国特色社会主义理论体系。理论自信源于中国共产党人和中国人民对中国特色社会主义真理性、价值性的坚定信念,源于中国特色社会主义在中国的成功实践和辉煌成就。马克思主义具有科学性和革命性,它是对客观世界特别是人类社会本质和规律的正确反映,是广大人民群众认识世界和改造世界的强大思想武器。中国特色社会主义理论是马克思主义中国化的最新产物,是马克思主义在中国的新发展,深刻阐明了当代中国社会发展的客观规律与演进逻辑,是经过40年改革开放的实践证明了的科学思想理论。今天,坚信理论自信就是坚信中国特色社会主义理论体系能指导我们成功实现中华民族伟大复兴。

中国特色社会主义制度是当代中国发展进步的根本制度保障。中国特色社会主义制度，包含人民代表大会制度的根本政治制度，中国共产党领导的多党合作和政治协商制度、民族区域自治制度以及基层群众自治制度等基本政治制度，中国特色社会主义法律体系，公有制为主体、多种所有制经济共同发展的基本经济制度，以及建立在这些制度基础上的经济体制、政治体制、文化体制、社会体制等各项具体制度。制度自信是自信之本，关系到中国特色社会主义事业能否获得制度保障。习近平总书记在庆祝中国共产党成立95周年大会上指出："中国特色社会主义制度是当代中国发展进步的根本制度保障，是具有鲜明中国特色、明显制度优势、强大自我完善能力的先进制度。"[①]中国特色社会主义制度是中国共产党领导中国人民在长期的革命、建设和改革的历史进程中作出的必然选择，是科学社会主义理论逻辑和中国社会发展历史逻辑的辩证统一。历史证明，只有社会主义制度才能救中国，只有中国特色社会主义制度才能发展中国。中国特色社会主义制度，一方面体现了科学社会主义的基本原则，另一方面体现了中国的特定历史和现实国情，有着科学的理论基础、深厚的历史渊源和广泛的现实基础。实践证明，今天中国经济社会发展的一切成就，就是在中国特色社会主义制度的实践结果。当代中国特色社会主义发展的成功，从本质上说，就是中国特色社会主义制度的成功。今天，坚定制度自信就是要坚信它能为当代中国发展进步提供根本制度保障。

中国特色社会主义文化是激励全党全国各族人民奋勇前进的强大精神力量。中国特色社会主义文化包括中华优秀传统文化、革命文化以及社会主义先进文化。文化自信是自信之源，关系到中国特色社会主义的精神支柱能否挺立。习近平总书记指出："文化是一个国家、一个民族的灵魂。文化兴国运兴，文化强民族强。没有高度的文化自信，没有文化的繁荣兴盛，就没有中华民族伟大复兴。中国特色社会主义文化，源自于中华民族五千多年文明历史所孕育的中华优秀传统文化，熔铸于党领导人民在革命、建设、改革中创造的革命文化和社会主义先进文

[①] 习近平：《在庆祝中国共产党成立95周年大会上的讲话》，载《人民日报》2016年7月2日，第2版。

化,植根于中国特色社会主义伟大实践。"①文化是一个民族的血脉和灵魂,是本民族深层的精神信仰和价值追求。在中华民族5000多年的文明发展中,中华民族创造了人类历史上唯一没有中断的中华优秀传统文化,在革命年代中国共产党人创造了革命文化,在社会主义现代化建设中又创造了社会主义先进文化。包含中华优秀传统文化、革命文化和社会主义先进文化的中国特色社会主义文化积淀着中华民族最深层的精神追求,代表着中华民族独特的精神标识,是中华民族生生不息、继往开来的精神力量。从这个意义上讲,增强文化自觉和文化自信,是坚定道路自信、理论自信、制度自信的题中应有之义。文化自信是道路自信、理论自信、制度自信的精神支柱与心理基石,是渗透在道路自信、理论自信、制度自信中的精神基因。中国特色社会主义道路、中国特色社会主义理论体系和中国特色社会主义制度都植根于中华优秀传统文化传统之中。文化自信体现了中国共产党人和中国人民对中华民族的自我认同,对中国特色社会主义的自我肯定。今天,坚定制度自信就是要坚信中国特色社会主义文化能凝聚起激励全党全国各族人民奋勇前进的强大精神力量。

二、制度自信具有根本性意义

制度问题是更具有根本性、全局性、稳定性和长期性的问题。在"四个自信"中,中国特色社会主义制度自信的地位体现为:中国特色社会主义制度自信是中国特色社会主义自信之本,是中国特色社会主义道路自信、中国特色社会主义理论自信、中国特色社会主义文化自信的客观前提和现实基础。

制度建设从来就是治国理政之根本。早在20世纪80年代初,邓小平就指出,制度问题是具有根本性、全局性、稳定性和长期性的问题。今天,习近平总书记进一步强调:"真正实现社会和谐稳定、国家长治久安,还是要靠制度,靠我们在国家治理上的高超能力,靠高素质干部队伍。我们要更好地发挥中国特色社会主义制度的优越性,必须从各个领域推进国家治理体系和治理能力现代化。"②没有坚定的制度自信就不可能有全面深化改革的勇气。党的十八届三中全会把"完善和发

---

① 习近平:《决胜全面建成小康社会　夺取新时代中国特色社会主义伟大胜利》,人民出版社2017年版,第41页。
② 习近平:《切实把思想统一到党的十八届三中全会精神上来》,载《人民日报》2014年1月1日,第2版。

展中国特色社会主义制度、推进国家治理体系和治理能力现代化"作为全面深化改革的总目标。党的十九大又把"明确全面深化改革总目标是完善和发展中国特色社会主义制度、推进国家治理体系和治理能力现代化"作为习近平新时代中国特色社会主义思想重要组成部分。由此可见,我们党充分认识到制度在国家建设、社会发展中的重要性,并且始终把制度建设摆在突出位置。

  制度是决定一个国家社会性质的根本标志。一个国家选择什么样的社会制度,决定了这个国家选择什么样的发展道路以及选择什么样的理论作为指导思想,并会影响这个国家主流文化的发展。同时,一个国家选择的社会制度对这个国家经济社会发展的效率也发挥着重要作用,一个先进的社会制度能有效地促进这个国家经济社会的发展。正如习近平总书记指出:"实现中华民族伟大复兴,必须建立符合我国实际的先进社会制度。我们党团结带领人民完成社会主义革命,确立社会主义基本制度,推进社会主义建设,完成了中华民族有史以来最为广泛而深刻的社会变革,为当代中国一切发展进步奠定了根本政治前提和制度基础,实现了中华民族由近代不断衰落到根本扭转命运、持续走向繁荣富强的伟大飞跃。"①事实正是如此,中国之所以在近代历史发展中落后于西方国家,并受到列强的欺凌侵略,一个重要原因就是制度落后。从某种意义上说,一部中国近现代史就是中国人民选择社会制度的历史。中国人民之所以选择了社会主义制度,是因为社会主义制度符合人类社会发展规律、符合中国国情、与资本主义制度相比有着巨大优势。社会主义基本制度在中国的确立,为我们在改革开放中探索中国特色社会主义制度奠定了基础和前提。正如习近平总书记所言:"中国特色社会主义制度,坚持把根本政治制度、基本政治制度同基本经济制度以及各方面体制机制等具体制度有机结合起来,坚持把党的领导、人民当家作主、依法治国有机结合起来,符合我国国情,集中体现了中国特色社会主义的特点和优势。"②正是由于我们始终坚持中国特色社会主义制度,我们才能在短短40年时间里取得举世瞩目的伟大成就。可以说,中国改革开放取得成功的根本原因就在于我们坚持中国特

---

① 习近平:《决胜全面建成小康社会　夺取新时代中国特色社会主义伟大胜利》,人民出版社2017年版,第14页。
② 习近平:《紧紧围绕坚持和发展中国特色社会主义　学习宣传贯彻党的十八大精神》,载《人民日报》2012年11月19日,第2版。

色社会主义制度。这就是习近平总书记概括的"四个有效":能够有效保证人民享有更加广泛、更加充实的权利和自由,保证人民广泛参加国家治理和社会治理;能够有效调节国家政治关系,发展充满活力的政党关系、民族关系、宗教关系、阶层关系、海内外同胞关系,增强民族凝聚力,形成安定团结的政治局面;能够集中力量办大事,有效促进社会生产力解放和发展,促进现代化建设各项事业,促进人民生活质量和水平不断提高;能够有效维护国家独立自主,有力维护国家主权、安全、发展利益,维护中国人民和中华民族的福祉。

中国特色社会主义制度之所以具有根本性的意义,还在于中国特色社会主义制度的最大优势是中国共产党的领导。政治制度在一个国家的制度体系中处于关键环节,中国特色社会主义制度体系的关键环节就是中国特色政治制度,中国共产党的领导又是中国特色社会主义政治制度的最大优势。"没有中国共产党,就没有社会主义新中国。"同样,没有中国共产党的领导,中国特色社会主义政治制度就是空谈了,中国特色社会主义制度也就失去了根基。习近平总书记明确指出:"中国特色社会主义政治发展道路,是近代以来中国人民长期奋斗历史逻辑、理论逻辑、实践逻辑的必然结果,是坚持党的本质属性、践行党的根本宗旨的必然要求。中国特色社会主义最本质的特征是中国共产党的领导,中国特色社会主义制度的最大优势是中国共产党的领导。坚持和完善党的领导,是党和国家的根本所在、命脉所系,是全国各族人民的利益所在、幸福所在。"①中国特色社会主义制度是中国共产党带领中国人民在长期的革命、建设和改革的伟大实践中形成和创造的,是被实践检验符合中国国情、具有独特优势和强大生命力的制度。中国共产党是中国特色社会主义事业的领导者,中国共产党的领导是中国特色社会主义制度的核心和关键。在彰显中国特色社会主义制度的最大优势是中国共产党领导的同时,中国特色社会主义制度又很好地把坚持党的领导与人民当家作主、依法治国有机统一起来,一方面确保了国家的一切权力属于人民、确保了人民当家作主,另一方面确保了坚持全面依法治国,建设社会主义法治国家。基于此,就不难理解为什么习近平总书记多次强调:"坚定中国特色社会主义制度自信,首先要坚定对中国特色社会主义政治制度的自信,增强走中国特色社会主义政

---

① 习近平:《决胜全面建成小康社会　夺取新时代中国特色社会主义伟大胜利》,第20页,人民出版社2017年版。

治发展道路的信心和决心。我们完全有信心、有能力把我国社会主义民主政治的优势和特点充分发挥出来,为人类政治文明进步作出充满中国智慧的贡献!"①

三、制度自信发挥保障性作用

中国特色社会主义制度是改革开放以来我们党所积累的重要发展成果,它集中体现了中国特色社会主义的特点和优势,是当代中国发展进步的根本制度保障。中国特色社会主义制度自信在"四个自信"中的核心地位鲜明体现为中国特色社会主义制度自信对其他三个自信起着保障性作用,为道路自信、理论自信和文化自信提供体制依托和制度保障。

中国特色社会主义制度自信对中国特色社会主义道路自信起着保障作用。制度决定道路。制度的性质决定了道路的前进方向。有什么样的社会制度就会选择什么样的发展道路。发展道路是社会制度性质和内容的具体体现和展开,是实现途径。在道路的前进过程中,制度会始终对道路的方向起着规制作用,指引道路沿着正确的方向前进,防止道路的方向走向偏差。所以,从某种意义上说,如果没有中国特色社会主义制度,就没有中国特色社会主义道路。事实也正是如此,我国是先建立起社会主义制度,再在此基础上探索出中国特色社会主义发展道路。从社会制度建设的角度来看,中国共产党领导中国人民进行革命、建设和改革的历程可以说就是中国特色社会主义制度建立和发展的历程。中国特色社会主义道路则伴随着中国特色社会主义制度而不断开拓发展。这个历程可以分为四个阶段。第一个阶段是1921年到1949年。这段时期,中国共产党人带领中国人民基本完成了新民主主义革命,建立了中华人民共和国,实现了民族独立、人民解放。中华人民共和国的成立为建立社会主义制度奠定了政治基础。第二阶段是中华人民共和国成立到1956年基本完成社会主义三大改造。这段时期是新民主主义社会向社会主义社会过渡时期。在迅速医治战争创伤、恢复国民经济的基础上,于1956年基本完成了对农业、手工业和资本主义工商业的社会主义改造,标志着社会主义制度在中国基本建立。社会主义制度在中国基本建立则

---

① 习近平:《在庆祝全国人民代表大会成立60周年大会上的讲话》,载《人民日报》2014年9月6日,第2版。

为当代中国一切的发展奠定了根本政治前提和制度基础,更为中国特色社会主义道路的探索奠定了基础。第三个阶段是1956年到1978年。这段时期,中国共产党领导中国人民进行了社会主义建设,为建立中国特色社会主义制度提供了基本经验,也为独立探索和开辟适合中国国情的社会主义道路积累了经验。第四个阶段是1978年改革开放直至今天。这段时期,中国共产党作出改革开放的历史性决策,领导中国人民坚定不移地推进改革开放,并明确提出必须搞清楚什么是社会主义、怎样建设社会主义这个重大理论和实际问题,不断建立和完善符合中国国情、充满生机活力的新的体制机制,依据新的实践确立了社会主义市场经济体制的改革目标和基本框架,确立了社会主义初级阶段的基本经济制度和分配制度,推进党的建设新的伟大工程,中国特色社会主义制度在改革开放的实践中得以形成和完善,而中国特色社会主义道路则同步得以开拓和发展。党的十八大以来,以习近平同志为核心的党中央高度重视中国特色社会主义制度建设,把完善和发展中国特色社会主义制度、推进国家治理体系和治理能力现代化作为全面深化改革的总目标,这表明我们把制度建设提高到国家治理体系和治理能力现代化的重要层面,既规定了根本方向,又规定了所走路线,因此不仅在制度建设上取得了重大成绩,国家治理体系和治理能力上也积累了丰富经验。从实践上看,中国经济社会的高速发展持续了40年,而且相对世界经济而言,中高速的增长还在继续,中国发展的长期性和稳定性在世界现代经济史上不能不说是一个奇迹,足以说明一个事物存在发展的稳定性、规律性和合理性。从发展的结果来看,中国40年来发生了翻天覆地的变化,政治经济社会文化发展取得了巨大成就,人民群众的物质生活水平、综合国力和国家的国际地位大幅提升。事实雄辩地证明:只要充分展现和发挥好中国特色社会主义制度的优越性,中国特色社会主义道路就会走得对、走得好,也必将越走越宽阔。

中国特色社会主义制度自信对中国特色社会主义理论自信起着保障作用。实践决定认识,理论源于实践。理论是对实践经验的归纳总结和提升升华。没有具体的实践经验,所谓的理论就是无源之水、无本之木了,在此基础上提出的理论也不可能具有科学性。从某种意义上看,制度和理论也可以说是一种实践与认识的关系。这是因为,制度虽然在起初阶段是一种观念形态,但其更多是以一种实践的形态在国家的政治、经济、文化各领域实施运行,同时又是实践运行的依据并为其提供保障,而理论则是对制度实施运行情况的总结和升华。具体说来,中国特色社会主义是实践、理论、制度的紧密结合,既把成功的实践上升为理论,又以正确的理论指导新的实践,同时把在实践中已见成效的方针政策及时上升为中国特色社会主义制度。中国特色社会主义理论体系最终要体现在实践层面,落实到制度建设上。也就是说,中国特色社会主义理论体系是在中国特色社会主义事业的实践中凝练起来的,是改革开放以来中国特色社会主义建设实践的经验总结。这个经验总结的一个重要实践来源就是中国特色社会主义制度在社会各领域的具体实施运行。中国特色社会主义理论实质是中国特色社会主义制度实施运行情况在思想观念上的认识升华和理论抽象。中国特色社会主义实践成果和经验都需要制度规范来保障和巩固。事实也是如此,无论是邓小平理论、"三个代表"重要思想、科学发展观,还是习近平新时代中国特色社会主义思想,都是在中国特色社会主义制度实践运行中生长和形成的,并体现和渗透着中国特色社会主义制度各方面的具体内容。40年持续快速的增长以及所取得的巨大成就,绝非偶然,而是有其内在的历史必然性。中国的成功自有其成功之道,这个成功之道就是"中国理论"和"中国制度"。党的十八大以来,以习近平同志为核心的党中央紧紧围绕新时代坚持和发展什么样的中国特色社会主义、怎样坚持和发展中国特色社会主义这个重大时代课题进行理论创新,形成了习近平新时代中国特色社会主义思想。习近平新时代中国特色社会主义思想全面系统回答了新时代坚持和发展中国特色社会主义的总目标、总任务、总体布局、战略布局和发展方向、发展方式、发展动力、战略步骤、外部条件、政治保证等基本问题,既深化、拓展、丰富了中国道路的理论形态,同时又对中国道路的制度形态即根本保障提出了新的实践要求,是中国特色社会主义制度在新时代的实践中形成的新理论体系。党的十九大的胜利召开,是在新的历史起点上把中国特色社会主义事业推向新的高度,迈向社会主义现代化强国的新征程,一个重要的内容和标志就是中国特色社会主义制度体系的成熟和定型。

中国特色社会主义制度自信对中国特色社会主义文化自信起着保障作用。文化是人类在改造世界包括改造人自身的对象性活动中所展示的,体现人的本质、力量、尺度的方面及其成果,是人类所创造的"人工世界"及其人化形式。"一定的文化是一定社会的政治和经济在观念形态上的反映。"这表明,文化本质上是人在改造世界的实践活动中的生存力量和创造力量的外化,并具体体现为对一定社会的经济"力量"和政治"力量"的反映。而一定社会的经济"力量"和政治"力量"则是这个社会的制度"力量"的具体体现。因此,制度"力量"是文化"力量"的基础,文化"力量"是"制度"力量的外化。具体来说,当代中国制度体系是历史地形成的,独特的基本国情、独特的历史命运和独特的文化传统形成了中国特有的制度,中国特色社会主义文化本质上是对中国特色社会主义制度在实践中显示出来的实践"力量"在观念形态上的反映。离开了中国特色社会主义制度的"力量",中国社会主义文化的"力量"也就失去了支柱。而反映中国特色社会主义制度的"力量"本身就是中国特色社会主义文化的应有之义。如中国文化传统中的天下胸襟,要求以海纳百川的气度不断包容、吸收、融合各种先进文化,从而使中华文化保持旺盛的生机活力,也使中国制度具有强大生命力。坚定中国特色社会主义制度自信,说到底是要坚定文化自信。所以,强调中国特色社会主义制度自信必须要强调中国特色社会主义文化自信。另外,对中国特色社会主义制度的自信还会深深影响中华民族的民族心理,促使广大人民群众树立自强自信之精神。这也有助于人民群众对中国特色社会主义文化自信。再者,从具体的实践层面看,制度还可以通过具体的制度规则为文化的发展提供政策支持和保障。事实上,党的十八以来,习近平总书记之所以多次强调文化自信,一个重要原因就是中国特色社会主义制度的特有的本质、鲜明的特色和巨大的优势得到了充分展现。党的十九大,中国特色社会主义文化被写入党章,上升到党的根本大法中,既体现了文化的重要性,又显示出对中国特色社会主义制度的高度自信,为我们强调要有文化自信奠定了根本的"力量"。

可以说,中华人民共和国成立以来的社会主义中国社会取得了巨大的进步,发生了历史性变化,这都得益于中国特色社会主义的制度优势。道路选择、理论创新和文化繁荣,都要靠制度来保障;道路自信、理论自信和文化自信,也必然体现为制度自信。正如习近平总书记在庆祝中国共产党成立95周年大会上的讲话中指出:"我们要坚信,中国特色社会主义制度是当代中国发展进步的根本制度保障,是具有鲜明中国特色、明显制度优势、强大自我完善能力的先进制度。"

第一章　中国特色社会主义制度自信的历史渊源

习近平总书记在党的十九大报告中指出,中国特色社会主义进入新时代,"意味着科学社会主义在二十一世纪的中国焕发出强大生机活力,在世界上高高举起了中国特色社会主义伟大旗帜"①。这是一个伟大的科学论断,是一篇嘹亮的时代宣言,中国共产党带领全党全国各族人民开创的新时代中国特色社会主义事业,展现了科学社会主义的无比优越性和强大生命力。不忘初心,方得始终。中国特色社会主义,说到底,是社会主义而不是其他什么主义,是植根于中国大地、反映中国人民意愿、适应中国和时代发展进步要求的科学社会主义。因此,当我们讲述中国特色社会主义制度自信的中国故事的时候,不能忘记世界社会主义的历史渊源和人类对于社会主义制度的艰辛探索。江河万里总有源,树高千尺也有根。社会主义思想从提出到现在,已有500年时间。站在新的历史起点上,考察这个漫长的历史过程,有助于我们更加清醒地认识新时代中国特色社会主义的历史方位,增强国人对中国特色社会主义制度的价值认同,从而更好地坚持和弘扬中国特色社会主义制度自信。

---

① 习近平:《决胜全面建成小康社会　夺取新时代中国特色社会主义伟大胜利》,人民出版社2017年版,第10页。

第一节　空想社会主义对社会主义制度的设想

社会主义的最初形态是空想社会主义,又称"乌托邦社会主义",是人们对未来社会的美好向往与憧憬,同时也是一种缺乏实现途径的理论设想或空想学说。空想社会主义是在批判和否定资本主义的过程中发展起来的,不仅包含某些学说、理论、理想,还包括为争取实现这些美好理想而进行的制度设想和初步实践。

一、空想社会主义产生的社会历史条件

资本主义生产方式的出现,是空想社会主义产生的历史前提。空想社会主义是人类进入资本主义社会后,作为资本主义的对立物、批判者出现的。16世纪的西欧,随着商品生产的发展和世界市场的开辟,封建社会自给自足的小生产方式开始瓦解,资本主义生产方式逐步形成,资产者和无产者两支新生的阶级力量登上历史舞台。马克思、恩格斯在《共产党宣言》中指出:"资产阶级在它已经取得了统治的地方把一切封建的、宗法的和田园诗般的关系都破坏了。它无情地斩断了把人们束缚于天然尊长的形形色色的封建羁绊,它使人和人之间除了赤裸裸的利害关系,除了冷酷无情的'现金交易',就再也没有任何别的联系了。"[①]在资本主义生产方式下,无论是新生的资产阶级还是新生的无产阶级,他们在生产、交换、分配和消费的过程中,在工作和生活过程中,都表现出与过去曾经出现的阶级的极大不同。

伴随着资本主义生产方式的产生和发展,出现了新的阶级对立和社会矛盾。空想社会主义思想家托马斯·莫尔描述的"羊吃人",就是英国野蛮的资本主义原始积累过程的真实写照。资本主义原始积累的实际作用,是用暴力手段迫使生产者和生产资料相分离,被迫沦为无产者,被驱入资本主义工场,被迫接受资本家的廉价雇佣剥削。紧随英国之后的,是法国、德国等国的资本主义发展。从简单协作手工业到工场手工业,再到大机器工业阶段,期间经历了地理大发现、德国宗教改革、法国启蒙运动等重大历史事件,有力催生和促进了空想社会主义理论的诞生。在资本主义制度下,广大劳动群众处于新的枷锁之中,政治上无权,经济上贫

---

① 《马克思恩格斯文集》第2卷,人民出版社2009年版,第33—34页。

困,活生生的现实打破了启蒙学者对这个新社会的美好预言。正如马克思在《资本论》中指出的:"资本来到世间,从头到脚,每个毛孔都滴着血和肮脏的东西。"①资本主义社会中的上流人士虚伪、贪婪、凶残,下层民众处境悲惨,无产阶级改变社会现状的愿望和要求日益强烈。

这一时期,西欧各国特别是英国、德国和意大利,社会矛盾和斗争空前激烈。早期无产者和劳动群众在参加反封建斗争的同时也表达了自己的政治要求,主张社会平等,反对一切剥削和压迫,要求建立没有剥削和压迫的理想社会。当然,这一时期无产阶级并不理解资本主义的本质,不理解自己遭受剥削和奴役的真正原因,他们采取的斗争方式,多是本能的反抗和消极的抵制,往往把工厂和机器视为贫困的根源,采取捣毁机器、破坏工厂的行动。这些行动表明,当时的无产阶级还非常幼稚,在不成熟的资本主义发展状况下,不成熟的无产阶级渴望改变自身生存条件的需要,导致产生了空想社会主义。正如恩格斯所指出的:"不成熟的理论,是同不成熟的资本主义生产状况、不成熟的阶级状况相适应的。解决社会问题的办法还隐藏在不发达的经济关系中,所以只有从头脑中产生出来。"②

空想社会主义的出现,虽然扎根于特定的社会历史土壤中,但是,同任何新的学说一样,都是以已有的思想为原材料的。早期空想社会主义从古代哲学家如柏拉图、亚里士多德等人的著作中,从基督教的传说中,吸取了大量的思想素材,还吸取了早期地理大发现带来的新知识。15世纪末16世纪初,欧洲兴起了开辟美洲和亚洲新航路的热潮,人们对介绍新发现地区的风土人情的文章很感兴趣,以各类游记为甚。莫尔等人从这些游记中所描写的尚处在原始公社阶段的土著人的生产资料共有、共同劳动、平均分配的生活景象中受到了诸多启发。

随着启蒙运动的开展,资产阶级启蒙思想成为空想社会主义的直接思想材料。18世纪被称为启蒙时代,法国启蒙运动是这个时代欧洲启蒙运动的中心,它直接影响推动了欧洲各国的启蒙运动,使人类的思想变革逐步走向高潮。启蒙思想家们运用理论性的思想武器,对封建专制制度和维护这种制度的宗教神学进行猛烈批判,同时,也横扫了与封建制度共生的一切旧传统、旧观念和旧文化。启蒙运动的兴起和发展,不仅为资产阶级革命做好了舆论准备,而且促进了现代无产

---

① 《马克思恩格斯选集》第2卷,人民出版社1995年版,第266页。
② 《马克思恩格斯文集》第3卷,人民出版社2009年版,第528页。

阶级先驱者意识的觉醒。启蒙运动宣扬人道主义,崇尚自由、平等、博爱、民主、人权、理性、科学、个性解放,反对迷信、盲从、专制、独裁等。18世纪的空想社会主义思想家,如让·梅叶、摩莱里、马布利、格拉古·巴贝夫等,深受启蒙运动的影响,他们的著作中充满了"理性""平等""公平""正义""和谐"等词句。当然,有的学者将梅叶、摩莱里和马布利视为启蒙思想家之列。恩格斯深刻地揭示了这种关系:"现代社会主义,就其内容来说,首先是对现代社会中普遍存在的有财产者和无财产者之间、资本家和雇佣工人之间的阶级对立以及生产中普遍存在的无政府状态这两个方面进行考察的结果。但是,就其理论形式来说,它起初表现为18世纪法国伟大的启蒙学者们所提出的各种原则的进一步的、似乎更彻底的发展。"①19世纪初的空想社会主义者也是如此,其理论首先就来源于那个时代已有的思想材料。

二、空想社会主义的发展历程

空想社会主义诞生以后,其思想理论的发展,是随着资本主义矛盾的激化、无产阶级与资产阶级斗争的发展而发展的。在数百年的历程中,欧洲的空想社会主义经历了三个发展阶段,即资本主义产生和形成时期的早期空想社会主义(16—17世纪);手工工场和资产阶级革命时期的法国空想社会主义(18世纪);产业革命和资产阶级统治时期的批判的空想社会主义(19世纪初)。

随着无产阶级要求改变遭受剥削和压迫社会现状的愿望日益强烈,早期空想社会主义应运而生。16世纪初到17世纪末,莫尔、闵采尔、康帕内拉和温斯坦莱等人用文学的形式批判资本主义带来的种种灾难和罪恶,阐述他们对没有剥削和压迫、人人平等的理想社会的构想,为空想社会主义学说奠定了基础。16—17世纪,资本主义刚刚创立,一切弊端还没有充分暴露,无产阶级还很弱小,故空想社会主义者的批判虽然尖锐,但不深刻,关于未来只停在虚构上,以文学的形式反映出来,甚至还带有许多消极落后的东西。但不论怎样,这是对刚刚创立的资本主义的一次集中揭露,为空想社会主义学说奠定了基础,恩格斯称之为"共产主义思想的微光"。

---

① 《马克思恩格斯选集》第3卷,人民出版社1995年版,第719页。

18世纪是资本主义工场手工业发展的全盛时期,空想社会主义者开始摆脱早期纯粹虚构的幻想,使社会主义思想由文学游记形态发展为理论形态。梅叶、摩莱里、马布利和巴贝夫等人从法理角度批判资本主义私有制,以法律条文的形式阐述未来理想社会的基本原则,逐渐确立了"平等"在社会主义思想中的核心地位,并使其"平等观"超越了资产阶级平等观的狭隘眼界,由政治平等发展到经济平等。但同样由于时代的、认识的局限性,这时的空想社会主义者们普遍有平均主义和禁欲主义的色彩。

19世纪初,世界主要资本主义国家进入了产业革命时期,资本主义的基本矛盾日益深化,无产阶级和资产阶级的对立和斗争进一步激化。资产阶级知识分子中一些同情劳动群众的先进分子,开始揭露和批判资本主义制度所表现出来的弊病,幻想消除这些弊病并设计新的理想社会的方案。这批杰出代表中,法国的圣西门、傅立叶和英国的欧文被称为三大空想社会主义者,他们继承以往的空想社会主义思想,吸收18世纪法国启蒙学者的理论形式,在批判资本主义社会制度的同时,对未来社会提出了许多积极合理的设想,将空想社会主义的发展推至一个高峰。每一个空想社会主义者都是他们那个时代杰出的社会改革家和革命家,特别是三大空想社会主义者把空想社会主义思想发展到了最高形态,在他们的学说中,已经包含了科学社会主义的萌芽,为科学社会主义的创立作出了重要的贡献。正如恩格斯所言:"德国的理论上的社会主义永远不会忘记,它是站在圣西门、傅立叶和欧文这三个人的肩上的。虽然这三个人的学说含有十分虚幻和空想的性质,但他们终究是属于一切时代最伟大的智士之列的,他们天才地预示了我们现在已经科学地证明了其正确性的无数真理。"①

三、空想社会主义对未来社会的制度构想

空想社会主义的发展是一个逐步减少空想色彩而增加现实因素的过程。在对资本主义的弊端和罪恶进行揭露和批判的基础上,空想社会主义者们对未来美好社会进行了粗略勾勒,提出了一系列重要观点,其中不乏大胆的制度构想。

第一,废除资本主义私有制,消灭阶级和阶级差别。有的空想社会主义者对

---

① 《马克思恩格斯选集》第2卷,人民出版社1995年版,第635—636页。

私有制带来的弊端和罪恶进行了深刻的揭露,还有一些人明确提出了废除私有制的主张。莫尔认为,"假使私有制度存在,假使金钱是衡量一切的标准,我以为国事的进行就不可能公正顺利……如不彻底废除私有制,产品不可能公平分配,人类不可能获得幸福。私有制存在一天,人类中绝大的一部分也是最优秀的一部分将始终背上沉重而甩不掉的贫困灾难担子。"①因此,未来社会应实行财产公有,大家都热心于公事,"每人一无所有,而又每人富裕"②。闵采尔明确提出通过暴力推翻私有制,建立一个以公有制为基础、消灭压迫和剥削、平等民主幸福的"千载太平天国"。康帕内拉提出,未来社会要实行绝对的公有制,没有阶级的区分,没有贫富的对立,由贫富对立而引起的一切恶习也都不再存在,人剥削人、人压迫人和少数人发财、多数人贫困已成为过去。梅叶认为人人生而平等是自然权利,号召人们通过起义推翻封建专制制度,建立起财产公有、财富平等享有的平均共产主义制度。马布利提出要建立一个以自由、平等和劳动为基础的公众福利共和国,在这个共和国里,"人人都是富人,人人都是穷人,人人平等,人人自由,人人是兄弟,这个共和国的第一条法律就是禁止财产私有"③。欧文认为私有制"是人们所犯的无数罪行和所遭的无数灾祸的根源"④,他对未来理想社会的改造方案,是建立在公有制基础上的"新和谐公社","在合理组织起来的社会里,私有财产将不再存在","个人日常用品之外的一切东西都变成公有财产"⑤。

第二,改变资本主义分配方式,实行共同劳动和合理分配的制度。莫尔认为,资本主义制度造成贫富两极对立,"一面穷困不堪,而另一面又是奢侈无度"⑥。摩莱里批判了资本主义分配制度的不合理,他在《自然法典》里用"基本法"的形式规划了未来理想社会的三条基本准则,即生产资料公有,人人参加劳动为社会公益尽其所能,人人都从社会中获其所需。圣西门提出,要"各按其能,各按其劳"。这已经隐约反映出他对社会主义各尽所能、按劳分配原则的猜测。傅立叶提出要依据"资本、劳动和才能"对社会消费品进行"令人满意的分配"⑦。欧文通过对资本

---

① [英]托马斯·莫尔:《乌托邦》,戴镏龄译,商务印书馆1982年版,第44页。
② [英]托马斯·莫尔:《乌托邦》,戴镏龄译,商务印书馆1982年版,第115页。
③《马布利选集》,何清新译,商务印书馆1960年版,第170页。
④《欧文选集》第2卷,柯象峰等译,商务印书馆1981年版,第11页。
⑤《欧文选集》第2卷,柯象峰等译,商务印书馆1981年版,第14、15页。
⑥ [英]托马斯·莫尔:《乌托邦》,戴镏龄译,商务印书馆1982年版,第23页。
⑦《傅立叶选集》第3卷,汪耀三等译,商务印书馆1982年版,第298页。

主义企业赢利的计算,揭露了资本家对工人的残酷剥削,资本家"毫无合理目标地掠夺和折磨生产阶级,并为他们制造低劣、有害和罪恶的条件"①,在此基础上,他提出了消灭货币和实行按需分配的思想。

第三,消除商品生产的无政府状态,进行有计划的社会生产。莫尔提出,未来社会产品直接满足社会全体成员需要,社会生产是按计划组织起来的,避免了盲目性。格拉古·巴贝夫认为,"未来社会"的平等不仅体现在政治权利方面,而且还要扩大到社会经济的各个领域;无政府状态将被有计划的生产所代替,工业和手工业乃至整个社会"不再有盲目经营的危险,不再任意生产或生产过剩的危险"②。傅立叶指出,要用自然的、协作的、诚恳的生产代替资本主义制度下"虚伪的、分散的、欺诈的、令人厌恶的生产",构建以社会的普遍协作代替个人竞争的"和谐制度"。

第四,在国家管理中实行民主的政治制度,乃至改变传统国家的统治模式而实行新的社会组织制度。莫尔设想,未来社会实行民主的政治制度,首领由人民选举产生,废除专制独裁。马布利认为国家的最高权力属于人民,共和国应该采取代议制度,人民代表机关是最高立法机关,最高行政机关由人民代表机关选举产生,同时,要有遵循"自然秩序"的公正无私的法律制度。巴贝夫号召民众武装起来夺取政权,建立劳动人民革命专政的"平等共和国"。圣西门认为,在其理想的"实业制度"下,未来社会的政治将是关于生产的科学,国家将由统治人的机构变为管理物的领导生产机构,这种管理机构的目的在于提高无产阶级的福利:"人们应当把自己的社会尽量组织得有益于最大多数人,以最迅速和最圆满地改善人数最多阶级的精神和物质生活,作为自己的一切劳动和活动的目的。"③傅立叶提出,新社会的基本组织是生产单位和生活单位融为一体的"法郎吉",内部设置被称为"谢利叶"和"小组谢利叶"的专业劳动队,各级公职人员均由选举产生并且要从事劳动生产。恩格斯对此给予高度的评价,指出"傅立叶最伟大的地方是表现在他对社会历史的看法上"④,傅立叶"巧妙地掌握了辩证法","正如康德把地球将

---

① 《欧文选集》第2卷,柯象峰等译,商务印书馆1981年版,第106—107页。
② 《巴贝夫文选》,第91页,梅溪译,商务印书馆1962年版。
③ 《圣西门选集》第3卷,董果良等译,商务印书馆1986年版,第163页。
④ 《马克思恩格斯文集》第9卷,人民出版社2009年版,第276—277页。

来会走向灭亡的思想引入自然科学一样,傅立叶把人类的思想引入历史研究"①。欧文认为理想的社会是"有科学根据的协作社",这种公社将组成一个统一的大家庭,每个成员将尽其智能彼此团结互助,而公社与公社之间也用同样方式联结起来,这种联合家庭是"崭新的人类社会组织的基层单位",其功能是对公社成员进行管理、分工和教育,"在这种新制度下,大城市所造成的邪恶将被消除,同时新的公社将把大城市的一切优点集中于一身,而没有大城市所造成的任何害处"②。

空想社会主义是早期无产阶级对社会进行改造的本能渴望,为世界社会主义事业作出了重要贡献,同时,由于时代条件特别是无产阶级自身发展的局限,存在着许多片面和不成熟之处。正如恩格斯所指出的:"不成熟的理论,是同不成熟的资本主义生产状况、不成熟的阶级状况相适应的。解决社会问题的办法还隐藏在不发达的经济关系中,所以只有从头脑中产生出来。"③难能可贵的是,一些空想社会主义者如闵采尔、温斯坦莱、巴贝夫和欧文等人积极投身革命运动或社会实践,组织农民、工人等劳动群体将其提出的制度构想付诸于试验,虽然并没有取得多大的成功,有些甚至被世人所取笑和嘲弄,但却在空想社会主义发展史上书写了浓墨重彩的一笔。

第二节 社会主义从空想转变为科学的理论过程

19世纪40年代,伴随着资本主义进入机器大工业阶段,特别是现代工业无产阶级登上社会历史舞台,无产阶级解放运动热切期盼新的理论指导,社会主义从空想走向科学成为时代发展的要求。马克思、恩格斯积极参加工人运动,同时进行了艰苦的理论探索,创立了科学社会主义,使社会主义实现了从空想到科学的理论改造和历史性跨越。

一、科学社会主义产生的历史条件和理论根源

唯物史观认为,任何理论和思想的产生都有其历史条件和理论根源。科学社

---

① 《马克思恩格斯文集》第9卷,人民出版社2009年,第277页版。
② 《欧文选集》第2卷,柯象峰等译,商务印书馆1981年版,第19页。
③ 《马克思恩格斯文集》第3卷,人民出版社2009年版,第528页。

会主义是马克思和恩格斯创立的,他们卓越的才智对形成这一伟大的思想体系起到了重要作用,但这绝不是凭空出现的产物,而是在特定社会历史条件下,适应社会实践和时代发展需要而产生的。

科学社会主义的产生是资本主义发展所带来的经济社会条件的变化的产物。工业革命推动了资本主义从工场手工业到机器大工业的转化,极大提高了资本主义生产力水平。与此同时,资本主义社会的基本矛盾——生产的社会化和生产资料资本主义私人占有制之间的矛盾日益激化。资产阶级不仅锻造了置自身于死地的生产力武器,而且锻炼出一个能运用这种武器的资本主义社会的掘墓人——现代工人阶级。这就是科学社会主义产生的社会经济条件。资本主义越发展,无产阶级即现代工人阶级也在发展壮大;资产阶级越是发展,无产阶级的队伍就越是从其他阶级中得到补充。在19世纪30—40年代的法、德、英等国,无产阶级反对资产阶级的斗争先后发展成声势浩大的政治运动。其中最著名的是1831年至1834年法国里昂纺织工人起义,1836年至1848年英国工人的宪章运动,1844年德国西里西亚纺织工人起义。这三次大的工人运动中分别提出了建立共和国、争取工人政治权利、消灭私有制的口号,这标志着欧洲的工人阶级已经作为独立的政治力量登上了社会历史舞台。但是三大工人运动的失败又表明,无产阶级要达到争取解放的目的,必须有工人阶级的政党来组织发动工人阶级,必须有科学的、革命的理论来指导工人运动。

概言之,欧洲资本主义的发展和工人运动的兴起,为科学社会主义的产生提供了现实依据,欧洲的三大思潮,即德国的古典哲学、英国的古典政治经济学和英法两国的空想社会主义为科学社会主义的产生提供了重要的理论来源。

马克思批判地吸收了黑格尔辩证法的合理内核和费尔巴哈唯物主义的基本内核,创立了辩证唯物主义,并运用它来研究人类社会,从而创立了唯物主义历史观,为科学社会主义的创立奠定了第一块基石。马克思和恩格斯在全面、系统地考察资本主义生产的过程中,批判地吸收了亚当·斯密和大卫·李嘉图的劳动价值论,创立了剩余价值学说,从而为科学社会主义的创立奠定了另一块基石。再次,马克思和恩格斯在空想社会主义者们特别是19世纪的三大空想社会主义学说提供的理论素材基础上,运用唯物史观和剩余价值学说,系统研究了人类社会的现象和规律,创立了历史唯物主义学说,最终完成了科学社会主义的主要框架的建设。

二、在科学社会主义的创立过程中对社会主义进行科学的理论论证

科学社会主义是关于无产阶级和全人类解放的学说,但是这个理论并不是由无产阶级自己创立的,而是由马克思和恩格斯共同创立的。马克思和恩格斯,按其起初的身份、社会地位来说,是资产阶级知识分子,世界观上是唯心主义的,政治立场上是革命的民主主义者。后来他们经过长期的理论探索和社会实践,逐步转变了自己的阶级立场和世界观。马克思和恩格斯各自完成阶级立场和世界观的转变,这是他们共同创立科学社会主义的思想前提,也是他们创立科学社会主义的开端。

科学社会主义创立的标志性著作,是马克思和恩格斯共同创作的《共产党宣言》。《共产党宣言》是马克思、恩格斯为世界上第一个无产阶级政党——"共产主义者同盟"制定的党纲。1847年初,马克思、恩格斯接受"正义者同盟"的邀请,为其起草一部党纲。马克思、恩格斯为同盟起草党纲,实际上是开始了把这一工人组织改造成为无产阶级政党的工作。1848年2月,《共产党宣言》正式发表,这标志着科学社会主义的问世,社会主义从空想发展为科学。

《共产党宣言》是国际共产主义运动的第一个纲领性文献,在《共产党宣言》中,马克思和恩格斯第一次完整阐述了科学社会主义的基本原理,同时,严厉驳斥了资产阶级及其辩护者们对共产主义的种种责难与诽谤,无情地抨击了打着各种旗号的社会主义学说,彻底划清了科学社会主义和空想社会主义之间的界限。

第一,科学地论证了资本主义灭亡和社会主义胜利的历史必然性。马克思、恩格斯指出,"资产阶级在历史上曾经起过非常革命的作用",但随着生产力的进一步发展,资本主义生产力和生产关系的矛盾也日益激化,这种矛盾不仅表现为频繁的经济危机,而且表现为无产阶级和资产阶级斗争的发展。马克思、恩格斯依据资本主义发展的规律和无产阶级与资产阶级斗争的趋势,提出了"两个必然"的科学论断:"资产阶级的灭亡和无产阶级的胜利是同样不可避免的。"①

第二,深刻地阐述了无产阶级的历史使命是夺取政权并利用政权改造社会的思想。《共产党宣言》分析了无产阶级的历史和阶级特性,指出无产阶级是大工业

---

① 《马克思恩格斯选集》第1卷,人民出版社1995年版,第284页。

的产物,是先进生产力的代表,"在当前同资产阶级对立的一切阶级中,只有无产阶级是真正革命的阶级",是一切被剥削、被压迫阶级的代表。马克思、恩格斯进一步指出:"工人革命的第一步就是使无产阶级上升为统治阶级,争得民主。"①无产阶级要实现这一历史使命,在当时的历史条件下就必须用暴力革命推翻资产阶级,建立无产阶级的政治统治。

第三,对无产阶级解放的前景与未来共产主义社会的根本特征进行了精辟的概括。马克思和恩格斯指出,当阶级差别已经消灭而全部生产集中在联合起来的个人手里的时候,公共权力将失去政治性质,在未来的共产主义社会里,"代替那存在着阶级和阶级对立的资产阶级旧社会的,将是这样一个联合体,在那里,每个人的自由发展是一切人的自由发展的条件。"②这一精辟的概括,是马克思、恩格斯对未来共产主义社会本质的揭示。

第四,阐述了无产阶级政党建设的指导思想和根本原则。无产阶级要完成自己的历史使命,必须组织自己的政党。《共产党宣言》从理论上阐明了共产党的性质、特点、基本纲领和策略原则。马克思和恩格斯指出,共产党代表整个无产阶级的利益,同时代表社会绝大多数人民群众的利益,而没有自己特殊的利益。共产党最近的目的是"使无产阶级形成为阶级,推翻资产阶级的统治,由无产阶级夺取政权"③,长远目的是消灭私有制,建立共产主义新社会。

《共产党宣言》最后振聋发聩地指出:"共产党人不屑于隐瞒自己的观点和意图。他们公开宣布:他们的目的只有用暴力推翻全部现存的社会制度才能达到。让统治阶级在共产主义革命面前发抖吧。无产者在这个革命中失去的只是锁链。他们获得的将是整个世界。""全世界无产者,联合起来!"④总之,《共产党宣言》是社会主义发展史上一部具有划时代意义的不朽著作,它所系统阐述的科学社会主义基本原理,明确划清了科学社会主义与其他社会主义流派的界限,奠定了无产阶级政党学说的基础,为全世界无产阶级和劳动群众争取自由解放提供了强大的思想武器。

《共产党宣言》是马克思主义同工人运动相结合的理论成果,既是科学社会主

---

① 《马克思恩格斯选集》第1卷,人民出版社1995年版,第293页。
② 《马克思恩格斯选集》第1卷,人民出版社1995年版,第294页。
③ 《马克思恩格斯选集》第1卷,人民出版社1995年版,第285页。
④ 《马克思恩格斯选集》第1卷,人民出版社1995年版,第307页。

义诞生的标志,也是马克思主义和国际工人运动结合进入一个新阶段的重要标志。《共产党宣言》是马克思、恩格斯对科学社会主义理论的论证,其问世实现了社会主义从空想到科学的飞跃。

一是两者的理论基础不同。空想社会主义的理论基础是唯心主义历史观,而科学社会主义的理论基础是唯物史观和剩余价值理论,前者揭示了人类社会发展的普遍规律,后者说明了资本主义社会发展的特殊规律。

二是对未来社会的看法不同。空想社会主义是从头脑中想象出一种符合人的理性和永恒正义的理想社会,并且详细描绘未来社会,而科学社会主义把未来共产主义看作是一种从现存的资本主义社会矛盾运动中必然产生出来的现实的运动,对未来社会的设想是原则性的。

三是实现社会主义的路径和推动力量的不同。空想社会主义把无产阶级看作是值得同情的社会阶级,而没有看到无产阶级的力量和所肩负的历史使命,他们把实现社会主义的希望寄托于少数天才人物的思想和行动或者是诉诸道德的呼吁,缺乏实现的具体路径。《共产党宣言》所蕴含的原理,揭示了实现社会主义的现实途径,认为社会主义代替资本主义是生产力发展的必然结果,另外也要通过无产阶级及其政党通过阶级斗争的方式来实现社会革命。

实际上,《共产党宣言》一经问世,就在实践中推动了世界社会主义的发展,深刻改变了人类历史进程。我们党开辟的新民主主义革命道路、社会主义革命道路、社会主义建设道路、中国特色社会主义道路,都是把马克思主义基本原理同中国具体实际相结合的伟大创造。总之,科学社会主义理论的创立促进了社会主义运动与工人运动这两大力量的融合,社会主义运动因为以工人运动为依托而找到了自己的载体,而工人运动也因为有了社会主义运动的理论指导而找到了发展的方向。科学社会主义的创立,如同壮丽的日出,照亮了人类发展的历史进程。

唯其如此,习近平总书记在主持中共中央政治局第五次集体学习时强调,《共产党宣言》是第一次全面阐述科学社会主义原理的伟大著作,是一部科学洞见人类社会发展规律的经典著作,重温《共产党宣言》就是要深刻感悟和把握马克思主义的真理力量。①

---

① 《中共中央政治局就〈共产党宣言〉及其时代意义举行第五次集体学习》,载《人民日报(海外版)》2018 年 4 月 25 日。

三、马克思恩格斯对科学社会主义的探索和完善

科学社会主义创立之后,马克思、恩格斯根据国际形势的发展和工人运动的实践,及时进行新的总结,形成新的认识,使科学社会主义理论进入了一个在革命实践中丰富发展的阶段。马克思和恩格斯认真总结了 19 世纪 40—90 年代的世界发展和国际工人运动的经验,尤其是 1848 年欧洲革命、1871 年法国巴黎公社革命和资本主义和平发展年代工人运动斗争的经验以及无产阶级政党建设的经验,进一步完善了科学社会主义理论。

(一) 1848 年欧洲革命丰富了马克思和恩格斯的理论素材

就在《共产党宣言》发表的同时,欧洲爆发了一场规模浩大的资产阶级革命。这是科学社会主义产生之后遇到的第一次大的革命实践的检验。马克思、恩格斯认为,1848 年欧洲革命虽然基本上是资产阶级性质的民主革命,但是,已经不同于 1789 年法国大革命,因为这时的无产阶级已经登上了政治历史舞台,"资产者的背后到处都有无产阶级"①,无产阶级已经在革命中发挥了重要作用。马克思和恩格斯正是从 1848 年革命与无产阶级革命运动发展的关系上,科学地总结了这次革命的经验教训,从而形成了一系列新的认识,丰富了科学社会主义理论。

首先,他们通过对欧洲革命与早期资产阶级革命的比较分析,提出了要区分不同类型的资产阶级民主革命的理论。1640 年英国革命和 1789 年法国革命是典型的资产阶级革命,在这两次革命中,资产阶级都是实际上领导革命的阶级,而 1848 年革命中,当资产阶级与封建势力进行斗争时,无产阶级已作为一个独立的阶级登上了历史舞台,资产阶级由于害怕无产阶级,不惜背叛革命,甚至与封建势力结成联盟来镇压无产阶级。因此,无产阶级及其政党在民主革命中应采取的策略是立足于领导劳动群众以及小资产阶级进行人民革命,消灭封建势力,建立民主共和国。

其次,他们通过对各阶级本质的分析,针对小资产阶级民主派革命不彻底性的特点,明确提出了无产阶级不断革命的理论。他们认为"革命是历史的火车头",无产阶级应积极参加资产阶级民主革命,把革命进行到底,并使其过渡到社

---

① 《马克思恩格斯全集》第 4 卷,人民出版社 1958 年版,第 514—515 页。

会主义革命；无产阶级革命与资产阶级革命的本质区别就在于它是伟大的社会政治革命，它要求实现整个社会制度的根本变革，用新的经济和政治制度代替旧制度，如果不达到这一目的，革命就应不间断地进行下去，在无产阶级取得政权后，"不断革命"就是要求通过无产阶级专政，实现对社会的彻底改造，消灭私有制，建立新社会。

再次，他们通过总结欧洲革命的经验，全面阐述了工农联盟的思想。1848年欧洲革命，特别是法国和德国革命，充分证明了工农联盟的重要性和必要性。他们认为农民是无产阶级的天然同盟军，没有这个同盟军，无产阶级革命就不可能取得胜利。巴黎工人"六月起义"之所以失败，最根本的原因之一，就在于没有得到农民的响应和支持；又由于农民没有形成一个统一的阶级和具有保守性的特点，不能成为革命的领导者，需要无产阶级来代表他们的利益，因此，无产阶级是工农联盟的领导者。

最后，他们通过对资产阶级国家本质的分析，提出了无产阶级专政的理论。在《路易·波拿巴的雾月十八日》中，马克思对1848—1851年法国阶级斗争中尖锐提出的无产阶级革命同资产阶级国家的关系问题作了回答，第一次作出了打碎资产阶级国家机器的结论。"如果你读一下我的《雾月十八》的最后一章，你就会看到，我认为法国革命的下一次尝试不应该再像以前那样把官僚军事机器从一些人的手里转到另一些人的手里，而应该把它打碎，这正是大陆上任何一次真正的人民革命的先决条件。"①与打碎资产阶级国家机器相联系，马克思在总结1848年法兰西阶级斗争的经验时，又第一次明确地提出了无产阶级专政这一科学概念。他们认为无产阶级通过革命打碎资产阶级国家机器后所建立的国家，在实质上就是无产阶级专政。无产阶级专政是无产阶级掌握国家机器，并代表农民同盟者的利益。

马克思、恩格斯以极大的热情直接投身并积极指导1848年欧洲革命，并且在革命实践中和革命以后相继写下了《1848年至1850年的法兰西阶级斗争》《德国的革命和反革命》《路易·波拿巴的雾月十八日》等一系列重要著作，对波澜壮阔的革命斗争进行理论概括和科学总结，极大丰富了《共产党宣言》中关于无产阶级

---

① 《马克思恩格斯选集》第4卷，第599页，人民出版社1995年版。

历史使命和共产主义革命的学说。

（二）马克思和恩格斯对1871年法国巴黎公社革命的科学总结

马克思主义与工人运动密不可分。欧洲革命失败后,工人运动一度陷入低潮,到19世纪60年代重新高涨起来,于是,欧洲各国工人阶级相继建立自己的政治组织,并渴望加强国际联系。1864年10月,国际工人协会在英国成立,马克思成为第一国际的灵魂,在马克思的实际领导下,第一国际支持和帮助各国工人阶级的斗争,支持被压迫民族解放的事业。在这些斗争中,马克思和恩格斯丰富和发展了科学社会主义的革命和国家学说。

1871年3月18日,法国巴黎的无产阶级举行武装起义推翻了在普法战争中卖国的资产阶级政府,建立了人类历史上第一个工人阶级的政权——巴黎公社。虽然只存在了72天,但巴黎公社的伟大实践为科学社会主义理论的发展和完善留下了极其宝贵的经验。巴黎公社革命爆发于第一国际期间,虽然不是一次在马克思主义政党领导下的革命,但是马克思、恩格斯在革命前、革命中和革命后都投入了极大的精力予以关注。在巴黎公社委员会中,有些成员就是第一国际的会员,巴黎公社革命和第一国际是息息相关的。"公社无疑是国际的精神产儿,尽管国际没有动一个手指去促使它诞生。"①马克思总结了这一时期的革命斗争特别是巴黎公社的经验教训,撰写了科学社会主义的经典著作《法兰西内战》,进一步丰富和发展了无产阶级革命和无产阶级专政以及无产阶级政党学说。

第一,无产阶级掌握革命武装是夺取无产阶级革命胜利和实现无产阶级专政的首要条件。巴黎公社的一条重要经验就是:无产阶级必须掌握武装,以革命的暴力反对反革命的暴力,这是建立无产阶级专政的前提条件。值得说明的是,马克思虽然肯定了武装斗争的意义,但他并没有把它视为实现无产阶级专政的唯一手段,没有否定特殊历史条件下化革命为和平发展的可能性。

第二,无产阶级革命必须打碎资产阶级的国家机器,建立新型的无产阶级政权。马克思根据1848年欧洲革命的经验作出打碎旧的国家机器的论断时,对于如何打碎和用什么样新的国家机器来代替它这个问题,因缺乏实际经验而无法解决。巴黎公社的实践第一次解决了这个问题,这就是在革命胜利后建立无产阶级

---

① 《马克思恩格斯选集》第4卷,第620页,人民出版社1995年版。

民主制,公社"实质上是工人阶级的政府,是生产者阶级同占有者阶级斗争的产物,是终于发现的可以使劳动在经济上获得解放的政治形式"①。

第三,无产阶级要取得革命的胜利,如果没有农民和其他劳动阶级同盟军支持,是不可能的。巴黎公社革命的经验证明,巴黎无产阶级之所以能够取得政权并得以维持两个月,一个重要的原因是在一定程度上得到了国民自卫军和广大巴黎人民的支持。然而,公社之所以失败的一个重要原因,也是公社的领导人起初对联合农民、组织同盟军的重要性认识不足。因此,公社没有能争得巴黎以外特别是农民阶级的支持,导致巴黎无产阶级陷于孤军奋战的境地而失败。

第四,无产阶级必须建立一个统一的、以科学社会主义为指导的政党。马克思在总结巴黎公社的经验教训时,进一步强调了创建无产阶级政党和党的团结的重要性。巴黎公社时期,在公社占据领导地位的是布朗基主义和蒲鲁东主义,它们在革命中,并没有真正代表广大人民群众的利益。而在公社面临生死存亡的紧要关头,公社领导集团内部各派之间又因狭隘的宗派利益而发生分裂,从而加速了革命的失败。根据这一惨痛教训,马克思深刻地指出:"工人阶级在反对有产阶级联合权力的斗争中,只有组织成为与有产阶级建立的一切旧政党对立的独立政党,才能作为一个阶级来行动","工人阶级这样组织成为政党是必要的,为的是要保证社会革命获得胜利和实现这一革命的最终目标——消灭阶级。"②

马克思和恩格斯认为,公社的"原则是永存的",其具体原则表现在多方面,最基本的原则有一点,这就是:"工人阶级不能简单地掌握现成的国家机器,并运用它来达到自己的目的。"③也就是说,无产阶级必须用暴力革命"摧毁"旧的国家机器,建立巴黎公社式的新型国家机器,以实现无产阶级民主和劳动解放。总之,马克思、恩格斯总结的巴黎公社的经验教训,是世界各国无产阶级共同的宝贵财富,对无产阶级解放事业具有深远的历史意义。

(三)恩格斯晚年对唯物史观研究的深化和对无产阶级革命策略的新见解

巴黎公社失败后,资本主义由自由竞争阶段向垄断阶段过渡,主要资本主义国家进入相对和平的发展时期。恩格斯晚年对唯物史观所面临的重大问题和挑

---

①《马克思恩格斯选集》第3卷,第59页,人民出版社1995年版。
②《马克思恩格斯全集》第17卷,人民出版社1963年版,第455页。
③《马克思恩格斯选集》第3卷,人民出版社1995年版,第52页。

战作出反思,形成了《家庭、私有制和国家的起源》《路德维希·费尔巴哈和德国古典哲学的终结》等著述和关于历史唯物主义的五封信,不仅进一步丰富和发展了历史唯物主义的基本原理,而且对无产阶级革命策略提出了一些重要的新见解。

在《家庭、私有制和国家的起源》中,恩格斯科学分析了人类早期的历史,揭示了家庭、私有制发生和发展的历史规律,阐明了在私有制基础上形成的阶级对抗,剖析了国家起源的实质,证明了国家由阶级产生、随阶级的消亡而消亡的规律。《路德维希·费尔巴哈和德国古典哲学的终结》在全面论证马克思主义哲学同德国古典哲学关系的同时,对历史唯物主义的基本原理作了阐释和发挥,指出阶级斗争是阶级社会发展的直接动力。为了驳斥巴尔特等人和德国社会民主党内的"青年派"对历史唯物主义的攻击,恩格斯给施米特、布洛赫、梅林、博尔吉乌斯等人写了五封信,全面论述了发展了唯物史观的一系列基本原理,譬如,论证了经济基础与上层建筑的关系,提出了历史发展的"合力论",阐明了历史唯物主义是研究社会科学的科学的方法论等,从而为完善历史唯物主义作出了新的贡献。

此外,根据19世纪最后20多年西方资本主义国家政治、经济的新变化和新现象,对无产阶级的斗争策略提出了一系列新思想新观点。

首先,对1848年欧洲革命时期制定的无产阶级斗争策略进行了回顾和反思。他认为当时欧洲经济发展的状况还远没有成熟到可以消灭资本主义生产方式的程度,而且历史的发展已经完全改变了无产阶级借以进行斗争的条件和诸如街垒巷战等旧式的斗争方法。他以德国社会民主党充分利用普选权所取得的胜利成果为例,说明了无产阶级改变斗争策略的必要性,以此强调在有可能利用和平方式的地方,工人阶级就应利用和平方式反对资产阶级,以达到自己的目的。

其次,恩格斯对议会道路进行了思考,认为议会道路虽比暴力革命缓慢而枯燥,但要可靠。同时,他也指出,这是需要长期的宣传和组织工作,而且无产阶级要与其他党派包括最初比较强大的资产阶级政党较量并获得多数选票,也需要一个"长期的过程",无产阶级政党必须"保有耐心和坚毅精神"。根据19世纪后期法国阶级力量的对比,恩格斯一再告诫法国工人党的领导人,一方面必须抵制冒险主义行动,另一方面必须抛弃那种认为通过短期的议会斗争就能进入社会主义的错误想法。他还预测到,随着无产阶级政党力量的不断壮大,将来掌握了多数也就等于掌握了内阁,从而可以夺取政权,即通过议会的和平道路进入社会主社会。

再次,强调无产阶级要保留革命权。以上论断,并不意味着恩格斯从根本上放弃了暴力革命。恩格斯曾明确指出:"决不会因此而放弃自己的革命权的,""须知革命权是唯一的真正的'历史权利'。"① 这充分表明恩格斯并没有把普选权和参加议会这些合法斗争形式绝对化,而是要说明,无产阶级的斗争策略并不是一成不变的,只有从实际出发,才能制定出正确的革命斗争策略。

科学社会主义的一系列理论观点是马克思、恩格斯根据社会发展的客观规律,总结欧洲工人运动和社会主义运动的实践经验得出的科学结论,对世界无产阶级革命和社会主义运动产生了重大的影响。马克思主义诞生170年来,科学社会主义基本原则指导着各国的共产党人为实现共产主义而不懈奋斗,世界各国社会主义革命和建设事业取得了一系列辉煌成就,大大推进了人类文明的进步。实践证明,这些基本原则是正确的,必须始终坚持。为此,习近平总书记多次强调:"中国特色社会主义是社会主义而不是其他什么主义,科学社会主义基本原则不能丢,丢了就不是社会主义。"②同时,我们也要清醒地认识到,科学社会主义理论并不是一成不变的教条,它在实践中是不断丰富和发展的。坚持科学社会主义基本原则,不能抱着教条主义的态度,而必须解放思想、实事求是、与时俱进、求真务实,把这些基本原则同社会主义探索的具体实际结合起来,在实践中丰富和发展科学社会主义。正因如此,中国特色社会主义既坚持了科学社会主义基本原则,又根据时代条件和具体国情赋予其鲜明的中国特色,是科学社会主义理论逻辑和中国社会发展历史逻辑的辩证统一,这是中国特色社会主义蓬勃发展的根本原因。

第三节 社会主义制度由理论转变为现实

科学社会主义一经产生,就开始了不断与各国工人运动相结合的实践过程。19世纪末20世纪初,世界资本主义由自由竞争阶段进入垄断阶段即帝国主义阶段。与此同时,世界范围内的工人运动,被侵略被压迫人民争取民族独立和人民

---

① 《马克思恩格斯全集》第22卷,人民出版社1965年版,第608页。
② 《十八大以来重要文献选编》(上),中央文献出版社2014年版,第109页。

解放的运动进入新的阶段。在西欧,受伯恩斯坦修正主义的影响,第二国际内部出现思想混乱,工人运动出现了分化并陷入低迷。在俄国,列宁把马克思主义基本原理与时代特征和俄国实际相结合,根据帝国主义时期经济政治发展不平衡的规律,指出社会主义革命可以在经济落后的一国或数国首先取得胜利,带领布尔什维克党和俄国无产阶级夺取十月革命伟大胜利,建立了世界上第一个社会主义国家,实现了社会主义由理论、运动到制度的跨越,开创了人类社会历史发展的新纪元。十月革命胜利后,列宁等人对如何建设社会主义进行了积极探索。在俄国革命和苏联社会主义的影响下,中国革命及其他国家革命的胜利,使社会主义制度由一国发展到多国。

一、列宁在十月革命前对社会主义制度的探索及俄国十月革命的胜利

19世纪70年代后,在科技革命和产业革命的推动下,世界资本主义开始发生一系列深刻变化。在经济上,垄断组织的出现使资本主义经济活动的无政府状态有所缓解;在政治上,资产阶级调整统治策略,实行了一些社会保障制度和福利政策,一定程度上缓和了与无产阶级的矛盾。资本主义的新变化,引起了人们思想上的混乱,第二国际内部产生了争论和分化。随着法国、英国、意大利等相继出现社会党人加入资产阶级政府内阁事件的发生,伯恩斯坦修正主义不仅在理论上而且在实践上引起了工人运动的分歧和混乱,西欧工人运动陷入低迷。

与此同时,经济文化相对落后的俄国,工人运动开展得如火如荼。普列汉诺夫等人对马克思主义的大力宣传,扩大了马克思主义在俄国的影响,造就了一大批俄国的马克思主义者,列宁就是其中的杰出代表。1888年9月,列宁结束流放生活,回到喀山参加了当地的马克思主义小组,深入研究了不少马克思主义著作。列宁在成为一名马克思主义者不久后,就参加了反对修正主义的理论斗争,其著作《马克思主义和修正主义》《马克思学说的历史命运》等,深刻揭露了修正主义产生的社会原因、阶级根源、实质和危害。列宁还与俄国的民粹派、"合法马克思主义"等各种派别及其错误思潮进行了坚决的斗争,在《什么是"人民之友"以及他们如何攻击社会民主党人?》《民粹主义的经济内容及其在司徒卢威先生的书中受到的批评》《俄国资本主义的发展》等著作中,列宁科学分析了俄国社会经济发展状况,阐明了俄国社会主义运动的若干重要问题,论证了俄国无产阶级的历史使命。

列宁对马克思主义的科学态度及其对时代变化和俄国国情的准确把握,为探索俄国革命道路奠定了坚实的思想基础。

列宁在革命斗争的实践中,意识到俄国的工人运动要想取得成功,必须要有一个强有力的无产阶级政党的领导。建立一个什么样的党,在俄国工人运动中一直存在分歧和争论。尽管俄国社会民主工党于1898年宣告成立,但没有制定党纲和党章,包括列宁在内的许多马克思主义革命家或被逮捕或遭流放,一直缺乏一个强有力的领导核心。列宁在《怎么办?》《进一步,退两步》等论著中,集中阐明了俄国革命运动中的迫切问题,系统阐发了无产阶级的建党的基本原理,形成了列宁主义的无产阶级政党建设理论,丰富和发展了马克思主义建党学说,对世界各国无产阶级政党的建设具有深远的影响。

在列宁建党思想的指引下,俄国新型无产阶级政党得以顺利创立。1912年1月,俄国社会民主工党第六次全国代表会议决定把取消派等机会主义派别清除出党,从此以后,各地的布尔什维克同孟什维克彻底断绝关系,形成了一个统一的布尔什维克党,称为俄国社会民主工党(布),并逐渐成为俄国无产阶级革命的领导核心。

就在列宁等人为促进俄国工人运动而艰苦奋斗的时候,1914年8月第一次世界大战爆发,此后,帝国主义的各种矛盾进一步激化。无产阶级革命的形势日趋成熟,但在第二国际具有很高声望的"正统"马克思主义理论家考茨基,却打着马克思主义和国际主义的旗号,用隐蔽的形式替帝国主义和沙文主义辩护。考茨基等人宣扬"超帝国主义论",极力掩盖帝国主义的深刻矛盾,散布在帝国主义实现持久和平的幻想,否认无产阶级革命的必然性。第一次世界大战爆发后国际共产主义运动的现实状况,促使此前一直关注帝国主义问题的列宁加深了对帝国主义全面系统的研究。列宁在批判地吸收世界各国关于帝国主义时期的经济、技术、政治、外交、工人运动等方面研究成果的基础上,于1916年写成了《帝国主义是资本主义的最高阶段》一书,创立了科学的帝国主义理论。列宁总结了自《资本论》问世以来西欧资本主义的新发展,第一次对帝国主义作了最全面、最系统的科学分析,对资本主义垄断阶段的本质、特征及其发展规律作了明确阐述,揭示了帝国主义与修正主义的必然联系,得出了"帝国主义是资本主义的最高的和最后的阶段""帝国主义是无产阶级社会主义革命的前夜"等光辉论断。

列宁在对帝国主义作出科学分析的同时，积极探索新形势下无产阶级革命道路的问题。列宁发现了资本主义经济政治发展不平衡规律和社会主义革命之间的联系，得出了社会主义革命有可能首先在几个或者单独一个资本主义国家内获得胜利的论断。

在无产阶级世界革命战略问题上，马克思、恩格斯认为社会主义革命的条件必须是资本主义所造就的生产力与生产关系高度发达，无产阶级在人口中占绝大多数。因此，他们期待着社会主义革命将首先在英国、德国、法国、美国等最为发达的国家同时发生并取得胜利。然而，当世界历史进程发展到帝国主义时代，帝国主义各国经济政治发展的不平衡，出现了跳跃式的发展局面。1915年，列宁在《论欧洲联邦口号》一文中指出："经济和政治发展的不平衡是资本主义的绝对规律。由此就应得出结论：社会主义可能首先在少数甚至在单独一个资本主义国家内获得胜利。"①1916年9月，列宁又在《无产阶级革命的军事纲领》一文中进一步指出："资本主义的发展在各个国家是极不平衡的。而且在商品生产下也只能是这样。由此得出一个必然的结论：社会主义不能在所有国家内同时获得胜利。它将首先在一个或者几个国家内获得胜利，而其余的国家在一段时间内将仍然是资产阶级的或资产阶级以前时期的国家。"②

无产阶级可以首先突破薄弱环节，在一国或几国夺取政权后建立无产阶级专政，这就是列宁得出的"确定不移的结论"。列宁关于社会主义革命的一国胜利论发展了马克思主义社会主义革命学说，极大地鼓舞了各国无产阶级和劳动群众利用帝国主义战争造成的危机进行革命的主动性和首创精神，给他们指出了夺取革命胜利的道路，为俄国十月革命的胜利提供了直接的理论指导。

1917年俄国爆发二月革命，推翻了沙皇专制政府，革命胜利后出现了资产阶级临时政府与工农代表苏维埃两个政权并存的局面。列宁分析了俄国二月革命后的复杂形势，认为俄国无产阶级面临的新任务是力求使资产阶级民主革命转变为社会主义革命，推翻资产阶级临时政府，从而建立苏维埃社会主义国家。列宁为布尔什维克党制定了向社会主义革命的具体计划。在政治制度方面，列宁主张用苏维埃共和国代替议会制共和国，他把苏维埃称为俄国无产阶级专政的最好形

---

① 《列宁选集》第2卷，人民出版社1995年版，第554页。
② 《列宁选集》第2卷，人民出版社1995年版，第722页。

式。正在俄国革命处于十字路口的关键时刻，1917年4月16日，列宁结束了长期的流亡生活回到国内。在列宁的指引下，布尔什维克党积极发动和组织群众，俄国革命深入发展。列宁在《四月提纲》里进一步阐述了推翻沙皇制度后，无产阶级必须进行社会主义革命的原理，丰富了马克思主义关于从资产阶级民主革命转变为社会主义革命的理论的和马克思主义国家学说，对布尔什维克党准备社会主义革命起到了巨大的指导作用。

俄国十月革命前夕，列宁为了批判第二国际修正主义和俄国机会主义分子在国家问题上的修正主义观点，专门撰写了《国家与革命》这部著作。列宁详尽阐明了马克思和恩格斯的国家学说，特别是无产阶级专政的学说，结合巴黎公社的历史经验，深刻论述了无产阶级必须通过暴力革命打碎资产阶级国家机器，建立无产阶级专政和国家消亡的条件等重要问题。列宁根据俄国革命的具体形势和帝国主义时代军国主义化的事实，强调了暴力革命的不可避免，不仅在理论上丰富了马克思主义的暴力革命学说，而且为俄国革命指明了方向。

1917年9月，俄国的工人罢工、农民起义和士兵暴动进一步升级，布尔什维克党领导的工人赤卫队对科尔尼洛夫叛军作战也取得了胜利，列宁据此认为武装起义的形势已经成熟，及时给布尔什维克党中央写了两封信——《布尔什维克必须夺取政权》《马克思主义和起义》，指出武装起义的时机已经成熟，党应该举行起义，夺取政权。然而，列宁关于迅速实现社会主义革命的主张，遭到了来自孟什维克的讥讽，也受到了布尔什维克党内一些重要成员的反对。列宁坚持认为，俄国武装夺取政权的主客观条件已经成熟，如果错失这样的时机，"历史是不会饶恕我们的"①。

十月革命的爆发证明了列宁判断的正确性。十月革命爆发当晚，全俄苏维埃第二次大会举行，宣布建立苏维埃制度，成立苏维埃政府。随着革命继续向全国各地发展，到1918年春，苏维埃政权掌握了全国的局势，俄国十月社会主义革命取得了伟大的胜利。

科学社会主义揭示了资本主义必然灭亡、社会主义必然胜利的人类社会发展的客观规律。在马克思主义指导下，世界上许多国家的无产阶级和劳动人民为建

---

① 《列宁全集》第32卷，人民出版社1985年版，第234页。

立社会主义新社会而不懈探索。"巴黎公社是推翻资产阶级统治、建立无产阶级政权即真正由人民当家作主政权的第一次伟大尝试,十月革命则是一个国家建立社会主义制度的第一次成功实践。"①十月革命的胜利,为社会主义制度的建立奠定了基础,是人类历史上一个划时代的事件,极大地改变了20世纪世界历史的进程,具有伟大的历史意义。

十月革命的胜利,极大地提升了马克思列宁主义在国际上的影响力,世界上许多国家纷纷成立共产党,从而开创了世界社会主义运动发展的新局面。正如毛泽东指出的:"中国人找到马克思主义,是经过俄国人介绍的。在十月革命以前,中国人不但不知道列宁、斯大林,也不知道马克思、恩格斯。十月革命一声炮响,给我们送来了马克思列宁主义。十月革命帮助了全世界的也帮助了中国的先进分子,用无产阶级的宇宙观作为观察国家命运的工具,重新考虑自己的问题。走俄国人的路——这就是结论。"②在把马克思列宁主义与中国工人运动相结合的过程中,中国的先进分子创建了中国共产党,中国革命的面貌从此焕然一新。为了适应世界社会主义发展的需要,以列宁为首的布尔什维克党,承担起筹建新的国际组织的任务,1919年初,共产国际(第三国际)在莫斯科成立,积极支持和推动欧美各国和亚洲各国特别是中国的革命运动。在中国共产党的坚强领导下,原本一盘散沙状的中华民族从此牢不可破地团结凝聚起来,牢牢掌握了自己的前途和命运。在中国共产党的带领下,中国人民夺取了新民主主义革命胜利,中华人民共和国的成立,宣告了中国人民实现了民族独立和人民解放。1956年,社会主义改造取得了决定性胜利,社会主义制度在中国正式确立。

二、列宁开创的苏联社会主义制度实践

十月革命胜利后,列宁领导布尔什维克党和俄国人民开始建设世界上第一个社会主义国家,然而,经济文化相对落后的俄国究竟如何建设社会主义,是一项史无前例的新课题。列宁曾经将探索俄国社会主义建设道路形象地比喻为攀登一座"还没有勘察过的非常险峻的高山"③,其中要经历无法想象的危险和困难,"在

---

① 刘奇葆:《在"十月革命与中国特色社会主义"理论研讨会上的讲话》,载《人民日报》2017年9月27日。
② 《毛泽东选集》第4卷,人民出版社1991年版,第1471页。
③ 《列宁全集》第42卷,人民出版社1987年版,第447页。

这里既没有车辆,也没有道路,什么也没有,根本没有什么早经试验合格的东西"①。

(一)"战时共产主义"政策的实施及其利弊

在平息国内反革命叛乱和打退外国武装干涉的过程中,为了维护自身的生存,列宁领导的布尔什维克党陆续采取了一系列被称为"战时共产主义"的非常方针和政策,这实际上就是列宁领导布尔什维克党人对社会主义建设道路的最初探索。

1918年夏,英、法、美、日等资本主义国家出于对社会主义的仇视与不甘失败的俄国地主和资产阶级势力联合向新生的苏维埃政权发动进攻,苏俄四分之三的国土被吞噬,苏维埃政权面临严重的国内外危机。为了把有限的财力物力集中起来以保证战争需要,苏维埃政府提出了"一切为了前线,一切为了胜利"的原则,陆续推出了一系列适应战时需要的非常措施。其主要内容包括:全部工业实行国有化,实行高度集中的管理体制;实行余粮收集制,禁止粮食买卖,后来扩大到一切农产品;实行商业国有化,限制市场和私人贸易;实行成年人普遍的劳动义务制和劳动军事化,实行"不劳动者不得食"的原则;经济关系实物化,推行平均主义的分配制度等。

"战时共产主义"是在险恶的战争环境和物资极度缺乏的特殊条件下采取的应急措施,它的基本特征是最大限度地扩大国家所有制,对国民经济实行高度集中的行政管理体制,它为短期内取得战争胜利、捍卫和巩固苏维埃政权提供了必要的物质条件。但是,这样的政策具有明显的临时性和过渡性,违背了社会发展规律,脱离了当时俄国的生产力水平,挫伤了农民的生产积极性,引发了一系列社会问题。面对严峻形势,列宁坦率地承认:"现实生活说明我们错了。"②实际上,列宁开始认识到,那个落后的社会基础条件及其所代表的"必然性"是难以逾越的。

(二)新经济政策的施行和国民经济的恢复发展

为了摆脱这种严重的危机,寻找适合俄国特点的社会主义建设道路,列宁在调查研究的基础上提出了一系列调整措施。1921年3月,俄共(布)十大根据列宁的建议,通过了关于实施新经济政策的决议。新经济政策的主要内容有:第一,用

---

① 《列宁全集》第42卷,人民出版社1987年版,第448页。
② 《列宁全集》第42卷,人民出版社1987年版,第176页。

粮食税制取代余粮收集制。第二,允许私人自由贸易,恢复商品货币关系。第三,改革工业管理体制,允许私人小工业企业发展。第四,采取租让制、租赁制、合作制、代购代销制等国家资本主义形式。国家把一些暂时无力恢复生产的国有大型工业企业租给资本家,利用资本主义的资金和技术使它尽快恢复生产。

新经济政策实施初期,引起了国内各阶层的强烈反应,招致党内一些人的反对,一些老布尔什维克甚至认为这是"资本主义在俄国的复辟"。对此,列宁经过反复解释和耐心教育,使得原先持反对意见的党内同志大多消除了疑虑,新经济政策由此得到很好的贯彻。实践表明,新经济政策取得了明显成效,对于恢复和发展国民经济、提高人民生活水平、改善工农关系、巩固工农联盟和苏维埃政权,都发挥了重要作用。其间,布尔什维克党对如何走向社会主义认识也得到进一步深化,那就是:从直接向共产主义过渡转变为间接、迂回的过渡。1922年,苏俄工业总产值增长36.6%,农业在遭受自然灾害的情况下,谷物产量仍增加了20%。新经济政策使苏维埃俄国很快摆脱了经济、政治危机,极大增强了布尔什维克党和广大人民建设社会主义的信心。1922年12月30日,由俄罗斯联邦、乌克兰、白俄罗斯和外高加索联邦共同组成的苏维埃社会主义共和国联盟(简称"苏联")正式成立。

(三)列宁晚年对社会主义制度建设的思考

列宁一贯认为,建设社会主义不能从书本出发,而要从各国的实际出发。"现在一切都在于实践,现在已经到了这样一个历史关头:理论在变为实践,理论由实践赋予活力,由实践来修正,由实践来检验。"[1]列宁在晚年身患重病情况下,也没有停止这种探索,他在《日记摘录》《论合作社》《论我国革命》《我们怎样改组工农检察院》《宁肯少些,但要好些》等最后的著作中留下了许多有重要指导意义的思想。

第一,社会主义必须创造出比资本主义更高的劳动生产率。对于经济文化相对落后的俄国而言,尽快发展生产力的任务尤其突出,列宁反复强调要发展大机器工业。第二,无产阶级在夺取政权后要实现党和国家工作重心从革命到经济建设的转变。列宁在《论合作制》一文中明确指出,"从前我们是把重心放在而且应

---

[1]《列宁专题文集　论社会主义》,人民出版社2009年版,第59—60页。

该放在政治斗争、革命、夺取政权等等方面,而现在重心改变了,转到和平的'文化'组织工作上去了"①。值得注意的是,列宁所指的文化,是一种广义的文化,不仅包括精神文化,而且包括物质文化。第三,通过合作社引导农民走向社会主义。俄国是一个传统农业大国,农民在人口中所占比重很大。"在我国,第一个特点……就是我国的无产阶级不但是少数,而且是极少数,占大多数的是农民"②。列宁认为,在俄国,无论革命还是建设,都离不开农民参与,他提出发展农业合作社,将社会主义大工业与小农经济联系起来,对农业进行社会主义改造的思想。第四,过渡时期必须利用商品货币关系。列宁在总结"战时共产主义"政策时期和新经济政策时期有关实践经验教训基础上,深刻思考了过渡时期商品货币关系,认识到其既是巩固工农联盟、实现工农结合的经济纽带,也是社会主义大工业发展的经济基础。第五,必须利用资本主义文明成果建设社会主义。列宁在领导苏俄经济建设的实践中深刻认识到,要弥补苏俄建设社会主义先天不足,就要积极学习西方资本主义国家的技术和管理经验。第六,社会主义必须高度重视文化建设。列宁认为要坚决地扫除文盲,从而改变俄国文化落后的状况。列宁还从社会主义政治关联性的高度推动学校教育和社会教育,并指出要在推动和发展国民教育中提高教师的地位和物质生活条件。第七,加强国家政权建设,有步骤地发展社会主义民主制度。列宁在晚年注意到,苏维埃国家政府机关中出现了资产阶级旧机关里存在的官僚主义作风,为铲除官僚主义,列宁十分重视运用巴黎公社的历史经验,他提出了建设民主制度、改革干部制度、完善监督制度、精简机构等一系列思想。他还明确指出,由于条件制约,要立即做到人人都直接参与国家民主管理是不可能的,民主建设需要一个过程。第八,必须加强执政党的建设。十月革命胜利后,俄共(布)成为世界上第一个社会主义国家的执政党。如何加强处于执政地位的无产阶级政党的自身建设,更好地完成历史使命,是一个极具挑战的重大课题。对此,列宁提出许多有益的党建思想:必须贯彻民主集中制;要加强党的思想建设,注重党员质量和党的队伍的纯洁性;保持党和大多数工农群众的牢固联系;党的任务是对国家机关的工作进行"总的领导"而不是过分的、不正常的、琐碎的干预;要加强和改善党的选举制度、监督制度等党内制度的建设等。列宁

---

① 《列宁专题文集 论社会主义》,人民出版社 2009 年版,第 354 页。
② 《列宁全集》第 41 卷,人民出版社 1986 年版,第 21 页。

还科学地论述了在社会主义条件下执政党、领袖、阶级、群众之间的关系。列宁强调,要是"不学会把领袖和阶级、领袖和群众结成一个整体,结成一个不可分离的整体,它便不配拥有这种称号"①。

客观地说,列宁直接领导并经历的社会主义建设时期很短暂,但他以无产阶级革命家的理论素养、敏锐眼光和非凡勇气,开辟了社会主义制度建设的先例,并对当时苏俄社会主义建设的经验作了科学的理论总结和发展完善。他对苏俄建设社会主义过程中所做的深邃思考,是对科学社会主义的重大发展,对经济文化落后国家探索适合自己国情的社会主义建设道路,形成具有自身特色的社会主义制度,具有重要启示。

(四)苏联社会主义制度的发展和苏联模式的利弊

列宁逝世后,斯大林继承和领导了列宁开创的社会主义建设事业,进行了巩固和建设苏联社会主义制度的创造性探索,取得了一系列辉煌的成就,使苏联迅速从一个落后的农业国转变为强大的工业国,并在第二次世界大战打败德意日法西斯的过程中,发挥了中流砥柱作用,极大地激励和推动了世界社会主义的发展和各民族的独立与解放事业。然而,探索社会主义建设道路是一项长期而艰巨的事业,苏联在社会主义建设中既积累了重要的经验,也留下了深刻的教训。在这一过程中逐渐形成的苏联社会主义模式,发挥过重要的历史作用,但也存在严重弊端。

综观苏联模式,其主要特征是:在经济上,实行单一的社会主义公有制;实行高度中央集权的指令性计划经济体制;实行高度集权的部门管理;优先发展重工业和军事工业;实行单一的按劳分配方式;对外经济关系中的封闭性。在政治上,实行立法权与行政权高度统一的苏维埃形式;实行高度集中的党和国家领导体制;自上而下的干部任命制等。在文化上,实行高度集中的思想文化管理体制;在科技、教育、文化、体育和卫生事业上,均以领导者个人的意志和判断为最高准则;进行刚性的指标化管理。这些特征相互联系,相互渗透,构成了一个相互依赖而又密不可分的完整体系,一言以蔽之,那就是高度集权的模式。

苏联模式曾经取得了很大成就,具有突出的历史贡献。主要表现为:它使社

---

① 《列宁选集》第4卷,人民出版社1995年版,第160页。

会主义从理论、运动转变为制度;极短时间内在政治、经济、文化、社会等方面取得了巨大成就,极大地改变了苏联社会状况和人民生活面貌;为苏联军民取得反法西斯战争的胜利奠定了坚实的基础;极大地推动了世界社会主义和民族民主运动的发展。

探索社会主义建设是一项长期而艰巨的事业,苏联在社会主义建设中既积累了重要经验,也留下了深刻教训。在这一过程中逐渐形成的苏联模式发挥过重要的历史作用,但也存在严重弊端。苏联模式在理论上的僵化和局限,导致了实践中的种种弊端,主要表现为:盲目追求单一公有制,严重束缚和阻碍了生产力的发展;忽视经济规律和市场调节作用,把计划经济绝对化,削弱了企业经营者和广大劳动者的主动性和创造性;片面强调发展重工业,忽视轻工业和农业的发展,导致人民日常生活水平低下;党政不分,以党代政,党的领导变成党委包揽一切,党内民主受到严重限制,形成个人集权制和职务终身制,造成官僚主义和特权思想泛滥;夸大阶级斗争,严重破坏社会主义民主法制;以行政命令的方法管理思想文化建设,导致文化生活缺乏活力等。

诚然,我们应当用历史的眼光来审视苏联社会主义制度的演变发展,苏联模式是在特定历史条件下形成的,有着深刻的社会历史背景和根源。苏联模式形成的特殊性决定了这一模式很难普遍适用,更不能照搬照抄。后来的实践表明,苏联领导人长期奉行教条主义和"左"的指导思想,把苏联模式僵化和固化,使苏联社会主义制度逐渐丧失了生命力。同时,苏联领导人长期推行大国沙文主义,把苏联模式普遍化和神圣化,依靠强力"输出"模式,极大地损害了一些社会主义国家的自主性和独立性。为克服这种模式的缺陷,苏联东欧社会主义国家进行过一些改革尝试,却终究积重难返,造成了一系列严重的政治、经济、社会、文化问题,成为日后东欧剧变和苏联解体的重大隐患。

三、社会主义制度由一国到多国

二战结束后,社会主义从苏联一国发展到世界多国,社会主义国家不仅在地理上连成一片,而且成为一种世界性的制度和体系。在欧亚,新出现了南斯拉夫、波兰、罗马尼亚、捷克斯洛伐克、匈牙利、保加利亚、阿尔巴尼亚、德意志民主共和国、越南、朝鲜、蒙古、中国等 12 个人民民主国家。社会主义阵营的形成,显示了社会主义的强大生命力,极大地改变了世界政治格局。

上述新兴人民民主国家的具体国情不同,建立人民政权的途径相异,发展方式也各有特点,但就宏观的视角而言,又呈现出如下一些基本特点:

第一,上述国家是在反法西斯的斗争中,主要依靠本国人民的革命力量完成了民主革命,建立起人民民主政权的。在具体形式上,这些国家又各有特点。有的国家是通过武装起义而获得解放的,如捷克斯洛伐克、保加利亚和罗马尼亚。有的国家则是在长期斗争的基础下,依靠本国的革命力量,最终赢得反法西斯斗争胜利的,如南斯拉夫、阿尔巴尼亚、朝鲜和越南等。有的国家则主要是凭借苏军的强大攻势而建立起人民民主政权的,如匈牙利和德意志民主共和国等。有的国家则是在赢得反法西斯战争胜利之后,又进行了大规模的国内战争而最终取得革命的彻底胜利的,如中国。

第二,上述国家都是在共产党领导下建立起来的。各国共产党在反法西斯战争中一直是最具战斗力和号召力的中坚力量,在战争结束之后又都成为各国民主和进步力量的代表,并建立了各种形式的统一战线组织,对人民政权的建立始终起着主导作用。就具体情形而言,又有差异和不同,大致分为两类情况:一类以中国共产党为代表,类似的还有南斯拉夫、阿尔巴尼亚、越南和朝鲜等,这些国家的共产党长期以来立足于国内斗争,有很好的政治基础和群众基础,共产党的领导地位得到国内各种政治势力的广泛认同和拥护,新建立起来的国家政权一开始就牢固地掌握在共产党手中;另一类是大多数东欧国家,这些国家的共产党领导人把主要精力放在了苏联的卫国战争方面,有的甚至打出了"保卫苏联"的口号,因而在国内不仅组织力量的数量和质量很有限,而且群众基础和社会基础也相对薄弱,在匆忙建立起来的民主政权中开始并没有取得领导地位,有的甚至是作为第二党、第三党参与多党联合政府的。后来这些国家的共产党通过与其他党派联合而壮大了自己的力量,同时,因为苏联给予了强硬支持,使这些国家的共产党在国家政权中的领导地位得以逐步确立。

第三,上述国家的政权在本质上是工人阶级领导下的绝大多数劳动人民的政权,但它还不是社会主义的国家制度,它是一种过渡时期的国家形式,为欧亚人民民主国家最终确立社会主义制度创造了条件。客观地看,这些国家虽然分布在欧亚两个不同的大陆,但有着大致相同的背景:一方面,这些国家战前除了德国外都不是资本主义发达国家，或多或少地存在着封建残余，经济相对落后，长期遭受资本主义强国的侵略和控制，有的甚至陷入长期的内战，人民渴望独立、统一和民主；另一方面，这些国家的近代资本主义工业又都有不同程度的发展，工业无产阶级正在成为一支独立的政治力量，具有实现社会主义的阶级基础。因此，欧亚人民民主国家诞生后，在国家政权形态上一般都经历了两个阶段：第一阶段是工人阶级领导的、执行民主革命任务的各革命阶级的联合专政；第二阶段是由各革命阶级的联合专政逐渐发展为无产阶级专政。正如列宁所指出的："在人类从今天的帝国主义走向明天的社会主义革命的道路上，同样会表现出这种多样性。一切民族都将走向社会主义，这是不可避免的，但是一切民族的走法却不会完全一样，在民主的这种或那种形式上，在无产阶级专政的这种或那种形态上，在社会生活各方面的社会主义改造的速度上，每个民族都会有自己的特点。"[1]欧亚人民民主国家在完成民主革命任务和向社会主义过渡的实践中，在国家和政权的形成方面，都体现出适合自己国情和民族性的许多特点。

抚今追昔，社会主义五百年，经历了从空想到科学、从理论到实践、从一国实践到多国发展的过程，以创新的精神、磅礴的气势和光辉的实践，开辟了人类社会发展的胜境。科学社会主义在中国的实践，彻底改变了中国人民的命运和中国的面貌。社会主义制度在中国的确立及其探索发展，对世界社会主义运动产生了重大而深远的影响。党的十八大以来，在以习近平同志为核心的党中央的坚强领导下，全党和全国各族人民齐心协力、迎难而上、开拓进取，取得了改革开放和社会主义现代化建设的历史性成就，中国特色社会主义昂首阔步迈进了新时代。站在新的历史起点上，回望社会主义五百年，中华民族当有足够的底气和自信：中国特色社会主义制度为根本保障，在以习近平同志为核心的党中央的坚强领导下，一定能够夺取新时代中国特色社会主义的伟大胜利，一定能够实现中华民族的伟大复兴。

---

[1]《列宁全集》第 28 卷，人民出版社 1991 年版，第 163 页。

第二章　中国特色社会主义制度自信的理论逻辑

先进社会制度的价值和功能在于它能够给人们带来人类文明所应有的权利和利益,在促进社会进步的同时,激发人们对制度的认同和信任,从而产生制度自信。中国共产党坚持以实践基础上的理论创新推动制度创新,通过制度创新来完善所坚持的制度,在确立社会主义基本制度的基础上探索形成了中国特色社会主义制度。"中国特色社会主义,是科学社会主义理论逻辑和中国社会发展历史逻辑的辩证统一。"[1]科学社会主义理论逻辑反映的是社会主义必然胜利的客观规律,具有科学的方法论指导、强烈的实践要求、与时俱进的内在品质等鲜明特征。中国社会发展历史逻辑反映的是近代以来久经磨难的中华民族从站起来、富起来到强起来的客观历史进程,具有内生演化的阶段性特征。毛泽东思想、邓小平理论、"三个代表"重要思想、科学发展观、习近平新时代中国特色社会主义思想是马克思主义与具有时代特征的中国社会主义实践相结合的理论结晶,在马克思主义中国化理论创新成果指导下建立并不断完善的符合中国实际的先进社会制度,提供了当代中国发展进步的根本制度保障,为坚定中国特色社会主义制度自信奠定了坚实的理论基础、彰显了鲜明的理论逻辑。

---

[1]《习近平谈治国理政》,外文出版社 2014 年版,第 21 页。

第一节　新中国社会主义基本制度的确立与理论探索

中国特色社会主义制度的形成是一个历史过程,经历了前后两个阶段:一个是中华人民共和国的建立和社会主义改造的完成,确立了社会主义基本制度;另一个是改革开放,中国特色社会主义制度的形成。前后两个阶段紧密相连,前者是后者的前提和基础,后者是前者的创新和发展。党的十九大报告对前一个阶段的历史贡献作出了极高的评价:"完成了中华民族有史以来最为广泛而深刻的社会变革,为当代中国一切发展进步奠定了根本政治前提和制度基础,实现了中华民族由近代不断衰落到根本扭转命运、持续走向繁荣富强的伟大飞跃。"社会主义制度从构想到现实,从实行苏联模式到选择"走自己的路",从"以苏为鉴"到探索适合中国国情的社会主义制度建设规律,贯穿了科学社会主义基本原则同中国社会主义实践相结合的基本逻辑,反映了以毛泽东为主要代表的中国共产党人在半封建半殖民地的东方大国建设社会主义国家的高度自觉和自信。

一、新中国政治经济制度的构想与探索

中国革命胜利后,建立一个什么性质的国家、构建一个什么样的社会主义制度,对这一问题毛泽东在长期的革命实践中就已经进行了深入的思考。特别是在解放战争后期,毛泽东对即将建立的中华人民共和国政治经济制度进行了构想,中华人民共和国成立以后毛泽东对这一构想又进行了实践探索,为适时由新民主主义向社会主义过渡做好了思想准备、奠定了实践基础。

（一）新中国的国体和政体

早在抗日战争时期,毛泽东在《新民主主义论》中就从理论上论述了未来中国的国体和政体问题,不仅如此,人民代表会议制度作为人民当家作主的政权组织形式,在土地革命、抗日战争、解放战争时期党领导的根据地建设中就普遍施行。毛泽东在1948年西柏坡召开的中央九月会议上,提出要在中国革命胜利后建立无产阶级领导的以工农联盟为基础的人民民主专政的国家的主张,"政权的阶级性是这样:无产阶级领导的,以工农联盟为基础,但不是仅仅工农,还有资产阶级

民主分子参加的人民民主专政"①。1949年2月初,他在西柏坡会见苏共中央政治局委员米高扬时又指出,中华人民共和国政权的性质是"在工农联盟基础上的人民民主专政,而究其实质就是无产阶级专政。不过对我们这个国家来说,称为人民民主专政更为合适、更为合情合理"。② 同年6月,毛泽东在《论人民民主专政》一文中,对人民民主专政的性质和内容作了具体的说明,这一基本原则在《共同纲领》中得到了体现。

国体即国家性质,是指社会各阶级在国家中的地位,而政体是指一个国家政府的组织结构和管理体制。国体和政体的关系表现为内容与形式的关系,国体对政体有决定性的作用,政体反映并服务于相应的国体。在毛泽东看来,国家的阶级本质和阶级意志必须通过适当的政体来体现,建立以工农联盟为基础的人民民主专政的国体,就需要采用民主集中制的人民代表会议制度的政体相适应。"没有适当形式的政权机关,就不能代表国家。"③关于中华人民共和国政权的组织形式,毛泽东在1948年中央九月会议上明确指出:"人民民主专政的国家,是以人民代表会议产生的政府来代表它的。""我们采用民主集中制,而不采用资产阶级议会制"。④ 在中共七届二中全会上,毛泽东分析了人民代表大会制度与资产阶级议会制、列宁提出的工农民主专政之间的区别,认为人民代表大会制度不同于资产阶级的议会制度,而近似于苏维埃制度。不过,"在内容上我们和苏联的无产阶级专政的苏维埃是有区别的,我们是以工农联盟为基础的人民苏维埃"⑤,而民族资产阶级的代表是参加人民代表会议的。与人民民主专政的国体相适应的人民代表大会制度,成为中华人民共和国的根本政治制度。

(二)新中国的政治制度

作为我国基本政治制度的中国共产党领导的多党合作和政治协商制度、民族区域自治制度的框架在中华人民共和国成立初期就已形成,毛泽东对此作出了开创性贡献。早在1940年3月,毛泽东在《抗日根据地的政权问题》一文中指出:根据抗日民族统一战线政权的原则,在人员分配上,应规定为共产党员占三分之一,

---

① 《毛泽东文集》第5卷,人民出版社1996年版,第135页。
② 参见《在历史巨人身边——师哲回忆录(修订本)》,中央文献出版社1995年版,第376页。
③ 《毛泽东选集》第2卷,人民出版社1991年版,第677页。
④ 《毛泽东文集》第5卷,人民出版社1996年版,第136页。
⑤ 《毛泽东文集》第5卷,人民出版社1996年版,第265页。

非党的左派进步分子占三分之一,不左不右的中间派占三分之一。"三三制"的实行,为后来中国共产党领导的多党合作和政治协商制度的确立提供了重要历史经验。1948年4月30日,中共中央发布的纪念"五一"节口号,按照毛泽东的提议加进了召开政治协商会议的内容,号召各民主党派、各人民团体、各社会贤达迅速召开政治协商会议,讨论并实现召集人民代表大会,成立民主联合政府,为确立中国共产党领导的多党合作和政治协商制度奠定了政治基础。中华人民共和国成立后,毛泽东提出,究竟是一个党好,还是几个党好?现在看来,恐怕是几个党好。不但过去如此,而且将来也可以如此,就是长期共存、互相监督。

毛泽东反对在中国实行联邦制,提出实行民族区域自治制度。早在1941年5月,他明确提出:"依据民族平等原则,实行蒙、回民族与汉族在政治经济文化上的平等权利,建立蒙、回民族的自治区,尊重蒙、回民族的宗教信仰与风俗习惯。"[①]1947年10月,毛泽东在《中国人民解放军宣言》中指出:"中国境内各少数民族有平等自治的权利。"1949年9月,实行民族区域自治的重大决策写入《中国人民政府协商会议共同纲领》,规定在国家统一领导下,"各少数民族聚居的地区,应实行民族的区域自治,按照民族聚居的人口多少和区域大小,分别建立各种自治机关。"[②]在处理汉族和少数民族的关系上,他认为要着重反对大汉族主义,因为在许多地方都严重存在大汉族主义倾向,同时,在存在地方民族主义的少数民族中间,则要克服地方民族主义。

中华人民共和国成立初期,我国城市开展了一场民主建政运动,在广泛发动群众、提高城市居民政治觉悟的基础上,进行了具有自治性质的基层居民组织的试点。一些城市相继建立了居委会,协助新生的人民政权开展工作,并且办理群众自己的事情。时任北京市委书记彭真对居委会建设进行了调查研究,认为这是基层民主的一种好形式。1953年6月,他在给毛泽东和中共中央的报告中提出,它的性质是群众自治组织,不是政权组织。它的任务主要是把工厂、商店和机关、学校之外的街道居民组织起来,在居民自愿原则下,办理有关居民的共同福利事项,宣传政府的政策法令,发动居民响应政府的号召和向基层政权反映居民意见。毛泽东主持中央政治局会议,专门讨论并同意了彭真的建议。1954年12月,全国

---

① 《毛泽东文集》第2卷,人民出版社1993年版,第337页。
② 《建国以来重要文献选编》第1册,中央文献出版社1992年版,第12页。

人大常委会通过了城市居民委员会组织条例,将城市居委会制度用法律确定下来,为后来基层群众自治制度的发展奠定了重要基础。① 这一用法律形式确定的城市基层群众自治的探索,为改革开放以后在农村广泛推行村民自治,进而形成基层群众自治制度这一基本政治制度奠定了重要的实践基础。

(三)新中国的经济制度

1948年9月,毛泽东在修改《关于东北经济构成及经济建设基本方针的提纲》时指出,在新民主主义经济建设中,放弃无产阶级的领导地位是错误的,同时,"又必须坚决地严密地防止任何急性的'左'倾冒险主义的倾向,即是过早地和过多地在国民经济中采取社会主义的步骤,超出实际的可能性和必要性去机械地实现计划经济"②。新民主主义经济中起决定作用的是国营经济、公营经济,由于这些经济是社会主义性质的,而整个经济体系都处于社会主义经济领导之下,社会主义是新民主主义经济的发展方向。毛泽东指出:"不要以为新民主主义经济不是向社会主义发展,而认为是自由贸易、自由竞争,向资本主义发展,那是极其错误的,我们历来反对。"③在发展新民主主义经济这一问题上,既要坚持社会主义方向,又要谨慎、稳妥,不要急于社会主义化。关于新民主主义经济成分的构成及其作用,毛泽东指出:"新中国的经济构成,首先是国营经济,第二是由个体向集体发展的农业经济,第三是私人经济"④。在中共七届二中全会的报告中又加以说明,国营经济是社会主义性质的,合作社经济是半社会主义性质的,加上私人资本主义,加上个体经济,加上国家和私人合作的国家资本主义经济,这些就是人民共和国的几种主要的经济成分,构成了新民主主义的经济形态。中华人民共和国成立初期的新民主主义,虽然与社会主义在政治经济制度上存在一定的差异,但新民主主义是半封建半殖民的中国向社会主义过渡的必经阶段。毛泽东在中华人民共和国成立前夕构想和设计的制度框架,已经勾画出即将建立的社会主义制度的雏形,为我国成功地实现由新民主主义向社会主义过渡奠定了制度基础。

---

① 参见邹谨、张安《毛泽东对中国特色社会主义制度的贡献——学习贯彻党的十八大精神》,载《兵团党校学报》2013年第2期。
② 《毛泽东经济年谱》,中共中央党校出版社1993年版,第251页。
③ 《胡乔木回忆毛泽东》,人民出版社2003年版,第537页。
④ 《毛泽东文集》第5卷,人民出版社1996年版,第140页。

二、社会主义基本制度的确立与改革探索

1949年9月,具有临时宪法性质的《共同纲领》把以毛泽东为主要代表的中国共产党人的建国构想确定下来并付诸实施。1954年9月,第一届全国人民代表大会第一次会议通过了毛泽东亲自主持编写的《中华人民共和国宪法》,从宪法层面对我国社会主义制度作出了系统全面的规定。1953年6月,毛泽东主持中央政治局会议通过党在过渡时期的总路线和总任务。到1956年,我国完成了对个体农业、手工业和资本主义工商业社会主义改造的任务,确立了社会主义基本经济制度。由此,毛泽东关于中华人民共和国政治经济制度以及向社会主义过渡的构想与设计由抽象变为具体、由原则成为制度。但是,社会主义基本制度确立以后,是不是具体制度也很完善了,是不是社会主义社会内部就不存在矛盾了,这成为毛泽东思考和研究的重点问题。毛泽东在实践基础上提出要以苏为鉴、走自己的路,积极探索我国社会主义政治体制、经济体制的改革,这对于以后的制度建设和体制改革具有很强的指导意义。

(一)社会主义根本和基本政治制度的确立

中华人民共和国成立时,作为我国根本政治制度的人民代表大会制度,因为各方面条件的限制,并没能与新生的国家政权同步形成,而是采取了在中央通过中国人民政治协商会议全体会议、在地方通过逐级召开人民代表会议的方式,逐步地向人民代表大会制度过渡。在毛泽东的倡导和督促下,全国各地先后召开各界人民代表会议,为召开普选的各级人民代表大会准备条件。1953年通过《关于召开全国人民代表大会和地方各级人民代表大会的决议》,1954年颁布《中华人民共和国宪法》及相关法律,标志着同人民民主专政的国体相适应的人民代表大会制度的正式确立,为实现人民当家作主提供了根本制度保证。

1954年9月通过的《中华人民共和国宪法》,对我国的政党问题作了明确规定:我国人民在建立中华人民共和国的伟大斗争中已经结成以中国共产党为领导的各民主阶级、各民主党派、各人民团体的广泛的人民民主统一战线。标志着中国共产党领导的多党合作和政治协商制度在政治上、组织上的正式形成,这是我国社会主义制度的突出特点和优势。

《共同纲领》明确把民族区域自治作为我国处理民族关系问题的制度选择以

法律的形式确定下来。1952年2月政务院原则通过《中华人民共和国民族区域自治实施纲要》(简称《纲要》)。1954年《中华人民共和国宪法》对民族区域自治作了全面细致的规定,标志着民族区域自治制度迈出了关键性的一步。随后,国务院又根据《纲要》精神和《中华人民共和国宪法》,制定相关的民族区域自治的法律法规。到1956年,我国基本形成全国统一的民族自治体制,基本确立了民族区域自治制度的框架。

中华人民共和国成立后,为适应新的社会政治经济的发展和维护全新的社会关系和社会秩序的要求,开始大规模的法律创制活动。《中华人民共和国宪法》颁布后,又据此重新制定了一些有关国家机关和国家制度的各项重要法律法令。到1956年,我国经济立法取得显著成效,民法立法框架基本形成,刑事立法初步展开,诉讼立法开始启动,确立了以宪法为核心的我国社会主义法律框架。

(二)社会主义基本经济制度的确立

中华人民共和国成立后,随着国民经济恢复和发展以及国内外情况的变化,新民主主义经济形态已经不适应实现国家的社会主义工业化。1952年9月,毛泽东提出党在过渡时期的总路线,"总路线也可以说就是解决所有制的问题。国有制扩大——国营企业的新建、改建、扩建。私人所有制有两种,劳动人民的和资产阶级的,改变为集体所有制和国营(经过公私合营,统一于社会主义),这才能提高生产力,完成国家工业化。"①党在过渡时期的总路线的实质,就是使生产资料的社会主义所有制成为国家的经济基础。按照总路线的要求,对个体农业、手工业和资本主义工商业进行了社会主义改造,在较短的时间里,实现了生产资料所有制的深刻变革。到1956年,各种经济成分占国民收入的比重分别是:国营经济32.2%,合作社经济53.4%,公私合营经济7.3%,个体经济7.1%,社会主义公有制成为我国的经济基础。

随着所有制成分逐步形成单一公有制,高度集中的计划经济体制也随之建立起来。毛泽东指出:"恩格斯说,在社会主义制度下,'按照预定计划进行社会生产就成为可能',这是对的。资本主义社会里,国民经济的平衡是通过危机达到的。社会主义社会里,有可能经过计划来实现平衡。"②1954年《中华人民共和国宪法》

---

① 《毛泽东文集》第6卷,人民出版社1999年版,第301页。
② 《毛泽东文集》第8卷,人民出版社1999年版,第118页。

规定,国家用经济计划指导国民经济的发展和改造,使生产力不断提高,以改进人民的物质生活和文化生活,巩固国家的独立和安全。随着我国计划经济体制的形成,建立与之相适应的高度集中的经济管理体制。

从《共同纲领》到《五四宪法》,再到1956年完成社会主义改造的历史任务,社会主义基本制度在中国得以全面确立,奠定了当代中国一切发展和进步的根本制度基础。改革开放以来,中国特色社会主义制度的完善和发展,就是在这一基础上进行的。

(三) 关于政治体制改革的探索

毛泽东认为中华人民共和国建立的基本政治制度是好的,是适合中国国情的,但仍需要不断完善。为此,他提出的政治体制改革目标就是要"造成一个又有集中又有民主,又有纪律又有自由,又有统一意志、又有个人心情舒畅、生动活泼,那样一种政治局面"。① 首先,要扩大社会主义民主,搞好民主集中制。毛泽东认为,"没有民主,就不可能正确地总结经验。没有民主,意见不是从群众中来,就不可能制定出好的路线、方针、政策和办法。"② 主要思路:一是建立党代会常任制。党代会常任制的最大好处,是使代表大会可以成为党的充分有效的最高决策机关和最高监督机关。二是废除领导干部终身制。1957年4月,毛泽东与民主人士和无党派人士的谈话中,向党外人士透露不再当国家主席的意愿,想带头推行这项制度。三是加强党的监督。没有监督,就没有民主,要发挥劳动人民、党员群众以及民主党派的监督作用。其次,要改变中央高度集权。毛泽东经过调查研究,认为现在中央集中太多,要给地方更多一些权力,给地方更多的独立性,有中央和地方两个积极性,比只有一个积极性好得多。"处理好中央和地方的关系,这对于我们这样的大国大党是一个十分重要的问题。这个问题,有些资本主义国家也是很注意的。它们的制度和我们的制度根本不同,但是它们发展的经验,还是值得我们研究。"③ 最后,要精简机构,反对官僚主义。毛泽东对官僚主义作风一贯深恶痛绝,他认为,机构庞大、部门重叠是官僚主义滋生的条件。解决这个问题,第一条,必须减人;第二条,对准备减的人,必须做出适当安排,使他们都有切实的归宿。

---

① 参见《建国以来毛泽东文稿》第6册,中央文献出版社1992年版,第543页。
② 《建国以来毛泽东文稿》第10册,中央文献出版社1996年版,第21页。
③ 《建国以来毛泽东文稿》第10册,中央文献出版社1996年版,第91—92页。

并要求党、政、军都要这样做。

毛泽东经过调查研究,对如何完善人民代表大会制度、多党合作和政治协商制度、民族区域自治制度提出了自己的意见。关于人民代表大会制度,毛泽东提出要赋予地方人大立法权。"我们的宪法规定,立法权集中在中央。但是在不违背中央方针的条件下,按照情况和工作需要,地方可以搞章程、条例、办法,宪法并没有约束。"①关于多党合作和政治协商制度,毛泽东提出要处理好中国共产党同各民主党派的关系,要坚持"长期共存,互相监督"的方针。关于民族区域自治制度,毛泽东在强调反对大汉族主义和地方民族主义、加强民族团结的同时,还提出要研究少数民族地区的经济管理体制和财政体制如何才能适合民族区域自治。

(四)关于经济体制改革的探索

针对实行苏联模式的弊端,毛泽东提出经济体制改革的基本思路。对于单一的公有制,他认为,在社会主义公有制经济占优势的前提下,可以允许非公有制经济成分存在,"现在国营、合营企业不能满足社会需要,如果有原料,国家投资又有困难,社会有需要,私人可以开厂。"②对于高度集中的计划经济体制,毛泽东认为,中国需要经过一个相当长的商品生产的历史发展阶段,商品生产不能与资本主义混为一谈,商品生产可以为社会主义服务。毛泽东在领导纠正"大跃进"和人民公社化运动中急躁冒进错误的过程中,提出要发展商品生产,遵循价值规律。陈云提出"三个主体、三个补充"思想,即国家、集体经济是主体,一定数量的个体经济是补充;计划生产是主体,在计划许可范围内按市场变化的自由生产是补充;国家市场是主体,一定范围内的自由市场是补充。这些思想观点,为后来建立社会主义市场经济体制奠定了理论基础。

关于企业管理体制改革,毛泽东认为,"所有制问题基本解决以后,最重要的问题是管理问题,即全民所有的企业如何管理的问题,集体所有的企业如何管理的问题,这也就是人与人的关系问题。这方面是大有文章可做的。"③毛泽东注重通过改善人与人的关系来促进生产的发展,在他主持制定的《工作方法六十条(草案)》中,提出干部要以普通劳动者姿态与工人建立平等关系,要改革束缚群众积

---

① 《建国以来毛泽东文稿》第10册,中央文献出版社1996年版,第92页。
② 《毛泽东文集》第7卷,人民出版社1999年版,第170页。
③ 《毛泽东文集》第8卷,人民出版社1999年版,第134页。

极性的不合理的规章制度。毛泽东把鞍钢经验称为"鞍钢宪法",充分肯定鞍钢"两参一改三结合"的企业管理体制,这一管理体制后来成为我国企业管理的一项重要制度。

从1956年我国进入社会主义社会到1962年八届十中全会,这一时期毛泽东对按照苏联模式建立起来的我国社会主义制度进行了深刻反思,他结合我国的实际,对我国社会主义政治、经济体制改革和完善进行了初步探索,提出了许多重要的思想观点,对纠正当时实践中出现的偏差、准确判断中国国情的定位、推动社会主义制度的完善都起到十分重要的指导作用。

三、探索适合中国国情的社会主义制度的理论思考

20世纪50年代中后期,以毛泽东为代表的中共领导人就开始探索建立适合中国国情的社会主义制度,在《论十大关系》《关于正确处理人民内部矛盾的问题》中提出了一系列重要思想,反映了这一时期他经过调查研究得出的结论和进行的思考,体现了他在《实践论》《矛盾论》中的哲学思想,为我们党认识把握社会主义建设规律、探索形成适合中国国情的社会主义制度作出了重大的理论贡献,具有很强的方法论指导意义。

(一)从矛盾论的高度,提出社会主义社会仍然存在矛盾的思想

我国社会主义改造的基本完成,意味着中国从此基本消灭了剥削制度,进入了社会主义社会。社会主义社会有没有矛盾?马克思主义经典作家没有论述。斯大林在1936年苏联社会主义改造基本完成后,就宣布苏联已建成社会主义社会,从此苏联社会内部不再有矛盾了。毛泽东曾在《矛盾论》中指出,每一事物或现象自始至终存在矛盾。"矛盾的普遍性或绝对性这个问题有两方面的意义。其一是说,矛盾存在于一切事物的发展过程中;其二是说,每一事物的发展过程中存在着自始至终的矛盾运动。"[1]毛泽东坚持社会基本矛盾是社会发展根本动力的唯物史观,作出了社会主义社会仍然存在矛盾、社会矛盾是社会主义的发展动力的科学判断。"在社会主义社会中,基本的矛盾仍然是生产关系和生产力之间的矛盾,上层建筑和经济基础之间的矛盾。"[2]并认为,社会基本矛盾将贯穿人类社会始

---

[1]《毛泽东选集》第1卷,人民出版社1991年版,第296页。
[2]《毛泽东文集》第7卷,人民出版社1999年版,第214页。

终，不论是敌我矛盾、人民内部矛盾，还是经济、政治、思想、文化各个领域中的矛盾，都要受社会基本矛盾制约和规定。他还分析了社会主义社会基本矛盾的性质和特点，"社会主义生产关系已经建立起来，它是和生产力的发展相适应的；但是，它又还很不完善，这些不完善的方面和生产力的发展又是相矛盾的。除了生产关系和生产力发展的这种又相适应又相矛盾的情况以外，还有上层建筑和经济基础的又相适应又相矛盾的情况。"①这些矛盾不是对抗性的矛盾，是可以通过社会主义制度本身的不断完善得到解决的。中华人民共和国成立初期社会主义建设的实践表明，苏联模式的社会主义体制与中国国情实际存在一定的差异，毛泽东试图从中国实际出发解决这一矛盾。他在《论十大关系》中强调："这十种关系，都是矛盾。世界是由矛盾组成的。没有矛盾就没有世界。我们的任务，是要正确处理这些矛盾。"②毛泽东从矛盾论出发，提出了不同于斯大林的关于建设社会主义社会的观点，以及通过正确处理矛盾发展社会主义的思想，为明确社会主义社会的根本任务、改革社会主义经济体制、完善社会主义制度提供了重要的理论依据。

（二）从实践论的高度，提出"以苏为鉴"、走自己的路的思想

中华人民共和国成立初期包括"一五"计划在内，我国社会主义建设基本上是照抄苏联的做法，对此毛泽东总觉得不满意、心情不舒畅。毛泽东曾在《实践论》中系统阐明过实践在认识中的地位和作用，实践是认识的来源、实践是认识发展的动力、实践是认识的标准、实践是认识的目的，强调人的认识一时一刻也离不开实践。斯大林逝世以后苏联发生的一系列变化，以及中国照搬苏联经验出现的问题，使毛泽东察觉到苏联模式的弊端，为此，他在1955年底提出了"以苏为鉴"的论断。他在《论十大关系》中指出："特别值得注意的是，最近苏联方面暴露了他们在建设社会主义过程中的一些缺点和错误，他们走过的弯路，你还想走？过去我们就是鉴于他们的经验教训，少走了一些弯路，现在当然更要引以为戒。"③这个时候毛泽东已有了"走自己的路"的想法，随后毛泽东积极探索适合国情的社会主义建设道路，并取得了初步的实践经验。1958年3月，毛泽东在成都会议上的讲话中指出："一九五六年四月的《论十大关系》，开始指出我们自己的建设路线，原则

---

① 《毛泽东文集》第7卷，人民出版社1999年版，第215页。
② 《毛泽东文集》第7卷，人民出版社1999年版，第44页。
③ 《建国以来毛泽东文稿》第6册，中央文献出版社1992年版，第82页。

和苏联相同,但方法有所不同,有我们自己的一套内容。"①可以说,从1956年提出"十大关系"起,我们党开始找到了一条适合自己的道路。1975年7月,邓小平在评价《论十大关系》时指出,"这篇东西太重要了,对当前和以后,都有很大的针对性和理论指导意义。"②改革开放的基本思路很多都来自《论十大关系》的启发,《论十大关系》的理论价值和实践意义至今仍然发挥着作用。

(三)从认识论的高度,提出利用社会主义建设规律的思想

从1956年我国社会主义改造基本完成到1962年八届十中全会,毛泽东为了突破苏联模式,从中国实际出发,希望找到适合中国国情的社会主义建设道路和制度,曾经进行过三次大的探索。探索的过程既是一个实践的过程,同时也是一个认识不断提高的过程。正如毛泽东在《实践论》中所说的:"实践、认识、再实践、再认识,这种形式,循环往复以至无穷,而实践和认识之每一循环的内容,都比较地进到了高一级的程度。"③提高认识水平不仅要向实践学习,也要向书本学习,因为书本中的知识凝结着实践经验。毛泽东在察觉纠正"大跃进"和人民公社化运动错误的过程中,开始重视对马克思主义基本经济理论的学习和研究,号召各级干部学习斯大林的《苏联社会主义经济问题》等著作。毛泽东在各种会议上的讲话和读书谈话中,结合我国社会主义建设问题,多次提出自己的见解,要求提高党的高级干部的认识水平和指导实践的能力,从而更好地把握规律、利用规律。毛泽东在1960年6月上海召开的中央政治局扩大会议上作的《十年总结》中指出:"我们对于我国的社会主义革命和建设,我们已经有了十年的经验了,已经懂得了不少的东西了。但是我们对于社会主义时期的革命和建设,还有很大的盲目性,还有一个很大的未被认识的必然王国。我们还不深刻地认识它。我们要以第二个十年时间去调查它,去研究它,从中找出它的固有的规律,以便利用这些规律为社会主义革命和建设服务。"④《十年总结》从认识论的高度分析了十年社会主义建设历程的得失利弊,概括了十年社会主义建设的思想脉络,引出了如何认识把握社会主义建设规律的问题,表明这一时期毛泽东对探索适合中国国情的社会主义

---

① 《毛泽东文集》第7卷,人民出版社1999年版,第369页。
② 中共中央文献研究室:《邓小平年谱(1975—1997)》(上),中央出版社2004年版,第68页。
③ 《毛泽东选集》第1卷,人民出版社1991年版,第296页。
④ 毛泽东:《十年总结》,载《党的文献》1992年第3期。

建设道路和制度的高度自觉。

基于对苏联模式在我国实践的反思,以毛泽东为代表的中共领导人积极探索适合中国国情的社会主义建设道路和制度,在改革政治经济体制、完善社会主义制度方面迈出了一定的步子。虽然这些探索还是初步的、停留在理论层面的,而且在实践中没有得到有力的贯彻和实施,但无可争辩,这些探索无疑为中国特色社会主义道路的开创、中国特色社会主义制度的构建,提供了有益的实践经验,奠定了坚实的理论基础。十一届三中全会以后,邓小平曾指出:"从许多方面来说,现在我们还是把毛泽东同志已经提出、但是没有做的事情做起来,把他反对错了的改正过来,把他没有做好的事情做好。今后相当长的时期,还是做这件事。当然,我们也有发展,而且还要继续发展。"①从本质上看,从我国社会主义制度的建立、实践探索到中国特色社会主义制度的创建、完善发展,对深化认识社会主义建设规律的探索在改革开放前后两个时期都是一以贯之的。

综上所述,毛泽东对建立适合中国国情的社会主义制度的理论探索,既来源于改革开放前我国社会主义建设的实践经验,也来自对苏联模式的批判与借鉴,是科学社会主义基本原则同中国社会主义实践相结合的理论成果,是改革开放新时期创建和完善中国特色社会主义制度的直接思想来源。

第二节 改革开放新时期中国特色社会主义制度的形成与发展

毛泽东在领导党和人民创立我国社会主义基本制度之后,在认定这一制度较之历史上的剥削制度具有明显优越性的基础上,认为我国社会主义制度"还很不完善",需要探索适合国情的制度。20 世纪 60 年代前期,国内国际形势的变化引发毛泽东对阶级斗争状况作出脱离实际的估计,完善我国社会主义制度的有益探索被中断。鉴于我国社会主义制度建设的曲折历程和经验教训,改革开放新时期邓小平作出了"改革是社会主义制度的自我完善"的科学论断,开创了中国特色社会主义制度建设的新道路。以江泽民为主要代表的中国共产党人在改革的深度上把改革从体制层面深化到基本制度层面,以胡锦涛为主要代表的中国共产党人在改革的广度上把改革拓展到中国特色社会主义事业各个领域,使科学社会主

---

① 《邓小平文选》第 2 卷,人民出版社 1994 年版,第 300 页。

在21世纪的中国焕发强大生机活力,丰富发展了中国特色社会主义制度建设理论,为新时代坚定中国特色社会主义制度自信奠定了坚实的实践基础,作出了重大的理论贡献。

一、邓小平对创建中国特色社会主义制度的理论贡献

中国共产党领导中国人民进行革命、建设和改革,是为了确立社会主义基本制度、建立中国特色社会主义制度,并最终实现共产主义社会制度。邓小平作为一个坚定的马克思主义信仰者和践行者,他在开启改革开放新征程、开创中国特色社会主义新实践的过程中,第一次比较系统地初步回答了在中国这样经济文化比较落后的国家如何建设社会主义、如何巩固和发展社会主义的一系列基本问题,奠定了中国特色社会主义制度建设的理论基础。实践是理论之源,理论是实践之思,而制度则是在理论指导下对实践成果的固化,邓小平创建的中国特色社会主义制度是发展中国特色社会主义事业的根本保障。邓小平对创建中国特色社会主义制度的一系列重要论述,具有丰富的实践基础和深刻的思想内涵,显示了他对我国社会主义制度的高度自信,对于我们牢固树立制度自信、坚定不移推进中国特色社会主义制度的完善和发展具有重大的理论指导意义。

(一)社会主义制度通过改革是能够自我完善和发展的

长期以来,在社会主义的实践中存在着一种错误的倾向,把社会主义制度看得完美无缺,不承认刚建立起来的社会主义制度的不成熟性,不承认社会主义制度要由不完善到完善的渐近过程,更不承认现存的体制有什么弊端。按照这种观点,社会主义制度根本不需要改革,改革就是离经叛道。邓小平总结我国社会主义建设的经验教训,从社会主义社会的发展规律出发,将社会主义制度和社会主义体制机制区分开来,明确改革不是要根本改变社会主义经济制度和政治制度,而是在坚持社会主义基本制度的前提下对具体制度的变革,是社会主义制度的自我完善和发展。改革开放初期,邓小平就指出:"我们要不断研究新情况、解决新问题、寻找新办法、制定新制度,使整个国家的各种体制越来越完善,保证社会主义现代化建设能够顺利进行。"①改革开放新时期从推动经济体制改革到社会主

---

① 《邓小平年谱》(下),中央文献出版社2004年版,第810页。

市场经济体制的形成,从促进政治体制改革到社会主义民主政治的发展,从行政机构改革到政府职能的转变,建立了适合中国国情、具有中国特色的具体的经济体制、政治体制、文化体制、社会体制等,使我国社会主义制度更加成熟更加完善。从某种意义上说,改革开放的过程就是体制创新、制度完善的过程,改革开放的进程同中国特色社会主义制度的创建和发展是紧密联系在一起的。邓小平强调制度"更带有根本性、全局性、稳定性和长期性",①把中国特色社会主义制度的成熟定型作为改革开放的一个成果标志。他根据改革开放以来制度建设的进程,在1992年视察南方谈话中预测了制度完善和发展的前景,"恐怕再有三十年的时间,我们才会在各方面形成一整套更加成熟、更加定型的制度。在这个制度下的方针、政策,也将更加定型化。"②

(二)解放和发展生产力、改善人民生活是社会主义制度优越性的集中体现

在社会主义和资本主义共存和竞争的时代,要坚持社会主义制度不动摇,就必须大力解放和发展社会生产力,通过发展经济提高人民生活水平。邓小平指出,"我们是社会主义国家,社会主义制度优越性的根本表现,就是能够允许社会生产力以旧社会所没有的速度迅速发展,使人民不断增长的物质文化生活需要能够逐步得到满足。"③近代以来,中国长期处于国际体系的边缘地带,频遭侵略、备受欺侮,中国虽然现在落后于西方,但决不能以此否定社会主义制度的优越性,"这不是社会主义制度造成的,从根本上说,是解放以前的历史造成的,是帝国主义和封建主义造成的,社会主义革命已经使我国大大缩短了同发达资本主义国家在经济发展方面的差距"④。邓小平对通过改革的途径解放和发展我国社会生产力充满信心,他认为,"我们是社会主义国家,社会主义应该是生产力发展比较快的制度"⑤,对此,邓小平进行了深入的制度分析,"社会主义的经济是以公有制为基础的,生产是为了最大限度地满足人民的物质、文化需要,而不是为了剥削。由于社会主义制度的这些特点,我国人民能有共同的政治经济社会理想、共同的道

---

① 参见《邓小平文选》第2卷,人民出版社1994年版,第333页。
② 《邓小平文选》第3卷,人民出版社1993年版,第372页。
③ 《邓小平文选》第2卷,人民出版社1994年版,第128页。
④ 《邓小平文选》第2卷,人民出版社1994年版,第166页。
⑤ 《邓小平年谱》(下),中央文献出版社2004年版,第981页。

德标准。以上这些,资本主义社会永远不可能有"①。基于以上认识,邓小平对我国社会主义制度的发展前景持非常乐观的态度,"社会主义制度总比弱肉强食、损人利己的资本主义制度好得多。我们的制度将一天天完善起来,它将吸收我们可以从世界各国吸收的进步因素,成为世界上最好的制度"②。改革开放以来,邓小平在总结国内外社会主义建设经验教训的基础上,一方面反复强调公有制是体现社会主义制度本质的一个东西,必须毫不动摇地长期坚持;另一方面又要求发挥其他经济成分的作用,作为公有制经济的必要补充,并积极推动所有制改革,这就为以后确立以公有制为主体、多种所有制经济共同发展的我国社会主义初级阶段的基本经济制度奠定了实践和理论基础。

(三) 党的领导是我国社会主义制度的显著政治优势

在中国这样的大国里要把十几亿人口的思想和力量统一起来建设社会主义,邓小平认为,"没有一个由具有高度觉悟性、纪律性和自我牺牲精神的党员组成的能够真正代表和团结人民群众的党,没有这样一个党的统一领导,是不可能设想的,那就只会四分五裂,一事无成"③。"没有党的领导也就不会有社会主义制度"④,党的领导是我国社会主义制度的显著政治优势,主要表现在:实现民主集中制,更利于团结人民;干事效率高,决策和执行不受牵扯;全国一盘棋,能够集中力量、保证重点。邓小平认为,为了坚持党的领导,必须努力改善党的领导。"改革党和国家领导制度及其他制度,是为了充分发挥社会主义制度的优越性,加速现代化建设事业的发展。"⑤在我国社会主义制度下,人民是国家的主人,"在政治上创造比资本主义国家的民主更高更切实的民主,并且造就比这些国家更多更优秀的人才"⑥,因此可以最大限度地团结广大人民群众共同奋斗。"只要我们充分发挥社会主义制度的优越性,把力量统一地合理地组织起来,人数少,也可以比资本主义国家同等数量的人办更多的事,取得更大的成就"⑦,邓小平经过全面比较社会主义制度和资本主义制度,他认为,"社会主义制度和资本主义制度那个好?当

---

① 《邓小平文选》第 2 卷,人民出版社 1994 年版,第 167 页。
② 《邓小平文选》第 2 卷,人民出版社 1994 年版,第 337 页。
③ 《邓小平文选》第 2 卷,人民出版社 1994 年版,第 341—342 页。
④ 《邓小平文选》第 2 卷,人民出版社 1994 年版,第 391 页。
⑤ 《邓小平文选》第 2 卷,人民出版社 1994 年版,第 322 页。
⑥ 《邓小平文选》第 2 卷,人民出版社 1994 年版,第 322 页。
⑦ 《邓小平文选》第 2 卷,人民出版社 1994 年版,第 52 页。

然是社会主义制度好。"①尽管现在的社会主义制度还不够完善,从发展的观点看,"我们一定要、也一定能拿今后的大量事实来证明,社会主义制度优于资本主义制度。"②

(四)社会主义民主要靠社会主义法制保障

社会主义民主是历史上最高类型的民主,广大人民当家作主的社会主义民主是不会自行实现的,需要社会主义法制来引导和保障。"宪法是一张写着人民权利的纸"③,社会主义国家的宪法是人民当家作主权利的根本保障,人民权利就具体体现在各个普遍法律之中。邓小平指出,"我们的民主制度还有不完善的地方,要制定一系列的法律、法令和条例,使民主制度化、法律化"④。邓小平吸取我国社会主义民主政治建设的经验教训,强调民主与法制的辩证统一。"社会主义民主和社会主义法制是不可分的。不要社会主义法制的民主,不要党的领导的民主,不要纪律和秩序的民主,决不是社会主义民主。""发扬社会主义民主,健全社会主义法制,两方面是统一的。"⑤邓小平认为,保证党和国家的活力就要推动政治生活的民主化,克服官僚主义提高工作效率就要推动经济管理的民主化,调动基层和人民的积极性就要推动整个社会生活的民主化。从制度上保证政治生活民主化,关键是完善党的民主集中制,通过健全党的代表大会制度、党的集体领导制度和党内监督制度等,处理好民主与集中的关系;从制度上保证国家政治生活民主化,就要通过完善各级人民代表大会制度,处理好党的领导与人民当家作主的关系;从制度上保证整个社会生活民主化,就要通过在调动广大人民群众积极性的过程中处理好活力与秩序、权益与义务的关系,增强经济社会发展的动力。改革开放之初,邓小平指出,"现在的问题是法律很不完备,很多法律还没有制定出来。""应该集中力量制定刑法、民法、诉讼法和其他各种必要的法律"⑥。改革开放以来,我国大力加强法制建设,为中国特色社会主义法律体系的形成奠定了基础。

邓小平在改革开放的实践进程中,始终以马克思主义的立场观点方法,在坚

---

①《邓小平文选》第 2 卷,人民出版社 1994 年版,第 167 页。
②《邓小平文选》第 2 卷,人民出版社 1994 年版,第 250 页。
③《列宁全集》第 12 卷,人民出版社 1987 年版,第 50 页。
④《邓小平文选》第 2 卷,人民出版社 1994 年版,第 359 页。
⑤《邓小平文选》第 2 卷,人民出版社 1994 年版,第 359 页、第 276 页。
⑥《邓小平文选》第 2 卷,人民出版社 1994 年版,第 146 页。

守社会主义基本制度的基础上推进制度的完善和发展,即使在"文化大革命"结束之初和20世纪80年代末90年代初这两个时期,邓小平依然坚信社会主义制度要优于资本主义制度,依然对创建和发展中国特色社会主义制度抱有坚定的信心,为我们坚定制度自信树立了榜样。邓小平对完善社会主义制度的高度自觉、对中国特色社会主义制度的高度自信,为新时代实现国家治理体系和治理能力现代化提供了强大的精神力量。

二、"三个代表"重要思想对中国特色社会主义制度理论的丰富深化

"三个代表"重要思想是以江泽民同志为主要代表的中国共产党人把科学社会主义基本原则同我国社会主义现代化建设相结合的重大理论创新成果,进一步丰富和深化了对我国社会主义制度的规律性认识,对于新的历史条件下增强制度自信、推进制度建设具有重要的理论指导意义。

(一)"三个代表"重要思想把党的先进性和社会主义制度优越性统一于中国特色社会主义实践

江泽民在庆祝中国共产党成立70周年大会上指出,"社会主义制度已经在中国大地上扎根并初步显示出优越性,但由于它是一个新生的制度,还不成熟、不完善,生产关系和上层建筑中还存在不适应生产力发展的方面和环节。"[1]他认为,社会主义制度只有在坚持自身改革的进程中,才能逐步走向健全、走向完善、走向成熟。2000年5月,江泽民在上海召开的党建工作座谈会上提出,"始终做到'三个代表',是我们党的立党之本、执政之基、力量之源。"[2]这个结论,为我们党自成立以来带领中国人民为实现民族独立、人民解放和国家富强、民族振兴、人民幸福的奋斗历史所充分证明,也是进入新世纪中国特色社会主义事业对党的建设提出的新要求。中国特色社会主义制度是改革开放以来中国一切发展进步的根本保障,做到"三个代表",就必须坚持和完善中国特色社会主义制度。"三个代表"重要思想的提出,实际上是把对党的先进性的自信拓展为对社会主义制度的自信。江泽民指出,"社会主义制度的建立和完善,为我国社会生产力的解放和发展打开了广

---

[1]《江泽民文选》第1卷,人民出版社2006年版,第152页。
[2]《江泽民文选》第3卷,人民出版社2006年版,第15页。

阔的道路。"①改革是坚持和完善社会主义制度的必由之路，也是增强制度自信的必然要求。"在社会主义社会的各个历史阶段，都需要根据经济社会发展的要求，适时地通过改革不断推进社会主义制度自我完善和发展，这样才能使社会主义制度充满生机和活力"②。

"三个代表"重要思想把坚持党的先进性和发挥社会主义制度优越性统一于促进发展的实践中，促进社会生产力的快速发展成为我国社会主义制度优越性的集中体现。江泽民指出："坚持和完善社会主义公有制为主体、多种所有制经济共同发展的基本经济制度；坚持和完善社会主义市场经济体制，使市场在国家宏观调控下对资源配置起基础性作用；坚持和完善按劳分配为主体的多种分配方式；深化改革，扩大开放，推进两个根本性转变，这些都是现阶段进一步解放和发展我国社会生产力、调动广大人民群众积极性的必然要求。"③社会主义本质特征决定了发展不仅仅是经济发展，还包括政治、文化、社会等的全面发展，在社会全面进步的基础上促进人的全面发展是我国社会主义制度优越性的重要体现。"把坚持党的先进性和发挥社会主义制度的优越性，落实到发展先进生产力、发展先进文化、实现最广大人民的根本利益上来，推动社会全面进步，促进人的全面发展。"④

（二）阐明坚持和完善我国社会主义政治制度的根本途径

我国社会主义政治制度具有自己的优势和强大生命力。"人民代表大会制度和中国共产党领导的多党合作、政治协商制度以及民族区域自治制度，适合我国国情，鲜明地体现了有中国特色社会主义民主政治的本质和特点"。江泽民强调，"任何时候都决不能动摇、削弱和丢掉这些制度，决不能照搬西方政治制度模式。只有保持和完善我国社会主义政治制度，才能始终保持国家统一、民族团结、社会稳定和经济发展。"⑤他告诫说，中国不能搞私有化、搞多党轮流执政、搞三权分立，如果中国搞了这些东西，就会国无宁日、民无宁日，中国人连饭都会吃不上，对中国人民对世界都是一个大灾难。"我们必须坚持并不断完善"，"使广大人民的意

---

① 《江泽民文选》第3卷，人民出版社2006年版，第273页。
② 《江泽民文选》第3卷，人民出版社2006年版，第274页。
③ 《江泽民文选》第3卷，人民出版社2006年版，第16页。
④ 《江泽民文选》第3卷，人民出版社2006年版，第538页。
⑤ 《江泽民文选》第2卷，人民出版社2006年版，第257页。

志在国家政治和社会生活中得到充分的体现。"①发展社会主义民主政治,建设社会主义政治文明,必须坚持和完善我国的根本政治制度和基本政治制度。他强调,"发展社会主义民主,最根本的是要把坚持党的领导、人民当家作主和依法治国有机统一起来"②。这一科学论断,为我国政治体制改革明确了方向和路径,为探索形成中国特色社会主义政治发展道路奠定了理论基础。

党的十五大强调,"依法治国、建设社会主义法治国家,是党领导人民治理国家的基本方略"③,依照法律来治理国家,是社会主义现代化的显著标志,是发展社会主义市场经济的客观需要,是国家长治久安的必要保障。依法治国必须坚持立法先行,做到有法可依。江泽民提出,"加强立法工作,提高立法质量,到二〇一〇年形成有中国特色社会主义法律体系"④。与此同时,他还强调:"发展社会主义市场经济,不仅要求建立相应的法律体系,而且要求建立与之相应的思想道德体系。""我们要把法制建设与道德建设紧密结合起来,把依法治国与以德治国紧密结合起来。"⑤党的十六大报告将社会主义民主更加完善纳入全面建设小康社会的目标,要求社会主义法制更加完备,依法治国基本方略得到全面落实,人民的政治、经济和文化权益得到切实尊重和保障。

(三)在体制创新的基础上推进社会主义基本经济制度创新

邓小平在讲话中曾经多次将"体制"与"基本制度"区分开来,把"体制"作为改革的对象。随着改革的不断深化,新时期改革的对象已经突破了具体体制的层面而涉及基本制度的深层次。江泽民在党的十六大报告中提出制度创新的概念,制度创新既包括基本制度方面的创新,又包括具体体制方面的创新。按照邓小平提出的"社会主义和市场经济之间不存在根本矛盾""计划和市场都是经济手段""计划经济和市场经济要相互结合"等关于经济体制改革的一系列论述,党的十四大明确了社会主义市场经济体制作为我国经济体制改革的目标。江泽民指出,"我们搞的市场经济,是同社会主义的基本制度结合在一起的。"⑥在社会主义市场经

---

① 《江泽民文选》第3卷,人民出版社2006年版,第140页。
② 《江泽民文选》第3卷,人民出版社2006年版,第553页。
③ 《江泽民文选》第2卷,人民出版社2006年版,第258页。
④ 《江泽民文选》第2卷,人民出版社2006年版,第30页。
⑤ 中共中央文献研究室:《江泽民论有中国特色社会主义(专题摘编)》,中央文献出版社2002年版,第336—337页。
⑥ 中共中央文献研究室:《江泽民论有中国特色社会主义(专题摘编)》,中央文献出版社2002年版,第69页。

济体制下,我们党摒弃长期以来对非公有制经济排斥、限制的做法,不断深化对公有制经济和非公有制经济关系的认识。党的十五大提出,"公有制为主体、多种所有制经济共同发展,是我国社会主义初级阶段的一项基本经济制度",把公有制经济和非公有制经济的关系提到社会主义基本经济制度的高度,用"制度"固定下来,使之更具有长期性、稳定性,对完善和发展中国特色社会主义制度具有深远的意义。

对于如何坚持公有制的主体地位、采取什么样的公有制实现形式,我们党在所有制改革进程中也在不断深化。江泽民指出,"公有制实现形式可以而且应当多样化。一切反映社会化生产规模的经营方式和组织形式都可以大胆利用。要努力寻找能够极大促进生产力发展的公有制实现形式。"①生产资料所有制决定生产关系的性质,所有制实现形式则是企业资本的具体组织形式和经营方式,两者既有区别又有联系。在公有制实现形式多样化的实践基础上,江泽民进一步回答了股份制不等于私有化这个决定关系到所有制改革方向的重大理论问题。"股份制是现代企业的一种资本组织形式,有利于所有权和经营权的分离,有利于提高企业和资本的运作效率,资本主义可以用,社会主义也可以用。"②在生产关系中,所有制关系决定分配关系,基本经济制度的创新必然要求分配制度的创新。党的十六大提出,"确立劳动、资本、技术和管理等生产要素按贡献参与分配的原则,完善按劳分配为主体、多种分配方式并存的制度",把社会主义基本原则同市场经济基本要求在分配制度上有机结合起来。

如果没有对中国特色社会主义制度的充分自信,是不可能提出和建设社会主义政治文明,探索和形成中国特色社会主义政治发展道路的;也不可能将改革从体制层面深化到基本制度层面,使社会主义制度不断焕发生机和活力。

三、科学发展观对中国特色社会主义制度建设理论的创新发展

科学发展观作为马克思主义关于发展的世界观和方法论的集中体现,是在科学总结我国经济社会发展经验的基础上,更加深刻地揭示了中国特色社会主义制度建设的客观规律,对于我们党在新的发展阶段推进中国特色社会主义制度建设

---

① 《江泽民文选》第2卷,人民出版社2006年版,第20页。
② 《江泽民文选》第2卷,人民出版社2006年版,第20页。

具有重要的理论指导意义。

(一)明确提出中国特色社会主义制度的概念

胡锦涛在庆祝中国共产党成立90周年大会上的讲话中对中国特色社会主义制度进行了全面阐述,明确提出了中国特色社会主义制度的概念,宣告中国特色社会主义制度的形成,这在党的历史上尚属首次,进一步深化了我们党对完善和发展中国特色社会主义制度的规律性认识,为确立制度自信奠定了重要的理论基础。胡锦涛指出,"我们推进社会主义制度自身完善和发展,在经济、政治、文化、社会等各个领域形成一整套相互衔接、相互联系的制度体系。"①对于中国特色社会主义制度的结构,他是这样表述的:主要由人民代表大会制度这一根本政治制度,中国共产党领导的多党合作和政治协商制度、民族区域自治制度以及基层群众自治制度等构成的基本政治制度,中国特色社会主义法律体系,公有制为主体、多种所有制经济共同发展的基本经济制度,以及建立在根本政治制度、基本政治制度、基本经济制度基础上的经济体制、政治体制、文化体制、社会体制等各项具体制度构成。从而解决了什么是中国特色社会主义制度的问题,对于如何推进中国特色社会主义制度的完善和发展也有很强的指导意义。中国特色社会主义制度形成以后,是不是还需要进一步完善,胡锦涛明确回答,"中国特色社会主义道路必将在党和人民的创造性实践中不断拓展,中国特色社会主义制度必将在深化改革、扩大开放中不断完善。"②如何完善制度,胡锦涛提出了"五个有利于"的标准,即有利于保持党和国家活力、调动广大人民群众和社会各方面的积极性、主动性、创造性,有利于解放和发展社会生产力,推动经济社会全面发展,有利于维护和促进社会公平正义,实现全体人民共同富裕,有利于集中力量办大事、有效应对前进道路上的各种风险挑战,有利于维护民族团结、社会稳定、国家统一。这"五个有利于"标准的提出,对于深入理解中国特色社会主义制度的优越性,进一步发挥中国特色社会主义制度功能具有重要意义。

(二)将"三位一体"具体制度建设格局拓展为"五位一体"

党的十六大以来,党中央提出构建社会主义和谐社会,要求加强社会建设、推进社会管理创新,把中国特色社会主义事业总体布局由经济建设、政治建设、文化

---

① 胡锦涛:《在庆祝中国共产党成立90周年大会上的讲话》,载《人民日报》2011年7月2日。
② 胡锦涛:《在庆祝中国共产党成立90周年大会上的讲话》,载《人民日报》2011年7月2日。

建设"三位一体"拓展为经济建设、政治建设、文化建设、社会建设"四位一体"。面对资源约束趋紧、环境污染严重、生态系统退化的严峻形势,高度重视环境保护和生态文明建设,先后出台了一系列重大决策部署,推动生态文明建设取得较大进展和明显成效,将"四位一体"拓展为"五位一体"总体布局。中国特色社会主义制度建设贯穿于社会结构的各个领域,体现在经济建设、政治建设、文化建设、社会建设、生态文明建设等中国特色社会主义事业的各个方面,建立在我国社会主义的根本政治制度、基本政治制度、基本经济制度基础上的经济体制、政治体制、文化体制、社会体制等各项具体制度,为经济建设、政治建设、文化建设、社会建设等提供全方位的制度保障。同时,各个领域的创新实践又为中国特色社会主义制度建设不断提出新要求,其实践成就也为制度的完善和发展提供重要支撑。胡锦涛强调,"继续推进经济体制、政治体制、文化体制、社会体制改革创新,继续解放和发展社会生产力,继续推动我国社会主义制度自我完善和发展,坚决破除一切妨碍科学发展的思想观念和体制机制弊端,为推进中国特色社会主义事业注入强大动力"①。

(三)推进中国特色社会主义法律体系的初步形成

关于中国特色社会主义制度的价值取向上,我们党在改革开放以来的不同时期有着不同的表述,邓小平强调,在大力发展社会生产力的基础上不断满足人民日益增长的物质文化需求;江泽民强调,在推进社会全面进步的基础上促进人的全面发展;胡锦涛强调,坚持以人为本,做到发展为了人民、发展依靠人民、发展成果由全体人民共享,做到权为民所用、情为民所系、利为民所谋。这在本质上是一致的,就是始终坚持党执政的人民性,从而保证了中国特色社会主义制度建设的正确政治方向。胡锦涛在党的十七大报告中提出:"要坚持中国特色社会主义政治发展道路,坚持党的领导、人民当家作主、依法治国有机统一,坚持和完善人民代表大会制度、中国共产党领导的多党合作和政治协商制度、民族区域自治制度以及基层群众自治制度,不断推进社会主义政治制度自我完善和发展。"②首次把基层群众自治制度纳入了我国社会主义基本政治制度的范畴,强化了基层群众自

---

① 胡锦涛:《在庆祝中国共产党成立 90 周年大会上的讲话》,载《人民日报》2011 年 7 月 2 日。
② 胡锦涛:《高举中国特色社会主义伟大旗帜 为夺取全面建设小康社会新胜利而奋斗——在中国共产党第十七次全国代表大会上的报告》,载《人民日报》2007 年 10 月 25 日。

治制度在实践中运行的法律保障。法律是制度规范的主要载体,以法律的形式确立制度的权威性,有利于制度的稳定性和贯彻执行。高度重视法制建设是这一时期制度建设的突出特点,按照党的十五大提出建设社会主义法治国家的目标,全面推进经济、政治、文化、社会方面的立法,根据经济社会发展的客观需要,进一步突出经济立法这个重点。同时,抓紧制定涉及发展社会主义民主政治的法律,保障公民权利、维护社会安定的法律,促进社会全面进步的法律。到2010年,以宪法为核心的中国特色社会主义法律体系初步形成,国家经济、政治、文化和社会生活的各个方面基本做到有法可依。

如果没有对中国特色社会主义制度的充分自信,不可能提出中国特色社会主义制度的概念,并且对中国特色社会主义制度的结构和功能进行系统阐述;不可能将"三位一体"具体制度建设格局拓展为"五位一体",为中国特色社会主义事业总体布局提供制度保障;不可能按照建设社会主义法治国家的目标持续推进法制建设,直到中国特色社会主义法律体系的形成。

第三节 新时代完善和发展中国特色社会主义制度的理论遵循

党的十八大开启了中国特色社会主义新时代,同时开启了完善和发展中国特色社会主义制度的新时代。马克思指出,"理论在一个国家实现的程度,总是取决于理论满足这个国家的需要的程度。"①科学社会主义基本原则的运用"随时随地都要以当时的历史条件为转移"②。以习近平同志为核心的党中央把坚定制度自信与不断完善制度有机统一起来,坚持以实践基础上的理论创新推动制度创新,坚决破除一切不合时宜的思想观念和体制机制弊端,推动中国特色社会主义制度更加成熟更加定型,为实现"中国之治"厚植制度优势。习近平总书记在庆祝中国共产党成立95周年大会上指出:"中国特色社会主义制度是当代中国发展进步的根本制度保障,是具有鲜明中国特色、明显制度优势、强大自我完善能力的先进制度。"③习近平关于完善和发展中国特色社会主义制度的一系列重要论述,有着严

---

① 《马克思恩格斯文集》第1卷,人民出版社2009年版,第12页。
② 《马克思恩格斯文集》第2卷,人民出版社2009年版,第5页。
③ 习近平:《在庆祝中国共产党成立95周年大会上的讲话》,载《人民日报》2016年7月2日。

密的内在联系和逻辑结构,集中体现了对制度的高度自信、对制度建设的高度自觉。其主要内涵可以用制度建设的特色论、优势论、动力论、价值论来概括,形成了具有很强的政治方向性、实践指导性、理论系统性的新时代制度建设思想,是中国特色社会主义制度建设理论的重大创新,为新时代完善和发展中国特色社会主义制度提供理论遵循。

一、制度建设特色论:始终保持体现中国特色的政治定力

历史唯物主义强调,社会存在决定社会意识,社会意识反作用于社会存在。一个社会的物质生产实践决定这个社会的观念,而"观念规定制度,制度强化观念,制度强化的观念赋予制度以特色"①。改革开放以来的制度实践表明,中国特色社会主义制度之所以行得通、有生命力、有效率,为当代中国发展进步提供根本制度保障,就在于这一制度适合中国国情,是在中国社会这块土壤中生长起来的,具有鲜明中国特色的制度安排。习近平指出,"各国国情不同,每个国家的政治制度都是独特的,都是由这个国家的人民决定的,都是在这个国家历史传承、文化传统、经济社会发展的基础上长期发展、渐进改进、内生性演化的结果。"②新时代完善和发展中国特色社会主义制度,就要始终保持体现中国特色的政治定力,既把握长期形成的历史传承、文化传统,又把握在实践中积累的政治经验、形成的政治原则,更加注重历史和现实、理论和实践、形式和内容的有机统一。

(一)制度自信之基:中国特色社会主义制度是中国人民的历史选择

中国特色社会主义制度不是从天上掉下来的、不是凭空产生的,是近代以来中国社会激越变革、激荡发展的历史结果,是中国人民翻身作主、掌握自己命运的历史选择,是中国共产党领导人民进行 97 年伟大社会革命得来的。建立一个什么样的适合国情的社会制度,是近代以后中国面临的一个历史性课题。辛亥革命之前的太平天国运动、洋务运动、戊戌变法、义和团运动、清末新政等均未获得成功,辛亥革命之后的君主立宪制、帝制复辟、议会制、多党制、总统制等未找到答案。十月革命一声炮响,中国先进分子从马克思列宁主义的科学真理中看到了解决中国问题的出路。在中国共产党的领导下,中国人民推翻了压在头上的帝国主

---

① 鲁鹏:《制度与发展的关系研究》,第 33 页,人民出版社 2002 年版。
② 习近平:《在庆祝全国人民代表大会成立 60 周年大会上的讲话》,载《人民日报》2014 年 9 月 6 日。

义、封建主义、官僚资本主义三座大山,实现了民族独立、人民解放、国家统一,确立了社会主义基本制度,为当代中国一切发展进步奠定了根本政治前提和制度基础。中国共产党把握时代主题、顺应人民意愿,团结带领人民进行改革开放新的伟大革命,建立起符合中国实际和时代特征的中国特色社会主义制度,使科学社会主义在当代中国焕发出强大生机活力。中国人民代表大会制度具有真正的人民性及广泛的代表性,能够凝聚全国各族人民的力量参加社会主义现代化建设,这一党领导人民的伟大创造,有利于加强和改善党对国家事务的领导,有利于动员全体人民以国家主人翁的姿态投身社会主义建设,有利于保证国家机关协调高效运转,有利于维护国家统一和民族团结,有利于保证人民的权利和自由。人民代表大会制度是独具中国特色的政治制度安排,能够体现社会主义国家性质、保证人民当家作主、保障中华民族伟大复兴,为世界政治文明发展贡献了一个成功样本。

(二)制度自信之源:中国特色社会主义制度具有深厚的文化传统

中华文明源远流长,从未断流过,中国特色社会主义制度就是在对中华民族5000多年悠久文明的传承中建立起来的。文化是制度的灵魂,制度是文化的载体。5000年的中华文化代代相传、生生不息,蕴涵着讲仁爱、重民本、守诚信、崇正义、尚和合、求大同的丰富内涵,"蕴涵着十分丰富的治国理政的历史经验和宝贵的思想文化遗产,其中包含着许多涉及对国家、社会、民族及个人的成与败、兴与衰、安与危、正与邪、荣与辱、义与利、廉与贪等等方面的经验与教训。"[①]中华文化是中华民族的精神命脉,也是中国特色社会主义制度建设的宝贵资源。中国自古倡导天下一统,这种注重"集中"和"统一"的文化传统造就了中国人寻求整体利益和集体共存的文化心理,中国共产党在革命胜利后决定采取单一制而非联邦制的国家形式就与"大一统"的文化传统密切相关。人民代表大会制度是人民当家作主的政权组织形式,是马克思主义政权理论在中国的具体实践形式,与中国古代的民本思想也有相通之处。中华文化推崇"合""和"、倡导和谐共存,在这一文化传统浸润下没有选择西方两党制或多党制的竞争型政党制度,而实行中国共产党领导的多党合作和政治协商制度。"协商民主是中国社会主义民主政治中独特

---

① 习近平:《领导干部要读点历史》,载《人民日报》2011年9月2日。

的、独有的、独到的民主形式,它源自中华民族长期形成的天下为公、兼容并蓄、求同存异等优秀政治文化"①。中华优秀传统文化塑造了中国特色社会主义制度的民族特性,要善于从中华文化的丰富内涵中吸取制度精华,善于从中华文明的历史传承中总结制度探索的历史经验,在传承基础上结合新时代特点不断完善和发展中国特色社会主义制度。

(三)制度自信之本:中国特色社会主义最本质的特征是中国共产党领导

习近平指出,"中国特色社会主义最本质的特征是中国共产党领导,中国特色社会主义制度的最大优势是中国共产党领导。坚持和完善党的领导,是党和国家的根本所在、命脉所在。"②中国特色社会主义是社会主义,而不是别的什么主义,搞社会主义建设必须由马克思主义政党来领导,党的领导决定了中国特色社会主义制度的根本性质,是新时代完善和发展中国特色社会主义制度的根本保证。中国特色社会主义本质特征体现在经济、政治、文化、社会、生态文明等各个领域,包括解放和发展社会生产力、共同富裕、人民当家作主、马克思主义在意识形态领域的指导地位、社会公正、社会和谐等,党的领导融入这些本质特征之中,并对这些本质特征起着根本保证作用。党之所以能成为领导中国特色社会主义事业的核心力量,就在于其始终以自我革命精神加强自身建设,保持马克思主义政党的先进性和纯洁性。把思想建党和制度治党紧密结合、同向发力,通过思想建党使党在思想理论上保持生机活力,解决党员、干部理想信念、价值追求问题;通过制度治党保障和巩固思想建党的成果,解决党员干部行为规范、约束监督问题,从而实现思想自律和制度他律的有机统一。完善党内法规制度体系,把制度建设贯穿党的政治建设、思想建设、组织建设、作风建设、纪律建设,不断提高党的建设质量,把党建设得更加坚强有力。

二、制度建设优势论:充分彰显先进制度的特点和优势

中国共产党在制度层面不仅创造性地解决了半封建半殖民地的中国走上社会主义道路这个世界性课题,而且通过自我完善使社会主义制度的优越性得到充分发挥,有效解决了经济文化落后的东方大国赶上世界发展步伐的时代性课题。

---

① 习近平:《在庆祝中国人民政治协商会议成立65周年大会上的讲话》,载《人民日报》2014年9月22日。
② 习近平:《在庆祝中国共产党成立95周年大会上的讲话》,载《人民日报》2016年7月2日。

中国共产党为什么能领导中国走向中华民族伟大复兴？答案纵然有多个，但其中必不可缺的一个，就是有适合中国国情的先进制度。中国特色社会主义制度之所以成为当代中国发展进步的根本保障，就在于这一制度具有明显的特点和优势，对自身制度特点和优势的充分认知，就是制度自信的重要表现。习近平总书记指出："这样一套制度安排，能够有效保证人民享有更加广泛、更加充实的权利和自由，保证人民广泛参加国家治理和社会治理；能够有效调节国家政治关系，发展充满活力的政党关系、民族关系、宗教关系、阶层关系、海内外同胞关系，增强民族凝聚力，形成安定团结的政治局面；能够集中力量办大事，有效促进社会生产力解放和发展，促进现代化建设各项事业，促进人民生活质量和水平不断提高；能够有效维护国家独立自主，有力维护国家主权、安全、发展利益，维护中国人民和中华民族的福祉。"[1]习近平总书记的这一科学论述，阐明了中国特色社会主义制度优势的内涵和作用。

（一）有效保证人民享有更加广泛、更加充实的权利和自由

人民作为历史创造者、社会变革推动者，是社会主义国家和社会的主人。坚持以人民为中心，一切为了人民、一切相信人民、一切依靠人民，是中国特色社会主义的本质属性，中国特色社会主义制度的各个层面都充分体现了这一本质属性。国家的一切权力属于人民，按照民主集中制原则，人民通过人民代表大会制度行使当家作主权力。党的领导使人民依法进行民主选举、民主协商、民主决策、民主管理、民主监督，人民依法享有广泛权利和自由并得到充分的政治保证。协商民主是我国社会主义民主政治的特有形式和独特优势，随着协商民主广泛、多层、制度化发展，人民在日常政治生活中广泛持续深入参与的权利将得到有效保障。基层民主制度对于扩大人民有序政治参与发挥了重要保障作用，保障基层群众拥有广泛的知情权、参与权、表达权、监督权。社会保障制度是维护社会公平、促进人民福祉的基本保障，为人的全面发展和社会进步提供基本制度条件。社会治理制度是保护人民人身权、财产权、人格权的重要制度保障，引导人民群众共同创造美好生活。不断发挥我国社会主义初级阶段基本经济制度和分配制度的优势，既充分激发人民的创造活力，让一切创造社会财富的源泉充分涌流，又最大限

---

[1] 习近平：《在庆祝全国人民代表大会成立60周年大会上的讲话》，载《人民日报》2014年9月6日。

度地实现好、维护好、发展好人民的根本利益,让发展成果更多更公平惠及全体人民。所有这些制度安排,都能保证人民广泛参加国家治理和社会治理,使中国特色社会主义制度具有牢固的群众基础,使中国共产党拥有不竭的力量源泉。

(二)有效调节国家政治关系

在调节各种国家政治关系中,坚持一致性和多样性统一,努力找到最大公约数、画出最大同心圆。人民政协作为一种不同于西方国家两党制或多党制的新型政党制度,坚持长期共存、互相监督、肝胆相照、荣辱与共,把协商民主贯穿政治协商、民主监督、参政议政全过程,支持和保障民主党派按照中国特色社会主义参政党要求履行职能。我国采取单一制的国家结构形式,民族区域自治是充分保障少数民族人民当家做主权利的制度安排,这一制度有利于发展各民族间平等、团结、互助的民族关系,通过深化民族团结进步教育、加强各民族交往交流交融,促进共同团结奋斗、共同繁荣发展的良好局面的形成。做好新形势下宗教工作,积极引导宗教与社会主义社会相适应,发挥宗教在促进我国经济发展、社会和谐、文化繁荣中的积极作用。做好新社会阶层人士工作,加强党外知识分子工作,发挥他们在中国特色社会主义事业中的重要作用。做好新形势下海外侨胞和归侨侨眷工作,充分发挥凝聚侨心、汇集侨智、发挥侨力、维护侨益的独特作用,最大限度把他们促进改革开放和社会主义现代化建设的独特优势发挥出来。所有这些制度安排和相关工作,使我国政党关系、民族关系、宗教关系、阶层关系、海内外同胞关系充满活力,有利于增强民族凝聚力,促进安定团结政治局面的形成。

(三)集中力量办大事

中国特色社会主义制度是集中力量办大事的制度基础,习近平指出:"我们最大的优势就是我国社会主义制度能够集中力量办大事,这是我们成就事业的重要法宝。"[1]在经济制度上,我国实行的是公有制为主体、多种所有制经济共同发展,发挥国有经济的主导作用,为集中力量办大事提供坚实的物质基础;在政治制度上,国家机构实行民主集中制原则,集中了人民的意志,不受过多的牵扯,为集中力量办大事提供有力的制度保证;在文化制度上,坚持马克思主义在意识形态领域的指导地位,用先进文化引领多样化的价值观念,为集中力量办大事提供强大

---

[1] 习近平:《在全国科技创新大会两院院士大会全国科协第九次全国代表大会上的讲话》,载《人民日报》2016年5月31日。

的精神支撑。在领导制度上,党的全面领导是集中力量办大事的组织保证,在政治动员、力量整合、政策推进和保持战略定力等方面具有的领导力组织力号召力,是世界上任何国家政党无法相比的。美国政治和经济评论员罗伯特·劳伦斯·库恩认为,"世界要理解中国,就必须理解中国共产党的长期执政是最适合中国发展的选择。一个重要原因就在于,中国共产党是发展中的政党,中国共产党有着很强的适应能力,强调试验的重要性,并通过试点来检验新政策的可行性。中国共产党长期执政的优势在于能够迅速落实关键政策,并能确保那些需要长期坚持的战略执行下去。"①党的十八大以来,集中力量办大事的制度优势得到充分发挥,解决了许多长期想解决而没有解决的难题,办成了许多过去想办而没有办成的大事。实践表明,只要充分发挥集中力量办大事的制度优势,就能够有效促进社会生产力解放和发展、促进现代化建设各项事业、促进人民生活质量和水平不断提高。

(四)有效维护国家独立自主

中国共产党是为中国人民谋幸福的政党,也是为人类进步事业而奋斗的政党。中国坚持对外开放的基本国策,坚持打开国门搞建设,通过对外开放实现加快发展的同时,维护国家独立自主。随着经济全球化、社会信息化的深入发展,世界经济的生产、流通、消费等各个环节越来越紧密地联结在一起,世界各国结成紧密的利益共同体、责任共同体。中国呼吁构建人类命运共同体,建设持久和平、普遍安全、共同繁荣、开放包容、清洁美丽的世界,促进贸易和投资自由化便利化,推动经济全球化朝着更加开放、包容、普惠、平衡、共赢的方向发展。中国坚定奉行独立自主的和平外交政策,尊重各国人民自主选择发展道路的权利,维护国际公平正义,中国决不会以牺牲别国利益为代价来发展自己,也决不放弃自己的正当权益。中国积极发展全球伙伴关系,扩大同各国的利益交汇点,推进大国协调和合作,深化同周边国家关系,加强同发展中国家团结合作。所有这些方针政策,都展现了中国秉持的共商共建共享的全球治理观,以及中国作为一个负责任大国在世界舞台中心发挥的积极作用。这充分表明,只要坚持统筹国际国内两个大局,始终不渝走和平发展道路、奉行互利共赢的开放战略,就能够有效维护国家独立

---

① [美]罗伯特·劳伦斯·库恩:《共产党领导对中国发展至关重要》,载《人民日报》2017年10月17日。

自主,有力维护国家主权、安全、发展利益,维护中国人民和中华民族的福祉。

新时代完善和发展中国特色社会主义制度,就要按照习近平总书记提出的"三个有机结合起来"原则,即坚持把根本政治制度、基本政治制度同基本经济制度以及各方面体制机制等具体制度有机结合起来,坚持把国家层面民主制度同基层民主制度有机结合起来,坚持把党的领导、人民当家作主、依法治国有机结合起来,在推进中国特色社会主义伟大事业中进一步彰显和充分发挥中国特色社会主义制度优势。

三、制度建设动力论:以全面深化改革促进制度的完善和发展

中国特色社会主义制度是当代中国发展进步的根本制度保障,中国特色社会主义制度"特色鲜明,富有成效,但还不是尽善尽美、成熟定型的,中国特色社会主义事业不断发展,中国特色社会主义制度也需要不断完善"①。党的十八大把制度建设摆在突出位置,十八届三中全会将完善和发展中国特色社会主义制度,推进国家治理体系和治理能力现代化作为全面深化改革总目标,完善和发展是党的十八大以来制度建设的基本逻辑。习近平总书记强调,"我们说坚定制度自信,不是要固步自封,而是要不断革除体制机制弊端,让我们的制度成熟而持久。"②这告诉我们,制度自信不能盲目,而要通过全面深化改革不断加以完善和发展。中国特色社会主义制度具有强大自我完善能力,把中国特色社会主义制度优越性充分体现出来,成为新时代推进制度建设的强劲动力。

(一)通过不断改革创新把中国特色社会主义制度的优越性充分体现出来

马克思主义经典作家曾经批判资本主义制度,针对其弊端设想了未来理想社会的蓝图,论述了社会主义制度的优越性。但现实社会主义并未像马克思、恩格斯设想的那样首先在西方发达国家建立起来,而是在经济文化落后国家率先建立,如果以马克思当初的设想作为衡量现实社会主义制度优越性的标准,那就会脱离本国实际,犯教条主义的错误,苏联社会主义模式的失败教训极其深刻。建立在现实基础上的中国特色社会主义制度,既体现社会主义的本质特征,同时注

---

① 《习近平谈治国理政》,外文出版社2014年版,第10页。
② 习近平:《在省部级主要领导干部学习贯彻十八届三中全会精神全面深化改革专题研讨班开班式上的讲话》,载《人民日报》2014年2月18日。

重吸收包括资本主义在内的世界各国制度的先进因素,又能对不适应经济社会发展的制度适时进行改革。改革开放40年的实践,已经显示出中国特色社会主义制度的强大生命力。习近平总书记指出,"靠通过不断改革创新,使中国特色社会主义在解放和发展社会生产力、解放和增强社会活力、促进人的全面发展上比资本主义制度更有效率,更能激发全体人民的积极性、主动性、创造性,更能为社会发展提供有利条件,更能在竞争中赢得比较优势,把中国特色社会主义制度的优越性充分体现出来。"①在解放和发展社会生产力上,关键是处理好政府和市场的关系,"通过深化改革,进一步打通科技和经济社会发展之间的通道,让市场真正成为配置创新资源的力量,让企业真正成为技术创新的主体。"②在解放和增强社会活力上,通过社会体制改革创新,充分调动各方面积极性,充分发挥人民群众首创精神,使全社会创造能量充分释放、创业活动蓬勃开展。在促进人的全面发展上,加紧建设对保障社会公平正义具有重大作用的制度,保证人民平等参与、平等发展权利,让每个人获得发展自我和奉献社会的机会。

(二)以党的制度建设的成效促进国家治理体系和治理能力现代化

习近平同志在"7·26"重要讲话中指出,"实践使我们越来越深刻地认识到,管党治党不仅关系党的前途命运,而且关系国家和民族的前途命运,必须以更大的决心、更大的勇气、更大气力抓紧抓好。"③实现中华民族伟大复兴是中国共产党的历史使命,实现伟大梦想、进行伟大斗争、推进伟大事业,党的建设新的伟大工程起决定性作用。党的十八大以来,坚持思想建党和制度治党紧密结合,党的制度建设在全面从严治党中发挥了重要作用。十九大报告强调,要把制度建设贯穿于党的政治建设、思想建设、组织建设、作风建设、纪律建设之中,确保党始终成为坚强领导核心。以党的制度建设的成效促进国家治理体系和治理能力现代化,就要紧紧围绕提高科学执政、民主执政、依法执政水平深化党的建设制度改革,健全党内法规体系。为此,首先要注重党内法规建设的科学性,按照内容科学、程序严密、配套完备、运行有效的总体要求加强党内法规建设,发挥对国家治理制度建设

---

① 《习近平谈治国理政》,外交出版社2014年版,第93页。
② 习近平:《在中共中央政治局第九次集体学习时的讲话》,载《人民日报》2013年10月2日。
③ 习近平:《高举中国特色社会主义伟大旗帜 为决胜全面小康社会实现中国梦而奋斗》,载《人民日报》2017年7月28日。

的引领示范作用。其次,要注重党内法规建设的先导性,增强党内法规与国家治理制度之间的耦合性,注重党内法规制定的先导作用与国家治理制度的保障作用之间的层次性与一贯性。最后,要以提高党的制度执行力带动国家治理制度的落实和完善,以党的制度执行程序的规范化促进国家治理制度的执行规范,以严明的党纪党规问责捍卫国家治理制度的权威。

(三)增强我国社会主义制度自我完善和发展的动力

中国特色社会主义事业是在开拓中前进的,坚持问题为导向,变理想为动力,才能不断开拓中国特色社会主义事业的广阔前景。习近平总书记指出,"改革是由问题倒逼而产生,又在不断解决问题中得以深化。"①改革是解决我国体制问题的根本途径,改革的过程就是在不断解决现实问题的基础上进而不断完善制度的过程。从本质上说,"制度是服务于经济基础的上层建筑,制度的完善发展必定以顺应经济社会发展的时代要求、回应每一个时代的矛盾和挑战、解决时代的各种问题为皈依。"②问题是事物矛盾的表现形式,也是推动事物发展的动力,解决中国特色社会主义前进道路中面临的各种问题,成为推动我国社会主义制度自我完善和发展的根本动力。解放和发展社会生产力是社会主义的本质要求,新时代坚持和完善我国社会主义基本经济制度和分配制度,就要激发全社会创造力和发展活力,加快建设创新型国家,不断增强我国经济创新力和竞争力。社会主义国家的一切权力属于人民,新时代坚持和完善我国社会主义根本政治制度,就要加强人民当家作主的制度保障,支持和保证人民通过人民代表大会行使国家权力。带领人民创造美好生活是我们党始终不渝的奋斗目标,新时代坚持和完善我国社会主义基本政治制度,就要加强协商民主制度建设、加强社会治理制度建设,保障人民依法直接行使民主权利,切实防止出现人民形式上有权、实际上无权的现象。

四、制度建设价值论:集中体现社会主义制度的基本价值理念

任何一个社会都存在多种多样的价值观念和价值取向,要把全社会意志和力量凝聚起来,必须有一套与经济基础和政治制度相适应,并能形成广泛社会共识的基本价值理念。习近平总书记指出:"人类社会发展的历史表明,对一个民族、

---

① 《习近平谈治国理政》,外文出版社 2014 年版,第 74 页。
② 冯霞:《习近平完善和发展中国特色社会主义制度的理论创新维度》,载《马克思主义研究》2017 年第 5 期。

一个国家来说,最持久、最深层的力量是全社会共同认可的核心价值观。核心价值观,承载着一个民族、一个国家的精神追求,体现着一个社会评判是非曲直的价值标准。"①核心价值是社会制度的精神内核,制度建设是核心价值的逻辑展开,坚定制度自信需要人们对核心价值观的认同和践行作支撑。一个社会的制度只有与这个社会的核心价值观相一致,制度才能有效运转起来并发挥应有的功能。以人民为中心是中国共产党执政的价值理念,全面依法治国是中国特色社会主义的本质要求和重要保障,公平正义是社会主义制度的内在要求和价值追求,社会主义核心价值观是凝聚中国力量的思想道德基础,这些都集中体现了社会主义制度的基本价值理念。

(一)在推进国家治理体系和治理能力现代化中体现社会主义核心价值

党的十九大将实现国家治理体系和治理能力现代化作为建成社会主义现代化强国的奋斗目标之一。国家治理体系和治理能力现代化内含社会主义核心价值观的价值要求,社会主义核心价值观为国家治理体系和治理能力现代化提供根本原则和评判标准。习近平总书记指出,"培育和弘扬核心价值观,有效整合社会意识,是社会系统得以正常运转、社会秩序得以有效维护的重要途径,也是国家治理体系和治理能力的重要方面。"②国家治理体系是一个有机的、协调的和整体的制度运行系统,它包括我国的根本政治制度、基本政治制度、基本经济制度和各个领域的体制机制、法律法规,社会主义核心价值观给这一制度体系的协调运行提供统一的价值导向,同时给国家治理各个主体的行为规范提供价值引领。习近平总书记强调,"要按照社会主义核心价值观的基本要求,健全各行各业规章制度,完善市民公约、乡规民约、学生守则等行为准则,使社会主义核心价值观成为人们日常工作生活的基本遵循。"③党的十八大以来,中央下发了多个指导意见,对培育和践行社会主义核心价值观提出明确的要求。把社会主义核心价值观融入法治建设,不断完善社会主义市场经济法律制度,促进社会诚信建设;把践行社会主义核心价值观作为干部队伍建设的重要内容,构建起配套完备的党内法规制度体系,推动党员干部带头践行社会主义核心价值观;把践行社会主义核心价值观作

---

① 习近平:《在北京大学师生座谈会上的讲话》,载《人民日报》2014年5月5日。
② 中共中央文献研究室编:《习近平总书记重要讲话文章选编》,中央文献出版社2016年版,第119页。
③ 习近平:《在中共中央政治局第十三次集体学习时的讲话》,载《人民日报》2014年2月26日。

为社会治理的重要内容,融入制度建设和具体工作中,最大限度增进社会和谐。

(二)在落实新发展理念中体现以人民为中心的价值导向

党的十九大将坚持新发展理念作为新时代坚持和发展中国特色社会主义的基本方略。坚持发展为了人民、发展依靠人民、发展成果由人民共享,树立以人民为中心的发展思想,就要对落实新发展理念作出更有效的制度安排。完善创新发展制度,加快培育创新发展动力、激发创新发展潜力、提升创新发展能力,以创新发展的成效增进人民福祉;完善协调发展制度,推动区域协同、城乡一体、物质文明和精神文明并重的发展,补齐发展不平衡不充分的短板;完善绿色发展制度,加大污染综合治理、环境综合整治力度,推进生产方式和生活方式的绿色化转型,形成人与自然和谐共生的良好局面;完善开放发展制度,充分利用两个市场、两种资源,构建与世界各国合作共赢机制,实现开放环境下发展的内外联动;完善共享发展制度,建立劳动报酬提高和劳动生产率提高相同步、扶贫脱贫和经济增长相适应的机制,实现人人享有经济发展成果的目标。以新发展理念引领科学发展,努力实现更高质量、更有效率、更加公平、更可持续的发展,不断彰显以人民为中心的价值导向。

(三)在增进民生福祉中体现社会公平正义的价值追求

党的十九大对中国特色社会主义进入新时代作出重大判断,新时代我国社会主要矛盾已经由"人民日益增长的物质文化需要同落后的社会生产之间的矛盾"转化为"人民日益增长的美好生活需要和不平衡不充分的发展之间的矛盾"。带领人民创造美好生活,是我们党始终不渝的奋斗目标,需要完善对增进民生福祉具有重大作用的制度,体现社会公平正义的价值追求。满足人民日益增长的美好生活需要,就要抓住人民最关心最直接最现实的利益问题,按照习近平总书记提出的"八个更"要求,完善保障和改善民生的各项制度,有效提供人民群众所期盼的更好的教育、更稳定的工作、更满意的收入、更可靠的社会保障、更高水平的医疗卫生服务、更舒适的居住条件、更优美的环境、更丰富的精神文化生活,让改革发展成果更多更公平惠及全体人民,使人民群众在经济社会发展中有更多获得感幸福感。通过加强协商民主制度建设、加强社会治理制度建设,保证人民在日常政治生活中有广泛持续深入参与的权利,保证人民当家作主的权力落实到日常社会生活和社会治理之中。

第三章　中国特色社会主义制度自信的实践逻辑

马克思曾经指出:"哲学家们只是用不同的方式解释世界,问题在于改变世界。"①恩格斯也认为:"推动哲学家前进的,决不像他们所想象的那样,只是纯粹思想的力量。恰恰相反,真正推动他们前进的,主要是自然科学和工业的强大而日益迅猛的进步。"②无论是民主革命时期,还是社会主义建设、改革时期,中国共产党始终不忘初心、牢记使命,在伟大的实践中获得思想力量,也在伟大的实践中不断增强制度自信。

第一节　制度自信根植于不断发展的中国特色社会主义伟大实践

一、源自于建党以来的伟大梦想

俄国十月革命给中国送来了马克思列宁主义,使中国的先进分子从科学真理中看到了解决中国问题的出路。马列主义在中国的广泛传播,促进了马克思主义同中国工人运动的结合。"中国共产党是马克思列宁主义同中国工人运动相结合的产物,是在俄国十月革命和我国五四运动的影响下,在列宁领导的共产国际帮助下诞生。"③在共产国际帮助下,1920年8月,上海成立了共产主义小组。

---

① 《马克思恩格斯选集》第1卷,人民出版社2012年版,第136页。
② 《马克思恩格斯选集》第4卷,人民出版社2012年版,第233页。
③ 《三中全会以来重要文献选编》下,人民出版社1982年版,第788页。

1921年6月,共产国际派马林等到上海,建议召开党的全国代表大会,正式成立中国共产党。1921年7月23日,在上海召开了中共第一次全国代表大会。大会通过了党的第一个纲领,党纲规定的奋斗目标是推翻资本家阶级的政权,承认无产阶级专政。从此,中国人民谋求民族独立、人民解放和国家富强、人民幸福的斗争就有了主心骨,中国人民就从精神上由被动转为主动。

中国共产党成立不久,帝国主义国家召开的华盛顿会议,达成了"各国在华机会均等"和"中国门户开放"协定,帝国主义列强共同统治中国。在帝国主义势力的操纵下,各地军阀混战。这种形势迫使党对中国社会性质、革命性质和前途、社会各阶级的认识等基本问题进行初步的探索。

"决定革命性质的力量,是主要的敌人和主要的革命者两方面。"[①]中共一大制定的纲领规定:"革命军队必须与无产阶级一起推翻资本家阶级的政权";"承认无产阶级专政,直到阶级斗争结束,即直到消灭社会的阶级区分";"消灭资本家私有制,没收机器、土地、厂房和半成品等生产资料,归社会公有"。[②] 但是,在当时的社会环境下,中国进行社会主义革命的条件不成熟。中共二大制定了党的最低纲领和最高纲领。最低纲领是"消除内乱,打倒军阀,建设国内和平";"推翻国际帝国主义的压迫,达到中华民族完全独立";"统一中国本部(东三省在内)为真正民主共和国"。最高纲领是"建立劳农专政的政治,铲除私有财产制度,渐次达到一个共产主义的社会"。[③] 这个纲领表明,中国必须先完成民族民主革命,然后才能进行社会主义革命,最终实现共产主义。随着国共合作的形成和国民革命运动的逐渐高涨,陈独秀犯了右倾主义的错误,提出"二次革命论",认为国民革命是资产阶级民主革命,革命的领导权就必然是资产阶级,革命的胜利是资产阶级的胜利,其前途必然是建立资产阶级共和国,在民主革命与社会主义革命之间必然有一个资产阶级专政阶段。这样,陈独秀错误理解了党的二大制定的党的最低纲领与最高纲领之间的关系,导致国民革命的失败。之后,与陈独秀相反,王明等人提出"一次革命论",否认民主主义革命和社会主义革命是两个不同性质的革命阶段,混淆了中国民主革命和社会主义革命的界限,抹杀两者之间的区别,主张"毕其功于一

[①]《毛泽东选集》第4卷,人民出版社1991年版,第1288页。
[②]《中国共产党第一次全国代表大会档案文献选编》,中共党史出版社2015年版,第3页。
[③] 中央档案馆编:《中共中央文件选集》第1册,中共中央党校出版社1989年版,第115页。

役",认为中国革命存在直接进行社会主义革命的形势,试图一举赢得社会主义革命的胜利。直到中共六大,中国共产党才确定中国是半殖民地半封建社会,中国革命现在阶级的性质是资产阶级民主革命。

大革命失败后,毛泽东认为,"在四围白色政权中间的红色割据,利用山险是必要的",①由此开辟了井冈山革命根据地。然而,革命队伍中的少数同志发出"红旗到底打得多久?"的疑问,对在农村进行革命表示怀疑。1928年5月,在湘赣边界党的第一次代表大会上,毛泽东阐述了开展土地革命对于建立红色政权、巩固革命根据地的重要性和迫切性。1928年10月,湘赣边界党的第二次代表大会通过了毛泽东起草的决议案。该决议的其中一部分就是《中国的红色政权为什么能够存在?》。这份决议从理论上阐明了建立小块红色政权的原因,首次提出"工农武装割据"的重要思想。同年11月,毛泽东代表中共红四军前委给中央写报告,对"工农武装割据"的存在和发展的条件作了补充。1930年1月,毛泽东进一步将"工农武装割据"的思想发展为以农村包围城市、在农村地区先建立和发展红色政权,待条件成熟时再武装夺取全国政权胜利的中国革命路线。红军长征到达陕北后,毛泽东在《中国革命战争的战略问题》中丰富了农村包围城市的战略思想。1938年,毛泽东在《战争与战略问题》中指出:"共产党的任务,基本地不是经过长期合法斗争以进入起义和战争,也不是先占城市后取乡村,而是走相反的道路。"②这是毛泽东对农村包围城市、武装夺取政权革命道路的基本总结。从1937年到1947年,是农村包围城市理论进一步完善的时期。在《抗日游击战争的战略问题》《论持久战》《论新阶段》等著作中,毛泽东论述了走农村包围城市道路的三位一体的条件。在《战争和战略问题》、《〈共产党人〉发刊》和《中国革命和中国共产党》等著作中,毛泽东总结过去革命斗争的经验教训,进一步丰富了农村包围城市道路的理论内涵。

抗日战争全面爆发后,中日民族矛盾逐步上升为中国社会主要矛盾。中国共产党不计前嫌,发布宣言,愿与国民党一起携手抗日。第二次国共合作促成后,中国共产党正式取消中华苏维埃共和国,把陕北根据地改为陕甘宁边区政府,建立抗日民主政权。与工农民主政府不同的是,抗日民主政府是几个革命阶级联合专

---

① 《毛泽东选集》第1卷,人民出版社1991年版,第68页。
② 《毛泽东选集》第2卷,人民出版社1991年版,第542页。

政的政府。毛泽东指出:"在抗日时期,我们所建立的政权的性质,是民族统一战线的。这种政权,是一切赞成抗日又赞成民主的人们的政权,是几个革命阶级联合起来对于汉奸和反动派的民主专政。"①在政权组成人员上实行"三三制",即共产党员、进步分子、中间分子各占1/3。"三三制"既保证了工人阶级的领导地位和以工农联盟为基础,又有利于结成最广泛的抗日民族统一战线。这种政权的模型若由根据地"推广到全国,那时全国就成了新民主主义的共和国"。②

为实现充分的民主与自由,党和各民主党派及人民团体要求国民党结束党治,实行宪政。迫于舆论压力,国民党于1940年11月12日召开国民大会,制定宪法,实行宪政。然而这只是国民党做的表面文章,实质上并没有放弃一党独裁的统治。为了揭穿国民党的虚情假意,把宪政运动引向新民主主义宪政方向发展。1940年2月20日,毛泽东在延安各界宪政促进会成立大会上发表了《新民主主义的宪政》演说,阐述了新民主主义的宪政思想。他指出:"现在,我们中国需要的民主政治,既非旧式的民主,又还非社会主义的民主,而是合乎现在中国国情的新民主主义。目前准备实行的宪政,应该是新民主主义的宪政。"③即"几个革命阶级联合起来对于汉奸反动派的民主专政"④。

抗战胜利前夕,党及时提出"和平、民主、团结建国"的方针,倡议全国各党各派共商和平建国大计,要求国民党结束一党专制的"训政",实行民主宪政。党争取建立独立、自由、民主、统一和富强的中华人民共和国的主张得到了各民主党派和全国人民的拥护和支持。国民党为了遮人耳目,提出与中共谈判。毛泽东、周恩来、王若飞率中共代表团飞抵重庆。经多轮谈判,两党签订《双十协定》,计划召开各党派代表和无党派人士参加的政治协商会议,共商和平建国大计。然而,政协会议闭幕不到一个月,国民党就撕毁了《双十协定》以及各党派签署的各项决议,中断了建立新民主主义共和国的进程。

二、熔铸于新中国成立以来的伟大探索

党的十八大报告指出:"以毛泽东同志为核心的党的第一代中央领导集体带

---

① 《毛泽东选集》第2卷,人民出版社1991年版,第741页。
② 参见《毛泽东选集》第2卷,人民出版社1991年版,第785页。
③ 《毛泽东选集》第2卷,人民出版社1991年版,第733页。
④ 《毛泽东选集》第2卷,人民出版社1991年版,第733页。

领全党全国各族人民完成了新民主主义革命,进行了社会主义改造,确立了社会主义基本制度,成功实现了中国历史上最深刻最伟大的社会变革,为当代中国一切发展进步奠定了根本政治前提和制度基础。"①中华人民共和国成立后不久,以毛泽东为核心的第一代中央领导集体就开始设计符合中国发展的社会制度。1949年9月29日,中国人民政治协商会议第一届全体会议选举了中央人民政府委员会,并通过了起临时宪法作用的《中国人民政治协商会议共同纲领》(以下简称《共同纲领》)。《共同纲领》规定了新中国的国体和政体,形成了经济政策、文化教育政策、民族政策等。

一是确立了人民民主专政的国体。"一切民族都将走向社会主义,这是不可避免的,但是一切民族的走法却不会完全一样,在民主的这种或那种形式上,在无产阶级专政的这种或那种形态上,在社会生活各方面的社会主义改造的速度上,每个民族都会有自己的特点。"②以毛泽东为代表的中国共产党人把马克思主义无产阶级专政理论成功运用到中国革命的实践,创造性提出了人民民主专政理论。早在新民主主义革命时期,毛泽东就系统阐述了人民民主专政理论的内涵、性质、地位和作用。《共同纲领》以根本大法的形式确立了中华人民共和国人民民主专政的国体,指出"中国人民民主专政是中国工人阶级、农民阶级、小资产阶级、民族资产阶级及其他爱国民主分子的人民民主统一战线的政权,而以工农联盟为基础,以工人阶级为领导。"③人民民主专政的国家性质,保障了广大劳动人民在国家管理中当家作主地位。

二是形成了人民代表大会制度的政体。人民代表大会制度是中华人民共和国的政权组织形式,是我国人民当家作主的根本途径和最高实现形式,是中国共产党在领导中国人民进行革命斗争与借鉴国际共产主义运动中所积累的关于无产阶级专政的制度经验,是运用马列主义关于国家政权和人民主权一般原理以及创造性地将巴黎公社议行合一的原则与革命根据地政权建设相结合而探索出的实现民主权利的制度载体。人民代表大会制度既保证人民享有广泛的民主权利,又保证国家权力的集中统一。早在第一次国内革命战争时期,中国共产党在领导

---

① 《胡锦涛文选》第3卷,人民出版社2016年版,第620页。
② 《列宁选集》第2卷,人民出版社2012年版,第777页。
③ 参见《建国以来重要文献选编》第2册,中央文献出版社1992年版,第327页。

的工农运动中成立了农民协会,其是人民代表大会制度的萌芽。土地革命战争时期,党在革命根据地成立中华苏维埃共和国,各革命根据地根据"农民协会"的经验,召开了苏维埃代表大会和工农兵代表大会,其具备了人民代表制度的根本特征。抗日战争时期,党领导的各抗日根据地依据"三三制"原则建立了以参议会为基本形式的民主政权,选出了边区政府委员,进一步完善政权组织。解放战争时期,在新、老解放区建立了以贫农团和农会为基础的区、乡两级人民代表会议,构建起人民代表大会制度的基本框架。中国共产党在不同历史时期出现的各种政权组织形式,为人民代表大会制度的建立和发展奠定了基础。我国的人民代表大会制度是在民主集中原则基础上建立起来的,体现最广泛的民主,保证人民的意志和国家权力相统一的代表大会制度。"只有这个制度,才既能表现广泛的民主,使各级人民代表大会有高度的权力又能集中处理国事,使各级政府能集中地处理被各级人民代表大会所委托的一切事务"①。人民代表大会制度,既不同于西方的议会制度,也有别于苏联的苏维埃制度,是根据我国国情和实践经验摸索出来的,具有中国特色的社会主义民主政治制度。《共同纲领》规定了人民代表大会制为我国的政权组织形式。1954年9月,第一届全国人大通过了我国第一部宪法,正式明确规定人民代表大会制度为国家的根本政治制度,是我国的政体。民主集中制是人民代表大会制基本的组织与活动原则。全国人民代表大会和地方各级人民代表大会,都由民主选举产生,对人民负责,受人民监督;各级行政机关、审判机关和检察机关,都由各级人民代表大会产生,对它负责,受它监督;在中央集中统一的领导下,充分发挥地方的积极性和主动性。因此,民主集中制的原则反映了我们国家的阶级本质。与其他制度相比,人民代表大会制度具有无法比拟的优越性,真正体现人民当家作主的社会主义本质。

三是中国共产党领导的多党合作和政治协商制度。早在新民主革命时期,中国共产党与各民主党派就唇齿相依,患难与共。各民主党派积极拥护中国共产党,为夺取新民主主义革命的胜利奠定了组织基础。中华人民共和国成立后,党内存在一种错误的倾向,认为民主革命胜利了,各民主党派的任务已经完成,不再需要民主党派了。鉴于此,毛泽东指出,在中国革命和建设中,无论是从整体看,

---

① 《毛泽东选集》第3卷,人民出版社1991年版,第1057页。

还是从长远看,都要有民主党派,"民主党派是联系小资产阶级和资产阶级的,政权中要有他们的代表才行。认为民主党派是'一根头发的功劳',一根头发拔去不拔去都一样的说法是不对的。从他们背后联系的人们看,就不是一根头发,而是一把头发,不可藐视。"①《共同纲领》规定:"由中国共产党、各民主党派、各人民团体、各地区、人民解放军、各少数民族、国外华侨及其他爱国民主分子的代表们所组成的中国人民政治协商会议,就是人民民主统一战线的组织形式。"②1950年3月,中央专门召开民主党派问题的全国统战工作会议,确定了帮助民主党派团结、进步和发展的方针。1954年,第一届全国人民代表大会召开后,毛泽东邀请民主党派和无党派民主人士召开座谈会,专门讨论政协的性质和任务等问题。他指出:"政协是全国各民族、各民主阶级、各民主党派、各人民团体、国外华侨和其他爱国民主人士的统一战线组织,是党派性的,它的成员主要是党派、团体推出的代表。"③其主要任务是协商国际问题,商量候选人名单,提意见,协调各民族、各党派、各人民团体和社会民主人士之间的关系,学习马列主义。

四是民族区域自治制度。民族区域自治的制度探索肇始于1945年筹组内蒙古自治政府的实践。陈嘉庚到内蒙古自治区参观回来后感言,"现在内蒙的汉、蒙二族合作得很好,犹如兄弟一样。这消息我们听了非常高兴,这足以证明我们民族政策的成功。"④在起草《共同纲领》的过程中,李维汉提出我国少数民族大杂居、小聚居,这与苏联存在较大差异。我国不宜向苏联学习,实行联邦制。"我们虽然不是联邦,但却主张民族区域自治"⑤。《共同纲领》明确规定:"中华人民共和国境内各民族一律平等,实行团结互助,反对帝国主义和各民族内部的公敌,使中华人民共和国成为各族友爱合作的大家庭。反对大民族主义和狭隘民族主义,禁止民族间的歧视、压迫和分裂各民族团结的行为。""各少数民族聚居的地区,应实行民族的区域自治,按照民族聚居人口多少和区域大小,分别建立各种民族自治机关。"从此,民族区域自治作为我国的一项基本制度确定下来。

此外,中华人民共和国成立初期,党也艰辛探索符合中国国情的新民主主义

---

① 《历次全国统战工作会议概况和文献》,档案出版社1988年版,第6页。
② 《建国以来重要文献选编》第1册,中央文献出版社1992年版,第1页。
③ 《毛泽东文集》第6卷,人民出版社1999年版,第385页。
④ 《周恩来统一战线文选》,人民出版社1984年版,第140页。
⑤ 《周恩来统一战线文选》,人民出版社1984年版,第140页。

经济、文化等方面的制度。在所有制结构上,确立了消灭私有制,发展社会主义公有制。生产管理方式上,通过计划调节、国家政策等对经济运行进行控制。"新民主主义五种经济的构成中,国营经济是领导的成分。在逐步地实现计划经济的要求下,使全社会都能各得其所,以收分工合作之效"①。在文化管理体制上,新民主主义社会制度实践通过破旧立新的改造,扫除帝国主义奴化的、封建主义和法西斯主义的文化,汲取传统文化中的革命性、民主性的要素,吸收外来的进步文化,特别是苏联的社会主义文化,废除旧的教育制度,进一步扫除文盲,提高人民的文化素养。

社会主义制度正式确立后,中国进入全面建设社会主义的新时期。党的八大肯定了七大以来的工作以及所取得的成绩,同时指出:"仍然存在着违反马克思列宁主义的观点和作风"②,要求"必须用加强党内的思想教育的方法,大力克服我们队伍中的这些严重的缺点"③。这实际上提出了全党整风的任务。毛泽东宣布:"我们准备在明年(1957年——引者注)开展整风运动。"④对于整风的方式,毛泽东主张"和风细雨","这样就很得人心,就能够团结全国人民,调动六亿人口中的一切积极因素,来建设社会主义"。⑤ 随后,毛泽东在最高国务会议第十一次(扩大)会议上的讲话传达后,党内外引起热烈讨论,对党内存在的问题提出批评意见,要求党员转变思想作风。在这样的情况下,全党开展了整风运动。

这场以正确处理人民内部矛盾为主题,以反对官僚主义、宗派主义和主观主义为内容的整风运动,对于改进思想作风、适应社会主义建设是非常有必要的。但是"在整风过程中,极少数资产阶级右派分子乘机鼓吹所谓'大鸣大放',向党和新生的社会主义制度放肆地发动进攻,妄图取代共产党的领导"⑥。针对这种情况,毛泽东指出右派的有些批评是对,但"右派的批评往往是恶意的,他们怀着敌对情绪",⑦要注意右派的进攻。中共中央认为:"这是一个伟大的政治斗争和思想斗争。只有这样做,我党才能掌握主动,锻炼人才,教育群众,孤立反动派,使反动

---

① 《建国以来重要文献选编》第1册,中央文献出版社1992年版,第18页。
② 《建国以来重要文献选编》第9册,中央文献出版社1994年版,第35页。
③ 《建国以来重要文献选编》第9册,中央文献出版社1994年版,第36页。
④ 《毛泽东传(1949—1976)》上,中央文献出版社2003年版,第612页。
⑤ 《中国共产党党史全鉴》第4卷,党史研究出版社2010年版,第1439页。
⑥ 《三中全会以来重要文献选编》下,人民出版社1987年版,第805页。
⑦ 参见《建国以来重要文献选编》第10册,中央文献出版社1994年版,第268页。

派陷入被动。"①由此拉开了大规模的反击右派的斗争。

通过整风运动,主张走资本主义道路的右派分子进行反击是正确的,这对于巩固人民民主政权,稳定社会主义制度,强化党的领导具有重要意义。然而,毛泽东认为,"这个斗争,从现在起,可能还要延长十年至十五年之久。"②由于把阶级斗争的形势估计过于严重,混淆敌我矛盾与人民内部矛盾的界限,导致反右派斗争出现严重扩大化。一大批中共党员、知识分子被错划为"右派分子",给党和国家造成严重损失。

党对经济制度的探索也是在曲折中艰难进行。社会主义改造提前完成后,我国经济建设中出现了忽视综合平衡、盲目提高计划指标的急躁冒进现象。对此,党确定了既反保守又反冒进的经济建设方针。党的八大正确分析国内形势和国内主要矛盾的变化,坚持了既反保守又反冒进的经济方针。第一个五年计划超额完成,奠定了国家工业化的基础,党提出了"鼓足干劲、力争上游,多快好省地建设社会主义"的总路线。毛泽东和党的其他一些领导人片面追求社会主义建设的高速度,主观地认为农业合作化的规模越大,公有化的程度越高就越能促进生产力的发展,进而轻率地发动了"大跃进"和人民公社化。运动总路线反映了广大人民迫切改变我国经济文化落后的愿望,但忽视了客观的经济发展规律。

1958年10月,毛泽东等人开始发现在人民公社所有制、分配等方面存在许多混乱现象,特别是"共产风"已经严重地伤害了农民的积极性,对生产起了破坏作用。毛泽东为纠正"左"的错误召开了第一次郑州会议。然而这次会议是在完全肯定社会主义建设总路线、"大跃进"和人民公社化运动的前提下讨论和认识问题的。所以,并没有根本性地改变我国经济发展中出现背离客观规律的浮夸风现象,也没有认识到人民公社内部的"共产风"。1959年的庐山会议,原本是要总结经验教训,调整指标,继续纠正"左"倾错误。会上彭德怀针对1958年以来社会主义建设过程中"左"倾错误及其经验教训陈述自己的意见。但这却被认为是向党进攻,是右倾机会主义的纲领,认为"现在右倾思想,已经成为当前工作的主要危险。"③1960年冬,党在挫折面前再次努力纠偏,核心是纠正"共产风"的问题。基

---

① 《建国以来重要文献选编》第10册,中央文献出版社1994年版,第285—287页。
② 《建国以来重要文献选编》第10卷,中央文献出版社1994年版,第490页。
③ 《建国以来重要文献选编》第12卷,中央文献出版社1996年版,第496页。

于此,提出了"调整、巩固、充实、提高"的经济工作方针,对克服三年经济困难发挥了重要作用。毛泽东在"七千人大会"上总结了"大跃进"的"左"倾急躁教训,开展了批评与自我批评,对于统一全党思想,提高认识和纠正工作中发生的"左"倾错误起了积极作用。

三、根植于改革开放以来的伟大实践

党的十八大报告指出:"中国特色社会主义制度,就是人民代表大会制度的根本政治制度,中国共产党领导的多党合作和政治协商制度、民族区域自治制度以及基层群众自治制度等基本政治制度,中国特色社会主义法律体系,公有制为主体、多种所有制经济共同发展的基本经济制度,以及建立在这些制度基础上的经济体制、政治体制、文化体制、社会体制等各项具体制度。"①不难得出,中国特色社会主义制度是由根本制度、基本制度、具体制度和法律体系四个部分构成,这四个部分是相互联系、相互影响的有机整体。根本政治制度是核心,体现社会主义的本质。基本政治制度和基本经济制度是主体,体现中国特色社会主义的基本属性。具体制度是根本制度、基本制度在各领域的具体展开,体现中国特色社会主义的具体属性。法律体系贯穿各个层次,是确保中国特色社会主义事业顺利推进和运行的保障。中国共产党在领导中国人民进行伟大实践的过程中,不断完善中国特色社会主义制度。比如,建立社会主义市场经济体制,巩固加强中国特色政党制度,确立基层群众自治制度。

建立社会主义市场经济制度。传统观念认为,计划是社会主义本质属性和基本特征,社会主义只能实行计划经济,而市场经济是资本主义的特有东西。在社会主义建设过程中,市场与计划的矛盾日益凸显,成为深化社会主义经济体制改革面临的主要问题。党的十一届六中全会提出了"计划经济为主、市场调节为辅"的方针。党的十二届三中全会通过的《关于经济体制改革的决定》在社会主义生产关系中融入"商品经济"的新概念,第一次提出社会主义经济"是公有制基础上的有计划的商品经济"的新论断,突破了计划经济与市场经济对立起来的观点,要求建立"计划与市场内在统一的体制"。随后,邓小平南方谈话突破计划经济和市

---

① 《胡锦涛文选》第 3 卷,人民出版社 2016 年版,第 622 页。

场经济是社会制度属性的思想束缚,认为社会主义可以实行市场经济。到党的十四大明确提出了"我国经济体制改革的目标是建立社会主义市场经济体制"①,强调使市场在国家宏观调控下对资源配置起基础性作用。党的十四届四中全会通过的《关于建立社会主义市场经济体制若干问题的决定》确立了中国特色社会主义市场经济的架构。20世纪末,社会主义市场经济体制在我国初步建立。党的十六届三中全会通过《中共中央关于完善社会主义市场经济体制若干问题的决定》,对进一步完善社会主义市场经济体制提出了明确的目标和任务。党的十七大提出了从制度上更好发挥市场在资源配置中的基础性作用,形成有利于科学发展的宏观调控体系。党的十八大提出更大程度更广范围发挥市场在资源配置中的基础性作用。党的十八届三中全会明确提出,要使市场在资源配置中起决定性作用和更好发挥政府作用。

巩固加强中国特色政党制度。中华人民共和国成立初期,《共同纲领》和《中华人民共和国宪法》以法律的形式确定中国共产党领导的多党合作和政治协商制度为基本政治制度。党的十三大在谈到中国政治体制改革时指出:"要坚持'长期共存、互相监督、肝胆相照、荣辱与共'的方针,完善共产党领导下的多党合作和协商制度,进一步发挥民主党派和无党派爱国人士在国家政治生活中的作用。"② 1989年1月2日,邓小平指出:"可组织一个专门小组(成员要有民主党派的),专门拟定民主党派成员参政和履行监督职责的方案,并在一年内完成,明年开始实行。"③根据邓小平的批示,中央统战部起草了《关于坚持和完善中国共产党领导的多党合作和政治协商制度的意见》,该意见进一步明确了中国共产党领导的多党合作与政治协商制度在我国政治体制中的地位和作用,提出了中国共产党和各民主党派的共同任务、合作的政治基础和基本方针,阐明了民主党派参政和监督的基本点和总原则,规定了中国共产党、各民主党派的活动准则和共同职责。④ 1993年3月,第八届全国人民代表大会第一次会议一致通过将"中国共产党领导的多党合作和政治协商制度将长期存在和发展"载入宪法,为中国特色政党制度的发

---

① 《十四大以来重要文献选编》上,人民出版社1996年版,第69页。
② 《十三大以来重要文献选编》上,人民出版社1991年版,第45页。
③ 《邓小平论统一战线》,中共中央文献出版社1991年版,第294页。
④ 参见《〈中共中央关于坚持和完善中国共产党领导的多党合作和政治协商制度的意见〉的制定》,中国共产党新闻,http://cpc.people.com.cn/GB/64107/65708/65722/4444523.html。

展,提供了根本法律保障。2005年2月,中共中央下发《关于进一步加强中国共产党领导的多党合作和政治协商制度建设的意见》,第一次提出"社会主义政党制度"和"参政党"等新概念,标志着中国特色社会主义政党制度的创新发展。

中国特色社会主义协商民主制度。中国特色社会主义协商民主是在中国共产党领导下,人民内部各方面围绕有关社会主义发展大计的重大命题以及关切到人民群众切身利益的实际问题,在决策之前和决策实施之中开展广泛协商,尽可能就共同性问题达成一致的民主形式。它既是民主政治制度的重要内容,也是实现党的领导的重要方式。中国特色社会主义协商民主不仅强调重大问题决策中的民主广泛参与,还跟踪最后的决策结果;既尊重绝大多数人的民主意见,也充分考虑少数人的特殊情况和合理要求,维护少数人表达意见的民主权利。因此,中国特色社会主义协商民主拓宽了民主的广度,加深了民主的深度,满足了实现人民民主的最大化原则,充分体现了我国人民民主的广泛性、真实性。早在新民主主义革命时期,中国共产党就开始探索通过政治协商来发扬民主,在与其他党派团体和党外人士团结合作的过程中形成了协商民主思想,特别是在"三三制"民主政权建设中有效进行了协商民主实践,这是协商民主的萌芽和雏形。① 毛泽东曾告诫全党,"共产党人必须和其他党派及无党派人士多商量,多座谈,多开会,务使打通隔阂,去掉误会,改正相互关系上的不良现象,以便协同进行政府工作与各项社会事业。"②1949年9月,第一届中国人民政治协商会议的成功召开标志着作为新型民主形式的协商民主在全国范围内付诸实践。1987年,党的十三大报告总结了我国开展社会协商对话的经验,把建立社会协商对话制度作为政治改革与建设的重要内容之一,并从理论上对它的意义、基本原则和具体做法等方面进行了阐述。1991年3月,江泽民在七届全国人大四次会议、全国政协七届四次会议党员负责人会议上的讲话中指出:"人民通过选举、投票行使权利与人民内部各方面在选举、投票之前进行充分协商,尽可能就共同性问题取得一致意见,是我国社会主义民主的两种重要形式。"③2007年11月15日,国务院新闻办公室发表《中国的

---

① 参见杨俊一主编《中国特色社会主义"道路·理论·制度"的创新研究》,安徽人民出版社2013年版,第81页。
② 《毛泽东文集》第3卷,人民出版社1996年版,第239页。
③ 《江泽民论有中国特色社会主义(专题摘编)》,中央文献出版社2002年版,第347页。

政党制度》白皮书，第一次确认了选举民主和协商民主的概念，并强调"选举民主与协商民主相结合，是中国社会主义民主的一大特点。在中国，人民代表大会制度与中国共产党领导的多党合作和政治协商制度，有着相辅相成的作用"。① 2009年9月，胡锦涛在庆祝中国人民政治协商会议成立六十周年大会上的讲话中再次重申和强调："人民通过选举、投票行使权利和人民内部各方面在重大决策之前进行充分协商，尽可能就共同性问题取得一致意见，是我国社会主义民主的两种重要形式。"②2012年，党的十八大报告正式使用"协商民主"的概念，从制度建设的角度提出发展协商民主，把协商民主从一种民主形式上升为一种制度形式，这意味着协商民主拥有了政治发展形态的价值标签，标志着中国共产党对人民民主形式的认识进一步提升，中国特色社会主义政治发展达到了一个新高度。2014年，习近平总书记在庆祝中国人民政治协商会议成立65周年大会上的讲话中指出："社会主义协商民主，是中国社会主义民主政治的特有形式和独特优势，是中国共产党的群众路线在政治领域的重要体现。"③他进一步强调："人民通过选举、投票行使权利和人民内部各方面在重大决策之前进行充分协商，尽可能就共同性问题取得一致意见，是中国社会主义民主的两种重要形式。在中国，这两种民主形式不是相互替代、相互否定的，而是相互补充、相得益彰的，共同构成了中国社会主义民主政治的制度特点和优势。"④2015年2月9日，中共中央《关于加强社会主义协商民主建设的意见》，围绕什么是协商民主这一核心议题，回答了谁来协商、坚持和谁协商、协商什么问题、坚持用什么样的方式方法协商等一系列问题，阐述了加强社会主义协商民主建设的重要意义、指导思想、基本原则和渠道程序。十九大报告中，习近平总书记要求发挥社会主义协商民主的重要作用，指出要"有事好商量，众人的事情由众人商量，是人民民主的真谛。协商民主是实现党的领导的重要方式，是我国社会主义民主政治的特有形式和独特优势。要推动协商民主广泛、多层、制度化发展，统筹推进政党协商、人大协商、政府协商、政协协商、人民团体协商、基层协商以及社会组织协商。加强协商民主制度建设，形成完整的制

---

① 参见《中国的政党制度》，国务院新闻办公室网站，http：//www.scio.gov.cn/zfbps/ndhf/2007/Document/307872/307872_3.htm。
② 《胡锦涛文选》第3卷，人民出版社2016年版，第258页。
③ 习近平：《在庆祝中国人民政治协商会议成立65周年大会上的讲话》，人民出版社2014年版，第12页。
④ 习近平：《在庆祝中国人民政治协商会议成立65周年大会上的讲话》，人民出版社2014年版，第15页。

度程序和参与实践,保证人民在日常政治生活中有广泛持续深入参与的权利"①。习近平总书记关于协商民主的新思想新论断新要求是习近平新时代中国特色社会主义思想的重要组成部分,是政治体制改革和民主制度建设的经验总结和理论提升,是加强政协协商民主建设的强大动力,是推进新时代人民政协事业蓬勃发展的思想指南,是提升党的执政能力和国家治理能力的行动指南。

确立基层群众自治制度。中华人民共和国成立后,城市居民委员会便在一些大城市应运而生。1953年6月8日,彭真在《关于城市街道办事处、居民委员会组织和经费问题的报告》中提出建立城市街道居民委员会的必要性。毛泽东及其他中央领导同志同意了这个报告。1954年12月召开的第一届全国人大常委会第四次会议制定并颁布了《城市居民委员会组织条例》,第一次用法律的形式肯定了居民委员会的性质、地位和作用。到1956年底,城市居民委员会在全国各个城市普遍建立起来。1980年代初期,为适应家庭联产承包责任制的发展,农民自发突破人民公社体制束缚,创设了村委会这一新的组织形式。1980年2月,全国第一个村委会——广西宜州市屏南乡合寨村村委会由全村户代表会议投票产生。1982年,全国人大常委会在起草宪法修改草案时,把村民委员会和居民委员会一起写进了宪法,村民自治走向法制化的轨道。1987年11月24日,第六届全国人大常委会二十三次会议通过了《村民委员会组织法(试行)》,乡政村治体制正式确立。1998年11月4日,九届全国人大常委会五次会议通过村民委员会组织法。我国农村基层群众自治组织呈现出强大的生命力,在实践中不断发展壮大。

中国特色社会主义法律体系初具雏形。中共十一届三中全会提出"有法可依,有法必依,执法必严,违法必究"的法制建设方针。1982年,全国人大通过了修订的《中华人民共和国宪法》,确立了新时期党和国家政治体制和经济发展的纲领和蓝图。1988年、1993年、1999年、2004年通过了四个宪法修正案,全国人大分别对1982年宪法个别条款和部分内容,"作出必要的、也是十分重要的修正,使我国宪法在保持稳定性和权威性的基础上紧跟时代前进步伐,不断与时俱进"②。党的十五大在总结中国法制建设的经验基础上,提出到2010年形成有中国特色社

---

① 习近平:《决胜全面建成小康社会 夺取新时代中国特色社会主义伟大胜利》,人民出版社2017年版,第37—38页。
②《习近平谈治国理政》,外文出版社2014年版,第136页。

会主义法律体系的立法工作目标。党的十六大进一步提出到2020年社会主义法制更加完备,依法治国方略得到全面落实的法制建设目标。党的十七大报告则进一步强调,要全面落实依法治国基本方略、加快建设社会主义法治国家,完善中国特色社会主义法律体系。2008年,全国人大常委会组织开展大规模法律清理,加快建设社会主义法治国家,为构建中国特色法律体系铺平道路。2010年,具有中国特色的社会主义法律体系建成。2011年3月10日,吴邦国在十一届全国人大四次会议第二次全体会议上向全国全世界宣布:中国特色社会主义法律体系已经形成。中国实现了从无法可依到有法可依的历史性跃迁,党的主张和人民意愿相统一有了法律保障,中国特色社会主义各项事业迈入法制化轨道。

第二节　不走封闭僵化的老路

一、避免只唯"母本"的教条主义

科学社会主义是在社会生产实践中不断丰富和发展的,它随着实践的深入、时代的发展而不断变化。因此,我们需要科学辩证对待社会主义制度,防止将经典作家的具体论述神圣化、教条化。马克思一再指出:"我们不想教条式地预料未来,而只是希望在批判旧世界中发现新世界。"[1]他不主张把他的制度设想变成"奴隶式的崇拜"和"简单模仿"。恩格斯强调:"马克思的整个世界观……是进一步研究的出发点和供这种研究使用的方法"[2]。他还指出:"我们的理论是发展着的理论,而不是必须背得烂熟并机械地加以重复的教条。"[3]列宁指出:"我们决不把马克思的理论看做某种一成不变的和神圣不可侵犯的东西;恰恰相反,我们深信:它只是给一种科学奠定了基础,社会党人如果不愿落后于实际生活,就应当在各方面把这门科学推向前进。"[4]他强调:"这就是马克思主义者必须考虑生动的实际生活,必须考虑现实的确切事实,而不应当抱住昨天的理论不放,因为这种理论和任何理论一样,至多只能指出基本的、一般的东西,只能大体上概括实际生活中的复

---

[1]《马克思恩格斯全集》第1卷,人民出版社1956年版,第416页。
[2]《马克思恩格斯选集》第4卷,人民出版社2012年版,第664页。
[3]《马克思恩格斯选集》第4卷,人民出版社2012年版,第588页。
[4]《列宁选集》第1卷,人民出版社2012年版,第274页。

杂情况。"①正是以这种科学的态度,列宁才真正把马克思主义的世界观和方法论,创造性地运用到了俄国实际,建立了世界第一个社会主义制度。

马克思主义传播到中国后,毛泽东反对将马克思主义"本本化""教条化",强调"马克思列宁主义的伟大力量,就在于它是和各个国家具体的革命实践相联系的。对于中国共产党说来,就是要学会把马克思列宁主义的理论应用于中国的具体的环境"②,灵活地将马克思主义基本原理与中国革命实际相结合,成功开辟了农村包围城市、武装夺取政权的新民主主义革命道路,推翻了帝国主义、封建主义和官僚资本主义三座大山,建立了中国社会主义制度。改革开放以来,邓小平针对新时期暴露出的新问题、新矛盾和新挑战,也用马克思主义的态度指导中国特色社会主义实践。他反复强调:"马克思主义理论从来不是教条,而是行动的指南。它要求人们根据它的基本原则和基本方法,不断结合变化着的实际,探索解决新问题的答案,从而也发展马克思主义理论本身。"③

教条主义忽视客观存在,无视事物存在、发展的具体实际和特殊矛盾,固守马克思主义经典著作中的字面意思和从具体事件中得出的一般结论,把马克思主义当作万应不变的良方,生搬硬套概念和原理,表面上坚持马克思主义世界观和方法论,但本质上却又是和马克思主义精神相违背,是戴着面具的"假马克思主义者"。恩格斯曾辛辣地讽刺说:"所有这些先生们都在搞马克思主义……关于这种马克思主义,马克思曾经说过:'我只知道我自己不是马克思主义者。'马克思大概会把海涅对自己的模仿者说的话转送给这些先生们:'我播下的是龙种,而收获的却是跳蚤。'"④教条主义者一旦无法从马克思主义理论宝库中寻找到认识事物和解决问题的方法,便否定马克思主义的科学性,宣扬"马克思主义过时论"和"马克思主义无用论"。

早在1930年5月,毛泽东在《反对本本主义》中就鲜明指出:"专门从书本上讨生活""甚至可能走上反革命的道路"。⑤ 他指出教条主义只认识到事物的普遍性而忽视事物的特殊性,无法全面认识事物的本质。他从哲学的高度深刻批判了教

---

① 《列宁选集》第3卷,人民出版社2012年版,第26—27页。
② 《毛泽东选集》第2卷,人民出版社1991年版,第534页。
③ 《邓小平文选》第3卷,人民出版社1993年版,第146页。
④ 《马克思恩格斯选集》第4卷,人民出版社2012年版,第603页。
⑤ 《毛泽东选集》第1卷,人民出版社1991年版,第111页。

条主义，指出："我们的教条主义者在这个问题上的错误，就是，一方面，不懂得必须研究矛盾的特殊性，认识各别事物的特殊的本质，才有可能充分地认识矛盾的普遍性，充分地认识诸种事物的共同的本质；另一方面，不懂得在我们认识了事物的共同的本质以后，还必须继续研究那些尚未深入地研究过的或者新冒出来的具体的事物。……他们也不懂得人类认识的两个过程的互相联结——由特殊到一般，又由一般到特殊，他们完全不懂得马克思主义的认识论。"①

民主革命时期，党内一部分教条主义者将马克思主义理论生吞活剥，不顾中国革命实际和经验，缺乏对中国国情复杂性和中国革命长期性、艰巨性的认识，照搬照抄马克思主义的个别论断和共产国际的指示，使中国革命遭受重大挫折，造成无可挽回的损失。毛泽东指出："在政治上我们是吃过亏的。什么都学习俄国，当成教条，结果是大失败，把白区搞掉几乎百分之百，根据地和红军搞掉百分之九十，使革命的胜利推迟了好些年。这就是因为不从实际出发，从教条出发的原故。教条主义者没有把马克思列宁主义的基本原理同中国革命实际相结合。他们说中国革命是民主革命，但是又要革一切资产阶级的命。照那样办，就搞错了，那就不是民主革命，而是社会主义革命了。这个道理他们没有搞通。革命办法没有搞对，党内关系没有搞对，使革命遭到了很大的损失。必须反对教条主义，假使不反，革命就不能胜利。"②其典型是土地革命时期，瞿秋白、李立三和王明等人所犯的"左"倾教条主义错误。

一是瞿秋白"左"倾错误。1927年11月9日和10日，瞿秋白在上海主持召开了中共中央临时政治局扩大会议。会议通过了《中国现状与共产党的任务决议案》，对中国革命形式和革命道路作出了错误的判断。在革命性质问题上，混淆了资产阶级民主革命和社会主义革命的界限，错误地把地主阶级和资产阶级作为革命的对象。在革命形势问题上认为中国的革命是"无间断的革命"，革命形势是不断高涨，这与当时全国革命形势转入低潮的实际不符，滋长了党内"左"倾情绪。在革命道路上，坚持"城市中心论"，在上海、武汉等大城市举行"总罢工""总暴动"，损失惨重。

二是李立三"左"倾错误。1930年6月，李立三主持召开了中共中央政治局会

---

① 《毛泽东选集》第1卷，人民出版社1991年版，第310页。
② 《毛泽东文集》第7卷，人民出版社1999年版，第79页。

议,通过《新的革命高潮与一省或几省的首先胜利》的决议,标志着"左"倾冒险主义在中央占据统治地位。李立三忽视了当时敌强我弱的情况,错误估计了形势,反对"工农武装割据"和农村包围城市的思想,坚持"城市中心论"的错误观点。再一次混淆民主革命和社会主义革命的界限,认为一省或数省首先胜利就是向社会主义革命转变的开始,在反对帝国主义和封建主义的同时,也反对资产阶级。李立三的"左"倾错误在党内存在的时间较短,但给刚刚发展的革命力量造成了沉重的打击。

三是王明"左"倾错误。党的六届三中全会,滋生了以王明为代表的"左"倾教条主义错误。这次"左"倾错误是中国共产党历史上最典型的教条主义,统治时间最长,造成的危害最大,使中国革命几乎陷于绝境。在中国革命的道路问题上,王明坚持"城市中心论",否认农村包围城市、最后夺取城市的战略方针。在中国革命动力问题上,王明对国内阶级关系的变化缺乏认识,否认中间力量的存在,把民族资产阶级和小资产阶级的中上层看成"最危险的敌人"。在民主主义革命与社会主义革命的关系问题上,王明夸大资产阶级民主革命中的社会主义成分,混淆民主革命和社会主义革命的界限,否认革命发展阶段论。在王明"左"倾教条主义错误指导下,红军在第五次反"围剿"中失利,损失惨重,被迫长征。

二、避免只唯"模本"的经验主义

十月革命的胜利,标志着人类历史开始了由资本主义向社会主义制度转变的新时期。十月革命给中国送来了马克思主义,给灾难深重的中华民族带来了光明和希望。毛泽东指出:"第一次世界大战震动了全世界。俄国人举行了十月革命,创立了世界上第一个社会主义国家。过去蕴藏在地下为外国人所看不见的伟大的俄国无产阶级和劳动人民的革命精力,在列宁、斯大林领导之下,像火山一样突然爆发出来了,中国人和全人类对俄国人都另眼相看了。"[①]在这样的"另眼相看"里,透视出"在列宁和斯大林领导之下,他们不但会革命,也会建设。他们已经建设起来了一个伟大的光辉灿烂的社会主义国家。苏联共产党就是我们的最好的先生,必须向他们学习"[②]。苏联作为第一个社会主义国家,在建设过程中形成了一套包括社会主义经济、政治、文化建设等方面的制度,取得了令人瞩目的成就。

---

① 《毛泽东选集》第 4 卷,人民出版社 1991 年版,第 1470 页。
② 《毛泽东选集》第 4 卷,人民出版社 1991 年版,第 1481 页。

斯大林认为,各国共产党人以及同情共产党人的人们"要向我们学习,并为了自己的国家来利用我们的经验"。① 二战以后,斯大林时期形成的社会主义制度不断得到强化和固化,并在世界范围内推广。亚洲、东欧等社会主义国家都受到这种模式的影响,把苏联模式看成全世界社会主义国家的唯一版本,在本国推广苏联的制度模式。

毛泽东曾认为,"增强以苏联为首的社会主义各国的团结,是一切社会主义国家的神圣的国际义务"②。对于毫无社会主义建设经验的中国来讲,苏联模式无疑成为中国寻求发展的重要经验,"因为我们没有经验,在经济建设方面,我们只得照抄苏联,特别是在重工业方面,几乎一切都抄苏联"③,"为了使我国变为工业国,我们必须认真学习苏联的先进经验。苏联建设社会主义已经有四十年了,它的经验对于我们是十分宝贵的。"④由于认为苏联是在马克思主义指引下的成功探索,因此学习苏联就是学习马克思主义,实行苏联的社会主义制度才是真正的社会主义。在那个凯歌行进的时代,只有苏联才是中国的朋友,只有苏联社会主义制度才是中国的榜样。"我们要进行伟大的国家建设,我们面前的工作是艰苦的,我们的经验是不够的,因此,要认真学习苏联的先进经验。无论共产党内、共产党外、老干部、新干部、技术人员、知识分子以及工人群众和农民群众,都必须诚心诚意地向苏联学习。我们不仅要学习马克思、恩格斯、列宁、斯大林的理论,而且要学习苏联先进的科学技术。我们要在全国范围内掀起学习苏联的高潮,来建设我们的国家。"⑤"向苏联学习"成为全党的共识。毛泽东指出:"一切国家的好经验我们都要学,不管是社会主义国家的,还是资本主义国家的,这一点是肯定的。但是主要的还是要学苏联。"⑥刘少奇要求各机关、各地区"认真地展开学习苏联的运动,来迎接我们伟大的国家建设工作"⑦。在向苏联学习过程中,苏联社会主义制度逐步被植入中国。

在当时的历史处境中,苏联高度集中的制度模式可以集中力量办大事,社会

---

① 参见《斯大林文集》,人民出版社 1985 年版,第 632 页。
② 《毛泽东文集》第 7 卷,人民出版社 1999 年版,第 318 页。
③ 《毛泽东文集》第 8 卷,人民出版社 1999 年版,第 305 页。
④ 《毛泽东文集》第 7 卷,人民出版社 1999 年版,第 242 页。
⑤ 《建国以来刘少奇文稿》第 5 册,中央文献出版社 2008 年版,第 48 页。
⑥ 《建国以来重要文献选编》第 10 册,中央文献出版社 1994 年版,第 102 页。
⑦ 《建国以来刘少奇文稿》第 5 册,中央文献出版社 2008 年版,第 48 页。

主义建设取得明显成效,"一五"计划成果斐然。但是在照搬照抄的过程中,这种模式的弊端也初见端倪,如所有制形式简单划一,权力过分集中,中央对计划、财政等统得过多、过死,企业缺乏应有的自主权,分配上只讲平均主义,压制了人民的积极性、主动性和创造性。斯大林逝世后,毛泽东开始反思苏联模式,提出了"以苏为鉴"、走中国自己的路的问题,他指出:一切国家的先进经验都要学。要派人到资本主义国家去学技术;学习苏联也不要迷信。对的就学,不对的就不学。①苏共二十大上,赫鲁晓夫全盘否定斯大林时期的各种理论,指出斯大林的错误。毛泽东认为,秘密报告"揭了盖子",说明"苏联、苏共、斯大林并不是一切都是正确的,这就破除了迷信"。② 这促使中国共产党人开始反思苏联模式。"学习苏联老大哥"、"全面学习苏联"逐渐被"以苏为鉴"取代。毛泽东指出:"最近苏联方面暴露了他们在建设社会主义过程中的一些缺点和错误,他们走过的弯路,你还想走?过去我们就是鉴于他们的经验教训,少走了一些弯路,现在当然更要引以为戒。"针对苏联在社会主义建设中暴露出来的农、轻、重工业比例失调,工、农业"剪刀差"等问题,他提出"适当地调整重工业和农业、轻工业的投资比例,更多地发展农业、轻工业"。③《论十大关系》标志着我们党开始探索适合中国的社会主义建设道路和制度形态。对于中国应该实行什么样的道路问题和制度形态,毛泽东说:"自力更生为主,争取外援为辅,破除迷信,独立自主地干工业、干农业、干技术革命和文化革命,打倒奴隶思想,埋葬教条主义,认真学习外国的好经验,也一定研究外国的坏经验——引以为戒,这就是我们的路线。"④从中可以看出,我们既不能完全否定苏联的社会主义制度模式,又不能照搬照抄苏联模式。不管是何种类型的国家,一切好的制度都需要去学习,但这种学习是有"批判地学,不能盲目地学,不能一切照抄,机械搬用。他们的短处、缺点,当然不要学","对于苏联和其他社会主义国家的经验,也应当采取这样的态度"。⑤ 因此,我们需要去学习与国情相符合的东西,借鉴对中国社会主义建设有益的制度成果。

---

① 参见薄一波《若干重大问题与事件的回顾》上,人民出版社1997年版,第500—501页。
② 参见吴冷西《忆毛主席:我亲身经历的若干重大历史事件片断》,新华出版社1995年版,第4页。
③ 参见《建国以来重要文献选编》第8册,中央文献出版社1994年版,第244页。
④《毛泽东文集》第7卷,人民出版社1999年版,第380页。
⑤ 参见《毛泽东文集》第7卷,人民出版社1999年版,第41页。

三、创造"新本"的中国道路

任何制度的开拓与延伸都需要经历极其漫长而艰辛的探索,甚至是几代人集体的心血和智慧。中国共产党在经历了照搬照抄苏联模式的经验教训后清醒地认识到,需要走出一条符合中国国情,具有中国特色的社会主义制度之路。"这条道路来之不易,它是在改革开放30多年的伟大实践中走出来的,是在中华人民共和国成立60多年的持续探索中走出来的,是在对近代以来170多年中华民族发展历程的深刻总结中走出来的,是在对中华民族5000多年悠久文明的传承中走出来的,具有深厚的历史渊源和广泛的现实基础。"①

三大社会主义改造完成后,社会主义制度在中国基本确定。中国面临着在"一穷二白"的历史处境中建设社会主义,开辟社会主义道路的难题。以毛泽东为核心的中国共产党人,在意识到苏联模式的弊端后,开始进行马克思主义基本原理与中国实际的第二次结合,探索一条符合中国国情的社会主义道路。1955年底,毛泽东首先提出了"以苏为鉴",走中国自己的路的问题。他指出:一切国家的先进经验都要学。要派人到资本主义国家去学技术;学习苏联也不要迷信。对的就学,不对的就不学。②针对苏共二十大,中央先后召开两次政治局扩大会议上,大家就赫鲁晓夫报告的内容及其影响、斯大林的错误、中苏两党的关系、个人迷信等问题展开了讨论。会后,发表了《关于无产阶级专政的历史经验》一文,认为从苏共二十大获得的教益就是"要独立思考,把马列主义的基本原理同中国革命和建设的具体实际相结合。民主革命时期我们在吃了大亏之后才成功地实现了这种结合,取得了中国新民主主义革命的胜利。现在是社会主义革命和建设时期,我们要进行第二次结合,找出在中国怎样建设社会主义的道路"③。社会主义"在探索过程中,虽然经历了严重曲折,但党在社会主义建设中取得的独创性理论成果和巨大成就,为新的历史时期开创中国特色社会主义提供了宝贵经验、理论准备、物质基础"④。

---

① 《习近平谈治国理政》,外文出版社2014年版,第39—40页。
② 参见薄一波《若干重大问题与事件的回顾》上,人民出版社1997年版,第500—501页。
③ 吴冷西:《忆毛主席——我亲自经历的若干重大历史事件片断》,新华出版社1995年版,第9页。
④ 《胡锦涛文选》第3卷,人民出版社2016年版,第620页。

改革开放以来,以邓小平为核心的中国共产党人高举中国特色社会主义伟大旗帜,既不走封闭僵化的老路,也不走改旗易帜的邪路,总结我国社会主义建设正反两方面经验,在研究和借鉴世界社会主义经验的基础上,努力开辟了中国特色社会主义道路。邓小平指出:"过去搞民主革命,要适合中国情况,走毛泽东同志开辟的农村包围城市的道路。现在搞建设,也要适合中国情况,走出一条中国式的现代化道路。"①邓小平在党的十二大上提出:"我们的现代化建设,必须从中国的实际出发。无论是革命还是建设,都要注意学习和借鉴外国经验。但是,照抄照搬别国经验、别国模式,从来不能得到成功。这方面我们有过不少教训。把马克思主义的普遍真理同我国的具体实际结合起来,走自己的道路,建设有中国特色的社会主义,这就是我们总结长期历史经验得出的基本结论。"②"建设有中国特色的社会主义"的科学论断,是在总结中国社会主义建设和世界社会主义运动发展经验的基础上,打破苏联模式的束缚,清晰定位中国特色社会主义制度之路。

党的十三届四中全会以来,以江泽民为核心的中国共产党人在经济全球化和世界多极化的国际局势下,在改革开放和社会主义现代化建设的实践中,总结历史经验教训,进一步拓展中国特色社会主义制度之路。胡锦涛指出:"我们要坚持的道路,就是邓小平同志开辟的、以江泽民同志为核心的党的第三代中央领导集体坚持并发展了的中国特色社会主义道路。"③新世纪新阶段,以胡锦涛为总书记的中国共产党人,把握我国发展的阶段性特征,沿着中国特色社会主义道路不断前进。"在我们这样的有十几亿人口的发展中的社会主义东方大国,要实现全面建设小康社会的宏伟目标,进而实现社会主义现代化,必须走适合国情的发展道路"④。在深化改革开放的伟大历程中,丰富了中国特色社会主义道路内涵。党的十七大报告中首次阐释中国特色社会主义道路的内涵。即"中国特色社会主义道路,就是在中国共产党领导下,立足基本国情,以经济建设为中心,坚持四项基本原则,坚持改革开放,解放和发展社会生产力,巩固和完善社会主义制度,建设社

---

① 《邓小平文选》第 2 卷,人民出版社 1994 年版,第 163 页。
② 《邓小平文选》第 3 卷,人民出版社 1993 年版,第 2—3 页。
③ 《胡锦涛文选》第 2 卷,人民出版社 2016 年版,第 141 页。
④ 《胡锦涛文选》第 2 卷,人民出版社 2016 年版,第 141 页。

会主义市场经济、社会主义民主政治、社会主义先进文化、社会主义和谐社会,建设富强民主文明和谐的社会主义现代化国家"①。

党的十八大以来,以习近平为核心的中国共产党人,结合新时代的世情、国情、党情又对此作了补充和完善,增加了"社会主义生态文明"等内容,提出把生态建设放在突出地位,融入经济建设、政治建设、文化建设、社会建设各方面和全过程,努力建设美丽中国,实现中华民族永续发展,使其内涵更为丰富。党的十九大报告进一步指出:"中国特色社会主义道路是实现社会主义现代化、创造人民美好生活的必由之路,中国特色社会主义理论体系是指导党和人民实现中华民族伟大复兴的正确理论,中国特色社会主义制度是当代中国发展进步的根本制度保障"②。

中国特色社会主义道路的开辟与延伸,表明中国在探索社会主义过程中成功摆脱了苏联模式的束缚,形成了既与中国国情相符合,又能适应时代发展和要求的新的发展之路。2004年5月7日,美国高盛公司高级顾问乔舒亚·库伯·雷默,针对改革开放以来按照中国自己的国情,探索社会发展道路的成功经验,提出了"北京共识"概念,为落后的国家寻求现代化提供了既不同于苏联模式,又有别于西方发展模式的经验总结和方案参考。"北京共识"提出后,引起了国际主流媒体的普遍关注。美国《国际先驱论坛报》网络版5月20日刊登题为《中国将以自己的方式改变》的文章,称赞中国以循序渐进的方式推进政治改革果断明智。英国《卫报》5月27日刊登题为《中国解决亿万人民温饱问题的经验》的文章,认为中国的崛起为其他国家提供了除西方发展模式之外的一个强有力的选择。墨西哥《每日报》5月24日刊登题为《中国:亚洲的地平线》的文章,认为中国奇迹是依照自身情况理智制定社会经济政策的结果。③ 党的十九大明确指出:中国特色社会主义道路、理论、制度和文化,拓展了发展中国家走向现代化的途径,给世界上那些既希望加快发展又希望保持自身独立性的国家和民族提供了全新选择,为解决人类问题贡献了中国智慧和中国方案。

---

① 《十七大以来重要文献选编》上,中央文献出版社2009年版,第9页。
② 习近平:《决胜全面建成小康社会 夺取新时代中国特色社会主义伟大胜利》,人民出版社2017年版,第16—17页。
③ 参见单人麟、李晓东《中国特色社会主义道路研究》,江西人民出版社2008年版,第251页。

第三节　不走改旗易帜的邪路

一、汲取"制度迷失"的陷阱

1989年前后,东欧一些国家政治经济制度发生实质性蜕变,东欧各国共产党和工人党纷纷丧失政权,东欧发生剧变。随着东欧剧变,苏联的加盟共和国也效法其举,纷纷要求独立。1991年8月24日乌克兰宣布独立,苏联开始走向解体。1991年12月26日,苏联最高苏维埃宣布苏联停止存在,苏联正式解体。

苏联解体、东欧剧变是20世纪国际共产主义运动遭受的最大挫折,但它并不意味着社会主义制度的终结,也不意味着社会主义在各国实践的失败。因此,不能单纯从社会主义制度内部来寻找成因。20世纪80年代,苏联和中国都进行了大刀阔斧的改革,但是两者在改革方向上存在很大的差异。邓小平认为:"改革的性质同过去的革命一样,也是为了扫除发展社会生产力的障碍,使中国摆脱贫穷落后的状态。从这个意义上说,改革也可以叫革命性的变革。"①同时,"改革促进了生产力的发展,引起了经济生活、社会生活、工作方式和精神状态的一系列深刻变化。改革是社会主义制度的自我完善,在一定的范围内也发生了某种程度的革命性变革。"②中国的改革对象是破除高度集中的计划经济体制束缚,形成与基本国情和发展实际相吻合的政治经济制度。而苏联的改革思路则与中国大相径庭。苏联领导人戈尔巴乔夫认为,过去的政策存在教条主义和主观主义的倾向,鼓吹"国际政治新思维",宣扬"全人类的利益高于一切",根本抹杀了两种不同社会制度之间存在的矛盾和斗争。由此可以得出,苏联的改革是在背离社会主义基本制度的前提下展开的,把"改革"变成"改向",否定了社会主义制度,推行人道的民主的社会主义,导致了历史悲剧的发生。

从制度的角度看,苏联东欧社会主义制度在顷刻间瓦解,与其很长时间内实行的高度集中而缺失活力的政治经济体制和推行"休克疗法"是密不可分的。

高度集中的计划经济体制曾使苏联社会主义建设高歌凯进。然而,二战后,

---

① 《邓小平文选》第3卷,人民出版社1993年版,第135页。
② 《邓小平文选》第3卷,人民出版社1993年版,第142页。

西方资本主义国家凭借第三次科技革命,经济快速腾飞,生产力提高了80%以上,远远地将苏东各国抛在了后面。从20世纪70年代起,苏联模式的高度集中体制不再适应生产力发展的需求,日益暴露其缺陷和不足,制约了苏东的发展,拉大了与发达国家之间的差距。到1990年,苏联的国民生产总值只相当于美国的40%左右,与1913年大体相同。① 在此期间,苏联还把大量人力、财力、物力放在与美国等西方国家的军备竞赛上,大力发展重工业,与人民生活密切相关的农副业和轻工业长期停滞不前,使得农、轻、重比例严重失调,制约了生活水平的提高,引发了人民的强烈不满,进而丧失了对社会主义制度的自信。东欧国家几乎全盘照抄苏联模式。即使个别国家发现其弊端,力图探索出一条不同于苏联模式的新路,也被扼杀在摇篮里。邓小平指出:发展速度问题不仅是经济问题,而且是政治问题。"生产力发展的速度比资本主义慢,那就没有优越性,这是最大的政治,这是社会主义和资本主义谁战胜谁的问题。生产力总是需要发展的。外国人议论中国人究竟能够忍耐多久,我们要注意这个话。我们要想一想,我们给人民究竟做了多少事情呢?我们一定要根据现在的有利条件加速发展生产力,使人民的物质生活好一些,使人民的文化生活、精神面貌好一些。"②"如果我们不发展或发展得太慢,老百姓一比较就有问题了。"③

东欧剧变以后,又从一个极端跳到了另一个极端。所有东欧经济体及俄罗斯、乌克兰等国,实施"休克疗法"的激进改革,实行自由化的资本主义市场经济,不仅没有取得成效,反而酿成恶果。"'大萧条'时期遭受打击最严重的德国和美国损失25%,但5年后都彻底恢复了。而10年过去了,东欧依旧不能恢复到1989—1990年的水平。"④东欧国家的改革,因过分追求私有化,几乎免费将国有财产赠送,造成了巨大的财产损失。不仅没有实现所预期的"欧洲化",反而走上了一条"附庸资本主义"的道路。"1990—1999年间,波兰政府向外国人出售的工业部门和银行业所得的预算收入为90亿至115亿美元,占其原值的1/2。1998年,匈牙利在私有化完成的时候,向外国人出售国有资产所得的全部财政收入在

---

① 参见姜中才《读懂"中国特色""老路"与"新路"、"邪路"与"正路"》,社会科学文献出版社2014年版,第165页。
② 《邓小平年谱(1975—1997)》上,中央文献出版社2004年版,第380页。
③ 《邓小平文选》第3卷,人民出版社1993年版第375页。
④ 栾文莲:《金融帝国主义与国际金融危机》,社会科学文献出版社2015年版,第97页。

100亿至120亿美元之间。总体而言,波兰和匈牙利的国有资产只卖到了其真正价格的1/10,它们为私有化所付出的代价要占搞私有化所得利益的1/2或2/3。"①可以说,苏东国家从国家社会主义向市场资本主义转型过程中,盲目推崇新自由主义而推行主张私有化的"休克疗法",迷失了改革的基本方向,是对社会主义基本制度的完全背离,酿成了社会发展的苦果。

在社会主义条件下探索符合中国国情的社会主义制度是一项开创性的事业,是中国共产党人在充分认识苏联模式弊端的基础上,正视客观实际,重新回到马克思主义,提出了把马克思主义的普遍真理同我国的具体实际结合起来,走自己的道路,高举中国特色的社会主义大旗的伟大壮举。新时代,中国特色社会主义制度的完善要充分吸收苏联的经验教训,从根本上改变高度集中的计划经济体制的诟病。中国经济体制改革的方向始终要坚持社会主义的方向,确立社会主义市场经济体制的改革目标,把坚持社会主义基本制度同发展市场经济结合起来,正确处理好市场与政府的关系,在政府宏观调控的前提下,发挥市场在资源配置中的决定性作用,释放社会主义制度的活力,展示社会主义制度无可比拟的优越性,推动社会的发展。

二、汲取"颜色革命"的陷阱

2003年11月,格鲁吉亚总统谢瓦尔德纳泽在反对声中黯然下台,萨卡什维利手持"玫瑰花"取而代之,由此拉开"颜色革命"的序幕。2004年秋,代表橙色的尤先科在乌克兰第二轮选举中反败为胜,这就是著名的"橙色革命"。2005年3月,巴基耶夫通过鼓动群众走向街头登上总统宝座,这便是轰动一时的"郁金香革命"。"颜色革命"发生在独联体地区,且具有一定代表性。"乌克兰在独联体国家中属于大国,是斯拉夫国家,对白俄罗斯甚至对俄罗斯具有示范效应;格鲁吉亚是外高加索国家,属于小国,从地缘政治上看,是俄罗斯的邻国,又存在比较强烈的反俄情结,对外高加索国家有示范效应;吉尔吉斯斯坦地处中亚,紧邻哈萨克斯坦、乌兹别克斯坦和中国,既亲美又是俄罗斯的兄弟,对中亚国家具有示范效应。"②"颜色革命"在独联体频繁发生,不是偶然的政治事件,这是苏联解体、东欧

---

① 杨承训:《中国特色社会主义道路的立体比较分析》,载《红旗文稿》2004年第19期。
② 邢广程:《在"颜色革命"的背后》,载《当代世界》2013年第5期。

剧变大地震后的余震,是东欧剧变的后续效应。他们不是顺利的政权交接,而是带有政权改变、权力转移、大国博弈的政治事变。

从形式上看,这些国家的"颜色革命"都是选举结果公布后,反对派在得到西方势力的支持和挑唆下,制造选举存在作假和舞弊的言论,号召拥护者上街进行游行示威。然后利用当局反应的迟疑,渲染当局逃避遮掩的行为以赢得舆论的主动。接着借助西方势力给当局施压,迫使重新选举。最后在西方势力的干涉下,反对派在重新选举中获胜,当权者被迫下台。

对于"颜色革命"的缘由,不能简单地、孤立的片面解读,"颜色革命"是历史合力的综合结果。独联体的"颜色革命"是在苏联解体的历史环境中发生的。苏联解体后,独联体国家处于艰难转轨时期,一方面建立真正意义上的国家,成为国际法主体,这是一个艰难而漫长的过程;另一方面,从传统的苏联计划经济体系向现代市场经济制度的转轨,需要经历反复的阵痛。有些国家处心积虑寻找捷径,不顾国情,盲目效仿西方制度模式,违背了社会的发展规律和人民的意愿,使得国家经济发展缓慢。比如,格鲁吉亚独立后,经济出现了雪崩式下滑,贫困现象极为普遍,根据一项抽样调查,到 2002 年为止,格鲁吉亚 90%—95% 的家庭收入处于贫困线以下。① 吉尔吉斯斯坦在独立后经济严重滑坡,人民生活急剧恶化,2004 年人均国内生产总值仅为 429.1 美元,贫困人口所占比例达 38%。外债高达 19.2 亿美元,为全年税收总额的 5 倍。②

同时,"颜色革命"的发生同腐败问题密切相关。谢瓦尔德纳泽、库奇马和阿卡耶夫三位总统的家族和团队都涉嫌腐败,"吉尔吉斯前政权腐败盛行,总统家族和政府高官大肆贪污受贿,几乎所有赚钱行业都被总统家族和政府高官所控制","乌克兰官商勾结、任人唯亲、利用私有化侵吞国有资产、逃税漏税等腐败现象比比皆是。2000 年,库奇马总统的一个前保镖泄露了几百个小时的总统私人谈话录音带,显示大量的徇私舞弊、收受贿赂、阴谋镇压反对派的事实"③。政治腐败特别是领导人的腐败加剧了人民对现实状况的不满,反对派借动员民众上街游行示威来推翻政权。

---

① 参见赵华胜《原苏联地区"颜色革命"浪潮的成因分析》,载《国际观察》2005 年第 3 期。
② 参见李慎明、王逸舟主编《2006 年:全球政治与安全报告》,社会科学文献出版社 2006 年版,第 72 页。
③ 李慎明、王逸舟主编:《2006 年:全球政治与安全报告》,社会科学文献出版社 2006 年版,第 72 页。

此外,"颜色革命"的发生也与西方的挑唆有关。西方大国不断输出欧美的价值观念,培植亲欧美的反对势力,利用政局不稳制造政治危机,借"民主""自由"等口号,煽动人民反对本国政权的心理和情绪,以政变、游行、抹黑政府等方式,扶持反对势力上台,维护其在该国的权益。2004年,欧美就从背后支持乌克兰"橙色革命",他们通过各种渠道给反政府的所谓"公民社会"输送了大量资金,然后又通过外交和舆论施加压力,以选举公正的名义,迫使当时的政府不能对示威民众动武,内务部派出的军队后来也被召回,军队的将领纷纷倒向反对派,政府终于妥协,宪法法院裁定大选无效,重新大选。在第二轮大选中,尤先科以近52%的支持率战胜了亚努科维奇。[①]

倘若"颜色革命"是为了振兴经济、实行民主、反对专制、预防和惩治腐败的话,那么,爆发的"颜色革命"不能算是成功的。"颜色革命"不但没有改变格鲁吉亚、乌克兰、吉尔吉斯斯坦三国的局势,反而使形势更加糟糕。"颜色革命"使得这些国家的经济更加萧条、政治局势更加动乱、民主更加无序、腐败更加严重。"颜色革命"爆发后,格鲁吉亚国内政治斗争激烈,政治内部矛盾较深,之前拥护萨卡什维利总统的支持者走到了他的对立面,就连原议长布尔贾纳泽也加入到了反对他的阵营中。乌克兰总统尤先科从掌管国家权力伊始就遭到反对,甚而出现了政治对抗和冲突。尤先科在任命季莫申科为总理半年后,无故撤除其总理职务,使得两人的矛盾升级,出现了第一次政府危机。2007年尤先科解散议会,提前举行议会选举,又导致了乌克兰议会危机。"颜色革命"也使得吉尔吉斯斯坦在政治上也不太平。推翻阿卡耶夫政权后,巴基耶夫总统与捷克巴耶夫议长矛盾上升,两人处于对立状态。在捷克巴耶夫议长辞职后,巴基耶夫总统与库洛夫总理的矛盾又进一步激化。因此,吉尔吉斯斯坦在总统与总理政治对立的状态下,政治生态不稳。持续的政治危机使得三国经济凋敝,人民生活水平下降。乌克兰在"橙色革命"后的五年,货币贬值了一半,国家债务缠身,甚至面临破产。吉尔吉斯斯坦在经历"郁金香革命"之后,社会也是动荡不安,代表南北不同地区的政治势力相互斗争,经济遭受重创。

进入21世纪以来,新媒体和社交媒体的迅猛发展被"颜色革命"推动者充分

[①] 参见张维为《中国超越:一个"文明型国家"的光荣与梦想》,上海人民出版社2015年版,第177页。

利用,"茶杯里的风暴"也能掀起狂风巨浪。举几个例子便可一目了然。一是 2001 年 1 月 17 日,菲律宾有人用手机短信号召民众上街抗议,一条短短 16 个字符 "G02EDSA.Wearblk"的短信被疯狂转发,吸引、动员了 100 多万民众聚集。集会一直持续到 1 月 20 日埃斯特拉达总统离职,人们把这位总统下台归因于"短信一代"的牺牲品。二是 2009 年 4 月,摩尔多瓦发生未遂的"颜色革命",因参与者大量使用新兴媒体推特,故被西方媒体称为"推特革命"。三是 2009 年 6 月伊朗大选后,落选一方利用手机短信、脸谱、推特,传播不满情绪并煽动反对大选结果,导致了长达两周的"伊朗推特革命"。四是 2011 年初,突尼斯、埃及、利比亚、也门、叙利亚、巴林等西亚、北非国家先后爆发被称为"阿拉伯之春"的动荡和骚乱,引发战争和内乱。突尼斯、埃及、利比亚等国的政权先后被推翻,其他许多国家现在仍处于剧烈的政治、社会动荡之中。参与者绝大多数为社交媒体用户,他们用互联网新技术相互号召、联络,加强群体价值认同,统一运动步骤,聚合政治目标,释放出巨大的政治能量。如今,阿拉伯之春已经变成"阿拉伯之冬",给西亚、北非地区国家和人民带来无穷无尽的灾难和痛苦。①

当前,国际局势正处于大发展、大变革、大调整时期,世界多极化和经济全球化趋势不可逆转,科学技术日新月异,产业结构加快升级,区域经济一体化进程加速。但是,当今世界仍很不安宁,人类依然面临严峻挑战,霸权主义、强权政治和新干涉主义有所上升,恐怖主义、军备竞争、跨国犯罪、环境安全、网络安全、能源资源等传统安全威胁和非传统安全威胁相互交织,民族矛盾、宗教矛盾和边界领土争端导致的局部冲突此起彼伏。再者,当前我国改革进入攻坚期和深水区,隐藏在社会发展中的深层次矛盾集中爆发,影响国家安全和社会稳定,特别是西方资本主义势力对我国和平演变的野心不改,想方设法颠覆国家政权。因此,必须警惕"颜色革命"陷阱带来的意识形态渗透,坚持中国特色社会主义制度,维护国家安全和人民利益,不断实现人民对美好生活的需求。

三、汲取"制度困境"的陷阱

制度对经济的发展具有两面性,一方面制度可以促进经济的发展,另一方面

---

① 参见何亚非《风云论道　何亚非谈变化中的世界》,社会科学文献出版社 2015 年版,第 92 页。

可能成为发展的绊脚石。发展中国家在探索现代化道路的过程中遇到的瓶颈不仅仅是物质基础的缺乏,生产要素的禀赋与积累不足,同时缺乏一种能够进行公平竞争的制度环境,以及在这种制度环境中进行的能把人们的努力与报酬联系起来的有效制度安排。没有一种有效率的制度安排,再好的物质基础,再多的生产要素及其积累,也有可能是低效率、低产出与低经济的。西奥多·洛伊在为国际开发署准备的一篇短文中,详细列举了九种市场经济的"制度前提",主要有:①法律和秩序;②一种稳定的货币;③财产法和财产权;④合同法;⑤支配交换的法律;⑥公共领域转到私人手中的法规;⑦公共物品的提供;⑧人力资本(劳动)的提供与控制;⑨分担风险。① 这九种前提是市场经济有序运行的保障。然而在很多发展中国家,这些制度前提的不健全是普遍的现象,或者是具备其中的某些前提,但制度运行缺乏监管和有效实施,市场也很难平稳运行。因此,在制度前提缺失的条件下,市场经济的发展存在很大阻力。

制度缺失与制度供给不足是密不可分的。因为制度供给的成本较高,发展中国家普遍存在制度供给不足。一个正式制度的供给成本包括废除旧制度的成本,消除制度变革阻碍的成本,设定新制度的成本,制度组织实施的成本等。若制度安排供给的成本超过预期,加上新制度的预期收益是不确定的,制度供给的成本与风险使得制度被推行的可能性较小,这样循环反复,使得制度在较长的时间内处于停滞或者是"低均衡"的状态。部分非洲的发展中国家现有的制度结构,与欧洲殖民者撤走时保留的制度基本一样。究其缘由不是这些国家的制度日臻完善,而是在制度供给上遇到了问题。一些发展中国家,在原有制度的框架体系内存在部分特权阶级,他们利用非市场手段占有、掌控着大量的资源,若为制度安排提供供给,则牵涉到特权阶级的既得利益。拥有强大的市场力和非市场力的既得利益者会想方设法阻挠制度变迁。此外,制度供给还与统治者的偏好和有限理性、意识形态刚性、官僚机构问题、集团利益冲突等密切关联。

发展中国家因为缺乏制度性保障,造成了大规模的资本外逃。如撒哈拉以南的部分国家,一方面作为重要生产要素的资本极为短缺;另一方面资本外逃却十分严重。1991年,该地区的平均资本外逃占外债的比例达到40%,也就是说,这

---

① 参见[美]V.奥斯特罗姆、[美]D.菲尼、[美]H.皮希特编《制度分析与发展的反思——问题与抉择》,商务印书馆1992年版,第26页。

些国家每向外借债100美元,有40美元会外流出境,有些国家(如布隆迪、尼日利亚、卢旺达、苏丹)甚至在一半以上。以资本外逃占出口额的比率来衡量,这些国家资本外逃的规模也是相当巨大的,这些国家的平均规模为770%,也就是说,这些国家每获得100美元的出口收入,资本外逃却为770美元,有的国家甚至更高,如苏丹、几内亚比绍的资本外逃占其出口收入的比率甚至超过了1000%,分别为1734%和1350%。资本的积累根本无法促进发展中国家的经济增长。①

新制度经济学派认为,制度变迁是随着时间变化和环境的变化,制度安排、制度创新的替代、交换过程,是一种更高效率的制度对另一种制度的替代过程。在新制度经济学看来,相对价格和偏好的变化是诱发制度变迁的动因。正是因为价格的变动带来了激励机制的变化。发展中国家无法从低效率的制度向高效率的制度跃迁,其成因是多方面的。

有效的制度安排与产权保护、契约的执行力密不可分的。产权与契约执行通过物质资本与人力资本影响经济绩效,影响技术转移和创新的速度;贫困国家之所以增长缓慢,是由于它们大多没有能建立安全的产权保护、契约执行机制和有效的公共官僚体制。② 比如,巴西政策的不确定性、腐败、监管和税收管理被认为是主要的制约因素,其百分比分别高达75.9%、67.2%和84.5%。此外,对法院支持产权失去信心百分比也占相当高的比例,达到了39.6%;在印度、印度尼西亚、南非、捷克和巴基斯坦这一指标达到了29.4%、40.8%、20.8%、53.1%和62.6%。③发展中国家经济环境质量同样不理想。首先,在新企业创办方面,低收入国家不仅耗费的时间长,而且创办成本占人均收入的百分比也高得惊人,居然达到了167.6%,而这一比例在高收入国家只占到了9.4%。其次,在合同的履行方面,低收入国家高于世界平均水平(32项),达到了36项,中等收入国家有32项,而高收入国家则只有24项;在合同的履行所需要的时间上,低收入国家是421天,高于世界平均水平(394天)、中等收入国家需要424天,而高收入国家则只需要282天。④ 从调查数据中不难得出,发展中国家在制度制定、制度创新上存在产

---

① 参见黄景贵主编《发展经济学研究 制度变革与经济增长》,中国财政经济出版社2003年版,第113页。
② 参见克里斯托夫·克拉格《制度与经济发展欠发达和后社会主义国家的增长与治理》,余劲松、李玲、张龙华译,法律出版社2006年版。
③ 参见郭熙保、陈志刚、胡卫东《发展经济学》,首都经济贸易大学出版社2009年版,第362页。
④ 参见郭熙保、陈志刚、胡卫东《发展经济学》,首都经济贸易大学出版社2009年版,第364页。

权保护不足、契约执行力不够、对行为主体的激励不强等问题,企业发展举步维艰。

政府失灵也使得发展中国家制度创新陷入困境。亚当·斯密在《国富论》中指出,市场经济主体在市场的调节下从事经济活动,个人利益与社会利益是相吻合的,政府在经济运行过程中只需做好"守夜人"角色。然而,从市场经济发展的历史来看,单纯靠市场的力量不能解决公共物品、外部性、垄断和信息不对称等问题,市场的调节在很多时候也会失灵。政府为了弥补市场失灵,会对社会经济活动进行干预。但因为政府行为自身的局限,以及其他客观因素的限制,政府在干预经济活动中也会存在不足,无法实现社会资源配置效率的最大化,从而导致政府失灵。普拉纳布·巴丹认为,在许多发展中国家,分配冲突以及讨价还价能力的不对称,导致某个强势集团长期固守已有的制度,而不愿意制度创新。① 丹尼尔·兰道认为,在一些发展中国家统治者控制的外汇市场、农产品价格控制、工业管制和公共企业等核心领域发生的寻租活动,会影响正常的制度设计。② 发展中国家的政府失灵往往比市场失灵更加严重。莫尔夫的研究表明,市场体制更有效率,信息反馈更灵敏,但经济外在性更严重且不可避免地导致公共物品的供应不足。相反,政府体制所产生的效率较低,其外在性更不可忽视,由其所提供的公共物品常常只是其内部人利益借公共利益名义得以实现的形式。③ 由此可见,要把促进社会公平正义、增进人民福祉作为一面镜子,审视我们各方面的体制机制和政策规定。对由于制度安排不健全而造成的有违公平正义的问题要抓紧解决,从而使我们的制度安排更好体现社会主义公平正义原则,更加有利于实现好、维护好、发展好最广大人民根本利益。

无论是制度革命还是制度改革都属于制度变迁的演进路径。中华人民共和国成立后,社会主义制度的建立是通过制度革命实现的,而随后社会主义制度的自我完善和发展则是通过社会主义制度自身的改革而得以实现的。具体而言,是解决生产关系不适应生产力发展、上层建筑不适应经济基础发展的矛盾,革新生

---

① 参见[美]杰拉尔德·迈耶、[美]约瑟夫·斯蒂格利茨《发展经济学前沿未来展望》,中国财政经济出版社2004年版,第197页。
② 参见[美]詹姆斯·A.道等《发展经济学的革命》,上海人民出版社、上海三联书店2000年版,第157页。
③ 参见严英龙《中国经济现代化》,南京出版社1998年版,第33页。

产关系和上层建筑中不适应生产力发展的管理方式、活动方式和思想方法,从而使其适应社会经济的发展。新时代,有序推进社会主义制度建设,建立一整套成熟、稳定、高效的中国特色社会主义制度,就必须循序渐进地进行制度改革,坚持社会主义经济、政治、文化、社会、生态体制改革的正确方向,控制好制度改革的速度,掌握好制度改革的力度,限制好制度改革的广度。统筹好各类制度改革在社会主义制度运行速度和范围内的协调共进、同频共振,推动社会主义制度的改革实践。

第四章　中国特色社会主义制度自信的命脉所系

无论何种自信,都涉及一个自信之源的问题,即自信从何而来？同样,中国特色社会主义制度自信也有一个自信之源、自信之魂的问题,它涉及制度选择和建构的价值目标、方向和旗帜,关乎制度自信的立论依据和优势展现的文化渊源、哲学基础、主体创造和核心力量,体现制度自信的历史逻辑、理论逻辑和实践逻辑的有机统一。就制度自信的命脉而言,中国特色社会主义制度自信来源于中华优秀传统文化的自信精神之根、马克思主义意识形态价值引领的自信之魂、人民群众及其创造社会主义热情的自信之体、中国共产党坚强领导的自信之核。"根、魂、体、核"完整地构成了制度自信的四大基石,是新时代坚持、发展和完善中国特色社会主义制度的命脉所系。

第一节　自信之根:中华优秀传统文化的自信精神凝结

任何一种社会制度的变革和发展都以一定的历史文化传统作为逻辑起点和发展基础,特定的历史文化传统将深刻地影响着一个民族和国家社会制度的变革及其所建构的体系。中国特色社会主义制度的基本特征与比较优势是从5000多年中华文明悠久的历史文化中孕育出来的,因而其自信不是抽象的,而是历史的、具体的,是建立在人们深厚的历史文化认知的基础上的,其根源凝结在中华优秀传统文化的自信精神之中,这是制度之信的历史文化逻辑。

一、文化自信精神是制度自信的根基

"制度"也像"文化"的概念一样,是一个很难作精确阐释的概念,很多只能是从个体的认识作出解释。在这里,制度是指人们在一定的历史条件下为保障国家社会有效运行而有目的、有意识、有理性建构的政治法律规则、规范、准则,及其组织构架体系,属于政治上层建筑的范畴。文化是指人们在长期的社会生产实践中形成的思想、信仰、知识、精神、道德、艺术、风俗、习惯等成果,属于观念上层建筑的范畴。由于"一定的文化(当作观念形态的文化)是一定社会的政治和经济的反映,又给予伟大影响和作用于一定社会的政治和经济"①,所以,任何一种制度的形成和发展都蕴含着一定历史时代丰富的思想精神、价值观念、理想信念、秩序规范等文化内涵。因此,一种社会制度自信只有与历史文化中蕴含的自信精神融合,才能具有深厚的历史印证。

(一)制度:一种历史文化的考察

制度不是自然生成的,它是人类生产实践活动的产物,而人类的生产实践活动都要受到人们的思想知识、伦理道德、价值观念、精神意识等的影响。从这个意义上说,没有文化的人类生产活动是不存在的,因而没有文化精神内涵的制度选择与建构也是不可能产生的;反之,文化所蕴含的知识精神、价值观念、思维方式、风俗习惯等,也都能从一定时代的制度选择与构建中体现出来,即制度体现着文化的精神内涵与历史血脉。当一种制度表现为一定规范时,必然反映出一定时代的文化精神、价值观念,没有文化精神和价值目标的制度是毫无意义的,也是不存在的。同样,没有制度规范的文化也会失去保障而漫无目标,实际上也是不存在的。因而制度的选择与建构必须立足于一个国家的历史文化、基本国情和具体实践,必须具有推动一个国家发展进步需要的价值目标。只有这样的制度,才能形成与文化相适应的制度自信。正因为如此,文化思想理论的创新又往往成为一个民族和国家制度变革的先导或"路径依赖"。这表现在:一是文化为制度的产生发展提供思想基础。一种制度的产生是人们依据一定时代的社会历史条件而进行有目的的理性选择和建构的结果,必然是人们既有的文化思想观念的产物,人们

---

① 《毛泽东选集》第 2 卷,人民出版社 1991 年版,第 663—664 页。

依据思想观念、文化精神、历史传统创设制度。事实上,从中外制度史的演进看,无论何种社会制度的生成、发展都要受到该社会历史传统和文化精神的影响。二是文化为制度的产生发展提供精神动力和价值支撑。每一个社会都有其独特的文化精神与价值观念,并直接影响着生活在其中的人们的心理意识、理想信念、精神风貌,而它作为一种精神动力又往往影响着人们对该社会制度的选择和建构。因此,制度的产生发展必须要有与此相适应的文化价值和思想精神来支撑,只有如此,制度才能真正发挥其效用。三是文化为制度变迁和改革创新提供方向指引。制度变迁不只是制度本身的问题,它依赖文化的变迁。先进文化是先进生产力的反映、符合最广大人民群众的根本利益、体现社会进步的方向,因而必然促进制度的向善进步;落后甚至腐朽的文化由于阻碍生产力的发展、社会的进步,因而必然制约束缚制度的发展进步。因此,在先进文化的指引下选择与建构符合人类历史发展规律的先进制度是一个民族、国家和先进政党的本质要求。

(二)制度自信:根源于文化自信精神

习近平总书记指出:"我们党在领导革命、建设、改革的进程中,一贯重视学习和总结历史,一贯重视借鉴和运用历史经验。"[①]因为,一个国家和民族,一旦丧失历史的集体记忆,现实和未来就没有了根源,更谈不上文化的积累、制度的创新。"无论哪一个国家、哪一个民族,如果不珍惜自己的思想文化,丢掉了思想文化这个灵魂,这个国家、这个民族是立不起来的。"[②]中华优秀传统文化既是我们民族之"根",也是制度自信之"根"。从本质来说,文化自信的要义在于民族精神自信,民族精神自信实际上是民族文化的具体形态和表现形式,是文化自信的核心思想观念,是一个民族和国家永续发展、不断前行的不竭动力和思想基础。所以,文化自信某种意义上就是民族精神自信,也是制度自信的内在历史逻辑。只有坚持中华民族文化自信精神,才能使人们对中国特色社会主义制度真心认同、清醒认识和理智把握,从而自觉承担起历史赋予我们实现中华民族伟大复兴中国梦的光荣使命。其实,从中国人民创造的国家制度来说,既有古代的,又有现代的。前者是本

[①]《习近平在中共中央政治局第十八次集体学习时强调:牢记历史经验历史教训历史警示》,载《人民日报》2014年10月14日。
[②] 习近平:《在纪念孔子诞辰2565周年国际学术研讨会暨国际儒学联合会第五届会员大会开幕式上的讲话》,人民出版社2014年版,第9页。

土化的,像大一统的中央集权国家制度;后者是源于马克思主义理论,但又是结合中国实际的产物。中国特色社会主义制度的生成发展是近代以来中国人民在经历艰难曲折的探索和实践后选择的结果,是马克思主义与中华优秀传统文化以及具体实际相结合的产物。因而,中国特色社会主义制度的选择、建构和发展离不开中国社会,离不开中华文化。从这个意义上说,中国特色社会主义制度深深植根于中华优秀传统文化的沃土,又借鉴了人类一切优秀文明成果,适应了时代发展进步的要求,是中国人民自觉自主选择和创造的结果,因而其与生俱来就带着中华民族千百年来形成的民族文化自信精神的因子,这是今天我们坚持中国特色社会主义制度自信的民族精神支撑和社会心理基石。

二、中华优秀传统文化孕育制度自信精神

中华文化的真正价值体现在民族自信精神之中,因而要确立中国特色社会主义制度自信就必须从中华优秀传统文化中汲取自信的精神力量,只有这样,才能为制度的构建和完善提供深厚的历史文化基础。十八届中纪委在向党的十九大工作报告中指出:"人不自信,谁人信之? 中华优秀文化是我们民族的根和魂","赋予我们民族强大的统一性、内聚力和百折不挠的品格"。[①] 正是独特的基本国情和历史文化传统孕育的民族自信精神决定和影响着中国特色社会主义制度的选择与建构。

(一) 大一统的民族自信精神

自秦汉以降,传统中国一直是在大一统的政治环境中稳步发展,从人类发展史看,除中国外还没有任何一个国家在如此人口众多、土地辽阔和岁月漫长中始终保持国家的高度统一。尽管期间也有短暂的民族纷争与对抗,存在分裂割据的局面,但国家的统一始终是中华民族发展的历史主流,而形成国家统一局面的文化基础就是中华民族大一统的自信精神,始终强调维护国家统一的政治目标,这对形成和巩固中国多民族的统一,激励中华儿女维护民族独立、反抗外来侵略,推动社会发展进步具有非凡的意义。可以说,中国传统社会国家制度在向现代国家制度文明转型的过程中能始终保持多民族国家内在统一性是与中华文化长期孕

[①]《中国共产党第十九次全国代表大会文件汇编》,人民出版社 2017 年版,第 147、148 页。

育的大一统民族自信精神分不开的。这一点是与西方民族国家不一样,西方在向现代化转型过程中面临的问题是如何加强民族国家内部的整合统一,克服分散性;而中国需要解决的问题是如何使长期大一统的中华民族在向现代化转型过程中始终保持原有的高度统一性,以维护国家的统一。因此,从这个对比角度讲,中国走向现代民族国家和进行制度选择与建构时,就不能照抄照搬西方的制度模式,必须走中国自己建构和创造制度的新路。一是坚持党的领导是中国特色社会主义制度建构和完善的根本政治保证。中国共产党是以马克思列宁主义为指导的无产阶级政党,自成立起就坚持把马克思主义与中华优秀传统文化和革命、建设、改革的具体实际相结合,自觉地承担起领导中国革命和建立现代民族国家的历史重任,自觉承担起维护国家内在统一和国家整体向现代化转型发展的历史责任。这是中国作为大一统国家从传统转向现代、实现中华民族伟大复兴赋予中国共产党人的神圣使命,这一历史责任和使命决定了中国共产党在领导中国建构现代国家制度体系中的核心地位(在本章第四节将进一步展开论述),也决定了这一国家制度体系的社会主义本质属性。二是坚持国家统一,创设人民代表大会制度。人民代表大会制度作为国家的根本政治制度,就是要在保证国家统一的基础上,以最广泛的民主,动员全体人民以国家主人翁的地位投身社会主义现代化建设。同时,人民代表大会制度坚持民主集中制的组织原则,既充分发扬民主,又集中力量办大事,保证国家有效地动员一切力量从事社会主义现代化建设事业。三是坚持国家统一,确立民族区域自治制度。几千年来中华各民族就一直在统一的国家内创造着自己的历史与文化,共同为祖国的发展作出了各自的贡献,而且这一历史进程伴随着中国革命的开展,各民族为反抗外来侵略、粉碎帝国主义妄图分裂中国的阴谋,更加紧密团结、众志成城,建立了深厚的民族友谊,形成了以中国共产党为领导核心的坚强共同体。这一深厚的历史文化传承决定了中国革命胜利后必然建构起单一制的国家,在统一的国家内实行民族区域自治。四是坚持国家统一,发挥中国共产党领导的多党合作与政治协商制度的特色与优势。党领导的多党合作与政治协商制度传承了中华民族和而不同、兼容并蓄的优秀文化传统,"有效凝聚了各党派、各团体、各民族、各阶层、各界人士的智慧和力量"[①],它既

[①]《习近平谈治国理政》第 2 卷,外文出版社 2017 年版,第 287 页。

不同于西方资本主义国家所宣扬推行的两党制和多党制,也不同于苏联等其他一些社会主义国家的一党制,具有独特的优势。一方面,这一制度规定避免了多党竞争、相互倾轧而造成的政治动荡和缺少监督的种种弊端。另一方面,由于这一制度的本质是团结合作,各政党之间既不争权夺利,也不相互攻讦,有利于保持国家政局的统一稳定和社会的安定团结。需要强调的是,中国人民在中国共产党领导下经过不断探索、实践和反复比较而创设的以中央集权为基本特征的单一制国家组织结构和形式,无论在性质上,还是在具体的制度设计上,都与传统的中国国家组织结构和形式有本质的区别,但就实现和保证国家统一而言,历史的传承和记忆是一致的。

(二)集体主义的民族自信精神

中国传统社会是建立在以血缘为纽带的宗法伦理关系基础之上的,强调集体本位,其文化精神的核心价值理念是集体主义,这与西方强调个体主义为本位的价值理念是不一样的。中华优秀传统文化中内涵的这种集体主义精神在国家社会层面要求个人具有自觉的内在道德,服从国家社会的整体需要,在家庭层面要求自觉遵守伦理规范,尊敬先贤,关爱弱者,相互帮助,同心同德。正是因为中华优秀传统文化的集体主义本位精神,使广大民众深信国家权力的道德至善,使其处于社会生活世界的主导地位,进而以此理念来设计和建构国家制度体系。另外,中国传统的大一统中央集权制度在一定意义上具有社会的整合能力,包括对资源的动员能力、政令的贯彻执行能力,以及危机应变能力等,这对像中国这样一个后发外生型现代化国家迈向现代民族国家具有非常重要的意义。实际上,以集体的力量办大事是中国特色社会主义制度的巨大优势,它有利于集中和调动一切社会资源用到国家建设最需要的地方,迅速完成国家制定的战略目标任务,这是当代中国改革、发展和稳定取得巨大成就的重要原因。

(三)天下为公、大同社会的民族自信精神

在中华优秀传统文化中,"天下为公"的思想一直是为后世的思想家所推崇肯定的。"天下为公"是古人提出的一个美好的大同社会理想,从孔子的"有道"之世、庄子的"至德之世",到孟子的"王道"之世、荀子的"王制"社会,这些圣贤思想家们都意在追求建立一个"天下为公"的大同社会,在这个"大道之行、天下为公"的理想社会里,选贤任能,团结和睦,人人老有所终,壮有所用,幼有所长,矜寡孤独废疾者皆有所养,人人公而忘私、各尽所能,社会路不拾遗、夜不闭户。① 这一美好蓝图不仅成为中华民族坚持不懈追求的社会政治理想目标,也成为后来历代思想家建构"平等""均富""大同"理想社会的重要政治思想资源。尽管在当时的社会历史条件下这些思想理念无法实现,也不可能将广大劳动人民当作国家的主人,但当中国人民接受马克思主义,并与中国优秀传统文化相结合,这一思想理念便成为现代中国人自主选择和接受社会主义公有制的重要思想资源。

(四)与时俱进、勇于变革创新的民族自信精神

具有灵活的制度创新能力是一个国家制度体系拥有强大生命力的重要前提。在中华民族的集体记忆里,中国传统文化基因中从来不乏与时俱进、勇于变革的创新精神。从《周易》的"变易之义",强调"易者,随时变易,穷则变,变则通,通则久",到韩非的"先王不足法","故事因于世,而备适于事",从商鞅的"治世不一道,便国不必法古",到王安石的"有变以趣时,而后可治也",从荀子的"天地之变,阴阳之化",到周敦颐的"万物生生而变化无穷焉",②无一不在强调人类社会与自然界一样,也是处在生生不息、运行不止的变化之中,只有认识时事变化,并不断勇于变革创新,才能使社会跟上历史前进的步伐。可以说,这些古代经典思想理念,生动记录了我们先人对自然界和社会运动变化规律的细心观察和深刻思考,也凝结了中华民族自强不息、与时俱进的变革自信精神。进入近代,先进中国人面对西方列强的欺凌,为挽救民族危亡,继续秉承中华民族与时俱进和勇于变革的自信精神,坚持不懈地探索着国家的出路,寻找着社会制度变革的路径,从地主阶级改革派提出"师夷长技以制夷",到农民兄弟希望通过《天朝田亩制度》的实施建立乌托邦的理想天国,从早期维新派提出"采西学""制洋器"的口号,发革新变法之先声,洋务派提出"练兵制器""自强求富",发展近代军事工业和民用工业,到资产阶级维新派呼吁"大变""全变""变者,天道也",进而发动变法维新运动,提出改革政治体制,建立君主立宪,发展资本主义,再到资产阶级革命派孙中山发动革命,推翻清王朝,主张建立资产阶级民主共和制国家。这一系列的变革社会体制和制度的政治主张,反映了近代以来中国进步知识分子深沉的爱国情怀和传统文化基因里流淌的勇于变革的历史担当精神。而接过历史接力棒的中国共产党人更是

---

① 参见本书编写组《中国政治思想史》,高等教育出版社、人民出版社2012年版,第498—499页。
② 参见本书编写组《中国政治思想史》,高等教育出版社、人民出版社2012年版,第500—501页。

以改造中国、改造世界,实现中华民族伟大复兴中国梦为己任,以崭新的斗争姿态和长期的艰苦努力,完成了近代中国向现代民族国家转型的历史使命,建立了社会主义基本制度。这既是历史和人民的选择,也是中华民族几千年来自强不息、勇于探索和改革创新自信精神的表征。

当然,中华优秀传统文化孕育的制度自信精神远不止以上这些。如"德才兼备""选贤任能"的民族自信精神,强调选拔优秀人才必须以德为先,然后才是其学问才识、资政能力和治理艺术,并通过察举、征辟、科举等一系列有效的制度化路径,把大批德才兼备的优秀人才,特别是寒门子弟选拔到国家各级组织机构,使得古代中国在国家治理水平方面达到了一定的高度。这些对当今中国的干部选拔任用制度提供了有益启示,并与西方国家仅仅依赖所谓选举竞争而造成的尔虞我诈和冲突内耗形成了鲜明的对比。再比如,中华优秀传统文化中的"蠹众而木折、隙大而墙坏"的思想理念,提示我们在运用制度反腐时必须常抓不懈,时刻警钟长鸣,始终保持惩治腐败的高压态势,坚定不移"打虎""拍蝇""猎狐",切实维护人民群众的合法权益,努力做到干部清正、政府清廉、政治清明。这些精神、思想、理念等都为我们今天推进中国特色社会主义制度建设提供了丰富的历史经验和政治智慧。正如习近平总书记所说:"要治理好今天的中国,需要对我国历史和传统文化有深入的了解,也需要对我国古代治国理政的探索和智慧进行积极总结。"[1]因此,我们完全有理由从中华优秀传统文化孕育的文化自信精神中寻找到确立中国特色社会主义制度自信的根与源。

三、坚定制度自信必须传承和弘扬中华文化自信精神

中华优秀传统文化蕴含的特有的自信精神,不仅塑造了我们民族的理想信念、价值取向和人格意识,成为我们民族赖以生存和发展的精神支柱,而且也孕育了我们民族先进的制度文明,并使中华民族始终保持强大的生命力。因此,新时代要坚持和提升中国特色社会主义制度自信,就必须坚定不移地传承和弘扬中华文化自信精神。

第一,传承和弘扬中华文化自信精神要从中汲取营养和智慧,为制度自信筑

---

[1]《习近平在中共中央政治局第十八次集体学习时强调:牢记历史经验历史教训历史警示》,载《人民日报》2014年10月14日。

牢精神根基。如前所述,一个国家的历史文化传统和经济社会发展水平决定着这个国家的制度选择和治理模式,中国人民在党的领导下坚持和发展中国特色社会主义制度是党的本质属性的必然要求,也是中华优秀传统文化涵育的自信精神结果。在这个问题上,我们必须旗帜鲜明地反对一切"文化自贬""文化自卑"现象。改革开放以来,面对西方资本主义国家利用强大经济后盾向我国输入的文化价值理念,一部分人开始极力吹捧西方文化,大谈西方的政治制度模式,甚至贬低、否认党的领导和中国特色社会主义制度,而对我们民族文化妄自菲薄,失去自信,导致人们对中国特色社会主义制度前途忧心忡忡。为此,我们必须筑牢制度自信的文化根基,从民族文化自信精神中汲取治国理政的丰富历史经验和各种有益的政治智慧,使其成为新时代制度创新发展的重要思想文化资源。事实上,由于历史文化传统和社会政治条件不同,世界上没有完全相同的政治制度模式,"中国的未来决不是西化,而是中国特色社会主义现代化,这不是发展阶段的差异,其重要原因在于文化基因的不同。"[①]因此,必须坚定民族文化自信精神,从国家战略高度加强对中华文化传承和弘扬的顶层设计,深入挖掘其蕴含的丰富的制度文明内涵,并进行创造性转化和创新性发展,这是新时代我们永葆制度自信的文化伟力之源泉。

第二,传承和弘扬中华文化自信精神要立足新时代制度创新实践,为制度自信注入蓬勃的精神活力。时代是思想之母,实践是理论之源。文化自信精神的智慧和营养源泉来自社会生产实践,正是人们的社会生产实践为文化发展提供了鲜活的营养和智慧,并在这一过程中不断催生着新的时代精神和思想观念。从这个意义上说,中华民族几千年形成的文化自信精神作为一定社会经济、政治的反映必将随着历史实践的发展而不断丰富和充实,因而只有立足于新时代中国特色社会主义制度建设伟大实践,从新的社会实践中汲取时代营养和智慧,它才能适应新的历史条件下制度创新发展的要求而发扬光大。因此,新时代传承和弘扬中华悠久历史文化凝结的民族自信精神必须直面新时代国家制度创新发展的实践要求,着力培育民主、法治、公平、正义等顺应历史潮流、体现时代精神的制度建构所需要的人文精神和价值理念。只有这样,才能保持我们民族文化自信精神的鲜活

[①]《中国共产党第十九次全国代表大会文件汇编》,人民出版社2017年版,第148页。

生命力,也才能为新时代制度创新和制度自信提供源源不断的精神动力和价值支持。

第三,传承和弘扬中华文化自信精神要坚持辩证思维和世界眼光,为制度自信提供比较优势。中华文化自信精神是在几千年的历史长河中形成的,具有独特的优势,但这并不意味着我们民族文化发展就可以固步自封,拒绝与世界其他民族文化的相互交流与借鉴。一方面,中华文化孕育了世界上唯一没有中断的中华文明,它所蕴含的自信精神对我们多民族国家的团结统一和巩固发展、对国家制度文明的发展进步起到了巨大的推动作用,也是中国特色社会主义制度形成发展的文化精神基石,只有扎根自身民族文化自信的土壤,我们的制度建构才最可靠、最现实、最自信。另一方面,从中外文化交流史看,每个民族的文化都具有自己的优势和长处,中华文化是在不断融合世界先进文化合理有益成分的过程中发展丰富的。正如习近平总书记所说:"中华民族是一个兼容并蓄、海纳百川的民族,在漫长历史进程中,不断学习他人的好东西,把他人的好东西化成我们自己的东西,这才形成我们的民族特色。"①因此,传承和弘扬民族文化自信精神必须坚持辩证的科学思维,站在世界文明发展史的高度,充分吸纳和借鉴其他民族文化中一切有益成分,取长补短、择善从之,不断丰富文化的时代精神内涵,使中华文化自信精神能穿越时空、超越国度,为人类解决不同国家、不同社会制度建构和创新中遇到的问题困境提出更多的中国智慧和中国方案,这是增强中国特色社会主义制度自信最有说服力的比较路径。

第二节 自信之魂:马克思主义意识形态的价值引领

意识形态是人类社会发展到一定历史阶段的产物,它作为观念的上层建筑,包括政治法律思想、道德、艺术、宗教、哲学等,是反映一定社会经济和政治形态,以及一定阶级或社会集团利益与需求的思想体系,是一定阶级或社会集团政治理想、行动纲领、价值取向和行为准则的思想理论基础,对一定社会政治制度的建立与巩固起到引领或阻滞、消解的作用。马克思主义意识形态反映着最广大人民群众的根本利益,代表着社会进步发展的方向,它作为当代中国社会的主流意识形

---

① 《习近平谈治国理政》,外文出版社 2014 年版,第 105—106 页。

态引领指导着中国特色社会主义制度的建构、创新和发展,形塑和控制着当代中国制度建设的社会主义方向。

一、意识形态的制度性功能

意识形态虽来源于社会生活,但当它一旦形成,又会对社会生活以至整个社会发展,包括社会制度产生重大影响,这就是意识形态的社会功能。恩格斯指出:"政治、法、哲学、宗教、文学、艺术等等的发展是以经济发展为基础的。但是,它们又都互相作用并对经济基础发生作用。"①意识形态这种特定的社会功能就其对制度的影响而言,主要体现在:

第一,具有维护或批判现实社会制度的功能。意识形态作为观念形态的上层建筑是一定社会经济形态的反映,必然具有维护或批判现实社会制度的价值功能,即维护与自身性质相一致的社会制度存在,批判与自身性质不一致或相反的社会制度存在。先进的意识形态是为先进的阶级和社会力量所掌握,能够正确地反映社会发展的客观规律和要求,因而能够有效地动员、指导和教育人民群众自觉地建构和完善与生产力发展要求相一致的社会制度体系,妥善处理各种经济、政治和其他社会关系,从而促进生产力的发展和社会的进步。落后的意识形态反映过时了的或腐朽的生产关系和没落阶级的经济政治要求,不能正确地反映社会发展的客观趋势,有时甚至歪曲和掩盖社会生活的事实与真相,用种种谎言和迷信欺骗人民群众,美化落后的腐朽的社会剥削制度,从而阻碍生产力的发展和社会的进步。马克思主义意识形态以科学社会主义理论为基础,正确地反映了人类社会的现实生活和发展规律,体现了最广大人民群众的根本利益,因而为广大群众所掌握,成为变革制度和改造社会的强大思想武器。当然,无论是先进的意识形态对社会制度变革的进步作用,还是落后的意识形态对社会制度变革的阻碍作用,都是由一定时代的社会存在决定的,都受一定时代社会经济条件的制约,因而意识形态的这种能动作用是相对的。所以,我们既要反对忽视或轻视意识形态能动作用的机械论错误倾向,又要反对将意识形态的能动作用无限夸大,甚至颠倒了社会存在决定社会意识的关系的错误倾向。由于意识形态具有影响一个社

---

① 《马克思恩格斯文集》第 10 卷,人民出版社 2009 年版,第 668 页。

制度系统形成、演进、变革的特定价值功能,所以,革命的进步的阶级需要利用其先进的意识形态来影响广大民众,从而推动社会的发展和制度的变迁。

第二,具有为社会制度建构与创新提供引领的功能。制度建构和创新是人们通过有意识的创造活动而实现的。因为,人与自然界最大的区别就是人具有思想、激情和研判的能力,人们为了推动社会制度的变迁,首先就要用先进的意识形态对制度应达到的理想状态进行预设与构思,进而推动制度的建构与创新。引领制度的建构功能是指一定社会的主流意识形态为了本民族、国家、阶级或集团的利益按照预设的思想理念来选择和创建一种新的社会制度,以凝聚人心和鼓舞斗志,实现该民族、国家、阶级或集团的政治统治。由于民族国家的社会制度安排是由该民族国家在一定历史时期的经济基础决定的,并受该民族国家悠久的文化传统和民族自信精神的深刻影响,所以统治者往往通过思想家把该社会经济基础所需求的政治理念和发展战略目标预先转化为让广大民众所接受的意识形态。这样,通过思想家自觉阐释的意识形态所指导建构的社会制度能够与广大民众的意愿相一致,从而增强了广大民众对制度的自觉自信。正如毛泽东所说:"凡是要推翻一个政权,总要先造成舆论,总要先做意识形态方面的工作。革命的阶级是这样的,反革命的阶级也是这样的。"[1]引领制度的创新功能是指一定社会的主流意识形态为了巩固既有统治阶级、集团的利益和实现其奋斗目标,或是为了适应变化了的时代环境而对现实社会制度的合理性正当性进行深刻的反思、检讨,在此基础上对现实社会制度进行重新建构、调整、优化、完善或创造一种新的制度,以改变民众由于现实社会制度不能适应变化的环境所造成的对现实社会的不满,或通过创设新的制度所描绘的美好前景来统一思想、汇聚力量,进而引领和推动社会的发展和进步。需要指出的是,由于社会实践是不断变化发展的,意识形态要真正引领制度创新就必须与时俱进,随着社会实践的变化发展而不断实现自身的创新,只有这样,意识形态才能为社会制度的创新进行舆论宣传和思想启蒙,成为其变革的先导力量。

第三,具有凝聚社会思想意志和增强制度合法性价值认同的功能。意识形态的凝聚功能是指统治者通过体现自身经济利益和政治意图的思想阐释、价值引

---

[1]《建国以来毛泽东文稿》第10册,中央文献出版社1996年版,第194页。

领,将原先多元的分散的社会共同体成员的思想意识、个人目标统一起来,形成意识合力,增强其对现实社会制度安排和变革的信念与支持,从而为社会发展提供强大的精神动力。但由于人们在创造自身的历史时,"并不是按照共同的意志,根据一个共同的计划,甚至不是在一个有明确界限的既定社会内来创造自己的历史。他们的意向是相互交错的。"①因此,统治者要维护现实的社会制度稳定就需要发挥意识形态的凝聚和引导功能,用反映统治者政治利益与需求的主流意识形态来引领社会多元意识形态,进而规范人们的社会思想行为,推动社会制度的变革与创新。这一过程既是主流意识形态获得广大民众支持和认可的自觉过程,也是社会制度获得广大民众支持和认同的过程。历史实践证明,任何民族和国家的社会制度变革,如果不通过意识形态正当性和合理性的阐释,终将得不到广大民众的支持而流于失败。所以,统治者要使社会制度变革取得成效,就必然要获得广大民众的支持与认可,而要达成两者一致的目标任务就要通过意识形态的舆论先导、思想灌输、理论宣传来争取民众,以获得制度变革的合法性价值基础。从这个意义上说,意识形态所蕴含的价值理念是建构某种制度的思想先导,价值理念不同,社会制度的建构也就不同。因而,要形成广大民众一致价值认同的社会制度就需要有效的意识形态支持,这种意识形态的价值目标必须与广大民众的共同利益和利益追求保持一致,只有这样,才能通过意识形态凝聚民众思想,汇集民众力量,这是广大民众坚定维护和自觉信仰自身选择和建构的制度模式的根本原因。

二、马克思主义意识形态引领制度的选择与建构

马克思主义意识形态是中国特色社会主义制度自信的理论基础,也是制度选择与建构的灵魂,对制度的建设和发展起着引领和指导的作用。

(一)马克思主义意识形态是中国特色社会主义制度自信的理论基础

第一,中国特色社会主义制度自信来自马克思主义意识形态的科学性。马克思主义从诞生到现在已历经 170 年的风雨考验,日益显示其强大的生命力,而这种强大的生命力源自其建立在实践基础上的科学性和真理性,它深刻揭示了人类

---

① 《马克思恩格斯文集》第 10 卷,人民出版社 2009 年版,第 669 页。

社会历史发展一般规律和未来社会发展的正确方向，从而为我们认识世界、改造世界、创造社会新制度提供了强有力的世界观、价值观和方法论。对此，列宁指出："马克思学说具有无限力量，就是因为它正确。它完备而严密，它给人们提供了决不同任何迷信、任何反动势力、任何为资产阶级压迫所作的辩护相妥协的完整的世界观。马克思学说是人类在19世纪所创造的优秀成果——德国的哲学、英国的政治经济学和法国的社会主义的当然继承者。"[1]习近平总书记进一步强调，在人类思想发展史上就其"科学性、真理性、影响力和传播面而言"，时至今日，"还没有一种思想理论能达到马克思主义的高度，也没有一种学说能像马克思主义那样对世界产生如此巨大的影响。"[2]马克思主义作为一种思想理论体系，也是一种意识形态理论，其科学性和真理性不仅体现在它正确揭示了人类社会发展的客观规律，而且最关键的是在其发展历程中，不断结合不同历史时期不同民族、不同国家的时代特点和具体实际，并在总结各民族国家新的实践经验和理论成果的基础上，实现其民族化时代化大众化的理论创新。因此，马克思主义意识形态的科学性和真理性还表现为其是一种与时俱进的开放的思想理论体系，并把社会主义思想理论、实践运动与制度建立完整地统一起来。从毛泽东到邓小平，从江泽民、胡锦涛到习近平，马克思主义作为人类最先进的意识形态不断与中国革命、建设和改革开放实际相结合，形成了毛泽东思想、邓小平理论、"三个代表"重要思想、科学发展观和习近平新时代中国特色社会主义思想，实现了马克思主义意识形态理论中国化的一次次飞跃，开拓了其发展的新境界。正是在马克思主义意识形态理论的科学指导下，中国革命、建设和改革取得了巨大成功，建立了中国特色社会主义制度。这表明，马克思主义意识形态既是一种科学的真理，也是一种制度化的科学社会主义理论，这是我们坚定和增强制度自信的根本思想基础。

第二，中国特色社会主义制度自信来自马克思主义意识形态的人民利益立场。代表人民利益和为人民谋幸福是马克思主义意识形态具有真理伟力的根本所在，也是其特有的根本政治立场，这与资产阶级意识形态不一样。资产阶级意识形态代表着资本的利益，"资本"主宰着一切，是资本主义社会的主人。以马克思主义意识形态为指导所建构的社会主义制度始终坚持以人民为本，因而得到最

---

[1]《列宁专题文集(论马克思主义)》，人民出版社2009年版，第67页。
[2]《习近平谈治国理政》第2卷，外文出版社2017年版，第65页。

广大人民的拥护和支持,这是制度自信的力量源泉。一方面,以马克思主义意识形态为指导的中国共产党始终代表着中国人民和整个中华民族的根本利益,并为建立代表人民根本利益的新社会新制度而不懈奋斗。中华人民共和国成立后,以毛泽东为代表的中国共产党人始终坚持人民利益立场,强调人民群众的利益高于一切,指出要把人民群众最关心的"衣、食、住、用、行五个字安排好,这是六亿五千万人民安定不安定的问题"①。改革开放以来,中国共产党人不忘初心、牢记使命,无论是国家制度体系的创新,还是政策措施的制定,都坚持从最广大人民的根本利益出发,把人民对美好生活的追求作为始终不渝的奋斗目标,并紧紧依靠人民坚持和发展中国特色社会主义。另一方面,从人民民主政治价值追求出发,确保人民参与国家制度建构和治国理政的主体地位。人民民主是我们党始终坚守的政治立场,它以保障和实现人民当家作主为根本出发点和归宿,强调国家的一切权力属于人民,制度的建构与创新必须体现人民的权益,这是马克思主义意识形态的根本立场和要求。马克思认为,"人民是否有权为自己制定新的国家制度?对这个问题的回答应该是绝对肯定的,因为国家制度一旦不再是人民意志的现实表现,它就变成了事实上的幻想。"②在这里,马克思提出了一个非常重要的观点,人民是国家制度建设的主体,无产阶级政党在夺取政权后所创建的新的国家制度中一定要体现人民的意志,否则人民民主和人民在国家中的主体地位就成为一句空话。因此,在全面深化改革,推进国家治理体系和治理能力现代化的进程中必须坚持以人民为中心,强调人民在治理国家中的主体地位,并以各种有效的制度安排和方式让人民群众积极参与国家和社会各项事务治理,只有这样,中国特色社会主义现代化事业才能取得人民的支持而不断发展进步。对此,习近平总书记指出:"我们党的执政水平和执政成效都不是由自己说了算,必须而且只能由人民来评判。人民是我们党的工作的最高裁决者和最终评判者。"③

第三,中国特色社会主义制度自信来自马克思主义意识形态公平正义的价值目标。社会公平正义是一个古老而常新的话题,几千年来,无数思想家和政治家对此都有自己的看法和见解,可谓仁者见仁、智者见智,直到马克思主义唯物史观

---

① 《毛泽东文集》第8卷,人民出版社1999年版,第78页。
② 《马克思恩格斯全集》第3卷,人民出版社2002年版,第73页。
③ 《习近平谈治国理政》,外文出版社2014年版,第28页。

的创立才对正义的起源、本质、特征和发展前景从人类物质生产实践的角度进行了科学的分析和揭示。应该说,社会公平正义是人类社会共同的价值追求,也是中国特色社会主义制度蕴含的价值目标和本质要求。因此,作为公平正义价值理念的特殊载体的国家制度,如何体现这一价值目标是马克思主义意识形态极为关注的时代课题。马克思认为,公平正义是历史的、具体的、相对的,不同的历史时期、不同的社会发展水平、不同的制度环境、不同的社会领域、不同的思想认识,人们对公平正义的认识和诉求是不一样的,不能抽象地一般谈论公平正义。他说:"希腊人和罗马人的公平认为奴隶制度是公平的;1789年资产者的公平要求废除封建制度,因为据说它不公平。在普鲁士的容克看来,甚至可怜的专区法也是对永恒公平的破坏。所以,关于永恒公平的观念不仅因时因地而变,甚至也因人而异。"[1]但不管怎么说,一个社会的公平正义是要通过这个国家的制度体系建构、组织实施和价值目标来实现的。所以,一种制度自信必须体现公平正义的价值内涵,并以公平正义为标尺衡量制度改革和完善的成效。马克思主义作为先进的意识形态,引领着社会主义国家制度体系建设所要达到的公平正义的价值目标的实现,因为它突破了资本主义社会所谓自由、平等、博爱的抽象的价值理念,以实践的具体的而不是抽象的价值追求和奋斗目标给广大民众看得见摸得着的民主、权利、利益诉求,以及政治地位和社会地位。在某种意义上,公平正义是马克思主义意识形态的核心价值观之一,没有公平正义的价值目标和价值追求,就没有马克思主义意识形态的科学价值,也就没有社会主义制度的独特优势。

(二)马克思主义意识形态引领中国特色社会主义制度的实践发展

坚持和巩固马克思主义意识形态的价值引领,是党和人民团结一致、始终沿着社会主义正确方向前进的根本保证,也是中国特色社会主义制度不断创新与完善的根本保证。近代以来,先进的中国人曾先后提出了改良维新论、社会进化论、民主共和论、选举竞争论、革新教育论、发展实业论、无政府主义论、科学救国论、新村主义论、工团主义论等各种主义和思潮来救中国,但都没有能解决中国的前途和命运问题。严酷的现实促使一大批青年知识分子进一步思考国家命运。此时,1917年俄国爆发十月革命,使长期在黑暗中摸索的中国先进分子从马克思列

---

[1]《马克思恩格斯文集》第3卷,人民出版社2009年版,第323页。

宁主义的科学真理中看到了解决中国问题的新出路,看到了民族解放的新希望,他们开始把目光从欧美转向了苏俄。经过反复推求、比较,中国的先进分子选择了马克思主义,并把它当作改造中国和改造世界的思想武器,自觉地把马克思主义运用于革命实践,积极投身到工人运动和群众斗争中。随着马克思主义在中国的传播并与中国工人运动相结合,1921年中国共产党应运而生。自此,"中国人民谋求民族独立、人民解放和国家富强、人民幸福的斗争就有了主心骨,中国人民就从精神上由被动转为主动。"①在马克思主义的指引下,中国共产党团结带领全国人民在付出巨大牺牲和代价后,取得了新民主主义革命的伟大胜利。1949年9月,中国人民政治协商会议通过的《共同纲领》,对即将成立的中华人民共和国的国体、政体以及各方面的政策作了明确的规定,获得了全国人民的拥护和信任。中华人民共和国成立后,经过社会主义革命,1956年我国正式确立了社会主义基本制度。这表明,马克思主义在中国的传播、发展和最终成为党和国家意识形态的过程,也是历史和人民自觉选择的过程,它作为巩固全党全国人民团结奋斗的共同思想基础,也成为我们坚定和增强制度自信的合法性基础。

改革开放以来,中国共产党带领中国人民继续高举马克思主义意识形态的旗帜,进行具有许多新的历史特点的伟大斗争,反对一切否定社会主义制度的言行,强调在改革和创新中国特色社会主义制度体系的过程中必须坚持四项基本原则,不管制度改革和创新是纷繁复杂、前路漫漫,还是艰难曲折、障碍重重,四项基本原则是不可动摇的,否则,整个社会主义现代化建设事业就毁于一旦。因为,"我们建立的社会主义制度是个好制度,必须坚持。我们马克思主义者过去闹革命,就是为社会主义、共产主义崇高理想而奋斗。现在我们搞经济改革,仍然要坚持社会主义道路,坚持共产主义的远大理想。"②"四项基本原则,必须坚持,绝不允许任何人加以动摇,并且要用适当的法律形式加以确定。"③在总结改革开放的历史经验时,习近平总书记反复强调:"我们的改革是有方向、有立场、有原则的。我们当然要高举旗帜,但我们的改革是在中国特色社会主义道路上不断前进的改革,

---

① 习近平:《决胜全面建成小康社会　夺取新时代中国特色社会主义伟大胜利》,人民出版社2017年版,第13页。
②《邓小平文选》第3卷,人民出版社1993年版,第116页。
③《邓小平文选》第2卷,人民出版社1994年版,第358页。

既不走封闭僵化的老路,也不走改旗易帜的邪路。"①这是当代中国共产党人对世界发出的庄严宣誓,也是新时代党坚持和发展中国特色社会主义制度的坚强决心。正是在马克思主义意识形态理论指引下,中国特色社会主义制度实践取得了重大进展。从农村经济体制改革,到城市政治体制改革;从完善人民代表大会制度、加强党领导的多党合作和政治协商制度,到深入推进民族区域自治制度和创新基层群众自治制度;从改革党和国家的领导制度,到用制度管党、管权、治吏和全面从严治党的制度设计;从扩大社会主义民主政治,到全面依法治国基本方略的确立、中国特色社会主义法律体系初步形成、党和国家各项制度的法制化、规范化、程序化明显加强;从确立社会主义市场经济体制改革目标,到建立以公有制为主体、多种所有制经济共同发展的基本经济制度和按劳分配为主体、多种分配形式并存的分配制度;从以坚持社会主义发展方向的文化体制改革,到共建共享共治社会治理模式的构建;等等。中国特色社会主义制度建设正以前所未有的力度、广度、深度向前推进和不断加强,并日益彰显其巨大优越性和强大生命力,大大增强了中国人民和中华民族对制度选择和建构的自信。事实证明,只有坚持马克思主义意识形态的指导引领,并与当代中国制度建构的具体实际相结合,才能走出一条创新、发展和完善中国特色社会主义制度之路。这条道路既有先进的科学的意识形态指导,又有明确的制度价值取向,既推进了制度体系的创新,又保持了社会改革的稳定,因而更加坚定了广大民众走中国特色社会主义制度创新之路的坚强信念。

三、用发展着的马克思主义意识形态指导制度的创新发展

马克思主义意识形态理论作为对现实社会存在的客观的能动反映,必然随着社会生活实践的变化发展而变化发展。正如马克思、恩格斯在《共产党宣言》中所说:"人们的观念、观点和概念,一句话,人们的意识,随着人们的生活条件,人们的社会关系、人们的社会存在的改变而改变,这难道需要经过深思才能了解吗?"②因此,与时俱进是马克思主义意识形态创新发展的理论品质,也是马克思主义意识形态始终屹立时代前列,引领各种社会思想意识发展、永葆青春、富有生命力和战

---

① 中共中央文献研究室编:《习近平关于全面深化改革论述摘编》,中央文献出版社2014年版,第14页。
②《马克思恩格斯文集》第2卷,人民出版社2009年版,第50—51页。

斗力的根本原因。正因为马克思主义意识形态是一个与时俱进的、开放的并适应变化了的社会实践发展要求的科学理论体系,是发展着的科学社会主义意识形态理论,这就为指导各民族国家社会主义现代化建设和社会主义制度创新提供了行动指南。因此,用发展着的马克思主义意识形态指导制度建设是坚持和发展中国特色社会主义题中应有之义。历史实践证明,苏联共产党垮台是其思想僵化和放弃马克思主义意识形态指导地位的结果,而社会主义制度在中国的确立是遵循马克思主义意识形态指导而得出的历史逻辑、理论逻辑和实践逻辑的结果。所以,在中国特色社会主义制度建设过程中,能否坚持马克思主义意识形态的价值引领作用,将关系到当代中国政治制度改革的成败。在这一大是大非的问题上,我们必须要保持高度的思想警惕。

第一,坚持马克思主义意识形态中国化时代化大众化,用适应时代特点的意识形态理论指导中国特色社会主义制度建设。中国共产党找到马克思主义意识形态这个崭新的思想武器并不意味着就自然而然地能解决中国革命、建设和改革所面临的问题,这就向我们提出一个如何把马克思主义基本原理同中国具体实际和时代特征相结合,进而在实现意识形态理论话语转换的基础上来指导中国革命和社会主义现代化建设实践的问题,也就是如何实现马克思主义在意识形态领域的中国化时代化大众化的问题,这是解决中国实际问题的客观需要。事实上,马克思主义作为一种科学的意识形态理论,是具体的、历史的、大众的,因而它的运用,要根据各民族国家的具体情况和时代特点。恩格斯强调:"马克思的整个世界观不是教义,而是方法,它提供的不是现成的教条,而是进一步研究的出发点和供这种研究使用的方法。"①我们党成立97年来,面对特殊的国情、复杂的历史环境,深刻认识到要运用马克思主义意识形态指导引领中国革命、建设和改革,就必须结合中国实际,提出适合中国国情的不断与时俱进的科学理论,并转化为人民大众所喜闻乐见和通俗易懂的话语体系,这不仅是实现马克思主义中国化时代化大众化的要求,也是其意识形态理论发展的内在要求。在这一波澜壮阔的历史进程中,形成了毛泽东思想、邓小平理论、"三个代表"重要思想、科学发展观、习近平新时代中国特色社会主义思想一系列马克思主义中国化的重大理论成果,有力地巩

---

① 《马克思恩格斯文集》第10卷,人民出版社2009年版,第691页。

固和发展了马克思主义意识形态,为中国特色社会主义制度创新提供了行动指南。当然,实践没有止境,理论创新也没有止境。要使马克思主义意识形态能够始终指导引领中国特色社会主义制度建设,就必须发扬马克思主义意识形态与时俱进的理论品格,不断总结中国特色社会主义制度建设经验、认识其发展规律,并对其不断作出新的概括,进而推动马克思主义意识形态理论的不断创新,展现出引领中国特色社会主义制度自信更强大、更有说服力的真理力量。

第二,发挥马克思主义意识形态先进性的价值功能,把社会主义核心价值观融入中国特色社会主义制度建设。在马克思看来,虽然作为观念上层建筑的意识形态是由一定社会的经济基础决定的,但同时意识形态在发展过程中对社会存在、经济基础有能动的反作用。"物质存在方式虽然是始因,但是这并不排斥思想领域也反过来对这些物质生存方式起作用。"[①]正因为意识形态对社会生活、社会实践具有巨大的反作用,甚至在某种程度上可以作为独立的思想价值而存在,所以,由先进的意识形态指导下建构和确立的社会制度就具有相对优越性,它不一定完全取决于社会经济生产力的发展。中国特色社会主义制度是在先进的马克思主义意识形态理论指导下建构和发展的,它相比于资本主义制度具有明显的制度优势,特别是蕴含在其中的社会主义核心价值观,更体现了制度建构本身所具有的先进性、科学性和时代性。从这个角度看,中国特色社会主义制度是社会主义核心价值观的制度化成果和价值表达。因为,马克思主义意识形态决定着社会主义核心价值观的性质,它既是社会主义核心价值观的思想理论基础,也是社会主义核心价值观的题中应有之义。所以,在推进和完善中国特色社会主义制度建设过程中,只有把社会主义核心价值观这一先进的意识形态融入其中,凝聚起全社会意志和力量,才能形成与经济基础相适应的具有广泛社会共识的思想基础。这表明,中国特色社会主义制度建设只有融入全社会共同认可的核心价值观,才能凝聚起广大民众的思想共识和价值认同,并彰显其自信的力量。反过来,社会主义核心价值观也只有融入中国特色社会主义制度具体的行动准则、法令法规、社会治理等各个方面,才能像空气一样无所不在、无时不有,真正发挥引领社会制度建设的价值作用。

[①]《马克思恩格斯文集》第 10 卷,人民出版社 2009 年版,第 586 页。

第三,争夺马克思主义意识形态领导权话语权的制高点,反对一切污蔑、否定中国特色社会主义制度的错误言行。当前世情、国情、党情都在发生深刻变化,我国意识形态领域面临的斗争也极为激烈而复杂,国际上,我们面对敌对势力的分化西化战略和"颜色革命"的严峻形势,西方国家的民主输出和文化霸权深刻威胁着社会主义核心价值观的确立,他们利用其掌握的一切舆论工具不断对我国进行意识形态渗透,妄图"唱衰"中国;国内,一些别有用心的人以"反思改革"为名,与境外敌对势力遥相呼应,竭力否定、诋毁和攻击党的领导与社会主义制度。这些来自"国内外各种敌对势力,总是企图让我们党改旗易帜、改换姓名,其要害就是企图让我们丢掉对马克思主义的信仰、丢掉对社会主义、共产主义的信念"[1]。对此,习近平总书记鲜明指出,无产阶级政党一旦丢掉了对马克思主义的信仰、对社会主义和共产主义的信念,即刻就会土崩瓦解,就没有中国特色社会主义,也谈不上任何制度建设。因此,在全球化时代,马克思主义意识形态主导权话语权建设已经成为我国意识形态工作和制度建设的中心任务。一方面,要坚持用发展着马克思主义意识形态引领多元化的社会思潮,不断创新自身话语体系,增强引领制度建设的说服力,并对一些流传甚广、影响极坏的否定党的领导和社会主义制度建设的各种错误思潮,敢于亮剑、敢于批判、敢于斗争,以确保马克思主义在意识形态领域的领导权和话语权。另一方面,要坚持用习近平新时代中国特色社会主义思想武装广大民众,"坚持正确舆论导向,高度重视传播手段建设和创新,提高新闻舆论传播力、引导力、影响力、公信力"[2],加强网络空间马克思主义意识形态的宣传,营造清朗的网络空间,以"建设具有强大凝聚力和引领力的社会主义意识形态,使全体人民在理想信念、价值理念、道德观念上紧紧团结一起"[3],为发展和完善中国特色社会主义制度提供先进的思想理论指导和坚实的民众基础。

第三节 自信之体:人民群众及其社会主义创造热情

人民群众是创造历史的主体,因而历史活动首先是人民群众的活动。正是人

---

[1] 中共中央文献研究室编:《习近平关于社会主义政治建设论述摘编》,中央文献出版社2017年版,第19页。
[2] 习近平:《决胜全面建成小康社会 夺取新时代中国特色社会主义伟大胜利》,人民出版社2017年版,第42页。
[3] 习近平:《决胜全面建成小康社会 夺取新时代中国特色社会主义伟大胜利》,人民出版社2017年版,第41页。

民群众的物质生产和精神生产实践活动推动着人类社会的进步与发展。在阶级社会中,无论是生产关系的变革,还是社会制度的更替、创新,都是在人民群众的积极参与下实现的。

一、制度自信的主体是人民群众

2017年10月25日,习近平总书记在人民大会堂与中外记者见面时指出:"历史是人民书写的,一切成就归功于人民。只要我们深深扎根于人民、依靠人民,就可以获得无穷的力量,风雨无阻,奋勇前进。"[1]但在谁是历史的创造者这个问题上,在哲学史上一直存在着两种对立的历史观。一种是唯心史观,或称英雄史观;一种是唯物史观。前者从社会意识决定社会存在的前提出发,认为历史是由少数英雄人物创造和主宰的,否认人民群众对历史发展的决定作用。后者从社会存在决定社会意识出发,强调创造历史的决定性力量是人民群众,"人民,只有人民,才是创造世界历史的动力。"[2]中国特色社会主义制度生成于以人民群众为主体的社会主义现代化事业的实践创造中,这既是历史的选择,也是人民的选择。

从历史主体的维度来看,创造中国特色社会主义制度的主体是人民群众,因而自信就体现为广大人民群众对这一制度的信任和拥护,体现在人民群众建设社会主义的巨大热情之中,这是制度获得自信的深厚伟力。但有人认为,制度的建立与落实关键是看少数英雄人物或领导者的重视程度,领导重视,一切制度的执行落实就好推进,否则就难以实现。我们认为,这是对制度选择和建构主体的一种误读。一个民族和国家制度选择与建构的主体是人民群众,人民群众的利益诉求和民主权利是选择、建构、执行和完善制度的原动力。这是检验历史唯物主义与唯心主义的试金石,也决定着制度建设的成败得失。早在1945年延安时期,毛泽东就针对黄炎培关于中国共产党能不能跳出历史上"其兴也勃焉,其亡也忽焉"的历史周期律这一疑问就给出了明确的答案,强调解决这一问题的新路就是"民主监督","只有让人民来监督政府,政府才不敢松懈。只有人人起来负责,才不会

---

[1] 习近平:《新时代要有新气象更要有新作为,中国人民生活一定会一年更比一年好》,载《人民日报》2017年10月26日。
[2] 《毛泽东选集》第3卷,人民出版社1991年版,第1031页。

人亡政息。"①2012年12月,习近平总书记在走访民主党派中央和全国工商联时,又一次重提毛泽东和黄炎培"窑洞对"关于历史周期律的谈话,意在提醒中国共产党人要始终保持高度警惕,跳出历史兴亡的周期律,同时也对中国共产党在制度选择和建构上能够跳出历史兴亡周期律充满自信。事实上,中华人民共和国成立以来,中国共产党一直在为打破历史周期律进行着制度建构和创新,强调国家的一切权力,包括党的执政权都属于人民,为人民所赋,不但要让人民监督政府,而且国家还要创造条件自觉接受人民的监督。古语说,"知屋漏者在宇下,知政失者在草野"。人民群众始终是社会生产实践和生活实践的直接承担者创造者,一种社会制度建构和推行得好坏,人民群众感受最深最真切,也最有评价和发言权,他们不但深刻认知制度在权力运行中的成效与弊端,而且他们有智慧揭示一些制度机制存在的不合理性,有能力有力量对制度和权力的运行进行有效的民主监督。因此,制度的建构、创新和完善离不开人民群众的智慧和创造力量。作为一个领导者,必须始终坚持唯物史观,深刻牢记制度建构和发展的主体是人民群众,深刻明白我们党和国家的一切力量的源泉来自人民群众,深刻提醒自己手中的一切权力是人民所赋予的,深刻认识制度自信的力量蕴藏在人民之中,从而坚定走群众路线之决心。只有深置于人民群众之中,以实现人民群众的根本利益为自身的奋斗目标,想人民群众之所想、急人民群众之所急,顺应时代潮流和人民对美好生活的需要,自觉接受人民群众的批评和监督,才能切实做到为政清廉,秉公用权,才能使党永远获得人民群众的信任和拥护,才能使党和国家的惠民制度、政策措施落地生根,开花结果。中国共产党正是通过对给人民以高度民主和监督权利的不懈追求和探索实践,已经从制度建构和完善层面找到了跳出历史周期律、实现中华民族伟大复兴的正确路径,从而大大增强了制度自信的群众基础。

二、人民群众的创造实践与中国特色社会主义制度的发展

历史唯物主义认为,人类社会历史是人民群众自觉创造的历史,它不像自然界所发生的一切都是盲目作用的结果,并且随着社会实践的不断发展,人民群众创造历史的自觉程度将不断提高。当然,人民群众并不能随心所欲地创造历史,

---

① 《十六大以来重要文献选编》(上),中央文献出版社2005年版,第144页。

或在自己选定的社会条件下创造历史,而是"在直接碰到的、既定的、从过去承继下来的条件下创造"①历史,因而必然要受到现实的经济、政治和思想文化条件的限制,受到社会发展规律的限制。但人又是有意识、有思想、有激情、有目的的人,因而在人民群众创造历史时要充分发挥其自身的主观能动性。中国特色社会主义制度的形成发展是中国人民在党的领导下迈向中华民族伟大复兴中国梦的历史进程中创造实现的。中华人民共和国成立后,以毛泽东为代表的中国共产党人就如何将广大人民群众动员组织起来投入到从新民主主义向社会主义过渡的制度建设中进行了艰辛的探索和实践。他说,要"用伟大的人民群众的集体力量,拥护人民政府和人民解放军,建设独立民主和平统一富强的新中国"②。为了保障人民当家作主,维护最广大人民群众的根本利益,中国共产党充分发挥人民群众的创造热情和聪明才智,积极调动人民群众参与国家经济建设和政权建设,通过清扫国民党在大陆的残余势力、土地改革、抗美援朝、镇压反革命运动,荡涤了旧中国留下来的污泥浊水,迅速医治了战争创伤,恢复了国民经济,维护了国家主权和安全,为中华人民共和国的发展奠定了初步基础。接着,中国共产党按照新民主主义革命时期确立的中国革命分两步走的战略目标,不失时机地推进社会主义革命,进行社会主义改造,建立了社会主义集体所有制和全民所有制这两种公有制形式的社会主义基本经济制度,以及按劳分配的社会主义分配制度。1954年,制定和颁布了第一部《中华人民共和国宪法》,正式确立了人民代表大会制度作为中华人民共和国的根本政治制度,这是中华人民共和国人民民主政治建设发展历程中的重大标志性的事件。加之中华人民共和国成立之初依据《共同纲领》所创设的党领导的多党合作和政治协商制度、民族区域自治制度,表明我国社会主义基本制度已经形成,实现了中国历史上最深刻最伟大的制度变革,保证了国家沿着实现繁荣富强和人民共同富裕的社会主义道路前进。但由于后来受"左"的指导思想的干扰,特别是"文化大革命"的破坏,致使这一符合中国人民意愿和具体国情的社会主义基本制度未能有效贯彻执行,极大地挫伤了人民群众建设社会主义的积极性和创造性,造成了党和国家事业的严重损失。

改革开放以来,我们党开始从指导思想上拨乱反正,破除阻碍民族发展和国

---

① 《马克思恩格斯文集》第2卷,人民出版社2009年版,第471页。
② 《毛泽东文集》第5卷,人民出版社1996年版,第348页。

家制度建设的一切思想障碍,使人民群众以强烈的使命感、主人翁的精神和巨大的政治热情投入到中国特色社会主义制度体系的创新和完善中。首先是冲破"两个凡是"的思想禁锢,顺应时代潮流和人民愿望,开展真理标准问题大讨论,强调实践是检验真理的唯一标准,解放思想、实事求是,从而使这场讨论成为改革开放的思想先导,也为在社会主义条件下进行制度创新奠定了思想基础。其次是打破平均主义和"大锅饭",实行家庭联产承包责任制。党的十一届三中全会以来我国制度体系改革先从农村突破。1978年11月,安徽凤阳县小岗村的18位村民冒着坐牢的危险,在一份家庭联产承包制的文书上按上了鲜红的手印,从此,中国的农村开始了历史性的变革。家庭联产承包责任制突破平均主义、"大锅饭"的人民公社制度,使广大农民长期被压抑的生产积极性极大地释放出来。这是人民群众创造新制度的典范。再次是适应农村经济变革的需要,村民自治悄然兴起。农村家庭联产承包责任制的实施,不仅引发了中国农村社会经济的深刻变革,而且还促使了中国政社合一的乡村基层建制逐步被乡政村治体制所取代。经过四川、广西、河南、山东等省基层人民群众的探索实践,由农民自发组建起来的自我管理、自我服务的类似"村管会""议事会""治安领导小组"等地方村民自治组织应运而生,适应了当时农村以包产到户为主要形式的经济体制。在此基础上,1983年10月,中央决定废除人民公社制,建立乡(镇)政府作为基层政权,同时成立村民委员会作为村民自治组织。这就宣告了持续24年的原乡村"政社合一"的人民公社体制的结束。1988年6月1日《中华人民共和国村民委员会组织法(试行)》颁布,从法律上规范村民委员会运行体制,强调"村民委员会是村民自我管理、自我教育、自我服务的基层群众性自治组织",全国开始进入具有真正自治意义的村委会建设阶段。① 1998年通过的新的《村民委员会组织法》对此再次予以确认,由此村民自治制度成为一种新的治理体系而确立。改革开放40年,是我国农村基层组织改革创新的40年,广大人民群众以自己的聪明才智创造了形式多样的农村基层治理模式,创新了乡村基层民主拓展的制度形式,并从村级民主向乡级民主扩展,从基层组织的民主向国家政权组织的民主推进,从一种社会自治民主向国家政治民主发展。这是中国民主政治发展史上的一个重要历程。为了进一步巩固和完

---

① 参见李正华、张金才主编《中华人民共和国政治史(1949—2012)》,当代中国出版社2016年版,第183—185页。

善农村基本经济制度和基层群众自治制度,党的十九大报告明确指出:"深化农村土地制度,完善承包地'三权'分置制度。保持土地承包关系稳定并长久不变,第二轮土地承包到期后再延长三十年……加强农村基层基础工作,健全自治、法治、德治相结合的乡村治理体系。"①

当代中国的改革从农村开始,给农民自主权,给基层自主权,这样就把农民和基层的积极性调动起来了,农村的面貌发生了翻天覆地的变化。同时,农村从家庭联产承包责任制发展到乡镇企业,解决了占农村剩余劳动力百分之五十的人的出路问题。这是当时许多人所始料不及的。当然,农村改革的成功增强了人们推进改革的信心,为全面改革奠定了物质基础、起到了示范作用,也为进行以城市为重点的全面经济体制改革积累了经验。党的十二大后,中国的改革开放全面推进,从农村改革到城市改革,从经济体制改革到政治体制、科技体制、教育体制以及其他领域各方面的体制改革,从对内搞活到对外开放,从局部开放到全方位开放,中国特色社会主义现代化事业在广袤的中华大地蓬勃展开。而城市体制机制的改革又首先从扩大企业自主权开始,企业逐步实行了经营责任制和所有制结构等方面的改革,打破了企业经营好坏一个样、职工干好干坏一个样的"大锅饭"局面,有力地促进了社会生产的发展。与此同时,党团结带领人民采取了一系列措施加强社会主义制度建设,改革完善了人民代表大会制度、党领导的多党合作和政治协商制度、民族区域自治制度,恢复和加强了纪律检查制度,建立了领导干部退休制度等,使中国特色社会主义制度建设取得了重大进展。中国改革发展的这一历史进程,充分表明中国共产党从解决中国的实际问题出发,始终尊重人民群众的首创精神,不断对人民群众的历史活动进行总结和分析,并从中汲取有益的智慧加以概括提升,进而为现实的社会实践提供理论指导。对此,邓小平直言道:"改革开放中许许多多的东西,都是由群众在实践中提出来的","绝不是一个人的脑筋就可以钻出什么新东西来",家庭联产承包责任制实施、乡镇企业迅猛发展,都是"群众的智慧,集体的智慧。我的功劳是把这些新事物概括起来,加以提倡"②。党的十八大以来,以习近平

---

① 习近平:《决胜全面建成小康社会 夺取新时代中国特色社会主义伟大胜利》,人民出版社2017年版,第32页。
② 《邓小平年谱(1975—1997)》(下),中央文献出版社2007年版,第1350页。

同志为核心的党中央团结带领全国人民以巨大的政治勇气和强烈的责任担当,冲破思想观念的障碍,突破利益固化的藩篱,以全新的视野不断深化对人类社会发展规律、社会主义建设规律和共产党执政规律的认识,果断提出全面深化改革的战略部署,强调要真刀真枪推进改革,引导广大民众共同为改革想招、为改革发力,朝着完善和发展中国特色社会主义制度、推进国家治理体系和治理能力现代化的改革总目标前进。习近平总书记指出,我们的改革要不断适应新时代的变化,"既改革不适应实践发展要求的体制机制、法律法规,又不断构建新的体制机制、法律法规,使各方面制度更加科学、更加完善,实现党、国家、社会各项事务治理制度化、规范化、程序化"[①];要经过不断努力,为国家的长治久安、社会的稳定发展和人民的美好生活"提供一整套更完备、更稳定、更管用的制度体系"[②]。以上表明,中国特色社会主义制度体系发展完善的历史过程实际上就是党带领人民群众积极创造历史的过程,只有人民群众自觉参与到制度建设中来,才能使制度的确立具有深厚而广泛的群众基础。

三、以人民为中心不断完善制度体系

人民群众是全部历史活动的承担者,社会通过人民群众这一历史主体的创造性活动而存在和发展。同样,社会制度的发展和完善也离不开以人民群众为主体的实践活动。因此,在坚持和发展中国特色社会主义进程中,坚持走群众路线,坚持问政于民、问需于民、问计于民,这将使得党和国家的制度设计、政策制定、政治决策更具有民主性、科学性、长远性、连续性和操作性,更贴近实际、贴近生活、贴近民众,更容易为人民群众所理解所接受,进而能够得到广大人民群众的拥护和支持。这也是中国特色社会主义制度自信的动力之源、合法性之基。依据马克思主义经典作家的群众史观,中国特色社会主义制度体系建设必须始终坚持以人民为中心的思想,并在以下三个方面做出制度创新的努力:

第一,在建构和完善国家制度体系时必须体现人民意志,以人民的利益为根本利益。中国特色社会主义制度是党带领人民群众在长期的历史实践中探索形成的,代表着全社会不同阶层、不同群体的整体利益、根本利益和长远利益,是人

---

① 《习近平谈治国理政》,外文出版社2014年版,第92页。
② 中共中央文献研究室编:《习近平关于社会主义政治建设论述摘编》,中央文献出版社2017年版,第7页。

民为中心思想在国家制度上的深刻反映。因此,新时代在建构和完善中国特色社会主义制度过程中,就必须要兼顾协调社会不同阶层、不同群体的利益诉求,发挥党的领导和引领作用,在重大制度安排和政治决策时汇集民意、广纳群言,真正做到一切来自人民、依靠人民、全心全意为人民。

第二,在建构和完善国家制度体系时必须保障人民群众整体拥有国家权力和真正的民主。我国人民代表大会制度是决定国家权力运行全局的根本政治制度安排,必须要体现人民当家作主的政治地位,让人民充分发扬民主,通过人民代表大会行使国家权力。一方面,要确保党在我国政治生活中的领导地位,坚持党的领导、人民当家作主、依法治国三者的有机统一,这是我国社会主义民主政治发展的必然要求。另一方面,要不断改进党的领导方式和执政方式,使党能够有效地领导人民群众积极参与国家政治生活和创新社会治理模式,让人民群众能够通过合理的路径表达自己的正当的利益诉求,并依法依规享有广泛的民主权利和自由,并对党领导的国家事务和权力运用进行有效的民主监督,从而使人民群众更加坚定对国家政治制度设计和发展的自信。

第三,在建构和完善国家制度体系时必须以促进人的全面发展为价值目标,推动中国特色社会主义事业向纵深发展。习近平总书记在党的十九大报告中指出,增进民生福祉是发展中国特色社会主义的根本目的,也是我们党治国理政的政治立场。围绕这一基本方略,我们在制度创新时,既要坚持崇高的远大理想,满怀信心地向着未来共产主义社会实现"自由人的联合体"目标迈进,又要一切从实际出发,脚踏实地,尽力而为,量力而行,依据新时代我国社会主要矛盾的变化来制定党的正确的路线、方针和政策,进行新的制度安排和实践,坚持以经济建设为中心不动摇,不断解放和发展社会生产力,"在继续推动发展的基础上,着力解决好发展不平衡不充分问题,大力提升发展质量和效益,更好满足人民在经济、政治、文化、社会、生态等方面日益增长的需要,更好推动人的全面发展、社会全面进步。"①

---

① 习近平:《决胜全面建成小康社会　夺取新时代中国特色社会主义伟大胜利》,人民出版社 2017 年版,第 11—12 页。

第四节 自信之核：党的坚强领导的政治保证

习近平总书记在党的十九大报告中明确指出："党政军民学，东西南北中，党是领导一切的。"①这是强调党的领导是中国特色社会主义制度的最大优势。这是对中国共产党领导革命、建设和改革取得胜利和成就的经验总结，也是制度自信之核。

一、党是我们事业的坚强领导核心

毛泽东曾指出："领导我们事业的核心力量是中国共产党，指导我们思想的理论基础是马克思列宁主义。"②历史实践证明，中国共产党是中国革命和中国特色社会主义现代化建设的领导核心，它"一经成立，就把实现共产主义作为党的最高理想和最终目标，义无反顾肩负起实现中华民族伟大复兴的历史使命，团结带领人民进行了艰苦卓绝的斗争，谱写了气吞山河的壮丽史诗"③。中华人民共和国成立后，党顺应已经站立起来的中国人民对国家繁荣富强和美好生活的需要，领导人民为恢复和发展国民经济，创建符合我国实际和人民愿望的美好的社会制度进行了不懈的努力和探索实践，取得了中华民族有史以来最为深刻而广泛的历史变革，彻底扭转了近代以来我们民族不断衰落的历史命运，有力地推进了社会主义现代化建设事业。改革开放以来，党坚持从最广大人民群众的根本利益出发，为实现社会主义现代化强国和民族复兴的中国梦殚精竭虑，挥洒汗水，使中国特色社会主义呈现出蓬勃生机，制度建设取得重大进展，展现出无限魅力。就全面深化改革来说，党的十八大以来全面发力、多点突破、纵深推进，围绕改革确定的总目标先后推出了1500多项改革举措，既在坚持根本政治制度和基本制度毫不动摇的基础上，积极稳妥推进各项体制机制改革，不断完善和发展中国特色社会主义制度体系，又在这一根本方向指引下有效推进国家治理体系和治理能力现代

---

① 习近平：《决胜全面建成小康社会　夺取新时代中国特色社会主义伟大胜利》，人民出版社2017年版，第20页。
② 《毛泽东文集》第6卷，人民出版社1999年版，第350页。
③ 习近平：《决胜全面建成小康社会　夺取新时代中国特色社会主义伟大胜利》，人民出版社2017年版，第13页。

化,使全面深化改革创新与坚定制度自信有机统一起来。这一历史进程说明:中国特色社会主义现代化建设要保持正确的方向需要党的领导;维护民族独立、国家统一和社会稳定需要党的领导;正确认识处理各种社会矛盾、凝聚民心力量需要党的领导;应对复杂国际环境、坚持走和平发展道路需要党的领导。党的领导是我国经济建设和改革开放取得成功的根本保证,没有中国共产党的坚强有力领导,我们将一事无成,就不可能有中国特色社会主义的道路自信、理论自信、制度自信和文化自信。对此,习近平总书记满怀豪情地指出:"当今世界,要说哪个政党、哪个国家、哪个民族能够自信的话,那中国共产党、中华人民共和国、中华民族是最有理由自信的。"[①]而要坚持党的坚强领导,就必须紧密团结在以习近平同志为核心的党中央周围,坚定不移维护党中央权威和党中央集中统一领导,牢固树立政治意识、大局意识、核心意识、看齐意识,把党的政治建设放在首位,用新时代中国特色社会主义思想武装全党,不断提高党的执政能力和领导水平。当然,党的领导地位和执政地位不是与生俱来的,也不是一劳永逸的,过去拥有不等于现在拥有,现在拥有不等于永远拥有。因此,面对纷繁复杂的国际环境和国内各种严峻的考验与挑战,必须站在新时代的历史起点上,坚定不移推动全面从严治党向纵深发展,永葆党的先进性和纯洁性,使党始终成为坚持和发展中国特色社会主义、实现中华民族伟大复兴当之无愧的坚强领导核心。

二、制度自信来自党的正确领导和政治保证

中国特色社会主义制度的建构不同于西方国家,主要是在坚持人民当家作主的基础上,自觉地把近代以来实现民族独立和人民解放、国家繁荣富强和人民共同富裕与中国的具体国情结合起来,探索出符合中国自己的制度建构道路,并在这一进程中完成了向现代民族国家的转型。正因为中国开辟了这一成功路径,才确立起能创造中国发展奇迹的中国特色社会主义制度,拓展了发展中国家走向现代化的途径,形成了强大的制度自信,进而"给世界上那些既希望加快发展又希望保持自身独立性的国家和民族提供了全新选择,为解决人类问题贡献了中国智慧

[①]《习近平总书记系列重要讲话读本》,学习出版社、人民出版社 2016 年版,第 40 页。

和中国方案"①。而领导这一切制度建构和创造的核心力量就是中国共产党。

第一,中国共产党的领导确保了中国革命的胜利,为当代中国的制度建构提供了政治前提。中国共产党是在十月革命的影响、马克思列宁主义的指导下成立的,它在一大的纲领上就旗帜鲜明地写道:"承认无产阶级专政,直到阶级斗争结束,即直到消灭社会的阶级区分","消灭资本家私有制,没收机器、土地、厂房和半成品等生产资料,归社会共有。"②这表明,中国共产党从诞生起就将建立美好的社会主义制度作为自己的崇高奋斗目标,并强调要用阶级斗争的手段来实现这个理想目标,从而同崇拜资产阶级民主制度、主张走议会道路的第二国际社会民主主义划清了原则界限。在党的二大宣言中,党进一步明确要"组织无产阶级,用阶级斗争的手段,建立劳农专政的政治,铲除私有财产制度,渐次达到一个共产主义的社会"③。正是在这一奋斗目标的旗帜下,党团结带领中华儿女英勇奋斗、不屈不挠,完成了反帝反封建制度的历史重任,建立了人民当家作主的中华人民共和国和社会主义基本制度,实现了中国从几千年封建专制制度向人民民主制度的伟大飞跃。在这一历史进程中,中国共产党以无与伦比的政治智慧,依据中华民族几千年来历史文化发展的传统,以及近代以来中国社会发展的实际情况,坚持以人民民主、社会主义、民族团结统一和自主探索实践为原则,创造性地建构了以人民代表大会为根本政治制度,以党领导的多党合作和政治协商、民族区域自治为基本政治制度,以生产资料公有制为基本经济制度的制度构架。这一符合中国国情和保证人民当家作主的制度创设是人民坚定制度自信的内在源泉。

第二,中国共产党的领导确保了国家制度建构和发展的思路始终沿着社会主义方向前进。以何种思路来建构和推进国家制度建设是一个事关国家事业发展前途命运的重大问题。古今中外的历史证明,国家制度改革的方向道路选择错误,将会引发社会的动荡不安,甚至直接导致国家和民族的分裂,最后人亡政息。因此,坚持什么样的国家制度建构和改革方向,决定着国家制度建构和改革的性

---

① 习近平:《决胜全面建成小康社会　夺取新时代中国特色社会主义伟大胜利》,人民出版社2017年版,第10页。
② 中共中央文献研究室、中央档案馆编:《建党以来重要文献选编》第1册,中央文献出版社2011年版,第1页。
③ 中共中央文献研究室、中央档案馆编:《建党以来重要文献选编》第1册,中央文献出版社2011年版,第133页。

质和最终成败,而坚持中国共产党的领导是当代中国社会变革和国家制度建设始终沿着社会主义方向发展和取得成功的根本保证。早在1979年3月,邓小平在中央召开的理论工作务虚会上就明确指出:"我们要在中国实现四个现代化,必须在思想政治上坚持四项基本原则。这是实现四个现代化的根本前提。"①四项基本原则的核心就是坚持党的领导,在这个根本立场上每个共产党员决不允许有丝毫的动摇。习近平总书记多次强调:"改革开放是一场深刻革命,必须坚持正确方向,沿着正确道路推进。方向决定道路,道路决定命运。"②特别是像中国这样一个大国,在这个根本原则问题上决不能犯颠覆性的错误。因此,加强和改善党对全面深化改革的领导,必须将牢牢把握正确方向摆在第一位。近年来,社会上有一些人经常对我国的改革指手画脚,说什么经济改革走在前面,民主政治改革落在后面,言含之意就是对中国特色社会主义制度不满。对此言论,习近平总书记旗帜鲜明地指出:"不能笼统地说中国改革在某个方面滞后。在某些方面、某个时期,快一点、慢一点是有的,但总体上不存在中国改革哪些方面改了,哪些方面没有改。问题的实质是改什么、不改什么,有些不能改的,再过多长时间也是不改……世界在发展,社会在进步,不实行改革开放死路一条,搞否定社会主义方向的'改革开放'也是死路一条。在方向问题上,我们头脑必须十分清醒。我们的方向就是不断推动社会主义制度自我完善和发展,而不是对社会主义制度改弦易张。"③这再次向世人宣示了执政的中国共产党在举什么旗、走什么路这一事关党和国家改革事业和制度发展的全局问题上所持有的坚定的政治立场。

第三,中国共产党的领导确保了国家制度体系的创新实践始终在先进的执政理念引领下不断推进。一个政党的执政理念体现着该执政党的指导思想、根本宗旨和价值追求,党的先进的执政理念就是一切从符合我国人民的意愿和利益出发,依据中国历史传承与现实国情、理论设想与现实要求的有机统一来科学建构和不断创新国家制度体系,推进国家治理体系和治理能力的现代化,进而达到党领导人民有效治理国家的目标。因此,通过党的执政理念和执政能力的提升,"使中国特色社会主义在解放和发展社会生产力、解放和增强社会活力、促进人的全

---

① 《邓小平文选》第2卷,人民出版社1994年版,第164页。
② 中共中央文献研究室编:《习近平关于全面深化改革论述摘编》,中央文献出版社2014年版,第14页。
③ 中共中央文献研究室编:《习近平关于全面深化改革论述摘编》,中央文献出版社2014年版,第15页。

面发展上比资本主义制度更有效率,更能激发全体人民的积极性、主动性、创造性,更能为社会发展提供有利条件,更能在竞争中赢得比较优势,把中国特色社会主义制度的优越性充分体现出来。"①事实上,改革开放以来中国共产党始终秉承"立党为公、执政为民"的执政理念,不断破除阻碍国家制度体系创新的一切过时了的思想观念和体制机制弊端,推动人民当家作主从形式到内容的高度统一。一方面,党从人民当家作主这一初心和历史使命出发,依据我国国家制度建构的理论基础,强调国家的一切权力属于人民,必须创新国家制度体系,保证全体人民依法行使国家权力,依法管理国家和社会事务,以及经济文化事业,以切实维护最广大人民群众的根本利益,不断满足人民日益增长的美好生活需要,从而使广大民众自觉增强对制度的自信。另一方面,我们党以深沉的忧患意识和强烈的使命担当,从人民立场出发,坚定不移地推进全面从严治党,以顽强的斗争精神和自我革命的勇气,不断探索在长期执政条件下自我净化的有效路径,并坚持不懈地用制度创新管党治党,从而使党始终保持先进性和纯洁性,走在时代前列,成为引领中国人民阔步中华民族伟大复兴新征程的坚强领导核心。

三、深入推进新时代党的建设的伟大工程

坚定制度自信的核心是坚持党的坚强领导。党的领导与中国特色社会主义制度创新是一种相互作用、和谐共生的关系。从历史的政治逻辑来看,党的正确领导是制度建设与发展和有效运行的政治保证,脱离了党的领导,制度建设就会偏离航向,其建设和发展就会受到阻隔。总结中国革命、建设和改革事业的一个基本结论,就是办好中国的事情,关键在党。因此,面对新时代国际国内各种复杂的社会情势,不断以改革创新精神推进党的建设成为坚定中国特色社会主义制度自信的关键所在。在党的十九大报告中,习近平总书记强调:"中国特色社会主义进入了新时代,我们党一定要有新气象新作为。打铁还需自身硬。党要团结带领人民进行伟大斗争、推进伟大事业、实现伟大梦想,必须毫不动摇坚持和完善党的领导,毫不动摇把党建设得更加坚强有力。"②事实上,党的历届领导人都高度重视

---

① 《习近平谈治国理政》,外文出版社 2014 年版,第 93 页。
② 习近平:《决胜全面建成小康社会 夺取新时代中国特色社会主义伟大胜利》,人民出版社 2017 年版,第 20 页。

党的建设和加强与改善党的领导。早在抗日战争时期,毛泽东就把党的建设提升为中国革命取得胜利的三大法宝之一,强调从思想上建设党,把党建设成为一个"全国范围的、广大群众性的、思想上政治上组织上完全巩固的布尔什维克化的中国共产党"①。邓小平汲取"文化大革命"的经验教训,高度重视党的制度建设,强调制度建设对党和国家健康发展的重要性,明确指出:"领导制度、组织制度问题更带有根本性、全局性、稳定性和长期性","制度好可以使坏人无法任意横行,制度不好可以使好人无法充分做好事,甚至会走向反面"。② 江泽民从新的历史条件出发,系统回答了建设什么样的党、怎样建设党的问题,强调必须按照"三个代表"重要思想要求全面推进党的建设新的伟大工程。胡锦涛针对新形势下党面临的"四大考验"和"四大危险",强调要以为民、务实、清廉的要求从严治党,使党的建设工作更加富有活力,充满时代气息,取得实际成效。习近平总书记站在新的历史起点上,把全面从严治党纳入"四个全面"战略布局,以顽强的意志品质、空前的力度加以推进,以"得罪千百人、不负十三亿"的使命担当,着力整治和解决广大民众反映最强烈、对党的执政基础构成最大威胁的突出矛盾和问题。通过党的群众路线教育活动、三严三实专题教育、两学一做学习教育,严肃党内执政生活,严明党的政治纪律和政治规矩,严厉整治四风问题,坚决反对特权等一系列全面从严治党的战略举措,纠正了一个时期以来在一些地方和部门存在的党的领导弱化和党的建设缺失现象,使我们党经受了深刻洗礼和革命性锻造,实现了全党在思想、政治、行动上的团结统一,大大增强了党的领导力、凝聚力、战斗力和号召力。党的十八以来,共有"440多名省军级以上党员干部及其他中管干部、8900名厅局级干部、6.3万多名县处级干部严重违纪违法受到惩处"③,刹住了一些过去被认为不可能刹住的歪风邪气,形成了反腐败斗争压倒性态势,消除了党和国家内部存在的严重隐患,营造了风清气正的良好的党内政治生态,巩固了党长期执政的政治基础、思想基础和群众基础,为国家制度体系建设沿着社会主义方向前进提供了坚强保证。需要指出的是,党的领导不是抽象的而是具体的,体现在坚定的理想信念宗旨上,体现在执行党的路线方针政策上,体现在对中国特色社会主义制

---

① 《毛泽东选集》第2卷,人民出版社1991年版,第613页。
② 《邓小平文选》第2卷,人民出版社1994年版,第333页。
③ 本书编写组编著:《党的十九大报告辅导读本》,人民出版社2017年版,第18页。

度创新的指导引领上,体现在夺取新时代中国特色社会主义伟大胜利的根本保证上。因此,全面深刻理解和准确把握新时代党的建设的总体要求,不断加强和改进党的领导,就成为新时代坚持和发展中国特色社会主义的一项重大政治任务。党的十九大从习近平新时代中国特色社会主义思想的核心要义出发,强调党的领导是中国特色社会主义制度的最大优势,并按照新时代中国特色社会主义基本方略的要求,从八个方面系统部署了新时代党的建设的伟大工程,提出要把党的政治建设作为统领,纳入党的建设总体布局,这是马克思主义党建理论的重大创新,也是中国共产党发展历史的经验总结。因为党成立97年的奋斗历史,之所以能够取得如此辉煌的发展成就和治理业绩,与我们党通过讲政治不断提升自身的政治能力是密不可分的,抓住政治建设这一统领核心就能把握党的建设的方向,决定党的建设的效果,并对党的其他建设起到纲举目张的作用。

总之,党兴则国强,党衰则国弱。中国特色社会主义制度自信离不开党的坚强领导,这是近代以来中国社会历史发展的必然逻辑,也是马克思主义政党理论在当代中国的实践逻辑。没有党的坚强领导,所谓制度自信必将成为空中楼阁而流于形式,更谈不上制度创新。因此,面对世界形势的深刻变化,面对新时代我国社会主要矛盾的变化和新的历史使命,我们必须坚定不移地按照新时代党的建设的总体布局和要求,不断提升党的与时俱进的应变能力,不断增强党的人民性的政治基础,不断提高党的建设质量,使党始终成为人民拥护、经得起各种风浪考验、朝气蓬勃的马克思主义执政党,成为制度自信的核心领导力量,并为中国特色社会主义制度建设沿着正确方向前进提供坚强保证。

第五章　中国特色社会主义制度自信的比较优势

制度自信是一个国家内社会主体对于社会制度的性质、存在形式、发展能力和发展效率的主观判断,它是通过对自身所处社会状态的比较分析而形成的价值取向。制度自信不是绝对的和一成不变的,而是在相对的动态环境中的比较结果。中国特色社会主义制度自信的比较优势体现在发展能力、发展动力、发展潜力和发展活力上,体现在制度理念、制度内容、制度设施、制度表达上,也体现在制度的运行方式、实践效能、协调能力、反馈机制上。比较的目的是更加坚定走社会主义道路的决心和信心,但是,对于中国特色社会主义制度的优越性,凭空说道是不行的,言辞激昂是不够的,一味否定异己是不科学的。分析中国特色社会主义制度自信的比较优势,要放在历史与现实的环境中,站在时代的高度上,用辩证方法体现思想的深度,在全方位的关照中比出活力、比出动力、比出魅力、比出能力、比出效力。

第一节　中国特色社会主义制度自信的比较视角

认识中国特色社会主义制度自信,要从人类社会发展规律的高度,用发展和动态的眼光看待它与资本主义制度的比较优势、与其他社会主义国家的具体制度的比较优势、与自身不同发展阶段制度实践的比较优势。认识中国特色社会主义制度自信的比较优势,要有高举远慕的心态、慎思明辨的理性和包容他者的气度。面对时代变化,面对深刻变动的世界,确立制度自信,认识制度优势,是必须面对的重大理论问题和现实问题。从世界普遍交往的观点理解我们的处境及其与世界的相互关系,以从容高迈的姿态应对价值问题,求"人类演进之通则",明"吾民独造之真际",是确立制度自信面对的时代课题。

一、在全球视野和世界格局中进行比较

中国特色社会主义制度是符合时代发展潮流、立足中国国情、具有明显优势的先进制度,中国特色社会主义制度自信是符合社会时代发展和人类精神的自信。由于环境语境的变化,由于时代的变迁,社会制度的关注要点和叙事方式也在变化。生产力发展规律、商品经济规律、思想认识规律、文化发展规律等,是理解中国特色社会主义制度的宏观视角,其运行机理、作用机制和实践形式则是微观视角中的认识内容。当今时代,"技术大视野"带来了认识维度的变化,"经济大格局"造成了社会结构变化,"全球大趋势"引起了世界形势的变化,任何一个国家都不能回避或无视这些事实,任何一个国家的现代制度都是在这个大环境中发展和运行的。在新时代认识中国特色社会主义制度自信的比较优势,首先要认清全球经济、政治、文化发展态势,察其理、审其状、明其路,把具有时代意蕴的精神揭示出来,理解全球化对人类的生存方式的更新,分析它给人类社会发展带来的问题和机遇,认识这些问题或机遇对发展理念、发展道路、发展模式的影响,认识中国特色社会主义制度自信在应对全球变化中所表现出的灵活性、针对性和科学性。其次要理解新科技革命对人类社会的运行模式、风险程度和生命伦理的影响,以及对全球生存问题、发展问题等提出的新挑战,认识中国特色社会主义制度在应对信息社会变化所表现的有效性和主动性。再次是认识世界社会主义运动经历的"高岸为谷,深壑为陵"的巨大变迁,认识这种变迁在激发人们探索社会主义发展道路方面的积极意义,理解时代变迁对世界经济秩序、政治秩序、生态秩序、伦理秩序的影响,分析世界社会主义发展面临的契机与挑战,理解全球治理和建立人类命运共同体的可能性和现实性,认识为什么中国特色社会主义能走出低谷、走向繁荣,并能稳住世界社会主义阵脚而显示出极大的吸引力和影响力。上述比较视角,体现在世界社会主义发展的大视野大格局大趋势中,体现在历史与现实的结合中,为此,必须区别重要的时空要素,区别重要的思想观点,区别重要的历史事实,力争对中国特色社会主义制度的总体面貌、总体特征、总体结构有较

为全面的认识和把握。"世界正处于大发展大变革大调整时期,和平与发展仍然是时代主题。世界多极化、经济全球化、社会信息化、文化多样化深入发展,全球治理体系和国际秩序变革加速推进,各国相互联系和依存日益加深,国际力量对比更趋平衡,和平发展大势不可逆转。"①在这样的环境中理解中国特色社会主义制度自信,需要结合马克思主义关于时代问题的分析认识全球化造成的社会发展趋势和潮流,洞悉其必然性;结合当代科学技术变化及其影响认识中国特色社会主义制度在应对挑战方面的有效性;结合当代科学社会主义的形态和面貌,认识社会主义与资本主义竞争和共处时代的比较优势和发展活力。

从本体论和历史观的高度理解中国特色社会主义制度作为时代精神的表达形式,是如何在透视社会现象中体现世界文明的"精髓"和"灵魂"的,从政治制度、政治思想、思想观念的角度把握中国特色社会主义制度的"特殊逻辑"和贯穿于其中的中国精神。在这一层面上,可以确立以下几个方面的比较内容:一是在中国特色社会主义与传统社会主义比较中体现优势,理解二者在社会主义发展史上的作用,分析随着世界格局和形式变化造成的由传统模式转向现代模式的必然性和必要性,比较"中国道路"和"苏联模式"的历史地位及社会影响的差别,分析一成一败的根本原因。二是在中国特色社会主义发展与资本主义发展的比较中体现优势,分析由于制度差异造成的道路选择差别,分析随着全球形势变化造成的合作与借鉴态势,理解中国特色社会主义相对于资本主义的发展优势、发展活力和发展动力,认识中国特色社会主义的优势和优越性。三是在中国特色社会主义与民主社会主义比较中体现优势,认识二者的历史渊源以及各自历程,在历史与现实的大视野、大格局和大趋势中说明认识中国特色社会主义的优势和生命力。作为此问题的拓展,对当代西方社会主义思想中的"乌托邦社会主义"、"市场社会主义"、"生态社会主义"、"人道主义的社会主义"与中国特色社会主义进行的比较、对话,也应予以关注,从中找出它们的相同点和不同点,旨在为中国特色社会主义理论创新提供借鉴。四是在中国特色社会主义发展的各阶段各时期的比较中体现优势,认识中国特色社会主义与中国传统社会主义的关系,认识科学社会主义中国化的基础和土壤,理解科学社会主义与中国社会实际结合的前提条件,分析

---

① 习近平:《决胜全面建成小康社会　夺取新时代中国特色社会主义伟大胜利》,人民出版社 2017 年版,第 58 页。

二者"结合"给中国社会带来的新气象新面貌新希望。认识不同阶段和时期重点内容,理解中国特色社会主义"特色"在何处,"新意"在何处,"活力"在何处,"魅力"在何处,"优势"在何处,认识中国特色社会主义制度和实践是如何顺应时代潮流与时俱进地发展的。

二、在辩证认识和科学审视中进行比较

一是在整体和局部的结合中认识中国特色社会主义制度自信的优势。中国特色社会主义制度体现在经济、政治、社会、文化等方面,各个方面的优势不是机械地显示的,各个方面的实践也不是孤立地展开的,必须放在整体环境和整体结构中分析考察。这里的关键是对有关的理论与实践作出客观判断,避免隔断思想和实践的关系。但是,强调整体性研究,不是面面俱到,而是在整体与局部的互补与递进中充分理解思想的赓续和逻辑发展。"总的说来,在逻辑中思想史应当和思维规律相吻合。"①而且,"从逻辑的一般概念和范畴的发展与运用的观点出发的思想史——这才是需要的东西!"②要把握社会制度的哲学范畴和社会整体的认识理路,把握思想与实现的层次结构,把中国特色社会主义制度的价值取向、思想信仰、行为方式整体地科学地表达出来。二是运用马克思主义方法论认识中国特色社会主义制度自信的优势。力求使理论接近现实,使现实推动理论。认识中国特色社会主义制度的特定时空,挖掘它的多层面价值,把握这一思想和实践过去如何发展、现在如何承递、将来如何延伸,在历史长河中显示它与资本主义制度的比较优势。在这里,客观性是必须遵循的原则,因为即便是真理,"如果把它说得'过火'(如老狄慈根所说的那样),加以夸大,把它运用到实际适用的范围之外,便可以弄到荒谬绝伦的地步,而且在这种情形下,甚至必然会变成荒谬绝伦的东西。"③要达到方法论与世界观上的一致,不能脱离现实社会背景,必须通过纷繁复杂的历史现象把握事物的规律,探寻那些不自觉的、盲目的社会动力在有目的的人的活动中的作用,理清有关事实背景和实践"格点",确定其基本属性,把握其基本倾向,坚持实事求是,力避穿凿附会,通过分析比较充分显示我们制度自信的优势。三

---

① 《列宁全集》第 55 卷,人民出版社 1990 年版,第 289 页。
② 《列宁全集》第 55 卷,人民出版社 1990 年版,第 148 页。
③ 《列宁选集》第 4 卷,人民出版社 1995 年版,第 172 页。

是在描述事实与透析本质的结合中认识中国特色社会主义的比较优势。"在社会现象领域,没有比胡乱抽出一些个别事实和玩弄实例更普遍,更站不住脚了。……如果从事实的整体上、从他们的联系中去掌握事实,那么,事实不仅是'顽强的东西',而且是绝对确凿的证据。如果不是从整体上、不是从联系中去掌握事实,如果事实是零碎的和随意挑出来的,那么它们就只能是一种儿戏,或者连儿戏都不如。"①要用联系的观点和发展的观点来考察中国特色社会主义制度,通过对现实问题的关注和比较来把握问题的实质。这是对有关理论和现实进行思考、抽象后形成的,体现了由个性到共性、由现象到本质的发展过程。四是在开放性和创新性相结合中体现中国特色社会主义制度自信的优势。在这方面,要打破学科藩篱,不管是通过他者借鉴提升"反思思想"的能力,也不管是通过历史教训"思想思想"的能力,如果仅仅关注局部而忽视全貌,往往会得出皮毛之论。要"按照历史或者按照逻辑。既然在历史上也像在它的文献的反映上一样,大体说来,发展也是从最简单的关系进到比较复杂的关系,那么,政治经济学文献的历史发展就提供了批判所能遵循的自然线索,而且,大体说来,经济范畴出现的顺序同它们在逻辑发展中的顺序也是一样的。这种形式看来有好处,就是比较明确,因为这正是跟随着现实的发展,但是实际上这种形式至多只是比较通俗而已。历史常常是跳跃式地和曲折地前进的,如果必须处处跟随着它,那就势必不仅会注意许多无关紧要的材料,而且也会常常打断思想进程;……因此,逻辑的方式是唯一适用的方式"②。开放性也是包容心态的表现,我们很珍视中国特色社会主义制度理论及其成果,因为它来之不易,但我们也不可以故意贬低他者的理论。借鉴某一制度的优点,是为了更好地发展自己;认识某一制度的不足,也是为了更好地发展自己。在比较中,必须克服"论其一点,不及其余"的方法论偏谬,要把中国特色社会主义制度置于当代世界发展的大视野中考察分析,拓宽比较范围,理解比较依据,端正比较方法。

三、在历史背景和现实环境中进行比较

认识中国特色社会主义制度自信的优势,最基本的是坚持马克思主义立场方

---

① 《列宁全集》第 28 卷,人民出版社 1972 年版,第 364 页。
② 《马克思恩格斯选集》第 2 卷,人民出版社 1995 年版,第 43 页。

向。无论是在与资本主义制度的比较中认识中国特色社会主义经济制度、政治制度、文化制度,还是在与过渡时期、计划经济时期、改革开放初期制度实践的比较中认识中国特色社会主义制度,抑或是在发展优势、外交优势、安全优势方面作出判断分析,都需要以坚持马克思主义理论为基础的。由于"世界面临的不稳定性不确定性突出,世界经济增长能动不足,贫富分化日益严重,地区热点问题此起彼伏,恐怖主义、网络安全、传染性疾病、气候变化等非传统安全威胁持续蔓延,人类面临许多共同挑战"[①]。在这些共同的问题面前,中国能够有效地应对突发事件和常规事件,绝不是偶然的或暂时性的。当亚洲金融危机来袭时,中国没有出现大的经济挫伤;当西方国家面临次贷危机而要求中国伸出援助之手时,中国在世界经济发展的地位和作用明白地显示出来;在应对人类面临的全球性问题时,总有中国在发挥着积极作用。世界大环境中,没有中国,是不完整的;世界大事的应对中,没有中国,是不够的。中国提出构建人类命运共同体,不仅是一种姿态,更是在现有综合国力发展基础上对全球命运的关注和责任。这种关注是要有实力和信誉的,对于弱小的国家或实力不够的国家,这样的目标或许只是想象的事情,尤其是那些自顾不暇的国家,是没有能力和心思关注这些事情的。我们也可以看到,西方的资本主义国家标榜的"全球命运"和"普世价值",是以实现资本主义国家的霸权和全球统治为目标的。二者的制度取向有着天壤之别,从中国在世界范围的影响力的递增状况可以看出,中国特色社会主义制度的优越性得到了更多的和更大范围的认可。中国倡导的"一带一路"有效助推了沿线国家的经济发展和社会建设,是在构建人类命运共同体中迈出的坚实步伐,并在经济文化凝成的国家关系中注入了更多的和谐元素,明确地表达了"中国人民的梦想同各国人民的梦想息息相通,实现中国梦离不开和平的国际环境和稳定的国际秩序"[②]的共济思想,充分体现了中国发展离不开世界、世界发展离不开中国这一现实。从中国与当今的其他社会主义国家的联系看,社会主义国家已经走出低谷,并向着平稳的状态过渡,社会主义国家的关系也已经摆脱了那种"领导党""老子党"的不正常关

---

① 习近平:《决胜全面建成小康社会　夺取新时代中国特色社会主义伟大胜利》,人民出版社 2017 年版,第 58 页。
② 习近平:《决胜全面建成小康社会　夺取新时代中国特色社会主义伟大胜利》,人民出版社 2017 年版,第 25 页。

系,开辟了新型党际关系和对话形式。这是中国特色社会主义在处理社会主义国家关系上表现出的自信。

上述方面的世界环境造成了中国特色社会主义现实语境的变化,国际环境与国内环境互相映照,构成中国特色社会主义制度自信的话语叙事风格。在这个叙事体系中,制度自信的优势体现为"四个全面"中规划的发展图景,它在社会实践中的作用不仅在于提高发展的数量,更在于提高发展的质量;不仅在于更新社会发展形式,还要注重提高人的品位。从道德到政治,从观念到制度,从习俗到哲学,都表现出人们对整个社会的信心,也使中国特色社会主义制度的远景规划在物质空间和思想空间不断扩展。中国特色社会主义制度作为人民群众对过去、现在和未来社会生活的认识和创造,当它成为人的自觉意识时,必然会极大地推动人们的价值自觉和行为自觉。中国特色社会主义制度自信的叙事方式是历史与现实的结合的产物,并且随着现实要求的变化,也会发生变化,在实现中华民族伟大复兴的中国梦的语境中,话语叙事也被赋予新的内容和特征。

四、在思想与实际的贴近中进行比较

一定意义上说,制度的建构取决于人的思想认识,制度的实施取决于人的行为方式,制度作为思想和行为的表达形式,其效果受到思想和现实的影响和制约。因此,处理好"思想的现实"与"现实的思想"之间的关系,对于形成良好的制度自信和行为规范具有重要意义。马克思在《〈黑格尔法哲学批判〉导言》中指出:"理论在一个国家实现的程度,总是决定于理论满足这个国家的需要的程度。"[1]但是,理论的作用效果不是源于自身的一厢情愿,也不是仅仅靠心智就能达到目的的,它需要现实的推动。"在政治上利用一切社会领域来为自己的领域服务,光凭革命精力和精神上的自信是不够的。"[2]脱离实际的理想主义者只能是行动中的空想者,它除了给现实涂抹一层诱人的空幻色彩以外,再也不会有更大的影响了。因此,"光是思想力求成为现实是不够的,现实本身应当力求趋向思想。"[3]"思想的现实"和"现实的思想"要融为一体,如果"实际生活缺乏精神活力","精神生活也无

---

[1]《马克思恩格斯选集》第1卷,人民出版社1995年版,第11页。
[2]《马克思恩格斯选集》第1卷,人民出版社1995年版,第13页。
[3]《马克思恩格斯选集》第1卷,人民出版社1995年版,第11页。

实际内容",那就根本谈不上思想贴近现实或现实贴近思想。马克思的这些论述揭示了思想和现实的关系,对于客观认识当前的改革具有指导意义。面对世情、国情、党情的多重变化,面对思想和利益的多元激荡,面对执政考验、改革开放考验、市场经济考验、外部环境考验等多层面的问题,正确处理思想与现实的关系尤其重要。

通常情况下,思想状态和现实状况共同表征着社会制度的自信水平。它不能把问题想象得太简单,不能把各个环节描述得太浪漫,不能把现实生活刻画得太幼稚。制度源于现实需要和思想取向,既要反映实际,又要探寻社会未来;既要把握事物发展的规律,又要揭示现实社会的矛盾;既要瞩目社会的大视野,又要兼顾个人的小天地。中国特色社会主义制度植根于人的实践活动,它以理想性的追求反观现实的存在,以历史的大尺度反省社会的进程,以人类对真善美的渴求反思社会现实。尤其是哲学和社会科学,它使人由眼前推及长远,由个人推及社会,由现实推及理想,它强调实事求是。制度自信的影响力和说服力不是自己标榜的,它的地位不是自行认定的,它不能自命为放之四海而皆准的真理。因为这种情况只能是理论上的自闭症,是自损活力的表现,是理论上的"自我癫狂"。理论应该不断校准方向、纳新内容,应当经常自我检点,看哪些符合现实、哪些不符合现实、哪些需要随着现实的发展而更新和变化,这是体现制度自信时代意蕴的重要方式。

第二节 中国特色社会主义制度在发展能力上的优势

发展能力是衡量社会制度优势的最重要的参数之一,它包括社会动员能力、社会协调能力、社会整合能力和自我完善能力。中国特色社会主义制度较之于历史上传统的社会主义制度以及西方国家的社会制度,在发展能力上具有自身的比较优势,是具有中国特色、时代特色的社会主义制度形式。

一、具有更好的社会动员能力

中国特色社会主义制度自信在发展能力上的比较优势之一,就是能够最大限度地调动人民群众的积极性和创造性,在一定时段内集中优势力量办好大事和要事。邓小平曾指出:"社会主义同资本主义比较,它的优越性就在于能做到全国一盘棋,集中力量,保证重点。"①中国特色社会主义制度自信的比较优势深植于人民群众之中,这种自信的内涵和精神都是群众意愿的现实表达。人民性是中国特色社会主义制度自信的真精神。群众路线规定了中国特色社会主义制度的实践路径,也规定了当代中国发展道路的特征,因此群众路线是中国特色社会主义制度自信的基础。一定意义上说,群众路线本身就是一种制度,人民群众以其主体地位创造了社会的物质财富和精神财富,也必然以自信的姿态推动制度发展。现实社会中人民群众的物质生产的接力过程,是制度引领下不断创造社会生活的过程,因此,群众路线是在社会主体、价值主体和文化主体的统一中确保人民制度自信的基础设施。历史地看,中国特色社会主义制度自信具有更广泛的群众基础,更利于实现团结合作,更利于彰显集中力量办大事的优势。

在新时代,中国特色社会主义制度自信是通过当下的新精神新面貌表现出来的,习近平总书记强调指出:"我们最大优势就是我国社会主义制度能够集中力量办大事,这是我们成就事业的重要法宝。"②中国之所以取得了举世瞩目的发展成就,关键在于我们拥有巨大的制度优势。在我国现阶段的社会主义民主政治中,人民代表大会制度、中国共产党领导的多党合作和政治协商制度、民族区域自治制度以及基层群众自治制度,都有利于在全社会形成一种共同意志,从而最大程度地把广大人民群众调动起来。在这一制度的引领下,我国经济建设取得重大成就,全面深化改革取得重大突破,民主法治建设迈出重大步伐,思想文化建设取得重大进展,生态文明建设取得显著成效,全方位外交布局深入展开。这充分说明我们的社会制度具有强大的社会动员能力,就其所带来的突出成就而言,足以显示出比较优势而使我们充分"自信"。制度自信在经济、政治、社会等方面所表现的动员能力是当今世上很多国家不能比拟的。"社会主义国家有个最大的优越性,就是干一件事,一下决心,一做出决议,就立刻执行,不受牵扯"③,社会主义国家同资本主义国家比较,它的优越性在于能做到全国一盘棋,集中力量,保证重点。改革开放以来,建成了三峡工程、青藏铁路、京沪高铁、西气东输等举世瞩目的项目,在自然灾害面前也充分体现了中华民族"一方有难,八方支援"的大团结

---

① 《邓小平文选》第3卷,人民出版社1993年版,第16—17页。
② 《习近平谈治国理政》,外文出版社2014年版,第126—127页。
③ 《邓小平年谱(1975—1997)》,中央文献出版社2004年版,第1195页。

协作精神。无论是汶川大地震救援工作和灾后重建工作,还是甘肃舟曲泥石流灾害,很多民众都能切身感受到政府在关键时刻调配资源抢险救灾的巨大力量,以及保障人民生命财产安全的各种努力。上海世博会、G20杭州峰会,"天宫"、"嫦娥"、"蛟龙"、"天眼"、"悟空"、"墨子"、大飞机等重大科技相继问世,体现了中国共产党集中力量办大事的能力。我国在少数民族聚居地区实行区域自治制度,使少数民族依法自主管理本民族事务,保障我国各民族不论大小都享有平等的经济、政治、文化和社会权利,在维护民族团结、社会稳定、祖国统一方面发挥着重要作用。国内生产总值跃居世界第二,也足以提升我们对现有经济制度的主动性和自信心,这是社会制度在经济动员能力和资源整合的自觉表现。在生态文明的制度建设方面,我们的自信是不断提升的,不少具体内容是基于制度的社会动员力量而取得重大突破的,"重大生态保护和修复工程进展顺利,森林覆盖率持续提高",不是少数人在局部努力中能够实现或达到的,它是全社会的关注和支持中逐步确立起来的。在中国特色社会主义制度所特有的动员力量推动下,一些重大的国际性项目催生出来,创办亚洲基础设施投资银行,开展"一带一路"国际合作,都是在强烈的制度自信中完成的。此外,在政治民主法治建设、思想文化建设等领域,也充分彰显了中国特色社会主义制度在发展能力上的优势。

中国特色社会主义制度的动员能力,是在顺应广大群众意志基础上主动地发生的,依靠制度实现的社会动员效果是全方位的。中国特色社会主义制度相比于历史上为"极少数人"谋利益的社会制度而言,具有更好的社会动员能力,与此相适应的是在社会理想、价值选择方面的保障,这是社会主义制度自信方面的系统结构。中国特色社会主义制度及实践,将国家层面上、社会层面上和个人层面上的道德责任联系在一起。在国家层面上,表现为大爱无疆、大言息声的道德境界,给广大群众的思想和行为提供宏观规范;在社会层面上,表现为注重实际、面向生活的道德形式,给广大群众的思想和行为提供中观规范;在个人层面上,表现为侧重内心修养和外部约束结合的道德规范,给广大群众的思想和行为提供实践动力。通过社会政治教育提升整个社会的凝聚力也是中国特色社会主义制度自信的突出优势,可以说世界上没有哪一个国家能够调动那么多的群众参与其中、调动那么多的资金投入其中、调动那么多的部门运行其中,这种政治动员优势在于我们对中国特色社会主义制度的坚持,在于我们对中国特色社会主义发展的信心,由此形成的导向功能也是集束性的或集成性的。在旧中国,由于落后的社会主义经济制度和政治制度,我们有很多方面自信不起来,更谈不上制度优势了。毛泽东曾说:"有些人做奴隶做久了,感觉事事不如人,在外国人面前伸不直腰,像《法门寺》里的贾桂一样,人家让他坐,他说站惯了,不想坐。在这方面要鼓点劲,要把民族自信心提高起来。"①他强调,破除旧社会遗留下来的奴隶劣根性,树立自立自强的观念,彻底打掉自卑感,坚决砍去妄自菲薄,提倡敢想、敢说、敢做的大无畏创造精神,靠的是对社会主义制度的自信。在国际视野中,在与西方国家制度的比较中更能凸显中国特色社会主义制度在发展能力上的优势或自信。现代西方国家实行三权分立,三权分立制度设计的原初愿望是权力的相互制约、监督和平衡,而在实际的操作过程中,造成的效率低下是很明显的。中国特色社会主义制度与西方国家的制度在社会动员能力上有着巨大的比较优势,强大社会动员能力从多方面彰显了中国特色社会主义制度自信水平。

二、具有更好的社会协调能力

中国特色社会主义制度具有更加有效的社会协调能力,这是彰显制度自信的又一表现形式。中国特色社会主义制度的社会协调能力,主要体现在对社会利益关系、社会资源配置等方面的把握上。在对社会利益关系的协调方面,中国特色社会主义制度致力于构建成果由人民共享的利益共同体。要实现对社会利益关系的协调,前提是要先进行"利益整合",就物质分配的调整而言,我们现行的分配制度是"按劳分配为主体,多种分配方式并存的分配制度",这种分配制度有助于实现利益分配的公平。在按劳分配制度下,根据劳动者劳动的数量和质量相应地分配给个人一定数量的消费品,这既体现了按劳分配原则的公平性,也充分体现了分配结果的公平性。中国实行按劳分配为主体多种分配形式共存的分配制度,能够在更大程度上调动社会成员的积极性和创造性,更有利于发挥社会成员的创造热情和工作激情。我们提出的"效率优先、兼顾公平"更有利于打破平均主义倾向,提高社会发展效率,避免两极分化。"效率优先,兼顾公平"极大地动员了社会力量,产生了巨大的正向效应。这种分配制度的优势在于,更适应我国现阶段生

---

① 《毛泽东文集》第 7 卷,人民出版社 1999 年版,第 43 页。

产力发展水平,有利于充分调动各方面积极性,在更大程度上解放和发展社会生产力;更有利于激发人们开拓进取、自主创业精神,促使一切创造源泉充分涌流,更有利于激励人们通过多种合法渠道增加收入,提高生活水平。

在对社会资源的协调配置上,我国的基本经济制度发挥了重要作用。"公有制为主体,多种所有制经济共同发展的基本经济制度"内在地决定了在资源配置上要发挥"市场"对资源配置的决定性作用,由此使得各种生产要素在价值规律的作用下流向一定的生产部门,从而实现资源的协调配置。当然,市场的调节不是万能的,它存在自发性、盲目性和滞后性等固有的弊端,因此,政府的宏观调控也是必不可少的协调手段。习近平总书记强调,在中国特色社会主义经济制度体系下,"市场配置资源是最有效率的形式",能有效协调资源的流动,从而实现效益最优化。而资本主义制度下,国家宏观调控的力量是相当微弱的,受资本逐利的影响,在市场上资源的配置是自发的,这就容易导致某些生产部门的资源过剩,而某些部门资源不足的问题。而在社会资源的协调能力上,中国特色社会主义制度具有较大的比较优势。从经济制度来看,我们不仅逐步确立了公有制为主体、多种所有制经济共同发展的基本经济制度,而且确立了社会主义市场经济体制的改革目标,把市场经济与社会主义基本制度结合起来,既注重发挥市场在资源配置中的基础性作用,又注重加强国家的宏观调控。

中国特色社会主义制度自信是在一系列的治理和协调中表达出来的,通过"政治结构协调"完善诉求表达机制,坚持和完善人民代表大会制度、中国共产党领导下的多党合作制度和政治协商制度、民族区域自治制度以及基层群众自治制度,推进民主政治制度不断完善和发展;通过"文化心理协调"完善诉求表达机制,包括完善民主的和谐的表达心理和自觉的表达意识,良好的社会教育和制度引导机制;通过"治理结构协调"完善诉求表达机制,建立政府主导、市场调节和群众参与的多元化公共治理结构,发挥企业组织、社会组织、中介组织等的协调作用,形成制度化的诉求机制;通过"监督结构协调"完善诉求表达机制,用制度管权、管事、管人,建立健全相互协调相互制约的权力结构和运行机制。通过上述方面的协同作用,将制度理念纳入诉求表达的各个环节中,筑起了全面自信的牢固基础。我国大多数社会组织在协助政府解决社会矛盾的过程中,不仅能够反映群众诉求,而且能够协助政府维护社会稳定,发挥了"缓冲器"和"调和器"的作用。这种优势还在进一步扩大。

中国特色社会主义宗教制度,在积极引导宗教与社会主义社会相适应方面所显示的优势是极其明显的,这是制度在思想引领中显示的优势。引导宗教文化与社会主义社会相适应,应该是一个有序的过程,存在着主动适应和被动适应问题,存在着强制适应和自愿适应问题,这里的关键是有关策略是否合适,有关原则是否合理。对党和政府来说,引导宗教与社会主义社会相适应,是针对宗教的双重表现,在团结与合作、尊重与信任中贯彻信仰自由政策和实施依法管理活动。2007年,习近平在上海宗教工作专题会上指出:"各级党和政府要认真贯彻党的宗教工作的理论、方针、政策,积极引导宗教与社会主义社会相适应,着眼促进社会和谐,努力挖掘和弘扬宗教教义、宗教道德和宗教文化中有利于社会发展、时代进步和健康文明的内容,鼓励宗教界多做善行善举,鼓励广大信教群众追求良好的道德目标,努力促进信教与不信教群众的和睦相处,维护不同宗教之间与宗教内部的团结。"①我们讲的"和谐"观念与宗教思想中的"和合"有很多的相通之处,以"和而不同"为主线,在承认多元的基础上形成了"和"与"多"、"和"与"合"的互补局面,形成了共担责任、共创和谐的局面。在引导宗教文化与社会主义社会相适应的实践中,体现"和"的精神,显示出自信、尊重和融洽;体现"和"的内涵,显示人心和善、家庭和睦和社会和谐;要体现"和"的基础,显示和而不同、互相包容、求同存异;体现"和"的愿景,显示各美其美、美人之美、美美与共。大多数信教群众和大多数不信教群众都是赞成实现中华民族伟大复兴中国梦的,只有"宗教极端思想打着宗教的幌子,驱使、控制、愚弄信教群众,是境内外'三股势力'策划实施暴力恐怖活动的主要手段。这些非法行径漠视基本人权、践踏人道正义,挑战的是人类文明共同的底线,既不是民族问题,也不是宗教问题,而是各族人民的共同敌人"②。宗教界人士和信教群众要以爱国之心和爱党之心遵守国家的法律、法规和方针政策,使宗教活动符合法律规范;要服从和服务于国家的整体利益,遵守整体上和大局上的家国理念和民族关系。"相适应"是宗教与社会主义社会适应而不是社会主义社会与宗教适应,要有主次之别;"相适应"不是唯心主义与科学社会

---

① 《习近平要求积极引导宗教与社会主义社会相适应》,载《解放军报》2007年8月17日。
② 《旗帜鲜明地反对宗教极端思想——四论贯彻习近平同志新疆考察主要讲话精神》,载《人民日报》2014年5月7日。

主义调和,而是坚持马克思主义辩证法;"相适应"是宗教发展与社会主义总体目标的一致,包括经济、政治和思想文化等方面与社会主义发展相适应,要求各宗教派别和广大宗教信徒在法律法规和政策范围内活动,要求各宗教派别和广大宗教信徒在经济政策的基础上形成有利于中国特色社会主义事业的利益共同体,要求信教群众与不信教群众一起树立共同发展、共建和谐社会的决心和信心。

三、具有更好的社会整合能力

中国特色社会主义制度的优势还体现在更强大的社会整合功能上。中国特色社会主义政治制度既吸收了中国传统政治文化的精华和人类政治文明的有益成果,又克服了其中的一些弊病和不足;既充分尊重和保障个人民主权利,又能形成共同意志;既充满活力又富有效率,适应了我国人口和民族众多,经济、社会、文化不发达,区域发展不平衡,传统文化影响深厚等现实状况。它所具有的强大的社会整合能力,凸显了我国的制度比较优势,是我们为之自信的依据。这种自信有赖于主体的自觉精神和社会的物质基础保障。"人民代表大会制度是符合中国国情和实际、体现社会主义国家性质、保证人民当家作主、保障实现中华民族伟大复兴的好制度。"[1]中国特色社会主义制度具备更好的整合社会发展目标的能力,它能够形成一种为各方面力量所接受的共同的发展目标。

在我国,政策和实践的连续性是一个常态,就拿国民经济发展的计划来说,有较短时期的五年规划,有中长期的规划,这些规划的制定不是随心所欲的,它的实践也不是率性而为的,它通过制度自信和制度保障,将国家发展进程、目标协调起来,在广大群众共同努力中实现社会的持续发展。中国共产党的长期执政地位,使得决策和制度能够从人民的长远利益、整体利益来考量国家发展,并能根据民众的诉求以及实际情势的需要,进行自我调适,并理性地确定优先次序,采取行动。与大部分西方国家只有战略愿景相比,中国持之以恒地制定和实施中长期计划,渐进性调适发展速度和规模,确保了中国沿预定的社会主义现代化方向推进。中国特色社会主义制度具备更好地整合社会发展资源的能力,它能有效整合政治资源、产业资源、人力资源等社会发展资源。"在社会大众的共同努力下,整个社

---

[1]《在庆祝全国人民代表大会成立60周年大会上的讲话》,人民出版社2014年版,第5页。

会取得了预期的发展成果,如何处理这些成果,是为某些人所独享,还是为社会成员所共享,这个问题不仅关乎社会的稳定,也关乎社会发展整合是否能够继续进行。多党合作的政党制度就是具备上述要求,能够整合中国社会发展的整合机制。"①这一制度形式在整合政党资源、调动一切积极因素方面,起到了强大的凝聚作用和引领作用。

"四个全面"是中国特色社会主义制度协调发展的最典型的事例。"四个全面"相辅相成、相得益彰,是中国共产党治国理政的新方略和与时俱进的新理论,是马克思主义与中国实践相结合的新飞跃。"四个全面"中,"全面建成小康社会"是纲领性目标,"全面深化改革"是社会发展的不竭动力,"全面从严治党"是社会发展的方向引领,"全面依法治国"是社会发展的制度保证。"四个全面"的要求不是应景之作而是经常性措施,不是一时之想而是长远大计。在社会发展、深化改革、依法治国、党的建设中,都包含着新常态理念,每一个方面都要经常性地做好耐心细致的工作。因此,"四个全面"与经济建设新常态思想互为表里,各个方面的协调赋予社会发展更多的现代意识和特征。以"深化改革"之"全面"、"从严治党"之"全面"、"依法治国"之"全面",推动小康社会建设之"全面",能够使中国特色社会主义的动力支持、制度保障、方向引领融为一体。"四个全面"的价值目标,不仅是通过深化改革、完善法治、加强党的建设解决当前的社会保障、医疗卫生、环境治理、反腐倡廉等方面的具体问题,更关注对社会持续发展的整体秩序、体制机制等的规范性和规律性问题,体现了社会发展的阶段性和连续性的统一。从较长时期看,"四个全面"中的"全面"表现为人的自由而全面发展与社会全面的进步;从当前发展看,"四个全面"中的"全面"表现为质与量、内容和形式、现象和本质全面整合;如果放眼世界,可以看出"四个全面"的全球视角和未来关怀,其中的"全面"是与追赶世界发展潮流相联系的。

四、具有更好的自我完善能力

中国制度"富于弹性,自古迄今,逦迤相属,虽兼有盛衰之判,固未尝有中绝之时"②,它能够通过自我约束、自我调整和自我完善适应变化了的实际。中国特色

---

① 刘惠、林伯海:《中国特色政党制度的社会整合功能探析》,载《毛泽东思想研究》2010年第2期。
② 柳诒徵:《中国文化史》(上),中国社会科学出版社2008年版,第2页。

社会主义制度是在与时俱进中自觉适应和顺应时代潮流的重要形式,是显示与无产阶级政党优势的重要方面。无产阶级革命与其他任何革命不同的地方,就在于它"经常自己批判自己"。毛泽东曾要求党要勇于自我纠错,他指出,我们党必须有承认错误并且改正错误的这样一条原则,有无认真的自我批评,也是我们和其他政党互相区别的显著的标志之一。习近平总书记在"七一讲话"中明确指出:"我们要坚信,中国特色社会主义制度是当代中国发展进步的根本制度保障,是具有鲜明中国特色、明显制度优势、强大自我完善能力的先进制度。"①这种信念本身就是一种自信。制度自信的优势同样源于中国特色社会主义"强大的自我完善能力",源于社会主义制度本身的内在规定。从比较意义上讲,中国特色社会主义制度自信表现为自觉地合理地把控制度内涵、协调多元诉求、顺应发展要求,表现为包容性地吸收和借鉴外来制度的优势。中国特色社会主义制度自信是立足于具体国情,在遵循社会主义建设规律、共产党执政规律和人类社会发展规律的基础上不断发展起来的。

中国特色社会主义制度自信的优势表现在现实生活中,"在政治上利用一切社会领域来为自己的领域服务,光凭革命精力和精神上的自信是不够的。"②中国特色社会主义制度自信有赖于主体的自觉精神和物质基础保障,增进制度自信要避免两个误区:一是一味崇洋媚外,笃信外来的制度总是最好的;二是盲目自大地认为本国的制度是最成熟的,坚信自己的制度是完美无缺的。在中国特色社会主义制度自信上,固步自封不行,缺少底气不行,必须以自我革命的精神经常涤旧布新。对于制度自信的认识,不能停留在旧的思维上,讲出真相非常重要,要让更多人了解中国共产党的发展、远见、服务人民的承诺、高度的专业性和杰出的能力,当然也不回避作为执政党面临的问题和挑战。从中国共产党反腐倡廉的决心和行动看,不断锻造和增强党在长期执政条件下自我净化、自我完善、自我提高的能力,已经成为常态。作为党的理论指南的马克思主义和列宁主义之所以有力量和生机,是由于它正确反映了社会物质生活发展的需要,是由于它经常表现出自我革新的能力,是由于它把充分利用这个理论动员起来的、组织起来的和改造社会的力量当作自己的职责。保持和发展党的先进性和纯洁性,坚定理想信念、坚持

---

① 习近平:《在庆祝中国共产党成立95周年大会上的讲话》,载《人民日报》2016年7月2日。
② 《马克思恩格斯文集》第1卷,人民出版社2009年版,第14—15页。

党的基本路线、坚决维护党中央权威、严明党的政治纪律,使加强和规范党内政治生活、增强党的"四自"能力有了更坚实的思想基础、实践基础、群众基础。这也是展示中国特色社会主义制度优势的重要方面。

积极主动地推进社会主义改革是保持制度自信的重要表现形式。"真实的东西并不在感性的表面上。尤其是在一切居科学之名的场合里,理性都不可以沉睡着,反思必须得到应用。谁用理性的目光看待世界,世界就对他显示出合理的样子。"①中国渐进式改革策略的选择,既避免了大起大落,又较好地反映了社会发展的实际,体现了党在思想上的洞见和卓识。改革中的很多问题,都是依据对现实的恰当判断解决的。如关于私营企业主可否加入中国共产党的问题,曾经是改革中面临的难题,有人把它上升到影响党性的高度,后来我们党根据实际情况妥善地解决了这个问题,并且丰富和发展了党的建设理论;关于人权问题,既是改革的重点难点,也是国际社会关注的对象,我们从实际出发,坚持以人为本,把人权写入宪法,对财产权作了明确规定并在实践中认真贯彻,较好地解决了这个问题;在理论创新方面,解决思想与实践脱节的问题,使思想符合实际,使认识贴近实践。改革有风险,不改革有危险;改革有困难,不改革是畏难;改革有障碍,不改革有妨碍;改革是动力,不改革会失去动力。这需要进一步解放思想,凝聚人心,形成共识。这些方面无不凸显出明确的制度自信及优势。今天,面对改革中的种种问题,首要的是统一思想,统一认识,减少杂音,消除噪音,遵循坚持和发展、继承和创新相统一的原则,遵循理论与实际、具体性与历史性相结合的原则,坚持积极稳妥的策略和渐进有序的原则,不断增强思想的自觉性,不断提升改革的自信心。几十年的改革中形成的中国特色社会主义道路、理论、制度和文化,是我们今后改革的思想基础,是全国人民的精神支柱,它和我们正在进行的改革事业一起,必将以其与时俱进的特征和成就而臻于至善。

维护和促进社会公平正义,实现全体人民共同富裕,这种制度理念也是资本主义国家难以比拟的。中国共产党成立以来,一直把维护和促进社会公平正义当做始终追求的价值目标,在发展中补齐民生短版,使全体人民共享发展成果,迈向共同富裕目标。中国梦勾画了人民美好生活前景,它把国家、民族、个人紧密联系

---

① G. W. F. Hegel, DieVernunftinder Geschichte, p31.

在一起,让人民有梦想、有机会、有信心,通过建立城镇居民基本医疗保险制度、新型农村合作医疗制度、农村最低生活保障制度,解决民生问题,体现了党和国家促进社会公平的制度安排。改革开放以来,通过"让一部分人先富起来"和以按劳分配为主体、多种分配方式并存的收入分配制度,解决了分配中存在的平均主义。邓小平针对共同富裕提出了"两个大局"的思想,但由于分配制度不健全,体制不完善,在分配中导致城乡差距、不同阶层差距、东西部差距过大。党的十八大以来实行了 1500 多项举措,针对群众最关心的就业、住房、教育、养老等问题进行改革,提高居民收入在国民收入分配中的比重,提高劳动报酬在初次分配中的比重,解决收入分配差距过大问题,使广大人民的获得感明显增强。2013—2016 年城镇新增就业年均 1300 万以上,全国居民收入年均增长 7.4%,人均寿命提高到 76.5 岁。[1] 精准脱贫取得重大成果,党的十八大以来,国家选派 77.5 万名驻村干部驻村帮扶,中央、省级政府拨付扶贫资金多达 4600 亿元,建立扶贫责任制,实施精准脱贫方略,将扶贫与扶志相结合,重点扶持农村地区、西部地区、边疆地区、少数民族地区,我国农村贫困人口由 8249 万减少到 4335 万,贫困发生率从 8.5% 下降到 4.5%。目前,已经实现了 6000 多万贫困人口稳定脱贫,贫困发生率下降到 4% 以下。在反贫困方面和精准扶贫方面,中国共产党不论在计划经济时期,还是在社会主义市场经济时期,都有一套切实可行的方案并积累了很多宝贵的经验,这方面不仅是非洲一些发展中国家学习的榜样,也令发达的资本主义国家刮目相看。

第三节　中国特色社会主义制度在运行效率上的优势

一般而言,公众对新制度的信任,表现为两种途径和两个层次,一种是亲身感受到的直接的感性层次,一种是社会化渠道所获得的理性层次。就其效果看,制度被公众理解的程度以及它所发挥的效力,成为影响公众制度评价和表达情感体验的主要因素,是构筑自信的基础。一个国家的制度优势是通过事实体现出来的,这不只是理论上的论证,更是实践上的表达,在运行效率上所显示的制度优势,是制度自信的底气所在。

---

[1] 参见《党的十九大报告辅导读本》,人民出版社 2017 年版,第 23 页。

一、人民利益至上在激发社会活力中的优势

制度优势是带有根本性和决定性的优势,其本质是"权"为谁所用、"利"为谁所谋问题。中国特色社会主义制度自信的优势,是以尊重人民群众的主体地位和首创精神为前提的。中国特色社会主义制度植根于人民群众,以保证人民当家作主为根本,具有无限生机和活力。"鞋子合不合脚,自己穿了才知道。"一个国家的制度有没有优势和生命力,本国人民是最有发言权的。"我们党来自人民、服务人民,党的一切工作,必须以最广大人民根本利益为最高标准。"[1]中国特色社会主义制度始终坚持科学社会主义基本原则,坚守人民利益至上的根本价值立场和价值取向,统筹兼顾整体利益与个体利益,具有最大限度激发全社会创造活力的政治优势。在这个制度体系中,无论是根本层面、基本层面还是具体层面的制度,或者其他的法律体制体系,无一不是以谋求人民利益为基本出发点和归宿。在国家政治上,坚持一切权力属于人民,实行人民代表大会制度,人民行使权力的国家机关是全国人民代表大会和地方各级人民代表大会,保障人民当家作主,参与国家政治生活,依法行使自己的权利。

中国特色社会主义制度是坚持以人民利益至上的价值取向的好制度,有效地避免了个人利益至上导致的人与人、人与社会、人与自然之间的利益对立,它理所当然会得到最广大人民的衷心拥护和自觉践行,并与日俱增地激发出社会整体和个体的创造活力。党的政治领导和思想领导是中国特色社会主义重要的制度优势,它善于把群众力量整合到社会主义大方向上,善于将思想意志化为群众的行动,善于通过正确的路线方针政策带领群众前进,善于在人民的实践创造中完善政策主张。在这种政治环境中,党员干部起到了表率示范作用,能自觉加强思想道德建设,理想纪律教育,宗旨观、人生观教育,廉洁意识教育,坚持党性和人民性的统一,增强了紧迫感和责任感,能坚定理想信念,时刻保持同人民群众的血肉联系。这也是资本主义国家所没有的。

二、民主集中制在政治运行上的优势

实行民主与集中的有机结合,有效整合社会各种资源,具有鲜明的政治运行

---

[1]《习近平总书记系列重要讲话读本》,学习出版社、人民出版社2016年版,第128页。

特色和运行优势。一是能够实现良性运行。中国特色社会主义政治运行以民主集中制为基本原则,符合中国具体国情。不仅能够有效发扬民主,体现绝大多数人的意志,民主决策,又能较好地避免了三权分立带来的相互牵制和扯皮,实现国家权力之间的有效协调,科学运行。邓小平就曾指出:"社会主义国家有个最大的优越性,就是干一件事情,一下决心,一做出决议,就立即执行,不受牵扯。我们说搞经济体制改革全国就能立即执行,我们决定建立经济特区就可以立即执行,没有那么多互相牵扯,议而不决,决而不行。就这个范围来说,我们的效率是高的,我讲的是总的效率。这方面是我们的优势,我们要保持这个优势,保证社会主义的优越性。"[①]反观西方政治制度运行机制,既受到普通选民牵制,还受到利益集团牵制,导致效率低下,陷入政策反复的怪圈。二是能够形成统一意志。民主集中制不但体现在宪法所规定的人民代表大会以及中央政府与地方政府的关系上,而且体现在政府与市场、政府与社会的关系上。比如,社会主义市场经济坚持政府宏观调控和发挥市场基础作用的有机统一,社会主义生态治理坚持政府主导和多元社会主体共治的有机统一,社会主义社会保障坚持政府负责和社会协同、公众参与的有机统一等。现代政治的一个主要特征是民主政治,民主确实很重要,在民主基础上实行集中,能充分凝聚民心民智,凝聚建设社会主义的磅礴力量,更好地在人民主体的基础上实现中国特色社会主义制度的深度拓展。但是,如果没有集中和权威,党和国家及社会就会失去统一意志,成为一盘散沙,一个国家尤其是像中国这样的人口大国就必然失序。不仅如此,集中还是民主的保障,没有集中而只有各行其是,民主最终也会被伤害殆尽。从这个意义上说,民主集中制是中国制度的比较优势,它有效避免了很多西式民主国家的低效民主现象。三是做到共建共治共享。民主集中制有一个"十六字方针",即"集体领导、民主集中、个别酝酿、会议决定",这是对党委决策程序的科学规范。邓小平曾经透彻地说道:"民主集中制执行得不好,党是可以变质的,国家也是可以变质的,社会主义也是可以变质的。干部可以变质,个人也可以变质。"[②]我国政府在民主集中制下的回应通常是有力和及时的,而且是不为利益集团所绑架的自主性回应。有效参与和有效回应的民主政治,必然是一种"有效的民主",是一种"可治理的民主",能更好地汇

[①]《邓小平文选》第3卷,人民出版社1993年版,第240—241页。
[②]《邓小平文选》第1卷,人民出版社1994年版,第303页。

集各种建设中国特色社会主义的力量,把最广大人民根本利益、长远利益和最高利益统一起来,这无疑会提高全社会的制度自信。特别是党和政府在应对各种挑战和危机等方面的突出表现,在兴建基础设施等方面的有力作为,充分展现了民主集中制作为中国特色社会主义制度自信内容所发挥的优势作用。

三、中国共产党领导下的多党合作在社会发展上的优势

政党制度是中国特色社会主义制度的重要内容,在我国,中国共产党是执政党,民主党派是参政党,不是在野党和反对党,执政党与参政党协调一致,形成强大的社会发展动力,共同致力于中国特色社会主义事业建设。这种政党制度,既不同于西方国家的两党或多党竞争制,也有别于一些国家实行的一党制,具有自身的特点,也有独特的优势。中国特色社会主义制度优势在静态上表现为强大的合力,能最大限度汇集全社会力量。西方多党制使社会形成多种力量而相互斗争。不管是在选举上,还是治理日常事务上,代表不同利益的各种对立的政党之间,存在金钱左右政治、资本操纵政党的现象。恩格斯就曾指出:"正是在美国……轮流执政的两大政党中的每一个政党,又是由这样一些人操纵的,这些人把政治变成一种生意,拿联邦国会和各州议会的议席来投机牟利,或是以替本党鼓动为生,在本党胜利后取得职位作为报酬。"[1]中国特色社会主义制度优势的最明显表现是中国共产党的领导,在政党之间,实行中国共产党领导的多党合作和政治协商制度,政党之间相互配合,有事商量着来;在中国共产党内部,强调"四个意识",以民主集中制凝成全党的领导核心,凝聚社会共识,能团结一切可以团结的人,有效地动员社会各种力量。中国特色社会主义制度的优势在动态上表现为连续接力,能前赴后继为共同目标而奋斗。西方式多党制下,不同执政党之间不仅缺少自觉的接力观念,反而充满较多的对立意识。换一届政府,就换一种思路,换一种做法。左派上台搞国有化,右派上台搞私有化;左派上台增加福利,右派上台削减福利;等等。这些政策上的拉锯,增加了社会发展的内耗,导致社会目标的摇摆。中国共产党与参政党"长期共存、互相监督、肝胆相照、荣辱与共",执政党与参政党始终协调一致,统一战线,进行几十年甚至上百年的长期战略规划。"我

---

[1]《马克思恩格斯选集》第3卷,人民出版社2012年版,第54—55页。

们党的寿命有多长,民主党派的寿命就有多长,一直要共存到将来社会发展不需要政党的时候为止。"①中国执政党与参政党始终保持关系的紧密性、行动的协同性以及思想的一致性,对于国家长远稳定发展意义极为重大,也是最近几十年中国取得巨大成功的重要法宝。

四、协商民主在社会参政上的独特优势

协商民主在协商的内容上是广泛的,在协商的形式上是多样的,在协商的渠道商上是灵活的。社会主义协商民主是在中国共产党领导下,人民内部各方面围绕改革发展稳定等重大问题和涉及群众切身利益的实际问题,在决策之前和决策实施之中开展广泛协商,努力形成共识的重要民主形式。习近平总书记所作的十九大报告中强调:"协商民主是实现党的领导的重要方式,是我国社会主义民主政治的特有形式和独特优势。"②我国的协商民主作为一种理论形态晚于西方,但作为一种政治实践却已有半个多世纪的历史。协商民主突破了以往把民主限定在选举环节的理念,将民主意识扩展到决策环节,拓宽了人们对民主过程的理解,有利于促进现代民主向实质民主转化。民主包含一系列过程,选举民主关注管理者(统治者)的产生,协商民主关注决策过程。前者关心谁治理,后者关心如何治理;前者属于精英民主,后者属于大众民主。强调以公开讨论的形式产生公共决策,而不仅仅是通过选举把公共决策权力交给精英人物,是协商民主与选举民主的最大特色和优势。我国的社会主义协商民主既不是对西方协商民主理论的照搬,也不是对我国政治协商制度的庸俗注解,而是协商民主这一重获新生的民主形态与我国社会主义制度的有机结合,人民在政治生活获得了通过平等参与、共同协商、公共决策来实现人民当家做主的全新治理模式。

在我国,协商民主是群众路线的特殊表现形式,深信人民群众之中蕴含着巨大能量,是中国特色社会主义建设的动力之源和现实依托,体现了马克思主义群众观和中国传统社会的优秀民本思想的有机结合,规定了党的行为的话语环境,既是社会发展的精神材质,也是社会进步的现实鼓舞,它要求理论和实际协调、思

---

① 《周恩来统一战线文选》,人民出版社1984年版,第350页。
② 习近平:《决胜全面建成小康社会 夺取新时代中国特色社会主义伟大胜利》,人民出版社2017年版,第38页。

想和现实协调、目标和过程协调。历史地看,我国的协商民主还是源于中国共产党领导人民进行革命、建设、改革的长期实践中,源于中华人民共和国成立后各党派、各团体、各民族、各界人士在政治制度上共同实现的伟大创造,源自于改革开放以来中国在政治体制的不断创新和对自身工作能力的信心。党的十九大深刻总结我国社会主义民主政治建设的经验和规律,作出健全社会主义协商民主制度和推进协商民主广泛、多层、制度化发展的战略部署,明确提出要"统筹推进政党协商、人大协商、政府协商、政协协商、人民团体协商、基层协商以及社会组织协商",并要"加强人民政协民主监督,重点监督党和国家重大方针政策和重要决策部署的贯彻落实"。① 健全民主形式,实施协商民主,党和政府就经济社会发展重大问题和涉及群众切身利益的实际问题,广纳群言,广集民智,增强共识、增强活力。"在中国特色社会主义制度下,有事好商量,众人事情由众人商量,找到全社会意愿和要求的最大公约数,是人民的真谛"②。实施协商民主,使党的工作重心深入实际、深入基层、深入群众,党的政策更加反映群众愿望,保证了政府工作知民情、解民忧、疏民怨、暖民心。中国共产党、人民代表大会、人民政府、人民政协、民主党派、人民团体、基层组织、企事业单位、社会组织、各类智库都是有效的协商民主渠道。

社会主义协商民主适应了我国经济社会发展不同历史时期的实际需要,是适合中国国情、具有鲜明中国特色的重要民主形式,其独特优势在于:可以广泛达成决策和工作的最大共识,有效克服党派和利益集团为自己的利益相互竞争甚至相互倾轧的弊端;可以广泛畅通各种利益要求和诉求进入决策程序的渠道,有效克服不同政治力量为了维护和争取自己的利益固执己见、排斥异己的弊端;可以广泛形成发现和改正失误、错误的机制,有效克服决策中情况不明、自以为是的弊端;可以广泛形成人民群众参与各层次管理和治理的机制,有效克服人民群众在国家政治生活和社会治理中无法表达、难以参与的弊端;可以广泛凝聚全社会推进改革发展的智慧和力量,有效克服各项政策和工作共识不高、无法落实的弊端。

---

① 参见习近平《决胜全面建成小康社会 夺取新时代中国特色社会主义伟大胜利》,人民出版社2017年版,第38页。
②《十八大以来重要文献选编》中,中央文献出版社2016年版,第73页。

第四节　中国特色社会主义制度在国际合作与竞争中的优势

中国道路之所以能够让中国人走得如此自信，关键在于我们既坚持了科学社会主义的基本原则，并根据我国实际赋予其鲜明的中国特色、时代特色。面对时代的深刻变化，面对各种挑战和机遇，如何扩大世界社会主义阵地，如何巩固和发展现有社会主义，如何在比较中超越和超过资本主义，如何汲取社会主义发展中的经验，如何摆脱走向思想僵化和实践僵化的路子，如何吸引世界上更多国家走上社会主义道路，要通过竞争优势体现出来。认识世界社会主义发展的内在动力，从中提炼人类思想起源的机理和社会主义思想实践中的多样性、规律性内容，尤其是在大视野大格局大趋势中探索世界社会主义发展传统形式转向现代形式的必要性及转化路径，为中国特色社会主义提供更坚实的理据和更合理的实践方式，也要在竞争中体现出来。作为中国特色社会主义理论创新发展的一大成果，开放发展理念体现出科学社会主义理论逻辑和中国社会发展历史逻辑的辩证统一，在处理人类面临的共同问题时显示了自身的优势。

一、中国特色社会主义制度在全球竞争中的优势

其一，中国特色社会主义的各项具体制度能够在国际竞争中更好地起到保驾护航作用。中国特色的民主制道路突破了西式逻辑，在国际政治格局中具有明显的竞争优势。当代中国以坚定的政治立场、开放的发展视野，顺应人民的意愿，秉承新发展理念，开辟了一条独具特色和卓有成效的发展道路。与西方民主相比，中国政治发展的内涵更为丰富、更为具体、更为多彩也更为广泛，中国道路以合适的路径、合理的速度、有效的方式，使得中国的发展更高效、更优质。中国特色经济发展道路所确立的全面发展，是为经济发展、文化进步、人民幸福、社会和谐保驾护航的鲜明写照，是以全面发展的理念带动社会进步和通过发展解决社会问题。它强调政治发展与经济发展、文化发展、社会发展及人的发展相互协调，强调有利于社会发展、有利于公平和正义、有利于人与自然的和谐、有利于世界和平与进步。中国政治体制改革和民主进程立足国情，坚持走自己的路，充分发挥我国社会主义政治制度优越性，积极借鉴人类政治文明的有益成果。这对于坚定道路自信、理论自信、制度自信、文化自信，保持政治定力，在话语体系和理论构建中坚

持全面发展观,在国际范围内凸显中国特色社会主义的魅力,都具有划时代的推动作用。在实践方向上,以全面发展为动力,全面提高党的领导能力,提高国家治理能力和国际政治竞争力,也是一个明显优势。社会主义法治建立,对于树立良好的社会形象,展示广大群众的精神面貌以及提升国际竞争力,都具有比较优势。

其二,中国构建利益共同体的主张,能够更好地在国际经济竞争中取得优势地位。最明显的事例是为"一带一路"倡议保驾护航。"一带一路"倡议是在世界多极化、经济全球化、社会信息化及文明多样化的发展趋势下应运而生的,旨在通过政策沟通、设施联通、贸易畅通、资金融通、民心相通,做大发展公约数,实现互利共赢、共同发展。习近平总书记在《推动共建丝绸之路经济带和21世纪海上丝绸之路的愿景与行动》(2015年)中提出,在投资贸易中突出生态文明理念,加强生态环境、生物多样性和应对气候变化合作,共建绿色丝绸之路,其中涉及的气候变化、生物多样性、自然资源保护等绿色发展等相关内容,也是人类的共同利益所在。"一带一路"建设秉承共商、共享、共建原则,目标是要建立一个涵盖政治互信、经济融合、文化包容的利益共同体、命运共同体和责任共同体,基本的思路是共商合作大计,共建合作平台以及共享合作成果,更好造福各国人民。这一理念和目标有利于在国际经济技术交流中消除成见与偏见。"一带一路"倡议体现了中国致力于推进对外开放、让更多国际社会成员共享中国的发展成果的信心和决心,彰显了中国推动构建人类命运共同体的魄力和努力。"一带一路"倡议及中巴经济走廊都是全新的经济合作模式,是中国为全球经济转型提供的"中国方案"。事实表明:中国道路有力地保证了中国在经济发展中的正确航向,高质量高效能地实现了合作共赢,极大地推动了不同国度之间的经济往来与合作。

第三,中国特色社会主义制度在国际竞争中更能凸显世界关怀,中国道路对全球发展以及世界社会上主义事业具有创建性优势。中国特色社会主义制度对人类社会发展作出了新贡献,为中国道路开拓了一条和平发展的新路,为人类文明探索出了一种国家崛起与民族复兴的新发展模式。和平发展是中国道路的核心特征,发展是目的和追求,和平是实现路径和有效保证,其对内表现为以和平的方式实现自身发展,对外表现为既为本国的发展提供有效的外部保障,又以自身的发展成果为促进世界和平发展发挥积极的作用。中国道路创新了社会主义发展的道路模式,巩固了社会主义力量,提升了社会主义形象,展现出社会主义道路强大的生命力和竞争力,为国际共产主义运动带来了新的活力和希望。苏东剧变造成社会主义低落,对世界社会主义的消极影响是巨大的,而资本主义也似乎看到自己的意识形态一统天下的机遇,在经济、政治、文化以及日常生活中对中国社会主义进行渗透,企图用普世价值观取代社会主义价值观。中国特色社会主义不仅稳住了阵脚,并且在改革开放中积极适应世界形势的变化,走出了适合中国国情的发展道路,也在理论形式和实践方式上提供了一种方案。我们党把科学社会主义基本原理与中国具体实际相结合,解决了"什么是社会主义、如何建设社会主义"的问题,提出了"社会主义的本质就是解放生产力和发展生产力",打破了人们思想观念的束缚。"中国道路"不同于"苏联模式",它超越了"苏联模式"政治上高度集中,经济上实行指令性经济计划等弊端,走出了一条经济高速发展,政治实行渐进式改革,独立自主、和平发展并不断完善的独特发展道路,充分展示了社会主义制度的优越性,为发展中国家探索经济社会发展道路提供了经验借鉴。

二、中国特色社会主义制度在全球发展中的活力

所谓中国智慧,既有中华传统中的思想文化积累,又有中国特色社会主义新时代的特定内涵,是通过对天地自然之道、历史治乱之道、为政治理之道的深刻认识和有效运用而形成的一系列理念和谋略,集中体现了中华民族崇高的生存理想、明智的生存战略、高超的生存策略。习近平总书记在党的十九大报告中三次提到"中国智慧",集中表达了中华文明的世界价值性、人民进步性和务实创新性。中国智慧与制度活力具有密切的关系。中国特色社会主义制度是中国智慧的体现和结晶,这一制度的表达在国际竞争中发挥更大的比较优势,是中国特色社会主义制度实践活力的具体体现。

解放思想、实事求是,极大地增强了中国在全球竞争中的活力。解放思想、实事求是精神推动下的改革开放,是中国共产党的大手笔大智慧,激发了中国人民蕴蓄在心灵深处的精神能量,在国内形成了突飞猛进的发展势头,在国际上表现为充满竞争力的状态。解放和发展社会生产力,推动了经济社会发展,体现了中国特色经济制度自信在全球范围的比较优势。"社会主义的优越性总要通过生产

的发展和人民生活的提高来体现,这是最起码的标准,空头政治不行。"①中国特色社会主义制度通过开展国有企业改革、完善现代企业制度,扶持和支持非公有制经济发展等多项措施,解放和发展了社会生产力,有力地推动了我国经济社会的全面发展。"中国经济发展的奇迹,其背后的支撑是中国政治制度、治理机制和文化的优势。"②鼓吹"历史终结论"的福山认为:中国的治理方式已经成为其他国家的典范。

改革开放、创新发展,极大地增强中国道路的国际影响力。中国共产党充分发挥中国智慧,破解了社会发展动力和活力方面的难题,既坚持中国特色社会主义各项制度,又坚持在实践中完善和发展这些制度,使中国特色社会主义制度具有更加丰富的内涵、更加有效的机制,能够更加顺畅地运行,从而为中国特色社会主义事业发展提供根本制度保障。将发展目标以制度的形式明确下来并力争以明确的实践表现出来,体现了在发展速度、发展能力、发展效力上的综合优势,这是使我们能够保持制度自信的重要支撑。如果我们把眼光放在历史视野中,不难看出,社会主义运动史上,曾有过多次改革浪潮,那时一些社会主义国家也希望通过自己的探索走出发展困境。但不论是20世纪50年代波兰、匈牙利的改革,还是捷克斯洛伐克的"布拉格之春",都没有成功。20世纪80—90年代的改革浪潮中,苏东国家在改革中没有稳住阵脚,没有坚守住阵地,其结果是值得深思的。真正把社会主义事业推向前进,真正顺利推进社会主义改革,是需要大智慧和大胸怀的。

韬光养晦、有所作为,极大地增强了外交活力。"韬光养晦、有所作为"是中国现行并将长期坚持的对外战略方针,是中国共产党外交思想的浓缩和结晶。20世纪80年代末90年代初,面对东欧剧变、社会主义阵营瓦解的状况,中国外交面临"怎么办""向何处去"的问题,在审视国内外环境的基础上提出"冷静观察、稳住阵脚、沉着应付"等,是外交工作的大智慧。"善于守拙、决不当头、韬光养晦、有所作为",是闪烁着战略光辉的选择。习近平总书记提出的构建新型国际关系、"亲诚惠容"的周边外交理念、"真实亲诚"的对非政策理念以及新安全观、新合作观、新文明观、新全球治理观,超越了中国传统外交思想和传统国际关系理论,既蕴含着

---

① 《邓小平年谱(1975—1997)》上,中央文献出版社2004年版,第330页。
② 邵龙宝:《中国制度的优势》,载《中国教育报》2012年11月30日。

中国智慧,也是针对全球问题提供的中国方案,把中国特色的大国外交提升到了新高度、新境界。

互相尊重、互不干涉内部事务,是一个大智慧,极大地提升了中国共产党的话语影响力。中国特色社会主义制度有利于保持党和国家的活力,极大地调动了社会各方面的积极性、主动性、创造性,体现了中国特色社会主义政治制度在国际范围内的比较优势。中国共产党和各民主党派之间是执政党与参政党之间的关系,西方政党之间是执政党和在野党之间的关系,中国政党制度是"大合唱",中国共产党是"总指挥",中国共产党和各民主党派心往一处想,劲往一处使,各民主党派参政议政,有效地规避了由于内耗造成的效率低下问题。

三、中国特色社会主义制度在全球发展中的示范意义

从世界历史角度看,"中国崛起"的一个最大特点就是走的是和平发展道路,没有通过战争和掠夺来实现现代化之路。西方发达国家崛起的历史,就是人类战争和动荡的历史。英国的现代化历史就是一部海外殖民扩展的历史,通过掠夺、战争、公开的抢劫实现了资本的原始积累;美国、法国、德国、日本、俄国等国家的现代化之路充满暴力。中国的现代化之路是一条和平发展之路,合作共赢、共建共享之路。在1992年南方谈话中,邓小平强调:"社会主义中国应该用实践向世界表明,中国反对霸权主义、强权政治、永不称霸。中国是维护世界和平的坚定力量"①。中国通过和平国际环境发展自己,以自己的发展反对霸权,倡导求同存异、平等协商、相互合作。中国奉行独立的和平外交政策,坚持以邻为善、以邻为伴,积极参与反恐、防止核扩散,推行防御性国防策略,积极参与国际体系,推动建立更加公正、合理的国际新秩序,这些行为向世人展现了中国智慧。

为解决人类问题提供的中国智慧和中国方案,体现了中国特色社会主义制度在世界贡献中的比较优势。中国共产党是为中国人民谋幸福的政党,也是为人类事业进步而奋斗的政党。党的领导是中国特色社会主义制度的最大优势,是中国特色社会主义事业成功的坚强保证。"当今世界,各国相互联系、相互依存的程度空前加深,人类生活在同一个地球村里,生活在历史和现实交汇的同一个时空里,

---

① 《邓小平文选》第3卷,人民出版社1993年版,第383页。

越来越成为你中有我、我中有你的命运共同体。"①习近平总书记在第70届联合国大会上提出了各国要以合作共赢为核心,打造人类命运共同体的思想。世界处于大变革大调整时期,各国面临着许多共同挑战,任何国家都不能独自应对,各种传统与非传统安全问题需要各国齐心协力,共同解决。人类命运共同体的提出,体现了中国的大国担当。在新的历史条件下,以习近平同志为核心的党中央深入思考"建设一个什么样的世界、如何建设这个世界"等关乎人类前途命运的重大课题,展现了中国作为一个负责任大国对全人类发展的责任担当。

中国特色社会主义制度对人类社会文明发展作出了新贡献,为中国道路开拓了一条和平发展的新路,为人类文明探索出了一种国家崛起与民族复兴的新发展模式。和平发展是中国道路的核心特征,发展是目的和追求,和平是实现路径和有效保证,其对内表现为以和平的方式实现自身发展,对外表现为既为本国的发展提供有效的外部保障,又以自身的发展成果为促进世界和平发展发挥积极的作用。中国道路创新了社会主义发展的道路模式,巩固了社会主义力量,提升了社会主义形象,展现出社会主义道路强大的生命力和竞争力,为国际共产主义运动带来了新的活力和希望。中国道路给予人类文明发展一种全新的思考:一是在社会转型方面,如何实现从农耕社会向现代文明的跨越;二是在政治形式的实现过程中,如何由协商民主走向现代政治文明;三是在凝聚和召唤国家和民族的精神力量方面,如何制定出一个能够吸取人类文明成果的价值选择;四是在事关全人类共同发展的根本命运方面,如何打造出一个有关人类命运共同体的战略构想。

党的十九大报告对人类命运共同体的深刻内涵作了明确阐述,即建设"持久和平、普遍安全、共同繁荣、开放包容、清洁美丽"的世界。"五位一体"作为社会的理想,发祥于中华民族崇尚和合、天下为公的优秀传统文明,有力回答了事关人类社会命运前途的重大命题,为解决国际社会面临的各种全球性挑战提出了中国方案。中国梦与世界梦是息息相通的,人类命运共同体是联通中国梦和世界梦的关键环节。2017年12月1日在中国共产党与世界政党高层对话会上,习近平总书记指出:"中国共产党是为中国人民谋幸福的党,也是为人类进步事业而奋斗的党,中国共产党将一如既往为世界和平安宁、世界共同发展及为世界文明交流互

---

① 《习近平谈治国理政》,外文出版社2014年版,第272页。

鉴作贡献"。和平、发展、公平、正义、民主、自由是中国共产党始终倡导的治国理念,也是全人类的共同的价值追求。党的十九大报告中提出了建设创新型国家、改善民生、建设美丽中国、实施和平发展战略,中国坚持和平发展道路的诚意、决心和信心,为构建"人类命运共同体"提供了中国方案和中国智慧,这是中国特色社会主义制度自信的又一表达路径,在国际关怀中体现了自身的优势。

第六章　中国特色社会主义制度自信的四梁八柱

制度是国家性质的表达形式,集中体现了国家的建构意志。中国特色社会主义制度是我国国体和政体的具体表现形式,在中国特色社会主义建设中具有支撑性功能。中国特色社会主义制度是由根本政治制度、基本政治制度、基本经济制度和具体制度所组成的一整套有机贯通、彼此联系的制度体系。其具体表现为以下方面:人民代表大会制度是根本政治制度,中国共产党领导的多党合作和政治协商制度、民族区域自治制度以及基层群众自治制度是基本政治制度,中国特色社会主义法治体系,公有制为主体、多种所有制经济共同发展的基本经济制度,按劳分配为主体、多种分配方式并存的分配制度,以及建立在根本政治制度、基本政治制度、基本经济制度基础上的经济体制、政治体制、文化体制、社会体制等各项具体制度,形成了中国特色社会主义制度的四梁八柱。中国特色社会主义制度是中国特色社会主义的根本保障,集中体现了中国特色社会主义的特点和优势,对此,必须理直气壮地捍卫中国特色社会主义制度,增强中国特色社会主义制度自信。

第一节　政治制度挑起自信的大梁

政治制度在中国特色社会主义制度中具有基础性地位,坚定中国特色社会主义制度自信,必须首先坚定中国特色社会主义政治制度自信,通过维护中国特色社会主义政治制度增强中国特色社会主义制度自信。中国特色社会主义政治制度包括人民代表大会制度、中国共产党领导的多党合作和政治协商制度、民族区域自治制度、基层群众自治制度，共同构成了制度自信的中枢结构，是中国特色社会主义制度自信在政治领域的集中体现形式。

一、人民代表大会制度彰显民主优势

人民代表大会制度是中国特色社会主义制度的重要组成部分，是人民当家作主的根本保证。习近平总书记指出："在中国实行人民代表大会制度，是中国人民在人类政治制度史上的伟大创造，是深刻总结近代以来中国政治生活惨痛教训得出的基本结论，是中国社会一百多年激越变革、激荡发展的历史结果，是中国人民翻身作主、掌握自己命运的必然选择。"[①]人民代表大会制度体现了国家一切权力属于人民的宪法理念，具备显著优越性，具有强大生命力，是实现中国国家治理体系和治理能力现代化的根本政治制度。

（一）人民代表大会制度体现了国家权力的人民性

人民代表大会制度是社会主义民主政治的集中体现，在权力归属、权力产生和权力运作方式上符合主权在民的宪法原理。

首先，人民是人民代表大会制度的逻辑出发点。坚持以人民为中心是中国特色社会主义思想的组成部分。党的十九大报告指出，人民是历史的创造者，是决定党和国家前途命运的根本力量。宪法也确认了权力属于人民的民主原理。我国宪法第2条规定，中华人民共和国的一切权力属于人民。人民行使国家权力的机关是全国人民代表大会和地方各级人民代表大会。人民依照法律规定，通过各种途径和形式，管理国家事务，管理经济和文化事业，管理社会事务。习近平总书记指出："我们国家的名称，我们各级国家机关的名称，都冠以'人民'的称号，这是我们对中国社会主义政权的基本定位。"[②]人民代表大会制度集中体现了以人民为中心的制度设计理念。

其次，民主集中制反映了人民代表大会制度的组织优势。民主集中制是人民

[①]《在庆祝全国人民代表大会成立六十周年大会上的讲话》，载《十八大以来重要文献选编》（中），中央文献出版社2016年版，第53页。

[②]《在庆祝全国人民代表大会成立六十周年大会上的讲话》，载《十八大以来重要文献选编》（中），中央文献出版社2016年版，第58页。

代表大会制度的组织原则。我国宪法第3条规定,中华人民共和国的国家机构实行民主集中制的原则。全国人民代表大会和地方各级人民代表大会都由民主选举产生,对人民负责,受人民监督。国家行政机关、审判机关、检察机关都由人民代表大会产生,对它负责,受它监督。中央和地方的国家机构职权的划分,遵循在中央的统一领导下,充分发挥地方的主动性、积极性的原则。该条规定体现了人民代表大会制度的民主逻辑和集中逻辑的统一。所谓民主逻辑,就是人民代表大会是通过选举方式产生的,体现了现代国家政权合法组成的普遍方式。而所谓集中逻辑,则反映了人民代表大会作为国家政权机关在整个国家政权体系中的最高性,其他国家机关彼此分工又集中于人民代表大会,共同服务于人民代表大会,最终实现人民代表大会制度的人民性。

最后,人民代表大会职权具有广泛性。人民掌握一切国家权力,一方面要按照宪法原则建立相应的国家机关,同时又要能够有效地监督国家机关。习近平总书记指出:"人民的眼睛是雪亮的,人民是无所不在的监督力量。只有让人民来监督政府,政府才不会懈怠;只有人人起来负责,才不会人亡政息。人民代表大会制度的重要原则和制度设计的基本要求,就是任何国家机关及其工作人员的权力都要受到制约和监督。"[①]对此,我国宪法和法律对人民代表大会职权进行了列举。"按照宪法和法律,人民代表大会及其常委会的职权一般各有十几项。把这些职权归纳起来为四大类:即立法权、决定权、任免权和监督权。在一般的市和县级人民代表大会的职权只有三类,它们没有立法权。"[②]人民代表大会通过上述职权的广泛行使能够经常地和有效地对国家机关进行监督,从而确保权力不会被滥用。

(二)人民代表大会制度具备显著优越性

人民代表大会虽然从形式上和西方国家议会存在类似之处,但是具有本质上的差异。这种差异在于人民代表大会制度能够真正代表人民的意志和利益,从而保障人民权利的有效实现。因此,与西方议会制度相比较,人民代表大会制度的运行机制具备显著优越性。

首先,人民代表大会制度能够充分照顾不同群体和不同阶层。我国宪法第34

[①]《在庆祝全国人民代表大会成立六十周年大会上的讲话》,载《十八大以来重要文献选编》(中),中央文献出版社2016年版,第57页。

[②] 蔡定剑:《中国人民代表大会制度(第四版)》,法律出版社2003年版,第259页。

条规定,中华人民共和国年满十八周岁的公民,不分民族、种族、性别、职业、家庭出身、宗教信仰、教育程度、财产状况、居住期限,都有选举权和被选举权;但是依照法律被剥夺政治权利的人除外。因此,人民代表的来源具有广泛的群众基础。同时,人民代表的构成也充分反映了不同群体和不同阶层的特殊性。这种特殊性就是充分考虑到地区之间、城乡之间、职业之间、民族之间、性别之间的差异,从而使人民代表大会制度尽可能地反映出不同群体、不同地域和不同阶层的诉求,具有更大的包容性。以全国人大为例,其人数之多,使得人大代表的来源更为多样化,从而能够保证不同群体不同阶层参与国家政治活动。正因为如此,人民代表大会制度具有广泛的代表性。

其次,人民代表大会制度能够有效地集中民意。人民代表是国家机关和人民群众之间的重要纽带。按照宪法和法律规定,人大代表拥有相应的权利,承担相应的义务。以全国人大代表为例,其有权提出议案,有权提出质询案,非经许可不受逮捕或者刑事审判,会议发言和表决不受法律追究。同时,其必须模范地遵守宪法和法律,保守国家秘密,并且在自己参加的生产、工作和社会活动中,协助宪法和法律的实施;应当同原选举单位和人民保持密切的联系,听取和反映人民的意见和要求,努力为人民服务。因此,人大代表除了人大常委会成员中存在的专职代表之外均是兼职的。这种兼职制有助于人大代表在工作中了解基层民情民意,保证能够有效地汇聚各种意见,为参政议政提供坚实的基础。为了保证有效倾听群众意见和呼声,人民代表大会制度在人民代表了解民意机制上也在不断完善,如人大代表视察制度、调查制度等。

最后,人民代表大会制度能够及时地解决人大代表反映的问题。议案是人大代表权利的重要表现形式。议案能否及时有效地得到办理反映了人民代表大会制度运行的成功与否。代表法第42条规定,有关机关、组织应当认真研究办理代表的建议、批评和意见,并自交办之日起三个月内答复。涉及面广、处理难度大的建议、批评和意见,应当自交办之日起六个月内答复。有关机关、组织在研究办理代表建议、批评和意见的过程中,应当与代表联系沟通,充分听取意见。代表建议、批评和意见的办理情况,应当向本级人民代表大会常务委员会或者乡、民族乡、镇的人民代表大会主席团报告,并印发下一次人民代表大会会议。代表建议、批评和意见办理情况的报告,应当予以公开。从实践来看,各级人大及其常委会高度重视代表议案办理工作。以全国人大代表议案办理工作来看,代表建议数量多,承办单位多,甚至全国人大常委会还会专门开展督办工作。这种议案办理机制能够有效地解决人民代表所反映的方方面面的问题。

（三）人民代表大会制度具有强大生命力

自1954年人民代表大会制度建立以来,人民代表大会制度已经扎根于国家生活之中。习近平总书记指出:"六十年特别是改革开放三十多年来,人民代表大会制度不断得到巩固和发展,展现出蓬勃生机活力。六十年的实践充分证明,人民代表大会制度是符合中国国情和实际、体现社会主义国家性质、保证人民当家作主、保障实现中华民族伟大复兴的好制度。"[①]因此,人民代表大会制度具有强大生命力。

首先,人民代表大会制度能够发挥其独特作用。随着人们对人大制度的认识程度日益提高,人大的地位日益提升。这种提升反映在人代会上的表决结果的多样化,既有赞成,也有反对,甚至弃权。这种允许不同声音的做法反映了人民代表大会制度自身具备了调适的功能,进而使人民代表大会制度的民主精神日益凸显。

其次,人民代表大会制度能够完善其组织结构。随着人大制度的发展,无论是人大代表还是人大机关工作人员,其专业化能力日益增强。在人大代表方面,人大代表不再表现为荣誉性或者先进性的代表,而是以能否为人民服务作为评价人大代表的重要标志。在人大机关工作人员方面,随着人大建设的加强,各级人大及其常委会组织机构不断完善,工作人员也日益实现专门化,从而大大提高了人大运作效率。

最后,人民代表大会制度能够创新其工作机制。随着人大工作日益受到重视,人民代表大会制度工作机制也在不断完善。在立法方面,不断探索科学立法、民主立法路径,提高立法质量。党的十九大报告进一步提出了依法立法要求。在监督方面,制定《中华人民共和国各级人民代表大会常务委员会监督法》,为专题询问、备案审查等监督制度提供了有力的依据。这些工作机制的不断创新,使人民代表大会制度能够发挥制度潜能,真正实现人民当家作主的目标。

[①]《在庆祝全国人民代表大会成立六十周年大会上的讲话》(2014年9月5日),载《十八大以来重要文献选编》(中),中央文献出版社2016年版,第53页。

二、社会主义协商民主制度体现民主特色

社会主义协商民主是中国社会主义民主政治的特有形式,社会主义协商民主制度是中国特色社会主义民主制度的重要组成部分。改革开放以来,中国共产党领导的多党合作和政治协商制度不断发展,在一定程度上推动协商民主从政治领域的协商向其他领域的协商延伸。2006年,中共中央发布《关于加强人民政协工作的意见》,正式以中央文件形式提出协商民主是选举民主之外的另一种社会主义民主形式,从而确立了中国特色社会主义协商民主制度。2007年,国务院新闻办发布的《中国的政党制度》白皮书指出:"选举民主与协商民主相结合,是中国社会主义民主的一大特点。在中国,人民代表大会制度与中国共产党领导的多党合作和政治协商制度,有着相辅相成的作用。人民通过选举、投票行使权利和人民内部各方面在作出重大决策之前进行充分协商,尽可能取得一致意见,是社会主义民主的两种重要形式。选举民主与协商民主相结合,拓展了社会主义民主的深度和广度。经过充分的政治协商,既尊重了多数人的意愿,又照顾了少数人的合理要求,保障最大限度地实现人民民主,促进社会和谐发展。"这就正式确定了协商民主和选举民主的同等地位。党的十八大以来,社会主义协商民主制度得到进一步强化。2014年9月21日,习近平总书记在庆祝中国人民政治协商会议成立65周年大会上指出,社会主义协商民主,是中国社会主义民主政治的特有形式和独特优势,是中国共产党的群众路线在政治领域的重要体现。党的十九大报告指出,要发挥社会主义协商民主重要作用。有事好商量,众人的事情由众人商量,是人民民主的真谛。协商民主是实现党的领导的重要方式,是我国社会主义民主政治的特有形式和独特优势。要推动协商民主广泛、多层、制度化发展,保证人民在日常政治生活中有广泛持续深入参与的权利。因此,社会主义协商民主制度体现了中国特色社会主义政治制度的特色。

(一)多党合作构建新型政党关系

中国共产党领导的多党合作和政治协商制度是我国基本政治制度之一。习近平总书记指出:"中国共产党领导的多党合作和政治协商制度是我国的一项基本政治制度。讲我们党、我们国家的制度优势和特点,中国共产党领导的多党合作和政治协商制度是很重要的一个方面。几十年的实践证明,这个制度是适合我

国国情的,已植根于我国土壤,构成了中国特色社会主义制度的一个鲜明特色。"①这一制度主要有两个制度功能:一是多党合作;二是政治协商。习近平总书记指出:"中国共产党领导的多党合作和政治协商制度,反映了人民当家作主的社会主义民主政治的本质,是我国政治格局稳定的重要制度保证。"②中国共产党领导的多党合作和政治协商制度形成了我国独特的政党制度,构建新型政党关系,为社会主义协商民主制度发展奠定了基础。我国实行的共产党领导的多党合作制度既不同于两党制乃至多党制,也不同于一党制,而是符合我国国情的社会主义政党制度。从历史来看,西方政党制度虽然推动了近代中国政党制度的发展,但是实践证明西方式政党制度过于涣散难以形成有效的政党合作。在我国政党制度下,中国共产党是执政党,中国国民党革命委员会(民革)、中国民主同盟(民盟)、中国民主建国会(民建)、中国民主促进会(民进)、中国农工民主党(农工党)、中国致公党(致公党)、九三学社、台湾民主自治同盟(台盟)等八个民主党派是参政党,执政党和参政党共同参与政治生活,形成政党合力。一方面,政党制度以中国共产党领导为原则,这种领导是政治领导,是政治原则、政治方向和重大方针政策的领导,而不是越俎代庖。另一方面,政党制度充分发挥民主党派的作用,政治协商,民主监督,参政议政。执政党和参政党长期共存,互相监督,肝胆相照,荣辱与共,从而构建了一种新型的中国特色社会主义政党制度,具有独特的政治优势。在这种政党制度下,既能够防止一党执政所带来的监督缺位问题,也能避免党争不断所带来的政治不稳定弊端,充分调动不同政党所联系的阶层的积极性,实现政党制度和国家制度的有机融合。

(二)政治协商塑造协商民主理念

虽然协商民主概念正式提出时间不长,但是中国共产党领导的多党合作和政治协商制度已经具备协商民主理念。中国特色社会主义协商民主制度是中国革命和建设长期实践的产物。1938年,毛泽东就提出:"在一切有意愿和我们合作的民主党派和民主人士存在的地方,共产党员必须采取和他们一道商量问题和一道

---

① 《在中央统战工作会议上的讲话》,载中共中央文献研究室编《习近平关于社会主义政治建设论述摘编》,中央文献出版社2017年版,第74页。
② 《在中央统战工作会议上的讲话》,载中共中央文献研究室编《习近平关于社会主义政治建设论述摘编》,中央文献出版社2017年版,第74—75页。

工作的态度。"①在抗日战争时期,抗日民主政权按照"三三制"建立政权组织,共产党员、非党左派进步分子和中间派人士各占三分之一。其采取座谈协商等方式,采用先协商后决议或者协商后票决的方式,形成了政治协商的基本模式。政治协商制度的广泛建立是在中华人民共和国初期。1949 年 9 月,第一届中国人民政治协商会议通过了《中国人民政治协商会议共同纲领》,由中国人民政治协商会议代行国家最高权力机关的权力,体现了政治协商制度在国家制度建构中的作用。即使在 1954 年建立人民代表大会制度之后,中国共产党领导的多党合作和政治协商制度所形成的人民政协组织依然发挥着重要作用。按照中国人民政治协商章程第 20 条规定,中国人民政治协商会议全国委员会由中国共产党、各民主党派、无党派人士、人民团体、各少数民族和各界的代表,香港特别行政区同胞、澳门特别行政区同胞、台湾同胞和归国华侨的代表以及特别邀请的人士组成,设若干界别。中国人民政治协商会议地方委员会的组成,根据当地情况,参照全国委员会的组成决定。其体现了协商主体的广泛性。同时,根据中国人民政治协商章程第 27 条规定,参加中国人民政治协商会议全国委员会和地方委员会的单位和个人,有通过本会会议和组织充分发表各种意见、参加讨论国家大政方针和该地方重大事务的权利,对国家机关和国家工作人员的工作提出建议和批评的权利,以及对违纪违法行为检举揭发、参与调查和检查的权利。人民政协围绕团结和民主两大主题开展工作,履行政治协商、民主监督和参政议政的职能,体现了协商民主理念,在国家生活和社会生活中发挥着显著的作用。

(三)协商民主凸显民主方式多样性

随着社会主义民主政治的发展,社会主义协商民主形式日益多样化。党的十八大报告提出了"健全社会主义协商民主制度"的要求,明确"要完善协商民主制度和工作机制,推进协商民主广泛、多层、制度化发展"的具体方向。党的十八届三中全会决定进一步从四个方面进行了阐述。一是推进协商民主广泛多层制度化发展。协商民主是我国社会主义民主政治的特有形式和独特优势,是党的群众路线在政治领域的重要体现。在党的领导下,以经济社会发展重大问题和涉及群众切身利益的实际问题为内容,在全社会开展广泛协商,坚持协商于决策之前和

---

① 《毛泽东选集》第 2 卷,人民出版社 1991 年版,第 52 页。

决策实施之中。二是构建程序合理、环节完整的协商民主体系,拓宽国家政权机关、政协组织、党派团体、基层组织、社会组织的协商渠道。深入开展立法协商、行政协商、民主协商、参政协商、社会协商。加强中国特色新型智库建设,建立健全决策咨询制度。三是发挥统一战线在协商民主中的重要作用。完善中国共产党同各民主党派的政治协商,认真听取各民主党派和无党派人士意见。中共中央根据年度工作重点提出规划,采取协商会、谈心会、座谈会等方式进行协商。完善民主党派中央直接向中共中央提出建议制度。贯彻党的民族政策,保障少数民族合法权益,巩固和发展平等团结互助和谐的社会主义民族关系。四是发挥人民政协作为协商民主重要渠道作用。重点推进政治协商、民主监督、参政议政制度化、规范化、程序化。各级党委和政府、政协制定并组织实施协商年度工作计划,就一些重要决策听取政协意见。完善人民政协制度体系,规范协商内容、协商程序。拓展协商民主形式,更加活跃有序地组织专题协商、对口协商、界别协商、提案办理协商,增加协商密度,提高协商成效。在政协健全委员联络机构,完善委员联络制度。党的十九大报告明确了"发挥社会主义协商民主重要作用"的任务,提出:"协商民主是实现党的领导的重要方式,是我国社会主义民主政治的特有形式和独特优势。要推动协商民主广泛、多层、制度化发展,统筹推进政党协商、人大协商、政府协商、政协协商、人民团体协商、基层协商以及社会组织协商。加强协商民主制度建设,形成完整的制度程序和参与实践,保证人民在日常政治生活中有广泛持续深入参与的权利。"这些论述凸显了协商民主形式的多样化发展,必将为社会主义民主政治建设提供日益丰富的选择方案,能够有效地推动社会主义民主政治运转。

三、民族区域自治制度契合民族实际

民族区域自治制度是中国特色社会主义制度的一项基本政治制度,是中国解决民族问题的制度形式。习近平总书记指出:"民族区域自治制度是我国的一项基本政治制度,是中国特色解决民族问题的正确道路的重要内容和制度保障。"[1]一方面,少数民族可以通过人民代表大会制度等民主形式有效实现人民当家作

---

[1]《在中央民族工作会议上的讲话》,载中共中央文献研究室编《习近平关于社会主义政治建设论述摘编》,中央文献出版社2017年版,第150—151页。

主,另一方面,少数民族可以通过民族区域自治制度实现在民族区域地区的人民当家作主。这种制度有效地解决了多民族国家的民族问题,为少数民族融于国家提供了制度基础。

(一)民族区域自治制度符合我国国情

中国是一个统一的多民族国家,有56个民族,汉族人口最多,其他为少数民族。为了解决民族问题,我国采用民族区域自治制度作为基本制度架构。习近平总书记指出:"我们党采取民族区域自治这个新办法,既保证了国家团结统一,又实现了各民族共同当家作主。实践证明,民族区域自治制度符合我国国情,在维护国家统一、领土完整,在加强民族平等团结、促进民族地区发展、增强中华民族凝聚力等方面都起到了重要作用。"[1]因此,民族区域自治制度是一项适应中国国情的制度安排。

首先,民族区域自治制度能够维护国家统一。民族问题是历代政权关注的重要问题。自秦朝以来,统一的多民族国家始终是国家认同的根本原则。尽管历代政权对少数民族地区所采取的政策存在差异,但是在实现国家统一的前提下,给予民族地区区别于其他地区的治理模式却是一以贯之的。这不仅是历史经验,也是现实实践启示。中国共产党一直以来高度重视民族问题,制定了一系列民族政策,成功地探索出中国特色社会主义民族治理道路。这条道路能够保证民族区域自治制度始终以国家的统一为目标。

其次,民族区域自治制度充分照顾民族人口分布现状。长期以来,中国各民族在历史中不断迁徙,彼此交融,形成了大杂居、小聚居的居住格局。汉族作为人口最多的民族遍布全国。而少数民族人口虽然较少,但是主要居住在边疆地区,同时也广泛居住在一般行政区域内。这种居住格局进一步形成了你中有我、我中有你的相互依存的人口分布现状。正是充分考虑到少数民族居住特点和人口分布情况,民族区域自治制度将民族因素和地域因素相互结合,形成了以少数民族聚居地方为基础的不同类型的民族自治地方,有利于民族关系的和谐稳定发展。

最后,民族区域自治制度有助于实现民族团结互助。少数民族聚居地方往往面积广,资源丰富,但在经济社会发展水平上与其他地区相比又较为落后。习近

---

[1] 《在中央民族工作会议上的讲话》,载中共中央文献研究室编《习近平关于社会主义政治建设论述摘编》,中央文献出版社2017年版,第151页。

平总书记对此进行了概括:"民族地区是我国的资源富集区、水系源头区、生态屏障区、文化特色区、边疆地区、贫困地区。"①而实行民族区域自治制度一方面能够充分照顾少数民族地区,另一方面也能够推动少数民族地区和其他地区之间的交流合作,共同实现现代化目标。

(二)民族区域自治制度体现多元统一

民族区域自治制度在维护国家统一的前提下具有自身的特点,即民族和自治两个方面。这种民族区域自治一方面具有地方自治的内涵,另一方面也充分发挥了民族自治的优势。习近平总书记指出:"坚持和完善民族区域自治制度,要做到'两个结合'。一是坚持统一和自治相结合。团结统一是国家最高利益,是各族人民共同利益,是实行民族区域自治的前提和基础。没有国家团结统一,就谈不上民族区域自治。同时,要在确保国家法律和政令实施的基础上,依法保障自治地方行使自治权,给予自治地方特殊支持,解决好自治地方特殊问题。二是坚持民族因素和区域因素相结合。民族区域自治,既包含了民族因素,又包含了区域因素。民族区域自治不是某个民族独享的自治,民族自治地方更不是某个民族独有的地方。这一点必须搞清楚,否则就会走到错误的方向上去。"②民族区域自治制度本身体现了多种因素的有机统一。

其一,民族区域自治制度实现了少数民族自己管理自己的制度安排。民族区域自治制度体现了对少数民族的充分照顾。这种照顾集中体现在人事安排方面。首先,宪法对此进行了明确规定。宪法第 113 条规定,自治区、自治州、自治县的人民代表大会中,除实行区域自治的民族的代表外,其他居住在本行政区域内的民族也应当有适当名额的代表。自治区、自治州、自治县的人民代表大会常务委员会中应当有实行区域自治的民族的公民担任主任或者副主任。第 114 条规定,自治区主席、自治州州长、自治县县长由实行区域自治的民族的公民担任。其次,民族区域自治法也进一步作了详细规定。其第 16 条规定,民族自治地方的人民代表大会中,除实行区域自治的民族的代表外,其他居住在本行政区域内的民族

---

① 《在中央民族工作会议上的讲话》,载中共中央文献研究室编《习近平关于社会主义政治建设论述摘编》,中央文献出版社 2017 年版,第 149 页。
② 《在中央民族工作会议上的讲话》,载中共中央文献研究室编《习近平关于社会主义政治建设论述摘编》,中央文献出版社 2017 年版,第 151—152 页。

也应当有适当名额的代表。民族自治地方的人民代表大会中,实行区域自治的民族和其他少数民族代表的名额和比例,根据法律规定的原则,由省、自治区、直辖市的人民代表大会常务委员会决定,并报全国人民代表大会常务委员会备案。民族自治地方的人民代表大会常务委员会中应当有实行区域自治的民族的公民担任主任或者副主任。第17条规定,自治区主席、自治州州长、自治县县长由实行区域自治的民族的公民担任。自治区、自治州、自治县的人民政府的其他组成人员,应当合理配备实行区域自治的民族和其他少数民族的人员。民族自治地方的人民政府实行自治区主席、自治州州长、自治县县长负责制。自治区主席、自治州州长、自治县县长,分别主持本级人民政府工作。这些规定将民族自治制度化。

其二,民族区域自治制度赋予民族区域自治地方较大的制度空间。民族区域自治制度也同样体现在对本地区事务的优先考虑上。这一点集中体现在自治权力方面。宪法第115条规定,自治区、自治州、自治县的自治机关行使宪法第三章第五节规定的地方国家机关的职权,同时依照宪法、民族区域自治法和其他法律规定的权限行使自治权,根据本地方实际情况贯彻执行国家的法律、政策。在此基础上,宪法和民族区域自治法也对自治权力种类进行了详细列举。例如,在自治条例和单行条例方面,民族区域自治地方就拥有其他行政区域所没有的独特的立法权力。宪法第116条规定,民族自治地方的人民代表大会有权依照当地民族的政治、经济和文化的特点,制定自治条例和单行条例。自治区的自治条例和单行条例,报全国人民代表大会常务委员会批准后生效。自治州、自治县的自治条例和单行条例,报省或者自治区的人民代表大会常务委员会批准后生效,并报全国人民代表大会常务委员会备案。《民族区域自治法》第19条规定,民族自治地方的人民代表大会有权依照当地民族的政治、经济和文化的特点,制定自治条例和单行条例。自治区的自治条例和单行条例,报全国人民代表大会常务委员会批准后生效。自治州、自治县的自治条例和单行条例报省、自治区、直辖市的人民代表大会常务委员会批准后生效,并报全国人民代表大会常务委员会和国务院备案。这些自治权力赋予民族区域自治地方较大的制度空间。

(三)民族区域自治制度实现了有机结合

民族区域自治制度体现了民族平等原则。宪法第4条规定,中华人民共和国各民族一律平等。国家保障各少数民族的合法的权利和利益,维护和发展各民族的平等、团结、互助关系。禁止对任何民族的歧视和压迫,禁止破坏民族团结和制造民族分裂的行为。国家根据各少数民族的特点和需要,帮助各少数民族地区加速经济和文化的发展。各少数民族聚居的地方实行区域自治,设立自治机关,行使自治权。各民族自治地方都是中华人民共和国不可分离的部分。各民族都有使用和发展自己的语言文字的自由,都有保持或者改革自己的风俗习惯的自由。为此,国家和社会不仅在形式上落实民族平等原则,而且在实质上体现民族平等原则。例如,为了保证少数民族都能参加全国人民代表大会,因此宪法第59条第一款明确规定,全国人民代表大会由省、自治区、直辖市、特别行政区和军队选出的代表组成。各少数民族都应当有适当名额的代表。这就意味着无论少数民族人口多少,均有代表参加全国人大的机会。这种形式和实质相结合的制度安排,能够有效地保证民族区域自治的真正实现。

四、基层群众自治制度扎根社会基础

基层群众自治制度作为一种民主自治制度,是中国特色社会主义政治制度的重要组成部分。党的十九大报告指出,巩固基层政权,完善基层民主制度,保障人民知情权、参与权、表达权、监督权。要实现人民民主,必须充分发挥基层群众自治制度,从而使人民代表大会制度和中国共产党领导的多党合作和政治协商制度等民主制度具有坚实的民主基础。通常来说,基层群众自治制度包括村民委员会制度、居民委员会制度以及职工代表大会制度。特别是随着业主自治的发展,业主委员会制度也成为基层群众自治制度的新形式。这些制度均体现了民主性、自治性和广泛性。

(一)基层群众自治制度赋予基层群众民主权利

为了使基层群众能够建立并监督基层群众自治组织,基层群众自治制度赋予了基层群众直接的民主权利。其主要体现在三个方面:一是直接选举。宪法规定,基层群众自治制度由群众直接选举罢免。《村民委员会组织法》第11条规定,村民委员会主任、副主任和委员,由村民直接选举产生。任何组织或者个人不得指定、委派或者撤换村民委员会成员。《居民委员会组织法》第8条规定,居民委员会主任、副主任和委员,由本居住地区全体有选举权的居民或者由每户派代表选举产生;根据居民意见,也可以由每个居民小组选举代表二至三

人选举产生。居民委员会每届任期三年,其成员可以连选连任。《全民所有制工业企业职工代表大会条例》第 11 条规定,职工代表的产生,应当以班组或者工段为单位,由职工直接选举。大型企业的职工代表,也可以由分厂或者车间的职工代表相互推选产生。《物业管理条例》第 10 条规定,同一个物业管理区域内的业主,应当在物业所在地的区、县人民政府房地产行政主管部门或者街道办事处、乡镇人民政府的指导下成立业主大会,并选举产生业主委员会。但是,只有一个业主的,或者业主人数较少且经全体业主一致同意,决定不成立业主大会的,由业主共同履行业主大会、业主委员会职责。二是直接罢免。罢免是和选举相对应的民主形式。《村民委员会组织法》第 16 条规定,本村五分之一以上有选举权的村民或者三分之一以上的村民代表联名,可以提出罢免村民委员会成员的要求,并说明要求罢免的理由。被提出罢免的村民委员会成员有权提出申辩意见。罢免村民委员会成员,须有登记参加选举的村民过半数投票,并须经投票的村民过半数通过。这些制度安排体现了民主理念,使基层群众能够真正具有民主精神。

(二)基层群众自治制度实现了自我决策、自我管理和自我监督

为了发挥基层群众的自主意识,基层群众自治制度也体现了自治性制度安排。其主要体现在三个方面:一是基层群众自我决策。在村民自治中,凡是涉及村民利益的重要事项,都由村民会议或者村民代表会议讨论决定。在居民自治中,规定居民公约由居民会议讨论制定,报不设区的市、市辖区的人民政府或者它的派出机关备案,由居民委员会监督执行。居民应当遵守居民会议的决议和居民公约。居民公约的内容不得与宪法、法律、法规和国家的政策相抵触。同时,居民委员会办理本居住地区公益事业所需的费用,经居民会议讨论决定,可以根据自愿原则向居民筹集,也可以向本居住地区的受益单位筹集,但是必须经受益单位同意;收支账目应当及时公布,接受居民监督。二是基层群众自我管理。在村民自治中,村民委员会应当实行少数服从多数的民主决策机制和公开透明的工作原则,建立健全各种工作制度。村民委员会实行村务公开制度。在居民自治中,规定居民委员会决定问题,采取少数服从多数的原则。居民委员会进行工作,应当采取民主的方法,不得强迫命令。三是基层群众自我监督。《村民委员会组织法》规定,村应当建立村务监督委员会或者其他形式的村务监督机构,负责村民民主

理财,监督村务公开等制度的落实,其成员由村民会议或者村民代表会议在村民中推选产生,其中应有具备财会、管理知识的人员。村民委员会成员及其近亲属不得担任村务监督机构成员。村务监督机构成员向村民会议和村民代表会议负责,可以列席村民委员会会议。在职工代表大会制度中,职工代表大会具有较大的权力。《全民所有制工业企业法》第51条规定,职工代表大会行使下列职权:一是听取和审议厂长关于企业的经营方针、长远规划、年度计划、基本建设方案、重大技术改造方案、职工培训计划、留用资金分配和使用方案、承包和租赁经营责任制方案的报告,提出意见和建议;二是审查同意或者否决企业的工资调整方案、奖金分配方案、劳动保护措施、奖惩办法以及其他重要的规章制度;三是审议决定职工福利基金使用方案、职工住宅分配方案和其他有关职工生活福利的重大事项;四是评议、监督企业各级行政领导干部,提出奖惩和任免的建议;五是根据政府主管部门的决定选举厂长,报政府主管部门批准。这些制度设计体现了自治理念,强化基层群众自主意识,使基层群众能够体现自我责任感。

（三）基层群众自治制度实现了全覆盖

基层群众自治制度面向基层,覆盖城乡,具有广泛性。其主要体现在以下方面:一是主体的广泛性。在基层民主自治制度下,基层群众既有村民,也有居民;既有本地人口,也有外来人口;既有基层群众个体,也有基层企事业单位和社会组织,能够包容各种群体。其实现了个体和组织的统一、农村和城镇的统一、经济和社会的统一。二是领域的广泛性。基层群众自治制度涉及的领域不仅限于政治生活领域,而且广泛地辐射到经济、社会、文化、生态文明等社会主义现代化建设领域。基层群众自治制度不能简单地视为一种政治制度安排,而是基层群众经济、社会、文化等领域综合发展的产物。在某种意义上来说,基层群众性自治制度能够有效地回应基层群众的各方面诉求,起到政府和基层群众的联络作用。三是形式的广泛性。基层民主自治制度能够根据不同地域发展出不同的基层民主形式,丰富基层民主内容。除了村民自治和居民自治之外,还出现了业主自治等社会自治形式。随着社会主义协商民主制度的发展,基层协商也必将成为基层群众自治制度实现民主的重要方式。所以,基层群众自治制度已经成为社会主义民主政治最为活跃的部分。

第二节 经济制度夯实自信的基础

经济制度是人类历史发展一定阶段上占统治地位的生产关系的总和,即是人们在物质资料的生产、分配、交换和消费中所结成的相互关系的总和。马克思主义的历史唯物史观认为,经济基础决定上层建筑。经济制度作为一定社会形态的经济基础,决定着一个社会的政治制度、文化制度和社会意识形态。因此可以说,对经济制度的自信,是制度自信的前提基础和首要内容。

中国特色社会主义经济制度,则是指中国改革开放以来形成的符合现阶段国情的经济制度,是一套适合中国国情、植根于中国文化传统、在改革开放实践中不断完善和发展的经济制度。其内容主要包括三个方面:一是在基本经济制度方面,以公有制为主体、多种经济成分共同发展;二是在分配制度方面,以按劳分配为主、多种分配方式相结合;三是在运行机制方面,建立起了社会主义市场经济体制。中华人民共和国成立以后特别是改革开放以来,中国的崛起和发展主要源于国民经济的高速增长,而这在很大程度上得益于中国特色社会主义经济制度的变迁及推动。因而可以认为,坚持经济制度自信是坚持中国特色社会主义制度自信的首要基础。具体而言,经济制度自信实际上就是对中国特色社会主义经济制度能够为当代中国经济发展和社会进步提供根本保障的深刻理解和根本认同,体现了对中国特色社会主义经济制度的基本特征和明显优势,表达了对中国特色社会主义经济制度能够发展和完善的持续信心和坚定信念。

一、基本经济制度奠定新发展理念的基础

在一个社会的所有经济关系中,最基本的是生产关系,反映在制度形式上就是生产资料所有制。① 也就是说,经济制度的核心问题是生产资料所有制。所有制对其他经济制度有着决定性的影响,是区分不同的社会经济制度性质的根本标志。② 因此,基本经济制度问题,本质上就是所有制结构问题。

---

① 参见孙蚌珠《论中国特色社会主义经济制度的内涵、特征和优势》,载《思想教育理论导刊》2011年第10期。
② 参见张兴茂《制度、经济制度与基本经济制度——兼论非公有制经济不是社会主义经济制度的基础》,载《当代经济研究》2001年第3期。

中国特色社会主义基本经济制度，就是以公有制为主体、多种所有制经济共同发展的所有制结构。党的十五大首次确立了以公有制为主体，多种所有制经济共同发展是我国社会主义初级阶段的基本经济制度。2013年党的十八届三中全会审议通过的《中共中央关于全面深化改革若干重大问题的决定》中则明确规定，"公有制为主体、多种所有制经济共同发展的基本经济制度，是中国特色社会主义制度的重要支柱，也是社会主义市场经济体制的根基。"公有制经济的主体地位和非公有制经济贡献重要地位的并存，是二者共同发展的前提和基础。习近平总书记曾强调，"任何想把公有制经济否定掉或者想把非公有制经济否定掉的观点，都是不符合最广大人民根本利益的，都是不符合我国改革发展要求的，因此也都是错误的。"[①]以公有制为主体、多种所有制经济共同发展的基本经济制度，直接决定着我国的社会性质，是中国社会主义事业取得成功的保证。

中国特色社会主义基本经济制度有其存在的内在合理性和自洽性，具有一个辩证统一的严密逻辑体系，是由一系列客观经济条件决定的，是符合经济制度发展的一般规律和中国特殊国情的，同时也体现了以最广大人民根本利益为宗旨的价值取向。而且，中国特色社会主义基本经济制度还具有其他类型经济制度所不可比拟的优越性，这已经在40年的中国改革开放实践中得以检验。

（一）符合生产关系一定要适应生产力发展的客观规律

生产资料所有制及其结构必须要适应生产力的性质和发展要求，否则就会阻碍生产力发展和社会进步，这是不以人们精神和意志为转移的客观规律。衡量一种经济制度是否合理，关键看其是否集中体现了生产关系适应生产力发展的客观规律。社会主义公有制主体地位的确立，结束了旧制度下生产资料与创造使用生产资料的广大劳动者分离的状态，消除了社会化大生产与生产资料私人占有的矛盾，使劳动者的地位及其与生产资料的关系发生了根本性的变化。同时，非公有制经济也具有长期存在和发展的必然性。马克思和恩格斯曾指出："无论哪一个社会形态，在它所能容纳的全部生产力发挥出来以前，是不会灭亡的；而新的更高的生产关系，在它的物质存在条件在旧社会的胎胞里成熟以前，是决不会出现

---

① 中共中央宣传部：《习近平总书记系列重要讲话读本（2016年版）》，学习出版社、人民出版社2016年版，第149页。

的。"①世界经验表明,资本主义私有制经济在较长一段时间内还将存在,还具有相当的竞争力和生命力,仍然可以促进生产力的发展。其经济运行方式对于公有制经济的发展也具有一定的借鉴作用。同时,当前中国生产力水平不高,尚未达到马克思所设想的实施单一公有制经济的共产主义第一阶段。在这个阶段中,非公有制经济不是即将消亡的,而是仍然保持着旺盛的生机与活力的。非公有制经济在产出、就业、税收等领域贡献的重要地位,是非公有制经济存在和发展的前提。因此,公有制和非公有制经济共生共存,符合经济社会发展的一般规律,既是对马克思主义社会主义理论的继承,也是马克思主义中国化的重要体现。

(二)遵循消灭剥削、消除两极分化的根本要求

社会主义的本质是公有制,公有制是中国特色社会主义基本经济制度的基础。社会主义首先在制度上要体现消灭剥削、消除两极分化的根本要求,就是要确立体现社会主义的公有制经济制度。中国是社会主义国家,"以公有制为主体"是社会主义经济的应有之义。只有在公有制的基础上才能建立起按劳分配、消除两极分化、实现共同富裕的社会主义生产关系体系。② 公有制为主体,主要是由国有经济的主导地位来体现的。以公有制为主体、国有经济控制国家经济命脉的经济制度,恰恰体现了社会主义与资本主义之间质的区别。习近平总书记指出:"必须毫不动摇巩固和发展公有制经济,坚持公有制主体地位,发挥国有经济主导作用,不断增强国有经济活力、控制力、影响力、抗风险能力。"③江泽民也曾指出:"没有国有经济为核心的公有制经济,就没有社会主义的经济基础,也就没有共产党执政以及整个社会主义上层建筑的经济基础和强大物质手段。"同时,消灭剥削、消除两极分化并不意味着贫穷层面上的"平均主义",而是要使得全体人民过上富裕生活。中华人民共和国成立以来的实践证明,单一公有制和过分的国家垄断,并不符合中国社会主义初级阶段具体国情,不符合生产力发展水平的实际,也不利于中国国民经济发展和居民富裕。非公有制经济的存在,不仅在一定程度上有利于公有制经济的发展壮大,也有力地推动了整个国民经济的快速发展。

---

① 《马克思恩格斯选集》第 2 卷,人民出版社 1995 年版,第 33 页。
② 参见卫兴华《坚持和完善中国特色社会主义经济制度》,载《政治经济学评论》2012 年第 1 期。
③ 中共中央宣传部:《习近平总书记系列重要讲话读本(2016 年版)》,学习出版社,人民出版社 2016 年版,第 148 页。

(三)有利于解放和发展社会主义初级阶段的生产力

生产力发展水平不高、发展不平衡是我国社会主义初级阶段的最基本国情,现阶段的根本任务是解放和发展生产力。这就决定了我国现阶段的基本经济制度既要有别于资本主义社会,也要与生产力发达的共产主义阶段相区别。为了发展生产力,必须调动一切有利于提升生产力水平的积极因素,进行社会主义现代化建设。公有制经济和非公有制经济在性质上是对立的,但作用和功能上可以统一,都有促进生产力发展的一面,两者之间存在互利共生、互补协同的辩证统一关系。因此,中国特色社会主义的、以公有制为主体、多种所有制经济共同发展的基本经济制度,可以兼顾以上两个方面的要求。一方面,以公有制为主体的经济制度实现共同富裕和人的全面解放;另一方面,允许多种所有制经济共同发展,则可调动更多的积极因素为我国社会主义现代化的实现作贡献。中国改革开放前后多年的实践经验和教训也证实了这种基本经济制度的合理性和正确性。

一是极大地促进了国民经济实力提升。中国自改革开放以来经历了长达40年的经济超高速增长,国民经济实力有了巨大提升。2000—2010年间,中国超过西方七国中的六个国家,经济总量跃居世界第二,成为世界上最大出口国。如果以脱贫的人数为指标,那么中国过去30多年所取得的成就超过了世界上所有发展中国家的总和,因为世界上70%的脱贫是在中国实现的。如果以经济发展为指标,那么中国的成就超过所有转型经济国家的总和,因为过去30多年中,中国经济增加了18倍之多,而转型经济国家总体上为1倍左右。[①]

二是极大地促进了基础设施建设和重点产业的发展。以公有制为主体的所有制结构,可以保证社会的重要经济资源掌握在国家和集体手里,并且可以较快地实现资本的集中,有效地把资源和劳动力配置到急需发展的基础设施建设和国家重点支柱产业上,从而在较短时间内推动了我国的工业化和城市化水平的快速提升。而非公有制经济灵活的组织形式则激发了创新创业的积极性,极大地促进生产,推动了技术进步,增加了产品多样性,促成了产业结构的不断完善,同时也活跃了市场,扩大了就业,增加了劳动者收入,为产业体系的恢复重建和国民经济的快速发展作出了巨大贡献。

[①] 参见《谈中国的制度自信与话语自信——访复旦大学特聘教授张维为》,载《思想教育研究》2013年第3期。

三是有效提高了我国应对经济危机的能力。在当今经济全球化、金融国际化的条件下,以生产相对过剩为主要特征的经济危机是所有实行市场经济国家都要面临的问题。① 然而,一个优越的经济制度,具有较强应对外部冲击的能力,从而使得经济平稳持续发展。历次金融危机的经验教训表明,那些完全私有化和市场自由化的国家往往会受到巨大的冲击。而在我国的基本经济制度下,市场经济在国家宏观调控下运行;政府可以通过宏观调控,将资金投入到基础设施建设上,通过刺激国内消费、扩大内需来转换经济发展的着力点,从而减少金融危机带来的经济损失。

(四)具有长盛不衰的制度生命力

对基本经济制度的自信,除了源于其科学性、合理性和优越性,还来自制度自身长盛不衰的生命力,这需要制度本身的不断完善。坚持和完善基本经济制度,事关中国特色社会主义前途命运和国家的长治久安。坚持和完善基本经济制度,必须积极探索基本经济制度有效实现形式。在党的十八届三中全会上,以习近平同志为核心的党中央在总结和坚持以往成功经验的基础上,提出了在新的历史条件下坚持和完善基本经济制度的新思想和新部署,鲜明地表达了我们党坚持和完善我国基本经济制度的坚定意志,必将对中国特色社会主义的发展产生深远的积极影响。一是对基本经济制度的重要地位作了新的阐述;二是对非公有制经济的重要作用作了新的概括;三是对积极发展混合所有制经济提出了战略要求;四是对全面深化国有经济改革作出了一系列重要部署;五是对促进非公有制经济健康发展提出了一系列新的举措;六是健全体制机制,推进城乡发展一体化。2017年党的十九大报告强调坚持新发展理念,指出"坚持和完善我国社会主义基本经济制度和分配制度,毫不动摇巩固和发展公有制经济,毫不动摇鼓励、支持、引导非公有制经济发展",指出了新时代仍然要坚持"两个毫不动摇",在发展中不断完善中国特色社会主义基本经济制度。

二、分配制度兼顾公平与效率

马克思说:"一定的分配关系是历史规定的生产关系表现。"②社会经济关系的

---

① 参见南珊妹《从基本经济制度的历史演进看制度自信》,载《经济研究导刊》2015年第26期。
② [德]马克思:《资本论》第1卷,人民出版社2004年版,第697页。

根本点在于经济利益,而利益关系的实现方式取决于分配制度。分配制度是基本经济制度在收入分配领域的实现,也直接反映着并在某种意义上决定着社会公平和共同富裕的实现程度,体现着为谁发展、谁享受发展的成果。合理的分配制度和恰当的分配方式能推动社会财富的创造和生产关系的完善,反之则会阻碍生产力发展,引发阶级矛盾和其他社会矛盾。因此,作为生产关系基础的所有制关系,是决定分配制度和形式的最直接的因素。①

在中华人民共和国成立初期的计划经济时代,我国的收入分配主要是在国家的计划指导下,遵循平均主义的原则进行所谓的"按劳分配","干多干少一个样、干好干坏一个样",这种分配制度不利于个人积极性的调动和生产效率的提高,实际上是一种不公平的分配制度。改革开放以后,针对分配领域平均主义严重影响效率提高的情况,为了充分调动人们的积极性,加快生产力发展,强调"效率优先,兼顾公平",允许和鼓励一部分人先富起来,出现了按劳分配以外的分配形式。1987年,党的十三大首次明确强调了坚持以按劳分配为主体、其他分配方式为补充的分配原则。1993年,中共中央通过了《关于建立社会主义市场经济体制若干问题的决定》,提出个人收入分配要坚持以按劳分配为主体、多种分配方式并存的制度,体现效率优先、兼顾公平的原则。此后,在党的十五大、十六大、十七大中,这种分配原则得到进一步完善,逐渐形成了这种按劳分配与按要素分配相结合的中国特色社会主义的基本分配制度。中国特色社会主义分配制度的特征和优越性,主要体现在其兼顾了公平与效率。

(一)保证了分配方式的公平性

按劳分配、各尽其能,消除了初次分配中的剥削关系,以劳动贡献作为分配的尺度。它根植于生产资料公有制,它不是少部分人以占有生产资料为手段去剥削劳动者的私有制,而是劳动者联合的利益共同体。社会主义制度以前的奴隶制度、封建制度、资本主义制度之所以被称为剥削制度,就是因为在社会生产要素和收入的分配中,统治阶级或者剥削者拥有绝对的优先权或分配优势,不可能实现公平、公正的分配。这种分配的特征决定了这些社会的财产或生产资料更多地向统治阶级或者剥削者集中,导致了少数人占有了大部分财产或生产资料。社会主

---

① 参见杨承训《中国特色社会主义基本分配制度与新民生观》,载《毛泽东邓小平理论研究》2016年第7期。

义制度一开始就明确地表达必须实行公平分配,在市场经济条件下这种公平分配必须遵循"多劳者必多得、能者必多得、物稀者必价高"的原则。另外,国家还通过财政转移支付、税收、预算、福利、救济等手段进行再分配,以调节初次分配中所未解决的不公平问题,进一步保障了收入分配的公平性。

(二) 提高了机会与权利的公平性

决定分配制度本身的先进性,不仅在于分配方法的合理性,而且在于各分配主体在参与分配博弈中的平等程度。[①] 在社会主义以前的一切社会中,之所以存在剥削阶级和收入分配中的剥削现象,根本问题在于剥削阶级享有分配的特殊权利,被剥削阶级无法与剥削阶级在分配中进行平等较量。所以中国特色社会主义分配制度关键在于使参与分配的各利益主体具有平等较量的权力,实现收入分配权利能力人人平等。不仅在收入分配领域,而且在生产要素分配领域也要实现参与分配的主体具有分配博弈的平等地位。在生产要素的分配中,都通过市场平等竞争的方式获取生产要素。无论何种所有制性质的企业、无论何种规模的企业都是市场竞争的平等参与者,他们都在同一起跑线上参与市场竞争,获取生产要素。

(三) 注重经济效率提升

在计划经济制度下,不仅不同主体的收入分配是由政府统一进行,而且各个企业所使用的要素也是由政府统一进行分配。这种平均主义在很大程度上降低了劳动者的积极性,损坏了经济效率。允许多种分配形式并存,主要是强调按要素分配。可以从多方面调动各类劳动者、经营者的积极性,促进就业和投资的多元化,加快城镇化进程,并能在根本上保持社会主义基本制度和社会主义市场经济的性质。随着市场经济发展、个人财产的增多和生产经营方式的多样化,利息、股票红利、租金等各种收入形式有利于促进居民财富增加,从而还在一定程度上缩小了收入差距,有利于公平的实现。

(四) 有利于实现共同富裕

共同富裕是中国特色社会主义的根本原则,社会主义分配制度的最终目标导向是实现共同富裕。以按劳分配为主体、多种分配方式并存的分配制度,既能调动各方面积极性、激发社会创造活力,又有利于全体人民共享改革发展成果,逐步

---

① 参见谢志华《分配制度变革是经济制度改革的核心问题》,载《北京工商大学学报(社会科学版)》2007年第1期。

实现共同富裕。① 当然,还需要在坚持现有基本分配制度基础上不断完善,处理好公平与效率的关系,即要在强调效率的基础上,更加注重公平。这就要求在按劳分配基础上,探索完善按要素分配的制度,千方百计提高居民收入,加大再分配调节力度,着力缩小收入差距,形成合理有序的收入分配格局。从而使发展成果更多更公平地惠及全体人民,朝着共同富裕方向稳步前进,使社会主义制度的优越性更加充分地发挥出来。党的十九大报告强调,"坚持按劳分配原则,完善按要素分配的体制机制,促进收入分配更合理、更有序。鼓励勤劳守法致富,扩大中等收入群体,增加低收入者收入,调节过高收入,取缔非法收入。坚持在经济增长的同时实现居民收入同步增长、在劳动生产率提高的同时实现劳动报酬同步提高。拓宽居民劳动收入和财产性收入渠道。履行好政府再分配调节职能,加快推进基本公共服务均等化,缩小收入分配差距。"新时代下,社会主义分配制度的内涵进一步得到丰富和深化。这昭示着中国特色社会主义分配制度覆盖面更广,成为实现共同富裕的托底保障,从而也成为中国特色社会主义经济制度自信的一个重要来源。

三、经济体制体现政府与市场的有机结合

所谓经济体制,是指所有制通过产权制度在经济活动中的实现方式,是最具体的、直接与经济运行、信息提供、决策机制等相关的规则。它是基本经济制度运行的具体形式,或者说是资源配置方式。计划和市场是资源配置的两种基本手段,因此经济体制一般可以分为计划经济体制、市场经济体制以及兼具两者的混合经济体制。其中,计划经济体制,又称指令性经济体制,在这种经济体制下,国家在生产、资源分配以及产品消费各方面,都是由政府或财团事先进行计划,从而可以避免市场经济发展的盲目性、不确定性等问题给社会经济发展造成的危害。但是,这种高度集中的经济体制在实践中往往缺乏效率。相对地,与计划经济一般由国家指令进行生产和分配不同,市场经济体制下的产品和服务的生产及销售完全由自由市场的自由价格机制所引导。市场经济一经产生,便成为最具效率和活力的经济运行载体。

---

① 参见中共中央宣传部《中国特色社会主义学习读本》,学习出版社 2013 年版,第 35 页。

改革开放以来,中国经济制度建设的一个主要内容是正确认识和处理社会主义和市场经济的关系。党的十四大明确提出和确立了社会主义市场经济理论。理解社会主义市场经济的内涵,主要是把握政府与市场之间的关系,这也是经济体制改革的核心内容。社会主义市场经济是社会主义基本制度与市场经济原则的结合,它既具有一般市场经济的共同特征,也具有社会主义的特殊属性,所以可以看作是"社会主义+市场经济"组合。从发展手段来看,这体现为政府与市场的有机结合。这种构架下的市场经济能够兼备社会主义经济制度和资本主义市场经济制度的优点,既超越了传统社会主义的指令性计划经济制度,也超越了纯粹资本主义自由市场经济制度,从而使社会主义市场经济制度具有了传统社会主义与资本主义经济制度不可比拟的特征和优势。

(一)理顺了政府与市场的关系

政府与市场之间的关系是任何一个经济体制所要解决的核心问题。不同于传统社会主义经济制度强调典型的计划经济体制,以及资本主义经济制度过度依赖的自由市场经济体制,社会主义市场经济强调辩证法和两点论,主张把政府这只"看得见的手"和市场这只"看不见的手"都用好。在社会主义市场经济体制框架下,政府和市场的作用不是对立的,而是相辅相成的;也不是简单地让市场作用多一些、政府作用少一些的问题,而是统筹把握,优势互补,有机结合,协同发力。[1]政府与市场之间具有明确的边界:凡是市场能发挥作用的地方,政府都要简政放权和松绑支持,不去干预;而凡是市场不能有效发挥作用特别是市场失灵的领域,政府应当主动补位,要坚决管起来,管到位,管出水平。在管理内容上,政府职能主要是培育和维护规范、有序的市场竞争秩序。在管理模式上,政府要善于运用负面清单模式,只告诉市场主体不能做什么。至于能做什么、该做什么,由市场主体根据市场变化来作出判断。处理好政府和市场关系,实际上就是要处理好在资源配置中市场起决定性作用还是政府起决定性作用这个问题。[2] 新时代中国特色社会主义市场经济,其主要特征是除了要让市场在资源配置中起决定性作用。同

---

[1] 参见中共中央宣传部《习近平总书记系列重要讲话读本(2016年版)》,学习出版社、人民出版社2016年版,第150页。
[2] 参见《关于〈中共中央关于全面深化改革若干重大问题的决定〉的说明》,载《人民日报》2013年11月16日。

时也强调要更好地发挥政府的作用。市场和政府的"两只手"都要硬,都要起到积极作用,这是中国特色社会主义市场经济发展的优势所在。

(二)尊重市场规律,让市场在资源配置中起了决定性作用

市场决定资源配置是市场经济的一般规律,市场经济本质上就是市场决定资源配置的经济。[①] 社会主义市场经济,实际上就是要让市场在国家政府宏观指导下对资源配置起基础性、决定性作用。也就是说,其是在社会主义基本制度条件下主要通过市场方式实现资源合理有效配置。党的十八届三中全会通过的《中共中央关于全面深化改革若干重大问题的决定》中指出:"紧紧围绕使市场在资源配置中起决定性作用深化经济体制改革,坚持和完善基本经济制度、加快完善现代市场体系、宏观调控体系、开放型经济体系,加快转变经济发展方式,加快建设创新型国家,推动经济更有效率、更加公平、更可持续发展。"这就明确了市场在资源配置中起决定性作用,统领着包括基本经济制度在内的所有经济改革[②],为今后经济制度的完善奠定了基础。党的十九大报告中专门提到要"加快完善社会主义市场经济体制",强调"经济体制改革必须以完善产权制度和要素市场化配置为重点,实现产权有效激励、要素自由流动、价格反应灵活、竞争公平有序、企业优胜劣汰"。这将有助于充分释放市场主体活力,充分调动企业和劳动者的积极性,提升了经济运行效率和效益,让一切创造财富的源泉充分涌流。因此,中国特色社会主义市场经济体制,既坚持了科学社会主义的基本原则,又结合了中国经济文化比较落后的基本国情,并且保留和发展了社会主义的基本经济制度,可以说在很大程度上扬弃和超越了以苏联模式为代表的传统社会主义经济制度。

(三)注重宏观调控,更好地发挥了政府的作用

完善和发展社会主义市场经济体制,既要追求资源配置的效率目标,也要注重社会公平原则。维护和实现社会公平和正义,涉及广大人民的根本利益,是我国社会主义制度的本质要求。因此,让市场在资源配置中起决定性作用的同时,

---

① 参见中共中央宣传部《习近平总书记系列重要讲话读本(2016年版)》,学习出版社、人民出版社2016年版,第149页。
② 参见沈越《市场决定性作用与基本经济制度——十八届三中全会精神解读》,载《经济理论与经济管理》2014年第4期。

也强调要更好地发挥政府的作用。政府的职责和作用主要是保持宏观经济稳定，加强和优化公共服务，保障公平竞争，加强市场监管，维护市场秩序，推动可持续发展，促进共同富裕，弥补市场失灵。① 党的十八届三中全会会议报告提出"科学的宏观调控，有效的政府治理，是发挥社会主义市场经济体制优势的内在要求"，因此"必须切实转变政府职能，深化行政体制改革，创新行政管理方式，增强政府公信力和执行力，建设法治政府和服务型政府"。党的十九大报告中也明确提出："创新和完善宏观调控，发挥国家发展规划的战略导向作用，健全财政、货币、产业、区域等经济政策协调机制……加快建立现代财政制度，建立权责清晰、财力协调、区域均衡的中央和地方财政关系。"中国特色社会主义市场经济体制，正是主动充分借鉴和积极吸收了当代资本主义国家市场经济制度的合理成分，并且把其作为参照系，微观放活、宏观调控，充分发挥市场在资源配置中所能起到的基础性和决定性作用，逐步形成一套新的、与国际市场经济通行规则接轨的经济制度体系。比如，统一开放竞争有序的现代市场制度，产权清晰权责明确的现代产权制度，股东会董事会和监事会相互制衡的公司治理制度，反映国民经济循环全貌以及各环节间衔接情况的国民经济核算制度等。因而可以说，中国特色社会主义市场经济体制在很大程度上是借鉴和超越了资本主义市场经济制度。

中国改革开放以来，市场经济观念深入人心，经济主体活力极大迸发，人民生活总体达到小康。特别是在1998年亚洲金融危机和2008年国际金融危机时，中国经济仍然能保持较高的增长速度，世界经济地位有了显著提升。这些发展的巨大成就充分证明，社会主义市场经济体制是最适合目前中国社会生产力发展要求的，具有强大的制度优势。社会主义市场经济体制的确立和完善，是中国特色社会主义经济发展的特色和优势，为我们坚定制度自信提供了稳固的经济基础。我们应该很有自信地宣示，市场经济制度就是可以有资本主义和社会主义两个版本，而且从理论上讲社会主义还要比资本主义优越，缺少社会主义市场经济版本的市场经济是不完整的，中国社会主义市场经济是对人类社会市场经济的独特贡献。

实践发展永无止境，认识真理永无止境，理论创新永无止境。中国特色社会

---

① 参见中共中央宣传部《习近平总书记系列重要讲话读本（2016年版）》，学习出版社、人民出版社2016年版，第150页。

主义建设是一个伟大的探索实践,中国特色社会主义是改革开放以来党的全部理论和实践的主题,是党和人民历尽千辛万苦、付出巨大代价取得的根本成就。中国特色社会主义经济制度的形成正是改革开放这个伟大实践的制度创新,并且在实践发展中发挥了制度优势,确立了制度自信。但是,这种制度优势并不是一蹴而就和一劳永逸的,也并不是放之四海而皆准的,制度优势的继续发挥和制度自信的持续保持,有赖经济制度在迈向社会主义现代化伟大目标的实践中不断自我更新、完善和发展。

第三节 法律制度构筑自信的保障

全面依法治国是中国特色社会主义制度的重要组成部分。习近平总书记指出:"依法治国是坚持和发展中国特色社会主义的本质要求和重要保障,是实现国家治理体系和治理能力现代化的必然要求。"[①]因此,社会主义法律制度是中国特色社会主义制度的重要保障。离开了社会主义法律制度的保障,中国特色社会主义制度将缺乏法统支撑。而实现对中国特色社会主义制度的法统保护,就必须坚持中国特色社会主义法治道路,完善中国特色社会主义法律体系,建设中国特色社会主义法治体系。中国特色社会主义法治道路、法律体系和法治体系彰显了中国特色社会主义制度的法统。

一、中国特色社会主义法治道路保证法治方向

中国特色社会主义法治道路是中国特色社会主义制度的法治方向。习近平总书记指出:"全面推进依法治国这件大事能不能办好,最关键的是方向是不是正确、政治保证是不是坚强有力,具体讲就是要坚持党的领导,坚持中国特色社会主义制度,贯彻中国特色社会主义法治理论。党的领导是中国特色社会主义最本质的特征,是社会主义法治最根本的保证。中国特色社会主义制度是中国特色社会主义法治体系的根本制度基础,是全面推进依法治国的根本制度保障。中国特色社会主义法治理论是中国特色社会主义法治体系的理论指导和学理支撑,是全面

[①]《在党的十八届四中全会第一次全体会议上关于中央政治局工作的报告》,载中共中央文献研究室编《习近平关于社会主义政治建设论述摘编》,中央文献出版社 2017 年版,第 80 页。

推进依法治国的行动指南。这三个方面实质上是中国特色社会主义法治道路的核心要义,规定和确保了中国特色社会主义法治体系的制度属性和前进方向。"①要理解中国特色社会主义法治道路的方向性,必须充分认识到中国特色社会主义法治体现了法治的多维性。

(一) 中国特色社会主义法治彰显中国样式

所谓中国特色社会主义法治,就是指全面依法治国所发生的场域是中国,必然具有本土化的特色。坚持中国特色社会主义法治道路,就必须首先承认这一点,防止离开中国谈法治,一谈法治就眼无中国。自近代以来,中国法治方向始终摇摆不定,其要么"西化",强调向西方国家学习;要么"苏化",强调向苏俄(联)学习。在此过程中,中国法治自身的面貌始终不够清晰。正是在学习摸索过程中,我们终于找到了中国特色社会主义法治道路这一具有中国特色的法治路径。正如有学者指出:"自鸦片战争后近代中国向现代转型开始,经过 170 多年艰辛探索,在走过多次弯路,经历无数次挫折、失败、停滞、倒退之后,我们终于第一次走上了一条稳健可行的法治发展道路。通过总结国内外治国理政经验教训,我们彻底认清了法治的重要性,深刻认识到治国不能靠'人治'、'权治',只能靠'法治',靠法治实现国家治理体系和能力的现代化。通过对比选择移植西方资本主义法治模式和照搬苏俄(联)社会主义法治模式所遭受的挫折和我国博采众长、自主发展所取得的成就,我们终于发现,法治的模式并非只有一个,法治发展的道路并非只有一条,法治建设并没有标准答案。历经曲折,我们终于摆脱了教条的束缚,理性自觉地选择了自主发展的中国特色社会主义法治道路。"②正是在这种融会贯通中国自身法治问题的探索过程中,中国特色社会主义法治道路最终得以形成。

同时,中国特色社会主义法治意味着法治建设必须充分考虑中国自身国情。"中国特色社会主义法治是法治国家建设的中国版,是中国特色的法治建设道路。当然,我们所讲的中国特色,是从中国的传统、国情和文明样式出发的,是实际要求的特色,而不是为特色而特色。"③这种中国特色社会主义法治必须是与时俱进

---

① 《关于〈中共中央关于全面推进依法治国若干重大问题的决定〉的说明》,载《十八大以来重要文献选编》(中),中央文献出版社 2016 年版,第 146 页。
② 江必新:《坚定不移走中国特色社会主义法治道路》,载《法学杂志》2015 年第 3 期。
③ 江必新:《坚定不移走中国特色社会主义法治道路》,载《法学杂志》2015 年第 3 期。

的法治，而不是固守成规的法治，必须是不断完善的法治，而不是条条框框的法治。习近平总书记指出："必须坚持从中国实际出发。走什么样的法治道路、建设什么样的法治体系，是由一个国家的基本国情决定的。'为国也，观俗立法则治，察国事本则宜。不观时俗，不察国本，则其法立而民乱，事剧而功寡。'全面推进依法治国，必须从我国实际出发，同推进国家治理体系和治理能力现代化相适应，既不能罔顾国情、超越阶段，也不能因循守旧、墨守成规。"①只有这样，中国特色社会主义法治道路才能真正植根于中华大地之上。

（二）中国特色社会主义法治传承社会主义法统

毫无疑问，中国特色社会主义法治道路在本质上属于社会主义法治。作为社会主义法治类型之一，中国特色社会主义法治必然和资本主义法治具有本质的差异。而要理解中国特色社会主义法治的社会主义属性，就必须理解社会主义法治本身与资本主义法治的差异。实际上，社会主义法治和资本主义法治的差异之处主要表现在两个方面：一是人民民主原则，二是民主集中制原则。所谓人民民主原则，是人民主权原则的中国式表达方式。从历史来看，资本主义法治一开始并没有将人民作为法治的前提，而以财产权为基础来确认人民的身份。正因为如此，社会主义法治对此进行了有力批判，在一定程度上使得资本主义法治吸收了社会主义法治的民主做法。而所谓民主集中制原则，则是指社会主义法治必须坚持共产党的领导，通过无产阶级先锋队组织共产党领导国家和社会。正是因为如此，社会主义法治从一开始就反对资本主义法治所主张的三权分立原则。尽管资本主义法治在 19 世纪后期也对三权分立原则进行了调整，但是这种调整并没有改变资本主义法治的本质。因此，中国特色社会主义法治必须坚持人民民主原则和民主集中制原则，其集中体现为坚持中国共产党的领导。习近平总书记指出："必须坚持中国共产党的领导。党的领导是中国特色社会主义最本质的特征，是社会主义法治最根本的保证。坚持中国特色社会主义法治道路，最根本的是坚持中国共产党的领导。依法治国是我们党提出来的，把依法治国上升为党领导人民治理国家的基本方略也是我们党提出来的，而且党一直带领人民在实践中推进依法治国。全面推进依法治国，要有利于加强和改善党的领导，有利于巩固党的执

---

① 《加快建设社会主义法治国家》，载《十八大以来重要文献选编》（中），中央文献出版社 2016 年版，第 186 页。

政地位、完成党的执政使命,决不是要削弱党的领导。"①正因为如此,坚持社会主义方向是中国特色社会主义法治道路的必然选择。

(三)中国特色社会主义法治吸收现代法治经验

中国特色社会主义法治并不是固步自封的法治,而是吸收全人类法治文明经验的法治,因而是一种在本质上更具有优势的法治。这种法治类型实际上属于现代法治,而不属于传统法治,因为社会主义法治正是在批判资本主义法治基础上产生的法治类型,必然不同于传统的法治。习近平总书记指出:"坚持从我国实际出发,不等于关起门来搞法治。法治是人类文明的重要成果之一,法治的精髓和要旨对于各国国家治理和社会治理具有普遍意义,我们要学习借鉴世界上优秀的法治文明成果。但是,学习借鉴不等于是简单的拿来主义,必须坚持以我为主、为我所用,认真鉴别、合理吸收,不能搞'全盘西化',不能搞'全面移植',不能照搬照抄。"②事实上,社会主义法治本身已经具备现代法治的基本特征。通常来说,现代法治主要具有以下特点:一是宪法具有最高权威,任何违反宪法的行为均应该受到制裁;二是承认权力制衡,不得有任何绝对的权力存在;三是维护公民合法权利,尊重和保障人权;四是强调司法权的独立性,实现司法救济。与之相比较,中国特色社会主义法治则具备所有现代法治的要素。宪法对此进行了明确规定。一是明确宪法是根本法。宪法序言规定,本宪法以法律的形式确认了中国各族人民奋斗的成果,规定了国家的根本制度和根本任务,是国家的根本法,具有最高的法律效力。全国各族人民、一切国家机关和武装力量、各政党和各社会团体、各企业事业组织,都必须以宪法为根本的活动准则,并且负有维护宪法尊严、保证宪法实施的职责。二是国家机构分工合作。在人民代表大会制度下,国家机构划分为立法机关、国家元首、行政机关、司法机关、军事机关和监察机关,实现了权力彼此分工,又彼此协作。尽管宪法明确中华人民共和国国家机构实行民主集中制的原则,但是民主集中制仍然承认权力的分立,而权力分立则是现代法治的重要体现。三是明确人权的宪法地位。宪法第 33 条第三款规定,国家尊重和保障人权。这就将人权这一现代法治理

---

① 《加快建设社会主义法治国家》,载《十八大以来重要文献选编》(中),中央文献出版社 2016 年版,第 183 页。
② 《加快建设社会主义法治国家》,载《十八大以来重要文献选编》(中),中央文献出版社 2016 年版,第 186—187 页。

念正式确立在宪法之中。四是承认司法权的独立地位。宪法第126条规定,人民法院依照法律规定独立行使审判权,不受行政机关、社会团体和个人的干涉。同时,宪法第131条规定,人民检察院依照法律规定独立行使检察权,不受行政机关、社会团体和个人的干涉。这就维护了司法机关的独立性,从而确保公民权利能够得到司法的有效救济。由此可见,中国特色社会主义法治也是一种现代法治类型。

二、中国特色社会主义法律体系提供法治依据

中国特色社会主义法律体系是中国特色社会主义制度的法治依据。中国特色社会主义制度的存在必须有相应的法律体系作为依据,否则,中国特色社会主义制度就缺乏了正当来源。习近平总书记指出:"我们要以宪法为最高法律规范,继续完善以宪法为统帅的中国特色社会主义法律体系,把国家各项事业和各项工作纳入法制轨道,实行有法可依、有法必依、执法必严、违法必究,维护社会公平正义,实现国家和社会生活制度化、法制化。"[①]这是因为中国特色社会主义法律体系已经为中国特色社会主义制度提供了宪法依据,对国家权力进行了规范,有力地保障了公民的权利。

(一)中国特色社会主义法律体系维护了宪法权威

中国特色社会主义法律体系是以宪法为核心的。因此,宪法在中国特色社会主义法律体系中具有举足轻重的地位。维护宪法权威,全面实施宪法是完善中国特色社会主义法律体系的首要任务。习近平总书记指出:"全面贯彻实施宪法,是建设社会主义法治国家的首要任务和基础性工作。宪法是国家的根本法,是治国安邦的总章程,具有最高的法律地位、法律权威、法律效力,具有根本性、全局性、稳定性、长期性。全国各族人民、一切国家机关和武装力量、各政党和各社会团体、各企业事业组织,都必须以宪法为根本的活动准则,并且负有维护宪法尊严、保证宪法实施的职责。任何组织或者个人,都不得有超越宪法和法律的特权。一切违反宪法和法律的行为,都必须予以追究。"[②]从实践来看,中国特色社会主义

[①]《在首都各界纪念现行宪法公布施行三十周年大会上的讲话》,载《十八大以来重要文献选编》(上),中央文献出版社2014年版,第89—90页。
[②]《在首都各界纪念现行宪法公布施行三十周年大会上的讲话》,载《十八大以来重要文献选编》(上),中央文献出版社2014年版,第88页。

法律体系建设始终是以宪法权威为中心而展开的。目前，宪法宣誓制度已经确立，凡是经人大及其常委会选举或者决定任命的国家工作人员正式就职时公开向宪法宣誓。这种做法有助于彰显宪法权威，增强宪法观念，有利于尊重宪法尊严。

（二）中国特色社会主义法律体系规范了国家权力

中国特色社会主义法律体系是一个复杂系统。2011年10月27日，国务院新闻办公室发布的《中国特色社会主义法律体系（2011年10月）》白皮书指出："中国特色社会主义法律体系，是以宪法为统帅，以法律为主干，以行政法规、地方性法规为重要组成部分，由宪法相关法、民法商法、行政法、经济法、社会法、刑法、诉讼与非诉讼程序法等多个法律部门组成的有机统一整体。"这个体系对于规范国家权力起到了重要作用。中国特色社会主义法律体系体现了法治的制约权力要求，一切权力均源于宪法和法律，依照既定的和公开的法律行使。随着中国特色社会主义法律体系的完善，国家权力的行使越来越规范。

（三）中国特色社会主义法律体系保障了公民权利

保障公民权利是中国特色社会主义法律体系的根本目的。中国特色社会主义法律体系，不仅在宪法中明确了人权的宪法地位，而且对公民权利进行了详细列举。在此基础上，公民权利在各部门法中得到了进一步的规定和保护。根据前述白皮书介绍，中国宪法全面规定了公民的基本权利和自由，制定了一系列保障人权的法律法规，建立了较为完备的保障人权的法律制度，依法保障公民的生存权和发展权，公民的人身权、财产权和宗教信仰自由、言论出版自由、集会结社自由、游行示威自由以及社会保障权、受教育权等经济、政治、社会、文化权利得到切实维护。这就说明，中国特色社会主义法律体系能够为公民权利保障提供有效的法律基础。

三、中国特色社会主义法治体系构筑法治基石

中国特色社会主义法治体系是十八届四中全会决定提出的建设目标。习近平总书记指出："全面推进依法治国总目标是建设中国特色社会主义法治体系，建设社会主义法治国家。这是贯穿决定全篇的一条主线，既明确了全面推进依法治国的性质和方向，又突出了全面推进依法治国的工作重点和总抓手，对全面推进

依法治国具有纲举目张的意义。"①中国特色社会主义法治体系是中国特色社会主义制度立足点,突出了中国特色社会主义制度的法治实现路线图。

(一)中国特色社会主义法治理论发展了法治话语

中国特色社会主义法治理论是中国特色社会主义法治体系的理论指导和学理支撑,是全面推进依法治国的行动指南,为中国特色社会主义制度提供了法治话语。长期以来,西方法治话语的影响使得中国法治话语建构始终面临着诸多挑战。事实上,中国特色社会主义法治理论作为一种适应我国国情的法治话语体系,始终存在于中国这个特定的场域。但是,由于受到话语结构的影响,很多问题并没有纳入法治话语之中。因此,中国特色社会主义法治理论的建构突出了中国法治话语体系的基本思路。对此,有学者认为:"马克思主义创始人法学理论与西方自然法学理论的契合性以及与当代中国本土社会主义法治理论的契合性决定了这三大理论可以统一协调,并运用于中国特色社会主义法治建设实践。但是,这三大理论的地位并不相同。马克思主义创始人法学理论是当代中国特色社会主义法治理论的源头;世界一般性法治理论的精华部分是为中国特色社会主义法治理论所借鉴、吸收的内容;中国本土社会主义法治理论是中国特色社会主义法治理论的主体部分。所以,当代中国特色社会主义法治建设理论可以被概括为以马克思主义创始人法学理论为源头、以当代中国本土社会主义法治理论为主体、吸收世界一般性法治理论之精华而构成的理论体系。"②因此,中国特色社会主义法治理论事实上已经成型,从而为中国特色社会主义制度提供了有力的法治话语体系。其一,中国特色社会主义法治理论具有鲜明的主题。中国特色社会主义法治理论坚持马克思主义法治原理,形成了基本范畴,具有独特的方法论基础。在价值层面上,其囊括了人类历史上所有的价值观念,如自由、平等、正义等等。在规范层面,其不仅具有国家法律,也有党内法规,而且包括政策、道德等规范形式。在现实层面,其将立法、执法、司法、守法作为四个要素,体现了法治建设的基本过程。通过价值、规范和现实的分析,中国特色社会主义法治理论具有鲜明的马克思主义主题。其二,中国特色社会主义法治理论具备独特的体系。其通过梳理马克思主义经典作家的法治思想,通过对毛泽东思想、邓小平理论、"三个代表"重要

---

① 《加快建设社会主义法治国家》,载《十八大以来重要文献选编》(中),中央文献出版社 2016 年版,第 187 页。
② 张恒山:《中国特色社会主义法治建设的理论基础》,载《法制与社会发展》2016 年第 1 期。

思想、科学发展观以及习近平新时代中国特色社会主义思想各种思想体系的系统整理和认真研究,形成了自身的理论体系。这个体系体现了马克思主义法治思想的中国化,论证了马克思主义法治原理和当代中国法治建设的内在逻辑,具有强大的理论解释力。其三,中国特色社会主义法治理论反映创新的实践。中国特色社会主义法治理论不仅仅是一种思想体系,而且是一种实践导向的法治话语体系。其始终关注实践,也最终落实在实践之中。正因为如此,中国特色社会主义法治理论来自实践经验,不断通过总结新的实践发展理论,确保理论始终来源于实践,扎根于实践,有力地推动了理论和实践的融合。正因为中国特色社会主义法治理论既有思想的指导,又有体系的构建,能够落实到实践之中,所以其发展了中国特色社会主义制度的法治话语。

(二)坚持依法治国、依法执政、依法行政共同推进体现了法治方式

依法治国、依法执政和依法行政体现了不同领域的法治建设抓手。习近平总书记指出:"依法治国是我国宪法确定的治理国家的基本方略,而能不能做到依法治国,关键在于党能不能坚持依法执政,各级政府能不能依法行政。我们要增强依法执政意识,坚持以法治的理念、法治的体制、法治的程序开展工作,改进党的领导方式和执政方式,推进依法执政制度化、规范化、程序化。执法是行政机关履行政府职能、管理经济社会事务的主要方式,各级政府必须依法全面履行职能,坚持法定职责必须为、法无授权不可为,健全依法决策机制,完善执法程序,严格执法责任,做到严格规范公正文明执法。"[①]因此,依法治国的关键是依法执政和依法行政。坚持依法治国、依法执政、依法行政共同推进,能够有效保证中国特色社会主义法治体系有序展开,体现了中国特色社会主义制度的法治建设策略。其一,依法治国体现了中国特色社会主义制度的基本方略。依法治国是党领导人民治理国家的基本方略。依法治国就是人民在党的领导下依照宪法和法律规定,通过各种途径和形式管理国家事务,管理经济文化事业,管理社会事务,使国家各项工作法治化。自1999年将"依法治国,建设社会主义法治国家"纳入宪法以后,依法治国已经成为当代中国法治领域的主题。党的十九大报告将全面依法治国作为新时代中国特色社会主义的基本方略,体现了依法治国在中国特色社会主义制度

[①]《加快建设社会主义法治国家》,载《十八大以来重要文献选编》(中),中央文献出版社2016年版,第188页。

中的重要地位。其二,依法执政体现了中国特色社会主义制度的执政方式。依法执政是中国共产党执政的基本方式。依法执政就要求中国共产党依照宪法和法律执掌国家政权,领导国家机关,行使国家权力,实现党的执政宗旨和执政目标。而中国特色社会主义制度能够保证党在宪法和法律范围内活动,使党依照宪法法律行使领导权,使各级党委及其领导干部提升运用法治思维和法治方式的能力和水平。其三,依法行政体现了中国特色社会主义制度的突破方向。依法行政是依法治国的核心任务。依法行政要求各级政府在党的领导下建立科学的依法行政工作体制,开展执法活动,确保严格规范公正文明执法。而中国特色社会主义制度能够推动政府依法行政工作不偏离法治轨道,确保法治政府建设的政治方向。因此,依法治国、依法执政和依法行政共同推进反映了中国特色社会主义制度的法治方式。

(三)坚持法治国家、法治政府、法治社会一体建设保证了法治系统

法治国家、法治政府和法治社会是一个有机整体。习近平总书记指出:"法治国家、法治政府、法治社会三者各有侧重、相辅相成。全面推进依法治国需要全社会共同参与,需要全社会法治观念增强,必须在全社会弘扬社会主义法治精神,建设社会主义法治文化。要在全社会树立法律权威,使人民认识到法律既是保障自身权利的有力武器,也是必须遵守的行为规范,培育社会成员办事依法、遇事找法、解决问题靠法的良好环境,自觉抵制违法行为,自觉维护法治权威。"①因此,坚持法治国家、法治政府、法治社会一体建设,就要体现全面推进依法治国的系统性,实现中国特色社会主义制度的法治系统性。其一,法治国家体现了对国家法治建设的总体要求。建设社会主义法治国家是中国特色社会主义法治的总目标。法治国家要求国家权力要由宪法和法律赋予,依照法律程序行使,对行为承担相应的法律责任。中国特色社会主义制度为法治国家建设提供了总体保障,使法治国家始终在社会主义轨道上展开。其二,法治政府体现了对政府环境的法治要求。法治建设的重心是政府依法行政,制约行政权力。十八届四中全会决定对法治政府提出了职能科学、权责法定、执法严明、公开公正、廉洁高效、守法诚信的要求。要确保这一目标的实现,不能光靠法治政府自身建设,必须要充分发挥法治

---

① 《加快建设社会主义法治国家》,载《十八大以来重要文献选编》(中),中央文献出版社2016年版,第188—189页。

国家和法治社会的功能,为其创造良好的环境。其三,法治社会体现了对社会环境的法治要求。法治社会是法治中国建设的重要组成部分,是党和政府依法治理社会的目标。法治社会要求社会依法自治,实现政府与社会、自治与他治在国家内部的有机统一,为法治国家和法治政府提供社会动力,促进全体人民自觉守法。正因为如此,只有将法治国家、法治政府和法治社会统一在中国特色社会主义制度之下,才能实现法治建设的系统化。

(四)坚持依法治国和以德治国相结合塑造法治价值

坚持依法治国和以德治国相结合是中国特色社会主义法治体系的重要组成部分。习近平总书记指出:"必须坚持依法治国和以德治国相结合。法律是成文的道德,道德是内心的法律,法律和道德都具有规范社会行为、维护社会秩序的作用。治理国家、治理社会必须一手抓法治、一手抓德治,既重视发挥法律的规范作用,又重视发挥道德的教化作用,实现法律和道德相辅相成、法治和德治相得益彰。"[1]依法治国和以德治国的结合,体现了中国特色社会主义制度的独特魅力,使中华优秀传统文化在法治建设中得以彰显。

第一,依法治国和以德治国相结合是中国历史上的有益经验。依法治国和以德治国从历史来看就是法治和德治相结合。法治和德治的关系是历代王朝治理的永恒课题。在某种意义上说,法治和德治相结合是对历史经验的借鉴。有学者认为:"法治德治相结合乃古今中外之通例。西方的法治,借助于宗教予以推行,宗教起到了道德的作用。中华五千年历史,没有严格意义上的宗教,但道德资源丰富。仁义礼智信之五常,忠孝信悌仁义廉耻之八德,为中国所独具。'礼法合治,德主刑辅'是我国治国理政的精髓要旨。荀子早在两千多年前即提出'隆礼重法'的主张。只讲法治,不讲德治,就会重蹈秦代严法而亡之的覆辙。只讲德治,不讲法治,就会像东周那样分崩离析,天下大乱。德治与法治相结合的治国之道,是中国经验,是中国治国理政思想文化的基因密码,实践证明是行之有效的。法治和德治在国家治理中各自起着独特的、不可替代的作用。法律调整行为,道德调整内心,法律兜底,道德提升,两者紧密结合、相辅相成、相得益彰,国家才能治

---

[1]《加快建设社会主义法治国家》,载《十八大以来重要文献选编》(中),中央文献出版社 2016 年版,第185 页。

理有序。"①这种认识廓清了依法治国和以德治国相结合的历史基础。

第二,依法治国和以德治国相结合有助于推动法治价值的生成。"法治的核心价值在于公平正义,终极追求是人的全面发展和自由权利。"②法治作为一种自治系统,其虽然能够确立正义标准,但是正义标准一旦具体化,就蕴含着价值判断,而这种价值判断不能当然地通过依法治国来获得,而必须从道德历史文化之中来获得。这就意味着依法治国必然要求和以德治国相结合。正因为如此,社会主义核心价值观的提出正是体现了这种结合需要。一方面,社会主义核心价值观本身已经将法治作为一种价值观来认识,从而使法治获得了价值支撑。另一方面,社会主义核心价值观融于法治建设必然为依法治国提供更多的价值指导,从而保证法治价值的相互平衡。在某种意义上说,依法治国和以德治国相结合必然通过社会主义核心价值观为中国特色社会主义制度提供价值判断方向。

(五)依法治国和依规治党有机统一提供了法治保证

依法治国不能忽视依规治党,依规治党离不开依法治国。依法治国和依规治党有机统一是中国特色社会主义法治体系的重要组成部分,为中国特色社会主义制度提供了法治保证。习近平总书记指出:"要完善党内法规制定体制机制,注重党内法规同国家法律的衔接和协调,构建以党章为根本、若干配套党内法规为支撑的党内法规制度体系,提高党内法规执行力。党章等党规对党员的要求比法律要求更高,党员不仅要严格遵守法律法规,而且要严格遵守党章等党规,对自己提出更高要求。"③依法治国和依规治党有机统一有助于中国特色社会主义制度的完善。其一,党内法规是中国特色社会主义制度的重要规范形式。党内法规是政党按照一定原则制定的各种党内规范的总称。党内法规通常以党章为核心,形成了一系列规范性文件体系。党内法规不同于国家法律,其适用于政党内部成员,涉及党内的违纪行为,涵盖党员的思想作风、道德品质与生活方式等方面。尽管党内法规和国家法律具有本质上的差别,但是其具有相对一致性,是中国特色社会主义制度的规范形式要求,强调尊重宪法权威的基本原则。由于中国特色社会主义制度的本质是中国共产党的领导,因此,中国特色社会主义制度必然要求党内

---

① 徐显明:《坚定不移走中国特色社会主义法治道路》,载《法学研究》2014年第6期。
② 汪习根:《坚定不移地走中国特色社会主义法治道路》,载《人民日报》2014年11月6日第7版。
③ 习近平:《加快建设社会主义法治国家》,载《求是》2015年第1期。

法规纳入中国特色社会主义法治体系之中。其二,依规治党能够和依法治国相互配合。中国共产党领导是中国特色社会主义制度的本质要求,实现党的领导、依法治国和人民当家作主有机统一是中国特色社会主义政治发展的要求。如果不能实现依规治党,依法治国就缺乏政治保障,因为全面依法治国的关键是党的领导,党具有总揽全局、协调各方的领导作用,对依法治国具有全局性影响。所以,只有实现依法治国和依规治党相辅相成,才能维护中国特色社会主义制度,推动中国特色社会主义法治体系的完善。

第四节 社会治理制度彰显自信的活力

治理(governance)一词在英语中源于拉丁文和古希腊文,原意是控制、引导、操纵,后来被人们广泛应用于与国家的公共事务相关的管理活动和政治活动,逐步演化成"在一个既定的范围内运用权威维持秩序,满足公众的需要"。治理的目的是指在各种不同的制度关系中运用权力去引导、控制和规范公民的各种活动,以最大限度地增进公共利益,从而实现"善治"。社会治理是社会建设的重要内容,科学有效的社会治理体制对于激发社会活力、实现社会的稳定有序、推进国家治理体系和治理能力现代化发挥着重要作用。习近平总书记指出:"要坚定不移走中国特色社会主义社会治理之路,善于把党的领导和我国社会主义制度优势转化为社会治理优势,着力推进社会治理系统化、科学化、智能化、法治化,不断完善中国特色社会主义社会治理体系,确保人民安居乐业、社会安定有序、国家长治久安。"[①]改革开放特别是党的十八大以来,我国的社会治理制度在处理社会问题、解决社会矛盾、增强社会活力方面取得了一系列重要的理论和实践成果,彰显了中国特色社会主义制度自信的活力。

一、党委领导、政府负责、社会协同、公众参与、法治保障的社会治理体制

中国特色社会主义治理制度的丰富和创新是一个逐步完善的过程。2004 年,党的十六届四中全会首次提出"社会管理体制创新",首次提出要建立健全党委领

---

① 习近平:《坚持走中国特色社会主义社会治理之路,确保人民安居乐业社会安定有序》,载《人民日报》2017 年 9 月 20 日,第 1 版。

导、政府负责、社会协同、公众参与的社会管理格局,体现了构建社会主义和谐社会背景下我们党对经济建设与社会建设关系的新认识,即在坚持以经济建设为中心的同时,更加重视并加强社会建设,更加强调人与人、群体与群体之间关系协调。党的十八大在此基础上提出要加快形成党委领导、政府负责、社会协同、公众参与、法治保障的社会管理体制,把"法治保障"纳入社会管理体制中来。2013年,党的十八届三中全会决定要求"创新社会治理体制",并从改进社会治理方式、激发社会组织活力、创新有效预防和化解社会矛盾体制、健全公共安全体系四个方面提出了原则性要求。2015年11月,党的十八届五中全会提出要加强和创新社会治理,完善党委领导、政府主导、社会协同、公众参与、法治保障的社会治理体制,推进社会治理精细化,构建全民共建共享的社会治理格局。2017年10月,党的十九大提出,加强社会治理制度建设,完善党委领导、政府负责、社会协同、公众参与、法治保障的社会治理体制,打造共建共治共享的社会治理格局。从社会管理到社会治理,再到打造共建共治共享的社会治理格局,我们党对社会治理的认识在不断走向成熟,充分体现了人民群众的主体地位,体现了在复杂社会问题和社会矛盾处理上社会各方合作、协商的理念。这是中国特色社会主义事业的本质使然,也是形势所迫。一方面,中国特色社会主义事业是以人民为主体的事业,必须切实转变思想观念,毫不动摇地坚持人民的主体地位,充分尊重和发挥人民群众的首创精神;另一方面,当前新的社会矛盾和问题必须通过创新社会治理来解决。随着城市和农村社会结构变迁,单位制解体导致更多的"单位人"向"社会人""社区人"转变,新型社区和新社会群体不断涌现,这使得原有的组织架构和治理方式不能很好地应对现代化转型中出现的各类风险,而必须依靠社会治理创新来实现活力与稳定之间的动态平衡。

社会治理是一项系统工程,不同社会主体之间的相互关系及其地位角色构成了治理的基本格局。着眼于我国社会治理的鲜明特色和实际,我们初步形成了党委领导、政府负责、社会协同、公众参与、法治保障"五位一体"的社会治理体制,充分发挥了党委、政府、社会以及公众在社会治理中的作用,走出了一条有中国特色的社会治理之路。

(一)凸显了党委领导在社会治理中的核心地位

坚持党的领导是中国特色社会主义治理制度的核心。中国共产党是中国特色社会主义事业的领导核心。历史经验证明,只有坚持党的领导,才能顺利实现党提出的战略目标,才能更有效地动员和组织广大群众投身到改革和现代化建设事业中来。在社会治理的实践中,中国共产党把方向、谋大局、定政策、促改革,充分发挥了党总揽全局协调各方的领导核心作用,牢牢把握了党对社会治理的领导权。例如,2015年5月通过的《中国共产党党组工作条例(试行)》明确规定要在社会组织等设立党组,确保了党的理论和路线方针政策在社会治理实践中得到贯彻落实。在"抓大"方面,党委领导对涉及社会治理的方向性、全局性内容进行整体性把控,做好社会治理的价值理念、战略规划以及制度建设等顶层设计,形成了各治理主体关于社会治理的最大公约数。此外,中国共产党通过大力开展党风廉政建设,坚持党要管党、从严治党,有力提高了党领导社会治理的能力。

(二)强化了服务型政府的社会治理职能

政府负责是中国特色社会主义治理制度的关键。政府在社会治理中的角色,由十八大的"政府负责"到十八届五中全会的"政府主导",再重新回到十九大的"政府负责",在肯定政府关键作用的同时凸显了"全能型政府"退隐的逻辑,政府不再独自承担生产和提供公共产品和服务的职能,而是建立连接公共产品生产和供应的制度框架,引进市场和社会的力量,协同提供足量、高质的公共产品和服务,最大限度满足多元化、多层次的社会需求。在社会治理实践中,政府的社会治理职能和服务功能得以强化,按照转变职能、理顺关系、优化结构、提高效能的要求,健全了政府职责体系,有效增强了政府公信力、执行力和服务力;政府提供了社会治理基础设施和公共产品服务,满足公民多元化的需求;依法行政和依法监管,维护社会良好秩序、保障公共安全等,服务型政府建设已初见端倪。政府通过法律和政策手段,大力鼓励和支持各社会主体参与社会治理,实现了政府治理和社会自我调节、居民自治良性互动,在提高自身统筹和引导能力的同时也提高了社会多元主体的合作能力。

(三)发挥了群团社会组织的协同功能

社会协同是中国特色社会主义治理制度的依托。群团工作创新是社会治理创新的重要领域,工会、共青团、妇联等是我国十分重要和具有特色的社会组织,群众性是其根本特点。除此以外,改革开放40年来,随着社会结构的不断分化重组,区别于传统群团的新社会组织不断涌现,并且在诸多领域发挥出日益显著的作用。这些社会组织吸纳和聚集着大量新的社会阶层人士以及社会各界民众，是执政党在广大基层开展群众工作新的组织载体，是坚持党的集中统一领导与充分发扬人民民主和在基层实现公民自主自治有机统一的重要组织资源。与政府相比，社会组织具有社会网络和社会资本的天然优势，具有鲜明的民间性、自主性、多样性、非营利性和志愿性等特征，发挥着服务社会、联系沟通、整合互动、自治引导、监督自律等多项社会功能，能够为社会提供新的资源配置的机制和利益传输渠道，成为参与社会治理和社会公共服务的重要力量。在社会治理实践中，工青妇等群众组织、基层群众性自治组织、各类社会组织等的协同作用得以充分发挥，初步形成了党委政府与社会力量互联、互补、互动的社会治理和公共服务网络。

（四）提升了公众参与社会治理的能力

公众参与是中国特色社会主义治理制度的基础。党的十九大报告提出，加强社区治理体系建设，推动社会治理重心向基层下移。而让公众在基层社会治理中真正享有知情权、参与权、表达权和监督权，则是实现社会治理重心下移的关键。党的十八大以来，社会治理实践首先加强了公众参与社会治理的体制机制建设。在发挥政府治理主导作用的基础上，完善配套性政策体系，健全利益表达、利益协调、利益保护机制，引导人们依法行使权利、表达诉求、解决纠纷，实现政府治理和社会调节、居民自治良性互动。其次是着力构建了公众参与的平台和载体。适度的组织化有利于推动公众有序参与，提高参与的有效度和规范性。亟须改革创新社会组织管理制度，政府通过简政放权，将原先"越位"或"错位"承担的一部分职能以及大量的微观的、技术性和事务性的职能转移给商会、行业协会等各类社会组织，激发社会力量参与社会治理、提供公共服务的活力。积极培育社会组织特别是社区组织，将其打造为社区服务供给的主体、公众参与社区发展的平台。再次是提升了公众参与社会治理的能力。公众参与能力的高低，制约着参与的效度和积极性，通过社区讲堂、公益宣传、社区历史与文化展示等多种方式，培养和提升社区居民的公共意识和社会责任感，提升了他们的参与能力。通过树立社区典型等方式，形成强大的舆论正面导向，对社区居民参与公共活动和社区治理起到示范和引领作用。在一系列系统性安排下，基层群众通过依法理性有序地参与社会治理和公共服务，实现了自我治理、自我服务、自我教育、自我发展，通过自治从而实现社会的"善治"。

(五)增强了社会治理的权威性和公信力

法治是中国特色社会主义治理制度的基本准则和根本保障。依法治国是我们的总要求,社会治理作为整个社会系统的一部分,同样需要法治这一根本性的保障手段。法治不仅是社会治理的合法性来源,也是增强社会治理的权威性和公信力的根本保障。党的十八届四中全会通过的《中共中央关于全面推进依法治国若干重大问题的决定》强调,坚持系统治理、依法治理、综合治理、源头治理,提高社会治理法治化水平。党的十八大以来,社会治理实践坚持依法治理,运用法治思维和法治方式化解社会矛盾,寻求法治之下的最大社会共识,实现了治理方式从单纯行政管控向注重法治保障转变。其主要体现在,一是加快了社会领域立法进程,尤其是规范社会组织、城乡社区、社会保障等方面的立法力度。及时把社会治理创新的成功经验上升为制度和地方性法规,制定完善与社会治安综合治理、人口服务和管理、突发事件应急管理、社会稳定风险评估、社会组织管理、社区居民自治等配套的规章制度,以法律为社会利益调节的最高权威,提高政府依法决策、依法行政的能力。二是深化执法、司法体制改革,促进社会公平正义,包括深化执法、司法公开,提高执法司法透明度,严格、规范、公正、文明执法,加快建设公正、高效、权威的司法制度,切实维护人民权益。三是大力增强全社会法治观念和法治意识,深入开展法治社会宣传教育,在全社会树立法律至上的基本信念和行为准则,把法治精神、法治观念内化到人们的思想意识、落实于日常行为中,形成广泛的法治共识,最终形成遵法守法的社会氛围。

二、社会治理的社会化、法治化、智能化和专业化

善治作为一种政治国家与公民社会的新颖关系,其本质特征就是通过政府与公民对公共生活的合作管理,使公共利益最大化。2016年10月12日,习近平总书记就加强和创新社会治理作出重要指示,强调要完善中国特色社会主义社会治理体系,要更加注重民主法治、科技创新,提高社会治理社会化、法治化、智能化、专业化水平。社会治理要实现"善治",必须在"四化"上下功夫,切实提升社会治理效能。

(一)社会化引领和推动多元社会主体参与社会治理

政府、市场与社会三者之间的协调与平衡是社会和谐的必要条件,治理主体

的多元化和社会化是现代社会治理的一个显著特征。在社会治理实践中,不断创新社会治理思路,扩大开放公共服务市场,通过政府购买服务、健全激励补偿机制等办法,鼓励和引导企事业单位、社会组织、人民群众积极参与社会治理。同时注重社会组织的培育和引导,推动社会组织明确权责、规范自律、依法自治、发挥作用。以保障人民群众根本利益为出发点和落脚点,发展人民民主,维护社会公平正义,保障人民在社会治理事务中依法实现自我管理、自我服务、自我教育、自我监督,确保社会治理过程人民参与、成效人民评判、成果人民共享。近年来,通过激发社会组织的活力,社会治理的社会化水平得以有效提升。2016年,中共中央办公厅、国务院办公厅印发了《关于改革社会组织管理制度促进社会组织健康有序发展的意见》,该意见明确指出,依法做好社会组织登记审查,稳妥推进直接登记。重点培育、优先发展行业协会商会类、科技类、公益慈善类、城乡社区服务类社会组织。在改革登记和管理体制的同时,结合政府职能转变和行政审批改革,将政府部门不宜行使、适合市场和社会提供的事务性管理工作及公共服务,通过竞争性方式交由社会组织承担。逐步扩大政府向社会组织购买服务的范围和规模,对民生保障、社会治理、行业管理等公共服务项目,同等条件下优先向社会组织购买。这些改革为社会组织的快速健康发展奠定了坚实基础,使得社会组织成为社会治理主体社会化的关键一环和重要载体。

(二)法治化成为社会治理创新的最优模式

"法治保障"是全面推进依法治国战略在社会治理领域的具体落实,意味着法治方式和法治思维要贯穿社会治理的全过程,在统筹社会力量、平衡社会利益、调节社会关系、规范社会行为等方面发挥积极作用。党的十八大以来,社会治理领域的相关法律制度不断完善,法治已逐步成为社会治理创新的最优模式。一方面,各地在探索社会治理创新的过程中积极推进地方立法,特别是把基层实践中创造的带有普遍意义的好经验好做法及时上升为制度规范,初步形成了包括社会治理主体培育、基层公共服务供给、利益表达与协调等机制在内的制度框架,将社会治理纳入了法治轨道,确保社会治理真正做到有法可依。另一方面,各地在基层治理的实践中,认真反思社会矛盾冲突背后的体制性、政策性问题,运用法治思维构建起社会行为有预期、管理过程公开、责任界定明晰的社会治理体系,把社会治理难题转化为执法司法问题加以解决,从而从根本上将依赖行政手段的短期管控转变为法治框架下的长效治理。江苏南通以利益协调、诉求表达、矛盾调处、权益保障、民主协商为重点构建的"大调解"体系,被誉为化解社会矛盾冲突的"东方经验"。"整合资源,整体联动"是大调解机制的核心所在,即在党委政府的统一领导下,整合多方资源,构建内在联动,在纵向上搭建县乡综合性大调解平台——社会矛盾纠纷调处中心,横向上依托部门、行业组建各类专业调处机制和对接机制,形成"一综多专"的工作格局。"大调解"体系把民主协商、群众参与、调解优先的原则有效融入执政施政、司法执法、矛盾化解的具体实践中,充分体现了中国特色民主法制建设的要求和宗旨。从社会治理的法治化来看,"大调解"体系把调解作为第一位的司法能力,贯穿到公安执法、检察立案、法院审理和执行的各个方面,促进了和谐司法,实现了法律效果和社会效果、法治方式和法治思维的统一。

(三)智能化凸显社会治理新思路新路径

随着互联网特别是移动互联网发展,社会治理模式正在从单向管理转向双向互动,从线下转向线上线下融合,从单纯的政府监管向更加注重社会协同治理转变。"三个转变"凸显了"互联网＋"形势下社会治理的新思路和基本方向。当前,大数据已经成为信息时代的基础资源,能有效集成国家经济、政治、文化、社会、生态等方面的信息资源。在社会治理中充分运用大数据分析提供的规律性结论,不仅有利于形成系统完备、科学规范、运行有效的治理体系,而且还能为社会治理提供决策支撑。大数据时代,社会治理所需的数据和信息迅速增长,各项社会建设工作的开展、各种社会治理方式的创新和各种公共服务的提供都需要大量的基础数据与信息。党的十八大以来,各地积极探索建立全面覆盖、动态跟踪、指标齐全的社会治理基础信息平台,以人口基础信息为核心,借助居住信息系统、就业登记信息系统和房屋出租管理系统,整合违法犯罪信息、网络舆情信息、公共卫生信息、环境状况信息、劳资关系信息、突发事件信息等多种信息源和社会统计资源,有效提高了新形势下社会治理信息化水平。此外,地方政府通过服务型政府建设,充分运用大数据系统,提升了社会治理的精准度。随着信息技术的发展,每个社会成员均可利用信息化手段表达自己的意愿和看法,形成海量的"微数据"和"微事件"。决策者往往要对海量的实时数据进行掌握和挖掘,将分散的小概率事件有序关联起来,突破"信息孤岛"限制,排除各种垃圾信息的误导和干扰,把握数据中蕴含的规律性、倾向性问题,提高公共决策的科学化水平,更好地回应公众关切,满足公众需求和期待。如,借助热力图直观显示不同区域居民需求的分布情况,掌握居民诉求的变化;以单位时间内的出现频率为依据,通过主动搜索等方式追踪热词,进而确定社会热点问题,实现将大数据分析、追踪、预测的成果转化为决策者的重要参考,及时发现、预防和控制社会事件的发生。

(四)专业化提升了社会治理的质量和水平

法国社会学家涂尔干在《社会分工论》一书中指出,现代社会成员间的差异日益增加,通过分工合作相互连接在一起,社会得以完成从"机械团结"向"有机团结"的转变。因此,社会分工是社会进步的标志,有了社会分工才有专业化。随着社会分工精细化程度越来越高,社会治理日趋复杂和多元性,专业化成为提高社会治理水平的必然要求。党的十九大报告指出,要加强社会心理服务体系建设,培育自尊自信、理性平和、积极向上的社会心态。亟需专业化社会组织和专业人才针对不同矛盾、主题、人员开展专业化服务。党的十八大以来,社会治理的专业化有了长足的发展。在人才队伍建设上,为提升社会治理的质量和水平,越来越多的社会工作专业人才被引入。据统计,截至2015年底,我国有超过20万持有社会工作职业资格证书的专业社工。在社会工作教育领域,全国有近400所大学开展社会工作硕士、本科和专科教育,每年培养社会工作专业毕业生接近4万人。社会工作专业人才接受过专业化的训练,在基层治理、民生服务等方面更具有相关的能力素质。专业社会工作发挥贴近基层民众、直接服务百姓、链接政府与社会的特点,已经嵌入各种公共服务与治理领域,成为保障改善民生、加强社会建设和创新社会治理的重要手段。此外,专业化行业化调解组织得以快速成长和全面发展。如,独立第三方医患纠纷专门性调处机构整合司法、卫生、公安、法院以及医院和保险等部门的专业资源,通过多方联动的资源整合机制、客观公正的事故鉴定机制、规范有序的调处预防机制和科学合理的保险理赔补偿机制,在化解医患纠纷上发挥了重要作用。

三、共建共治共享引领社会治理走向现代化

党的十八届三中全会提出了国家治理体系和治理能力现代化的改革目标,这表明我们党开始注重从国家制度和体系完善的视野来审视和谋划现代化的总体进程。党的十九大提出,"打造共建共治共享的社会治理格局",这是立足发展新

形势、贯彻发展新理念、满足社会治理新需求,实现国家治理现代化的新安排,为新时代社会治理体系的创新与完善提供了科学指引。社会治理是一个动态发展的持续性过程,共建共治意味着社会治理有赖于其成员的广泛参与,体现了多元治理主体的参与和协同推进,共享则使获得感、幸福感、安全感更加充实、更可持续、更有保障,体现了社会治理的合理性和公共性。共建共治共享"三位一体"的社会治理格局,丰富了社会治理的内涵,将逐步引领社会治理和国家治理走向现代化。

(一)共建体现了社会治理以人民为中心的基本要求

坚持以人民为中心,一切为了群众,一切依靠群众,从群众中来,到群众中去,是党赖以生存的工作路线,也是我们党在长期的斗争和建设中总结出来的科学工作方法。在中国特色社会主义新时代,以人民为主体的社会治理创新体现了时代前进的方向。习近平总书记指出,"人民是创造历史的动力,我们共产党人任何时候都不要忘记这个历史唯物主义最基本的原理"。以人民为中心,体现了人民是推动发展的根本力量的唯物史观,是党的十八大以来中国特色社会主义国家治理的根本逻辑。社会治理事关广大人民群众的切身利益,必须依靠广大人民群众的积极参与和共同建设。正反两方面的经验表明,让政府、企业、社会组织、群众等主体在党的领导下都广泛参与社会治理,努力做到治理问需于民、问情于民、问计于民,尊重并落实人民群众的知情权和参与权,是现代社会治理必须遵循的基本要求。[①] 社会治理共建,必须坚持发展为了人民,把满足"人民日益增长的美好生活需要"作为创新社会治理的出发点和落脚点,促进经济发展、增加居民收入,强化政府对公共产品和公共服务的供给,营造良好的社会环境、人际关系和精神文化生活氛围。

夯实民生建设基础奠定了社会治理共建的突破口和切入点。从总体上看,加强和创新社会治理,与提高保障和改善民生水平是相辅相成的,而共建共治共享的社会治理格局,是加强和创新社会治理的结果,也是提高保障和改善民生水平的具体体现和内在要求。民生建设的根本目标是满足"人民对美好生活的向往",其核心是"人的全面发展"。民生连着民心,民心凝聚民力。党的十八

---

① 参见夏锦文《坚持走中国特色社会主义社会治理之路》,载《新华日报》2017年11月1日。

大以来,我国加快了教育、就业创业、收入分配、社会保障、医疗卫生服务等领域的民生建设,一方面加大政府对民生和基本公共服务的投入,另一方面在转变政府职能的同时激发社会活力,通过政府的服务能力建设与社会的自我服务能力建设来共同面向民生需求和弥补基本公共服务的短板。人民群众最关心、最直接、最期盼解决的利益问题,往往就成为各社会主体参与社会治理的内在动力。这也意味着,社会治理的共建要把民生问题上的合理诉求的表达作为各治理主体寻求平等生存和发展权利到追求人民当家作主的政治权利之间的衔接点,使多元社会治理主体在社会治理中既"够得上""挨得着",也"参与得上"。只有把立足点和着力点放在民生上,坚持民生至上,社会治理共建才能更加具体,才能充满生命力。牢牢抓住了这个切入点,会促进各主体在各个领域参与社会治理的积极性。

(二) 共治体现了党建引领下多元主体的协同善治

在中国特色社会主义进入新时代、社会主要矛盾发生历史性转化的背景下,针对不同主体共同参与、协同合作的变化新趋势,党的十九大在社会治理中凝炼出了"共治"的新提法。共治,即政府、社会组织、公民等多元治理主体通过对话、协商、谈判、合作等途径,形成资源共享、彼此依赖、互惠合作的机制与组织结构,以实现共同的治理目标。共治更强调合法权力来源的多样性,政府无疑是合法权力的重要来源,社会组织、企事业单位、社区组织等同样也是合法权力的来源,主体更多元,更能兼顾多方的利益;共治更注重强调发挥多主体的作用,鼓励参与者自主表达、协商对话,并达成共识,从而形成符合整体利益的公共政策;共治更注重政府依法行政、简政放权,深入推进行政审批制度改革,而不是政府"甩包袱",也不是要削弱政府本有的强大自主性、资源动员与社会控制能力,而是通过发挥政府强有力的作用更加有力地推动做强做大社会。从社区治理到协商民主,从环境整治到城市管理,社会治理的广泛性、复杂性都决定了需要动员多种社会力量,将党政力量与网络的拓展、法治保障水平的提升、新技术的融入以及专业体系的建设结合起来,让企业、公众和社会组织在公共事务和社会治理中发挥更大作用,才能开创更有秩序更有活力的社会治理新局面。

党建有效引领着社会治理的多元共治。打造共治共同体,需要在党的领导下,引导和培育政府、社会组织和居民等多元主体协同善治,夯实党的执政基础。

党的十九大报告指出,"要以提升组织力为重点,突出政治功能,把企业、农村、机关、学校、科研院所、街道社区、社会组织等基层党组织建设成为宣传党的主张、贯彻党的决定、领导基层治理、团结动员群众、推动改革发展的坚强战斗堡垒。"[①]通过政治上保证、思想上引领、组织上保障,党建在社会治理中的引领作用不断拓展,真正发挥出了基层党组织的领导核心作用。一方面通过党建推动不同治理主体之间的协作,使党组织成为社会治理中连接体制内外和不同治理主体的新平台。另一方面,通过党建培育多元规范的社会组织,支持社会组织在党领导下健康发展,进一步激发社会组织活力,让更多规范、专业的社会组织参与到社会治理中来,共同为基层社会提供公共产品。

(三)共享体现了社会治理的最高价值和根本旨归

共同富裕是中国特色社会主义的本质。决胜全面建成小康社会,作为"实现中华民族伟大复兴中国梦的关键一步",其核心在全面。这个"全面",不仅体现在经济建设、政治建设、文化建设、社会建设、生态建设等领域,还体现在覆盖的人群是全面的,是不让一个人掉队的全面小康。党的十九大提出,"带领人民创造美好生活,是我们党始终不渝的奋斗目标。必须始终把人民利益摆在至高无上的地位,让改革发展成果更多更公平惠及全体人民,朝着实现全体人民共同富裕不断迈进"。作为一项系统改革工程,社会治理与人民群众对美好生活的体验感、归属感、获得感息息相关,必须体现公平取向的制度安排和共享机制,使社会治理为全体人民享有,最终形成"人人参与、人人尽力、人人享有"的局面。共享是共建的目标,也是共建的保障,需要指出的是,共享要避免和消除平均主义的旧观念,尤其不能把共享简单理解为改革和社会治理成果的平均分配过程[②]。

公共服务均等化进程充分体现了社会治理成果共享。党的十八届五中全会提出了创新、协调、绿色、开放、共享新发展理念。增加公共服务供给,提高公共服务共建能力和水平是提升社会治理成果共享水平的关键。共享社会公共服务直接关系着人民群众的福祉,其供给规模和服务水平是衡量社会进步程度、人民生

---

① 习近平:《决胜全面建成小康社会 夺取新时代中国特色社会主义伟大胜利》,人民出版社 2017 年版,第 65 页。
② 参见周红云《全民共建共享的社会治理格局:理论基础与概念框架》,载《经济社会体制比较》2016 年第 2 期。

活质量和城市综合实力的重要标志。长期以来,公共服务主要存在两大问题:一是总体上供给不足,二是分布不均衡,有的地方和领域的分布严重失衡。公共服务供给的结构性差异如果长时间存在,会导致社会阶层关系失衡,进而引起社会冲突和矛盾的显化。党的十八大以来,着力推进公共服务均等化,建设以公共服务均等化为导向的民生财政体制,突出普惠型公共服务,初步建立起了政府主导、覆盖城乡、可持续的公共服务体系。不断完善社会保障制度,加快消除地区、行业、城乡之间以及个人身份之间差异的制度改革,从根本上调整社会心态、减轻社会压力、减少和预防社会隐患。促进义务教育优质均衡发展,扩大普惠性学前教育和优质职业教育供给,促进和规范民办教育。健全覆盖城乡的公共就业创业服务体系。加强职业技能培训,推动实现比较充分和更高质量就业。通过管理体制、组织模式、社会服务拓展等创新实现基本公共服务均等化,促进流动人口的社会融入。

社会治理这一用以保持社会发展各部分之间的协调和稳定的动态平衡机制,是党领导团结全国各族人民在一次次实践中探索和总结出来的。伴随着这一建构过程,中国共产党赋予社会治理制度以社会主义本质属性,从而走出一条中国特色社会主义社会治理之路。社会治理制度建构的人民主体性、制度运行的有效性、制度规范的法治性,是社会治理制度自信的基础和源泉。牢牢发挥这一制度的正向效应,在"两个十五年"的宏伟蓝图中嵌入阶段性的社会治理目标,我们的现代化征程将更加行稳致远。

第七章　在建构认同中增强制度自信

中国特色社会主义制度认同是在对其科学性、价值性和特色性等方面不断建构的过程中逐渐确立起来的。首先要回答"何以能够被认同"的问题,通过历史与现实、理论与实践、国际与国内的反复比较,深刻揭示中国特色社会主义制度的建立和完善符合历史逻辑、理论逻辑、实践逻辑,才能不断增强人们对中国特色社会主义制度的科学性认同。其次要回答"认同是为了什么"的问题,通过对人类命运共同体和中华民族的价值目标、价值基础和价值实现过程的科学分析,才能不断提升人们对中国特色社会主义制度的价值性认同。最后要回答"为什么能够认同"的问题,通过对民族特色、时代特色和文明特色的科学分析,才能不断增强人们对中国特色社会主义制度的特色性认同。

第一节　坚持科学认同

中国特色社会主义制度自信的确立并不是一蹴而就的,而是中国共产党带领中国人民长期奋斗历史逻辑、理论逻辑、实践逻辑的必然结果。中国特色社会主义制度的历史逻辑在于不仅批判借鉴世界社会主义建设的历史经验和科学总结中国社会主义建设的历史经验,而且在于充分吸取世界优秀的制度文明成果以及辩证汲取中华优秀的制度文化。理论逻辑在于承继和延展马克思主义思想大厦的制度基础、制度本质和制度特性。实践逻辑在于不仅根植于当代中国的具体、生动的实践,也根植于对中国和世界互动的当代性和未来性思考,更根植于对这些具体、生动的实践过程中经验的提炼和概括。只有深刻把握这三个逻辑,才能在完善和发展中国特色社会主义制度中坚持科学认同。

一、坚持历史逻辑的科学认同

中国特色社会主义制度的建立和完善不是凭空产生的,而是有其特殊的历史逻辑。而这一历史逻辑则构成了中国特色社会主义制度生成之基。坚持、完善和发展中国社会主义制度,不仅需要批判借鉴世界社会主义建设的历史经验和科学总结中国社会主义建设的历史经验,而且还要充分吸收世界优秀制度文明成果以及辩证汲取中华优秀的制度文化。

坚持和完善中国特色社会主义制度,必须批判借鉴世界社会主义建设的历史经验。世界社会主义的发展是一段充满艰险和曲折的历史进程,其给中国社会主义的建设提供了较多的历史性借鉴。无论是空想社会主义者的制度思考,还是巴黎公社的失败,均表明了建立社会主义制度必须充分结合自身的实际境况,否则再先进的制度也无法带来制度本身的存活,更无法带来生产力水平的有效提高。早在1921年,在探索俄国社会主义制度建设的过程中,列宁就指出俄国社会主义制度建设中存在着机械运用马克思主义原理,而完全不考虑自身实际情况的严重问题。然而由于种种原因,这一问题并没有随着苏联国内现实实践的发展进行及时有效的解决,反而随着斯大林模式的最终形成而更加固化,最终导致了苏联社会主义制度模式失败。在第二次世界大战之后,苏联社会主义制度模式作为当时世界上最具吸引力的社会主义制度模式受到各个新生社会主义国家的模仿和借鉴。然而,东欧大部分的社会主义国家由于各种原因,其进行社会主义建设的方式在很大程度上是模仿苏联的制度模式,而很少考虑自身国情的特殊性,更谈不上将马克思主义的基本原理运用到本国具体的实践之中,并以此推进自身社会主义制度体系的建立和发展。这样,"东欧剧变"的历史悲剧不可避免地发生了,世界社会主义制度建设遭到了巨大的打击。对此,邓小平切中肯綮地指出,虽然社会主义事业在一些国家遭遇了重大挫折,"但人民经受锻炼,从中吸取教训,将促使社会主义向着更加健康的方向发展"[①]。习近平总书记多次谈到,中国特色社会

[①]《邓小平文选》第3卷,人民出版社1993年版,第383页。

主义制度是建立在批判性地借鉴世界社会主义制度建设和改革教训与经验基础上的,是将这些教训和经验运用到中国具体实践并指导中国自身的制度建设和改革。可以说,中国特色社会主义制度只有不断汲取社会主义建设的经验教训,在把科学社会主义的基本原则同中国最新实践结合中不断完善和发展。

  坚持和完善中国特色社会主义制度,必须科学总结中国社会主义建设的历史经验。中国社会主义的制度发展也不是一帆风顺的,在其艰辛探索的历程中同样经历了艰险与曲折。自中国共产党成立以来,无论是在土地革命战争时期、抗日战争时期以及解放战争时期,都在努力探索符合中国实际的制度。在这一过程中,经历了很多制度复制、制度探索、制度创新等,这为中国社会主义制度的建设提供了较为丰富的历史经验。自中华人民共和国成立直至中苏关系恶化这一段时期内,以毛泽东为核心的中国共产党人,虽然清醒意识到要"以苏为鉴",走出一条中国式的社会主义新道路。然而,由于历史惯性、时代惯性、实践惯性、思想惯性等系列因素的规制,最终未能挣脱苏联的社会主义制度模式的影响。特别是由于国内外错综复杂的社会历史条件,中国社会主义制度的探索,尤其是经济制度遭遇了较长时期的曲折。但在这一过程中积累的一系列思想、物质、制度、文化等成果,积累的正反两方面的历史经验,是我们在历史新时期"把握现实、创造未来"的出发地。[①] 以邓小平为核心的中国共产党人,站在全球和中国相互联系的世界历史高度,围绕解答"社会主义向何处去"这个头等课题,在关键时刻作出了对内改革和对外开放的重大战略决策,坚定不移地努力推进并始终把握改革开放及其正确方向,再次实现了科学社会主义在中国的勃兴,成功拓展了一条发展中国家走向现代化的制度之路。正是有了改革开放,才有了中国特色社会主义制度,中华民族才能以崭新姿态屹立于世界,中国人民才能以崭新面貌屹立于世界东方,中国特色社会主义才能以崭新活力焕发出巨大生机。习近平总书记指出,这"不仅改变了中国人民的历史命运,而且改变了世界的历史进程"[②]。可以说,坚持和完善中国特色社会主义制度,必须不断归纳概括中华人民共和国成立以来尤其是改革开放以来的新鲜经验,在将中国社会主义的历史经验和最新实践结合中形成完备的制度体制。

[①] 参见《十八大以来重要文献选编》上,中央文献出版社2014年版,第695页。
[②] 《十八大以来重要文献选编》中,中央文献出版社2016年版,第39页。

除了批判借鉴世界社会主义建设的历史经验和科学总结中国社会主义建设的历史经验外,坚持和完善中国特色社会主义制度,还必须从丰厚的人类制度文明的土壤中汲取丰富营养。这主要体现在充分吸收世界优秀制度文明以及辩证汲取中华优秀的制度文化两个方面。

世界优秀制度文明成果是中国特色社会主义制度得以不断完善和发展的外源性基因。在深刻把握时代主题和顺应时代潮流中,中国特色社会主义制度大胆借鉴世界优秀的制度文明成果,在开放的世界制度文明体系中不断汲取、充分融合世界各大洲和各民族的优秀制度文明成果,从而促使这一制度的不断充实和完善。中国特色社会主义不和世界发生联系是不能生存下去的,它的制度只有在充分汲取人类制度文明优秀成果的基础上才能得以建立。列宁认为,人类的文化具有承继性和延拓性,任何一个新社会要创造属于自己的制度体系,都必须承继过去世界历史中已经取得的优秀成果。作为赢得世界历史性意义的工人阶级思想体系——马克思主义理论大厦,它没有拒绝和抛弃人类思想积淀的一切有益养分,"相反却吸收和改造了两千多年来人类思想和文化发展中一切有价值的东西。"[①]邓小平认为,要大胆吸收和借鉴人类社会创造的一切文明成果,吸收借鉴当今世界各国包括资本主义发达国家的一切反映现代社会化生产规律的先进经验,来帮助我们发展,从而以人类先进的制度文明成果作为自己的发展起点,以跳跃式的发展跨入世界先进国家行列,实现现代化建设的战略目标。承认人类文明的多样性以及社会制度模式的多元特征,是促进人类社会向着理想目标前行的康庄大道。习近平总书记指出,人类历史上任何一种悠久文明,不管它首先源自哪个地域、哪个民族的土壤上,始终保持着多元、包容的特质,这是实现文化对话和文明融合的一条历史经验。因此,我们应该努力维护人类制度文明的多样性,加强不同制度文明之间的交流、互鉴、共存,而不是制造不同制度文明之间的隔膜、冲突。只有这样,世界制度文明的多样性才能得到有效维护,并将促进世界各国制度的发展。可以说,只有虚心吸收、借鉴、消化人类各种优秀的制度文明成果,中国特色社会主义制度才能在深化对人类社会发展规律的认识中不断完善和发展。

中国优秀制度文化是中国特色社会主义制度得以完善和发展的内源性基因。

[①]《列宁全集》第39卷,人民出版社1986年版,第332页。

中华优秀文化是一个内涵极为丰富的精神宝库，其包含着中华优秀的传统文化、革命文化以及社会主义先进文化。正是深厚扎根于中华优秀文化基础上，中国特色社会主义制度才有了持久力量。马克思主义与中国文化相耦合，是其得以中国化的基本进路。"中国人接受马克思主义，与中国传统文化有密切关系。"①同样，中国特色社会主义制度的建立和完善，与中国优秀的制度文化也有着密切关系。比如，中央—地方型的政治制度结构是中国古代的基本政治制度结构，中国的古代历史和近代历史从正反两个方面都已证明了这一政治制度结构符合中国这个拥有复杂国情的国家，有利于维护整个社会秩序的稳定，也保证了国家政策实施的有效性；国家控制重要的以及和民生直接相关的产业，并允许私人商品经济的存在和发展是中国古代社会经济形态的一个突出特征，这一特征在有效保证国家对基础产业实现控制的同时，也有效地保证了社会整体的经济活力，从而促进了整个社会生产力水平的提高。此外，中华优秀制度文化中的郡县制度、中央直管制度、通过考试来选拔人才的制度、商品经济制度等制度思想都是中国优秀制度文化系统中的重要组成部分。因此，在完善和发展中国特色社会主义制度的过程中，必须把马克思主义同中华优秀制度文化对接起来，同当代中国的现代制度文明对接起来，科学对待中华制度文化和现代优秀制度文明，用中华制度文明中已有的一切优秀成果来涵养、滋润自己，汲取其间蕴含的精神、观念和规范，结合时代需求推动转化和发展，让其放射出时代风采和永久魅力。只有对中国优秀制度文化等方面的深入挖掘和总结，并使之与现代制度文明互融互通，中国特色社会主义制度才得以不断完善和发展，不断发挥出独特的优势。

二、坚持理论逻辑的科学认同

任何一个制度体系都有其特定的理论酵素，其中最基本的理论酵素构成了这一制度体系最鲜明的特色和最根本的特性。马克思主义以及中国化马克思主义作为意涵丰厚的思想大厦，是经实践反复检验和一再证明的科学体系。作为马克思主义思想大厦在新的时代环境中形成的制度性成果，中国特色社会主义制度必须承继和延展这座牢不可破的思想大厦的制度基础、制度本质和制度特性。

---

① 张岱年：《中国文化与文化论争》，中国人民大学出版社1990年版，第190页。

马克思主义的基本立场、观点以及方法是完善和发展中国特色社会主义制度的基础。马克思主义始终是面向实际问题不断发展的科学理论体系。因此,在不同时期针对不同的现实问题,绝不可以机械地运用马克思主义理论来加以解决。针对如何对待马克思的某些论断,恩格斯高屋建瓴地昭示我们:"马克思的整个世界观不是教义,而是方法。"①因此,绝不可以教条式地理解和运用马克思主义的具体观点。在分析和看待中国实际问题时,毛泽东一再强调一定不要孤立机械地理解马克思的某些论断,而是要"运用他们的立场、观点和方法",②来切实地研究和解决各个时代所面临的现实问题。党的十八大以来,中国特色社会主义的发展面临更多前所未有的复杂现实问题。习近平总书记指出,马克思主义的基本原理深刻地揭示了世界历史发展的普遍规律,其在现时代里仍然具有强大的现实解释力和指导力。他在不同场合下多次强调要始终坚持运用辩证唯物主义的世界观和方法论,以提高解决我国改革发展基本问题的本领。他提示我们,虽然社会实践在不断变化发展,但"马克思主义基本原理依然是科学真理",③依然是当前中国特色社会主义事业最根本的指导思想。只有继承和发展这些基本立场、观点以及方法,中国特色社会主义制度才能得以完善和发展。

始终坚持人民的主体地位、以人民为中心是完善和发展中国特色社会主义制度的本质。群众史观是马克思、恩格斯研究和分析人类社会发展历史的最基本指导思想,只有人民群众才是历史的真正创造者,是历史前进的根本动力,是社会变革的决定性力量。马克思和恩格斯强调:作为工人阶级代表的共产党人的使命,就是要"为工人阶级的最近的目的和利益而斗争"。④在领导俄国社会主义建设的过程中,列宁多次强调人民主体作用的重要性,强调建设俄国社会主义制度必须要依靠人民群众,要可以"在任何时候任何问题上正确无误地判断群众的情绪,判断他们真正的需要、愿望和想法",⑤要避免脱离群众这一最严重最可怕的危险。在面对如何衡量社会主义制度的标准时,邓小平明确指出这一标准不是任何别的东西,而只能是生产力的发展以及人民主体的需要是否得到了有效的满足。如果

---

① 《马克思恩格斯文集》第10卷,人民出版社2009年版,第691页。
② 参见《毛泽东选集》第3卷,人民出版社1991年版,第797页。
③ 参见《习近平谈治国理政》第2卷,外文出版社2017年版,第66页。
④ 参见《马克思恩格斯选集》第1卷,人民出版社2012年版,第434页。
⑤ 参见《列宁选集》第4卷,人民出版社2012年版,第625—626页。

人民的生活长期保持在较低的水平上,那么就不能叫做社会主义。党的十八大以来,习近平总书记一再指出:"人民是历史的创造者,群众是真正的英雄。"①他明确指出,人民对美好生活的向往是党的奋斗目标,强调深化改革中每一项重大措施的实施都要站在人民立场上来考虑,都要切实地维护人民的利益,都要充分发挥人民的主体性。也就是说,完善和发展中国特色社会主义制度,必须始终以人民为中心,必须以人民的根本利益为出发点和落脚点,维护好、发展好、实现好最广大人民的根本利益。

与时俱进、不断创新是完善和发展中国特色社会主义制度的特性。马克思、恩格斯在评价他们的理论时,不断强调:"我们的理论是发展着的理论,而不是必须背得烂熟并机械地加以重复的教条。"②可以看出,马克思主义基本原理的运用要依据客观现实条件的转变而转化。对此,列宁在评判那些认为马克思和恩格斯的学说是不完备的且已经停滞的错误言论时告诫我们:不应该将"马克思的理论看做某种一成不变的和神圣不可侵犯的东西",③而是应随时注意历史条件和历史环境的变换。正是因为没有机械地看待和运用马克思主义理论,列宁才能够推进俄国社会主义制度的建设和发展。实践在不断变化和发展,源于实践并服务实践的制度体系也应随之不断地变化和发展。党的十八大以来,中国面临着越来越复杂多变的国内外环境,很多具体的制度已不能充分地服务实践的发展,因此需要制度的不断更新以适应时代的变化。以习近平同志为核心的党中央深刻把握这一客观现实,在理论和实践相结合的基础上针对新时代中国特色社会主义的具体形态以及如何坚持和发展的具体方式,作出了众多战略性的制度安排,从而推进了中国特色社会主义制度在新时代的完善与发展。只有以坚定的毅力和勇气推进当代中国在新时代形成更多的制度性成果,才能在不断总结实践经验的基础上,使中国特色社会主义制度得以不断完善和发展。

三、坚持实践逻辑的科学认同

完善和发展中国特色社会主义制度必须立足于社会主义初级阶段的现实实

---

① 《习近平谈治国理政》,外文出版社 2014 年版,第 5 页。
② 《马克思恩格斯文集》第 10 卷,人民出版社 2009 年版,第 562 页。
③ 参见《列宁选集》第 1 卷,人民出版社 2012 年版,第 274 页。

践。实践是真理的源泉,也是检验真理是否准确的最基本标准。中国特色社会主义制度,既植根于当代中国的具体、生动的实践,也植根于对中国和世界互动的当代性和未来性思考,更植根于对这些具体、生动的实践过程中具体经验的提炼和概括。

完善和发展中国特色社会主义制度,必须植根于中国特色社会主义的改革实践。任何一个制度体系都有自己的理论疆域,不可能做到在任何时候、对任何事物都能作出具体的反映,制度的生命力就在于能随着具体实践的变化与发展而不断实现自身的丰富与完善。从这个意义上来讲,要推进中国特色社会主义制度的完善和发展,就必须依据中国的最新实践而不断对其基本内容进行充实和完善。到党的十八大,进行了30多年的改革已经进入深水区,此时"容易的、皆大欢喜的改革已经完成了,好吃的肉都吃掉了,剩下的都是难啃的硬骨头"[1]。对于这些硬骨头,正确的理念就是牢固树立改革只有进行时、永远在路上、没有完成时,有效的办法就是真刀真枪抓改革、全心全意谋发展。因此,要有更为强烈的使命意识和问题导向,增强改革的信心与勇气,继续坚持解放思想、实事求是,坚持以全局意识、战略思维考虑改革中的问题。党的十八大以来,以习近平同志为核心的党中央,坚决破除一切不合时宜的体制、观念与做法,坚决革除一切固化的藩篱、弊端和毒瘤,对政治、经济、文化、社会、生态、党建等不同领域的制度设置进行了众多有效的改革,使中国特色社会主义制度取得了更多新的成就,从而解决了许多悬而未决的难题,办成了许多凤寐以求的大事,有效地推动国家治理现代化的伟大飞跃。实践永无止境,改革永无止境,发展真理也永无止境。在中国特色社会主义进入新时代,只有科学分析国内外形势和社会主要矛盾的变化,紧密结合改革的新实践要求,才能不断推动中国特色社会主义制度的完善和发展。

完善和发展中国特色社会主义制度,必须植根于中国特色社会主义的开放实践。15世纪以来,随着全球化的深入发展,世界上各个区域、各个民族、各个国家之间的交流、交往越发频密,交织、交融日益显现,谁也不能独自应对共同挑战,谁也不能退回到孤立封闭的孤岛,人类已经形成了我中有你、你中有我、互学互鉴的命运共同体。因此,中国特色社会主义制度绝不可以"闭门造车",更不可以"唯我

---

[1]《习近平谈治国理政》,外文出版社2014年版,第101页。

独尊",而必须"海纳百川""博采众长"。邓小平指出:"关起门来,固步自封,夜郎自大,是发达不起来的。"①中国40年的开放历程正是全球化迅猛发展的时期,通过不断加快开放的进度以及提高开放的程度,在融入世界的过程中实现了中国的发展。党的十八大以来,以习近平同志为核心的党中央,准确把脉中国所面临的国际环境,以更长远的眼光、更宽广的视野、更自信的心态来思考、把脉中国面临的世界性问题,坚持打开国门搞建设,继续坚持对外开放的基本国策。同时,积极推进构建新型国际关系,积极发展全球伙伴关系,积极促进"一带一路"国际合作,积极参与全球治理体系变革,不断推动人类命运共同体建设,始终做"世界和平的建设者、全球发展的贡献者、国际秩序的维护者"②。中国在对外开放的过程中积极推动全球化的再平衡,中国的发展正日益转变为世界的机遇。联合国秘书长安东尼奥·古特雷斯认为:"中国对全球有效和公平发展发挥了基础性作用,中国发展将给所有人带来机遇。"③在中国特色社会主义进入新时代,只有科学分析全球化的跌宕起伏,围绕构建人类命运共同体这个人类发展的永恒主题,秉承为人类作出新的更大贡献的神圣使命,不断贡献中国方案,才能推进中国特色社会主义制度的完善和发展。

第二节 提升价值认同

中国特色社会主义制度自信不是凭空产生的,而是中国共产党始终围绕中国特色社会主义的价值目标,带领全国各族人民夯实中国特色社会主义制度的价值基础,通过基本制度、具体制度的创新不断满足人民对于美好生活的需求才得以发展的。中国特色社会主义制度的价值目标包括为人民谋幸福、为民族谋复兴的国内目标,为人类作出更大贡献的国际目标和实现共产主义的最高目标。中国特色社会主义制度的价值基础就是在坚持中国特色社会主义根本制度的基础上,通过建立和完善中国特色社会主义基本制度,为人的全面发展创造条件。中国特色

---

① 《邓小平文选》第3卷,人民出版社1993年版,第132页。
② 习近平:《决胜全面建成小康社会 夺取新时代中国特色社会主义伟大胜利》,人民出版社2017年版,第25页。
③ 新华社:《中国发展给各方带来机遇》,http://www.gov.cn/xinwen/2016-11/30/content_5140587.htm。

社会主义制度只有通过不断的体制机制创新,得到广大人民的拥护支持才能实现其价值认同。只有这三者统一起来,才能在完善和发展中国特色社会主义制度过程中提升价值认同。

一、提升价值目标认同

习近平总书记明确指出:"中国共产党人的初心和使命,就是为中国人民谋幸福,为中华民族谋复兴。"①为中国人民谋幸福,当前就是要全面建成小康社会,而为中华民族谋复兴,就是在本世纪中叶将我国建成富强民主文明和谐美丽的社会主义现代化强国。中国共产党"是为中国人民谋幸福的政党,也是为人类进步事业而奋斗的政党。中国共产党始终把为人类作出新的更大的贡献作为自己的使命"②。这表明了中国在谋求国内发展的同时,也在谋求推进人类的进步事业。其具体表现就是通过全球治理体系的变革,构建新型国际关系,推动构建人类命运共同体,建设一个持久和平、普遍安全、共同繁荣、开放包容、清洁美丽的世界。不仅如此,"中国共产党一经成立,就把实现共产主义作为党的最高理想和最终目标,义无反顾肩负起实现中华民族伟大复兴的历史使命"③。无论国内的历史使命,还是国际的历史使命,乃至人类的最终目标,都是中国特色社会主义制度的价值目标。

就国内的历史使命而言,就是要完成为中国人民谋幸福、为中华民族谋复兴的价值目标。中国社会主义是建立在经济文化相对落后的基础之上的,因此,必须分阶段进行中国特色社会主义建设,决不可超越客观生产力规律而进行盲目建设。对此,邓小平明确指出:"社会主义本身是共产主义的初级阶段,而我们中国又处在社会主义的初级阶段,就是不发达的阶段。一切都要从这个实际出发,根据这个实际来制订规划。"④根据这一正确的科学的论断,党的十三大报告指明了

---

① 习近平:《决胜全面建成小康社会 夺取新时代中国特色社会主义伟大胜利》,人民出版社2017年版,第1页。
② 习近平:《决胜全面建成小康社会 夺取新时代中国特色社会主义伟大胜利》,人民出版社2017年版,第57—58页。
③ 习近平:《决胜全面建成小康社会 夺取新时代中国特色社会主义伟大胜利》,人民出版社2017年版,第13页。
④《邓小平文选》第3卷,人民出版社1993年版,第252页。

我国发展的阶段性目标,即我国发展分三步走:20世纪走两步,达到温饱和小康,21世纪用三十年到五十年时间再走一步,达到中等发达国家的水平。邓小平在会见时任日本首相大平正芳时谈道:"我们要实现的四个现代化,是中国式的四个现代化。我们的四个现代化的概念,不是像你们那样的现代化的概念,而是'小康之家'。"①为了实现这个战略目标,党的十五大提出21世纪第一个十年使人民的小康生活更加宽裕,形成比较完善的社会主义市场经济体制;再经过十年的努力,到建党一百年时,各项制度更加完善;到建国一百年时,基本实现现代化,建成富强民主文明的社会主义国家。党的十六大提出要在21世纪头二十年,集中力量,全面建设惠及十几亿人口的更高水平的小康社会。党的十七大提出坚持以人为本,统筹兼顾,全面协调可持续发展,确保到2020年实现全面建成小康社会的奋斗目标,建设富强民主文明和谐的社会主义现代化国家。党的十八大提出要在建党一百周年全面建成小康社会,建国一百周年建成社会主义现代化国家。党的十九大报告明确提出2020年要决胜全面建成小康社会,2035年要基本实现社会主义现代化,21世纪中叶建设成为富强民主文明和谐美丽的社会主义现代化强国。事实已经证明,改革开放40年来,我们始终把人民利益摆在至高无上的地位,让改革发展成果更多更公平惠及全体人民,朝着全面建设社会主义现代化国家的奋斗目标进军。

恩格斯指出:"我们的目的是要建立社会主义制度,这种制度将给所有的人提供健康而有益的工作,给所有的人提供充裕的物质生活和闲暇时间,给所有的人提供真正的充分的自由。"②社会主义是为绝大多数人谋利益的事业,社会主义制度是以人的全面而又自由的发展为基本目标的制度形态。随着经济社会的发展,中国特色社会主义必将走向更高的发展阶段。因此,在继续凸显"中国特色"的同时,中国的社会主义制度建设将更为显著地体现社会主义的本质要求。而这一本质要求必然从生存性需求转向发展性需求并逐次推动人的全面发展,也就是"实现物质财富极大丰富、人民精神境界极大提高、每个人自由而全面发展的共产主义社会"③。其核心就是实现人的自由和全面的发展,这是社会主义有别于其他社

---

①《邓小平文选》第2卷,人民出版社1994年版,第237页。
②《马克思恩格斯全集》第21卷,人民出版社1965年版,第570页。
③《十六大以来重要文献选编》上,中央文献出版社2005年版,第363页。

会形态的本质特征,也是社会主义制度优越性的集中体现。中国特色社会主义制度在建设中国特色社会主义实践中起着根本保障作用,为我国实现广大人民群众自由和全面的发展奠定坚实的制度基础。江泽民指出:"我们进行的一切工作,既要着眼于人民现实的物质文化生活需要,同时又要着眼于促进人民素质的提高,也就是要努力促进人的全面发展。这是马克思主义关于建设社会主义新社会的本质要求。我们要在发展社会主义社会物质文明和精神文明的基础上,不断推进人的全面发展。"①这就要求"把坚持党的先进性和发挥社会主义制度的优越性,落实到发展先进生产力、发展先进文化、实现最广大人民的根本利益上来,推动社会全面进步,促进人的全面发展"②。与此同时,中国特色社会主义制度把"以人民为中心"作为核心立场,进一步凸显了这一理念。把握住这一点,就从根本上把握了社会主义现代化建设的本质。习近平指出,实现中华民族伟大复兴,必须建立符合我国实际的先进社会制度,中国特色社会主义制度是当代中国发展进步的根本制度保障,只有把人民对美好生活的向往作为奋斗目标,才能始终代表和维护人民的根本利益,实现中华民族的伟大复兴。

就国际的历史使命而言,就是要完成为人类作出新的更大贡献的价值目标。中华民族是一个有着5000年文明历史的伟大民族,在历史上创造了辉煌灿烂的中华文明,为人类文明的发展作出过不可估量的重大贡献。中华人民共和国成立后,面对西方列强的外交孤立、经济封锁和军事遏制,中国共产党带领中国人民顶住重重压力,维护和巩固新生的共和国政权,在风云变幻的国际局势中站稳了脚跟。毛泽东指出,中国是一个疆域和人口大国,"应当对于人类有较大的贡献。"③改革开放以来,中国通过推进社会主义现代化建设、维护世界和平和促进共同发展,在为人类作出较大贡献方面有了新的发展。邓小平展望,到21世纪中叶,"社会主义中国的分量和作用就不同了,我们就可以对人类有较大的贡献。"④党的十八大以来,在以习近平同志为核心的党中央领导下,全面推进中国特色大国外交,形成全方位、多层次、立体化的外交布局,为我国发展营造了良好外部条件。习近

---

① 《江泽民文选》第3卷,人民出版社2006年版,第294页。
② 《江泽民文选》第3卷,人民出版社2006年版,第538—539页。
③ 《毛泽东文集》第7卷,人民出版社1999年版,第157页。
④ 《邓小平文选》第3卷,人民出版社1993年版,第143页。

平总书记指出:"世界正处于大发展大变革大调整时期,和平与发展仍是时代主题"①,人类面临着许多共同挑战。比如,世界面临的不稳定性不确定性依然突出,世界经济增长动能不足,贫富分化日益严重,地区热点问题此起彼伏,恐怖主义、网络安全、重大传染性疾病、气候变化等非传统安全威胁持续蔓延。习近平总书记强调:"没有哪个国家能够独自应对人类面临的各种挑战,也没有哪个国家能够退回到自我封闭的孤岛。"②面对这些共同挑战,以"华盛顿共识"为主要内容的"美国方案"、以推动区域一体化为主要思路的"欧洲方案"和以政府驱动发展为主要动能的"日本方案"等都纷纷失去光泽,有的甚至还引发了更严重的危机和问题。在此背景下,中国方案便具有了切实的世界意义。2013—2016年,中国对世界经济增长的平均贡献率达到30%左右。③ 这已有效证明了中国对于全球发展的重要推动力。因此,有人所指出的"中国之治终结西方时代"④便有了切实的价值指向。中国特色社会主义制度有效地回应了全球的和平赤字、发展赤字、治理赤字问题,进而促进世界和平发展,给世界上那些既希望加快发展又希望保持自身独立性的国家和民族提供了全新选择,为解决人类问题贡献了中国智慧和中国方案。

习近平总书记明确指出:"中国共产党始终把为人类作出新的更大的贡献作为自己的使命。"⑤党的十九大报告提出,中国特色大国外交要推动构建新型国际关系,推动构建人类命运共同体,这一论断对如何为人类贡献中国智慧和中国方案指明了方向。与发达国家的诸多方案不同,中国提出的世界和平发展方案,意在寻求构建一种以相互尊重、公平正义、合作共赢为核心的新型国际关系,构建人类命运共同体,建设持久和平、普遍安全、共同繁荣、开放包容、清洁美丽的世界。事实上,和平发展、民族复兴和人类贡献是内在一致的整体。中国人民的梦想同

---

① 习近平:《决胜全面建成小康社会 夺取新时代中国特色社会主义伟大胜利》,人民出版社2017年版,第58页。
② 习近平:《决胜全面建成小康社会 夺取新时代中国特色社会主义伟大胜利》,人民出版社2017年版,第58页。
③ 参见《2013—2016年中国对世界经济平均贡献率30%》,http://news.hongzhoukan.com/17/1010/lxw103823.html。
④ [巴西]奥利弗·施廷克尔:《中国之治终结西方时代》,宋伟译,中国友谊出版公司2017年版。
⑤ 习近平:《决胜全面建成小康社会 夺取新时代中国特色社会主义伟大胜利》,人民出版社2017年版,第57—58页。

各国人民的梦想息息相通,满足中国人民对美好生活的向往和满足世界人民对美好生活的向往紧密相连,实现中华民族伟大复兴的中国梦离不开和平的国际环境和稳定的国际秩序。而要想实现这一价值目标,各个主权国家之间就要做到相互尊重、平等协商,坚决摒弃冷战思维和强权政治,走对话而不对抗、结伴而不结盟的国与国交往新路;要坚持以对话解决争端、以协商化解分歧;要同舟共济,促进贸易和投资自由化便利化,推动经济全球化朝着更加开放、包容、普惠、平衡、共赢的方向发展;要尊重世界文明多样性,以文明交流超越文明隔阂、文明互鉴超越文明冲突、文明共存超越文明优越;要坚持环境友好,合作应对气候变化,保护好人类赖以生存的地球家园。对这一国际价值目标的追求,是中国对人类社会应尽的责任,是中国特色社会主义制度价值取向的全球性表达,也是对人类社会对于公平、自由、幸福需求的有效回应。为此,中国必须统筹国内国际两个大局,始终不渝走和平发展道路、奉行互利共赢的开放战略,坚持正确义利观,树立共同、综合、合作、可持续的新安全观,谋求开放创新、包容互惠的发展前景,促进和而不同、兼收并蓄的文明交流,构筑尊崇自然、绿色发展的生态体系,始终做世界和平的建设者、全球发展的贡献者、国际秩序的维护者。

　　就最终的历史使命而言,就是要实现共产主义的最终目标。在人类文明历史几千年的长河中,人们从未停止过对美好社会的憧憬与追求,在传统中国有圣王之世、大同社会等,在西方有理想国、乌托邦、太阳城等。马克思在批判继承以往对大同世界向往的基础上,认为共产主义的主要标志是"已经以社会生产为基础的资本主义私有制转化为社会所有制",①而无产阶级及其政党就是为实现共产主义而上下求索的物质力量。习近平总书记指出:"我们党从成立起就把为共产主义、社会主义而奋斗确定为自己的纲领,坚定共产主义远大理想和中国特色社会主义共同理想,不断把为崇高理想奋斗的伟大实践推向前进。"②没有共产主义、社会主义的理想信念,就不会有新民主主义革命的成功,就不会有社会主义建设的辉煌成就,中国共产党也不会成为一个具有强大战斗力和巨大吸引力的政党。毛泽东对中国共产党为什么选择共产主义作为自己的最高理想作了这样的说明:"共产主义是无产阶级的整个思想体系,同时又是一种新的社会制度。这种思想

---

① 参见《马克思恩格斯文集》第 9 卷,人民出版社 2009 年版,第 138 页。
② 《习近平谈治国理政》第 2 卷,人民出版社 2017 年版,第 34 页。

体系和社会制度,是区别于任何别的思想体系和任何别的社会制度的,是自有人类历史以来,最完全最进步最革命最合理的。"[1]由此,对这种美好社会的追求就成为中国共产党人矢志不移的远大理想,成为中国共产党带领中国人民为之奋斗不息的最高纲领。邓小平指出:"过去我们党无论怎样弱小,无论遇到什么困难,一直有强大的战斗力,因为我们有马克思主义和共产主义的信念。"[2]90多年来,中国共产党由建党初期的几十人发展成为一个有8900多万名党员、451多万个基层党组织、在13亿多人口的大国长期执政的大党,经受住了一次次挫折,战胜了无数个困难,取得了一个个辉煌的成绩,这一切归根到底是因为我们党有远大理想和崇高追求。

坚定理想信念,坚守共产党人精神追求,始终是共产党人安身立命的根本。对马克思主义的信仰,对社会主义和共产主义的信念,是共产党人的政治灵魂,是共产党人经受住任何考验的精神支柱。也就是说,理想信念宛如中国共产党人的精神之"钙",一旦丧失高尚的理想信念,共产党人精神上就会"缺钙",从而在现实生活中就会导致"软骨病"。习近平总书记指出:"一个政党的衰落,往往从理想信念的丧失或缺失开始。我们党是否坚强有力,既要看全党在理想信念上是否坚定不移,更要看每一位党员在理想信念上是否坚定不移。"[3]在对待共产主义最高理想上要坚决抵制和反对"一蹴而就论"和"虚无缥缈论"。共产主义不可能唾手可得、一蹴而就,但我们决不能因为实现共产主义是一个漫长过程,就认为那是虚无缥缈的海市蜃楼。要认识到共产主义是目标与过程的统一,是理想与现实的统一,是规律性和主体性的统一。共产主义不纯粹是一种理想和学说,其更是一种社会运动,更需要广大党员和人民群众不断在实践奋斗中得以实现。习近平总书记指出:"中华民族伟大复兴的中国梦,既深深体现了今天中国人的理想,也深深反映了我们先人们不懈追求进步的光荣传统。"[4]中国特色社会主义体现了党的最高纲领和基本纲领的统一,我们党历尽千辛万苦探索出的中国特色社会主义制度,已经被历史证明是中华民族走向伟大复兴的唯一正确制度。我们要把实现中

---

[1]《毛泽东选集》第2卷,人民出版社1991年版,第686页。
[2]《邓小平文选》第3卷,人民出版社1993年版,第144页。
[3]《习近平谈治国理政》第2卷,人民出版社2007年版,第34—35页。
[4]《十八大以来重要文献选编》上,中央文献出版社2014年版,第234页。

国特色社会主义的国内目标和国际目标看作是朝着最高理想前进的必要步骤,自觉做共产主义最高理想和中国特色社会主义共同理想的坚定信仰者、忠实实践者,在满足人民对美好生活的向往、实现中华民族伟大复兴中国梦、推进构建人民命运共同体的历史进程中贡献力量。

二、提升价值基础认同

马克思主义的终极理想目标是建立共产主义社会,实现"人的自由全面发展"。实现人的自由全面发展是历史的必然,但它不是空洞的幻想,而是科学理论和行动指南,要求我们在实践中自觉探索其实现的途径。中国特色社会主义制度是一个被实践证明了的符合中国国情的具有科学逻辑的制度体系。这一制度体系中包含的三个基础性的构成部分:基本政治制度、基本经济制度和基本文化制度,为实现人的自由全面发展创造了经济、政治、文化各方面的条件,为人的自由全面发展开辟了广阔空间。

中国特色社会主义政治制度为实现人的全面发展创造了政治条件。我国宪法明确规定:中华人民共和国是工人阶级领导的,以工农联盟为基础的人民民主专政的社会主义国家;人民代表大会制度是国家的政权组织形式,是国家的根本政治制度。这有效地突出和维护了人民的主体地位,切实维护了人民的根本利益和切身利益。这些正是中国特色社会主义制度和以往的一切社会制度最本质的区别所在,即"过去的一切运动都是少数人的,或者为少数人谋利益的运动。无产阶级的运动是绝大多数人的,为绝大多数人谋利益的独立的运动"[1]。因此,这一根本政治制度是代表和维护着绝大多数人民利益的有力保障。实践已经证明,人民代表大会制度作为中国的根本政治制度,它代表了我国民主政治发展的根本方向,涵盖了我国民主政治生活的主要内容。正如邓小平所指出的:"西方的民主就是三权分立,多党竞选,等等。我们并不反对西方国家这样搞,但是我们中国大陆不搞多党竞选,不搞三权分立、两院制。我们实行的就是全国人民代表大会一院制,这最符合中国实际。"[2]习近平总书记也深刻指出:"世界上没有完全相同的政治制度模式,政治制度不能脱离特定社会政治条件和历史文化传统来抽象评判,

---

[1]《马克思恩格斯选集》第1卷,人民出版社2012年版,第411页。
[2]《邓小平文选》第3卷,人民出版社1993年版,第220页。

不能定于一尊,不能生搬硬套外国政治制度模式"①。

中国特色社会主义基本政治制度,主要由三个部分构成,即中国共产党领导的多党合作和政治协商制度、民族区域自治制度、基层群众自治制度。这些基本政治制度从不同方面有效地保障了人民的主体地位以及人民的民主权力。中国共产党领导的多党合作和政治协商制度通过各级人民政协履行自身职能,有效保障了人民对党和国家事务的知情权、参与权、表达权、监督权等民主权利。"协商民主是实现党的领导的重要方式,是我国社会主义民主政治的特有形式和独特优势。"②民族区域自治制度,通过设立自治机关,有效保障了少数民族人民当家作主的权利,促进各民族像石榴籽一样紧紧抱在一起,共同团结奋斗、共同繁荣发展。基层群众自治制度通过在城市社区建立居民委员会、在农村建立村民委员会等群众自治组织,实现了让人民直接行使民主权利,保证人民在日常政治生活中有广泛持续深入参与的权利。可以说,中国特色社会主义政治制度依照中国的国情,作出了科学的制度设计,并且根据实践不断地发展和完善,从而使人民当家作主落实到国家政治生活和社会生活之中。

中国特色社会主义经济制度为人的全面发展创造了经济条件。毛泽东强调,衡量一切工作的价值标准"必须以合乎最广大人民群众的最大利益,为最广大人民群众所拥护为最高标准"③。我国逐步确立了公有制为主体、多种所有制经济共同发展的基本经济制度,社会主义市场经济体制得到逐步发展和完善。江泽民指出:"社会主义应当创造出比资本主义更高的生产力,也应当实现资本主义难以达到的社会公正。从根本上说,高效率、社会公正和共同富裕是社会主义制度本质决定的。"④中华人民共和国成立以来,60多年的社会主义建设,特别是改革开放40年来,城乡居民收入不断增加,中等收入群体持续扩大,覆盖城乡居民的社会保障体系基本建立,人民健康和医疗卫生水平大幅提高,人们生活质量明显提升,实现向全面建成小康、基本实现社会主义现代化国家的目标迈进。我们必须坚持和

---

① 习近平:《决胜全面建成小康社会 夺取新时代中国特色社会主义伟大胜利》,人民出版社2017年版,第36页。
② 习近平:《决胜全面建成小康社会 夺取新时代中国特色社会主义伟大胜利》,人民出版社2017年版,第38页。
③ 《毛泽东选集》第3卷,人民出版社1991年版,第1096页。
④ 江泽民:《论社会主义市场经济》,中央文献出版社2006年版,第137页。

完善社会主义市场经济体制，坚持和完善公有制为主体的基本经济制度，坚持和完善按劳分配为主体的分配方式，赋予社会成员以经济主体的身份和地位，大力激发了全社会创造力和发展活力，建设现代化经济体系，实现更高质量、更有效率、更加公平、更可持续的发展，为人的全面发展创造更加雄厚的经济条件和物质基础。

中国特色社会主义文化制度为实现人的全面发展创造文化条件。文化对人的自由全面发展来说有双重作用。一方面文化能够"化"人，提高人的精神素质；另一方面文化也能"为"人，能够满足人的精神生活需要。正因为如此，中国共产党始终坚持做中国先进文化的积极引领者和践行者，培育和践行社会主义核心价值观，坚持用主流意识形态引领社会思潮，凝聚社会共识，把社会主义核心价值观融入社会发展各方面，转化为人民的情感认同和行为习惯。以马克思主义为指导，坚守中华文化立场，立足当代中国现实，结合当今时代条件，在全党全社会形成统一指导思想、强大精神力量、基本道德规范，使全体人民在理想信念、价值理念、道德观念上紧紧团结在一起，全面提高全民族思想道德素质和科学文化素质，着力塑造全面发展的社会主义新人。同时，全面贯彻为人民服务、为社会主义服务的方向和百花齐放、百家争鸣的方针，坚定文化自觉和文化自信，以满足人民精神文化需求为出发点和落脚点，尊重和充分发挥人民在文化建设中的主体地位和作用，不断推动全民族文化创造活力持续迸发、社会文化生活更加丰富多彩、人民基本文化权益得到更好保障，促进社会主义文化繁荣兴盛，更好构筑中国精神、中国价值、中国力量，为人的全面发展提供精神指引。

三、提升价值实现认同

中国特色社会主义制度既是理论命题，也是实践命题，归根到底是价值命题。价值作为哲学范畴，是指在实践基础上形成的主客体之间的一种意义关系；价值关系则是指在主客体相互作用中，存在着一种主体按其需要对客体的属性和功能进行选择、利用和改造的关系，即人们通常所说的意义关系。价值认同或价值取向是指作为主体内在尺度的价值意识对价值关系的选择性。中国特色社会主义实践是中国特色社会主义制度价值认同形成的基础，体现了马克思主义对人类发展的基本价值取向，从根本上表现为实践手段与实践目的的辩证统一，最突出的特点是保障了广大人民群众的根本利益,得到了广大人民群众的广泛支持。

改革开放以来,中国共产党人坚持和发展了马克思主义关于人民利益至上的价值追求和毛泽东全心全意为人民服务的理念,不断完善中国特色社会主义制度,使之得到人民群众在价值实现基础上的广泛认同。邓小平在南方谈话中指出判断社会主义制度成败与否有三个标准:"是否有利于发展社会主义社会的生产力,是否有利于增强社会主义国家的综合国力,是否有利于提高人民的生活水平。"[1]将生产力标准、综合国力标准和人民利益标准结合起来,明确人是社会的主体,社会生产力发展的最终目的是促进人的全面发展,满足人民群众的利益需要。江泽民指出:"坚持权为民所用、情为民所系、利为民所谋,为群众诚心诚意办实事,尽心竭力解难事,坚持不懈做好事"[2]。坚持以人民群众为本,就是始终坚持人民群众是历史创造者这个马克思主义基本观点,始终坚持把人民群众作为坚持和完善中国特色社会主义制度之本。胡锦涛指出:"必须更加自觉地把以人为本作为深入贯彻落实科学发展观的核心立场,始终把实现好、维护好、发展好最广大人民根本利益作为党和国家一切工作的出发点和落脚点,尊重人民首创精神,保障人民各项权益,不断在实现发展成果由人民共享、促进人的全面发展上取得新成效。"[3]这充分体现了中国特色社会主义制度以人为本的内在要求,坚持人民利益至上的价值取向,追求人的全面自由发展。习近平总书记强调:"人民对美好生活的向往,就是我们的奋斗目标。"[4]他还说,我们的责任,就是要团结带领全党全国各族人民,继续解放思想,坚持改革开放,不断解放和发展社会生产力,努力解决群众的生产生活困难,坚定不移走共同富裕的道路。

中国特色社会主义制度价值实现的另一个基本条件就是通过改革,不断完善和发展社会主义的具体制度。邓小平把社会主义制度区分为两个层次——基本制度和具体制度,他要求坚持社会主义的基本制度而改革完善社会主义的具体制度。这是一个重要的思想方法。他说:"社会主义制度并不等于建设社会主义的具体做法。"[5]社会主义基本制度是社会主义生产关系和上层建筑的本质特征的综

---

[1]《邓小平文选》第3卷,人民出版社1993年版,第372—373页。
[2]《十六大以来重要文献选编》上,中央文献出版社2005年版,第371页。
[3]《胡锦涛文选》第3卷,人民出版社2016年版,第618页。
[4]《习近平谈治国理政》,外文出版社2014年版,第424页。
[5]《邓小平文选》第2卷,人民出版社1994年版,第250页。

合体,而具体制度则是基本制度的具体形式和运行方式。它们的关系是共性和个性、内容和形式的关系。社会主义的基本制度只有转化为具体制度,才能成为现实的可操作的实际运行的制度。"制度是人们物化了的价值观,就价值观来说,任何社会都存在一个由自己社会的经济、政治、文化、历史与现实等决定的社会价值观。"[①]社会主义基本制度本质特征所规定的价值内涵,只有通过具体制度的完善和发展,才能实际运行并在实际运行中得到实现。中国特色社会主义制度,就是把社会主义制度的本质特征同中国的实际相结合,解决共性和个性、内容和形式的统一,探索有中国特色的社会主义的经济、政治、文化、社会、生态以及其他方面的具体制度,以解放和发展社会主义的生产力,实现人的全面发展。

改革开放40年来,我们坚持从人民中来,到人民中去,深入人民中间,把人民最为关心的事情,作为我们完善和发展具体制度的标准。在具体制度设计过程中,不仅把促进人的全面发展,提高人民的主体地位作为经济社会发展的出发点,也作为我们创新具体制度的根本立场。正是通过大量的具体制度的创新,我国综合国力显著增强,人民生活水平极大提高,人民精神面貌明显改变,民主政治建设不断发展,人民的获得感和幸福感显著增强。中国特色社会主义制度切实保障每个人自由和全面的发展,这既是马克思主义的本质要求,也是中国特色社会主义制度的最高价值体现。广大人民群众对中国特色社会主义制度的价值认同,是坚定中国特色社会主义制度自信的根本保证。

第三节 彰显特色认同

中国特色社会主义制度自信不是千篇一律的,而是中国共产党带领中国人民在历史传承、文化传统、经济社会发展的基础上内生性演化的结果,富有鲜明的民族特色、时代特色和文明特色。中国特色社会主义制度在追求社会和谐的制度理念,追求共同富裕的制度目标,构筑民族共同体的制度形态,追求人的发展的制度价值的民族特色过程中,不断回答时代之问,明确时代的奋斗目标和方向,不断彰显实事求是、以人为本、开放包容的文明特色。

---

① 万光侠:《社会发展评价尺度理论探析》,载《北京师范大学学报(社会科学版)》1998年第2期。

一、彰显民族特色

中国特色社会主义制度既是以马克思主义为理论根基,同时也以中华文化为思想底蕴。每一个国家和民族都有自己的文化传统和民族精神,这是一个国家和民族得以生存、延续和发展的灵魂或纽带;每一个国家和民族都愿意用自己熟悉的语言和风格反映自己的情感和追求,这是每一个国家和民族所有的制度传承的习惯和特点。可以说,人类社会的一切活动,在不同的国家、不同的民族,总是渗透着不同的文化传统和民族精神,体现着制度的民族特色。在中国这样一个有着悠久历史和文化传统的国家,要使社会主义制度根植于人们的思想深处,成为社会发展和进步的主导,就要使其不断吸纳中华文化的精神追求和思维方式。中华民族从5000年绵延不断的悠久历史中走来,创造出博大精深的中华文化,孕育出世界上唯一没有断流的中华文明。孝悌忠信礼义廉耻的文化基因世代相传,为中华文明注入深厚的伦理责任和家国情怀,赋予我们民族强大的统一性、内聚力和百折不挠的品格。这些思想观念和精神品格是我们民族生生不息、奋进崛起的精神源泉,也是社会主义制度的重要思想资源,是社会主义制度形成中国风格、中国气派的基本要素。胡锦涛指出:"中华民族在漫长历史发展中形成的独具特色的文化传统,深深影响了古代中国,也深深影响着当代中国。现时代中国强调的以人为本、与时俱进、社会和谐、和平发展,既有着中华文明的深厚根基,又体现了时代发展的进步精神。"①

中国特色社会主义制度把中华文化的精华思想与马克思主义价值追求融为一体,使其成为社会的基本信念和行为准则。重和谐,讲信修睦,主张和而不同、厚德载物、天人合一、协和万邦,都是中国传统文化中的思想精华,长期受到人们的崇尚。这些思想精华,深深影响着中华民族的思维方式、价值选择、伦理道德和行为特征,在历史上起到了推动社会发展的进步作用,是中国特色社会主义制度的精神基础。中国特色社会主义制度在不断继承和弘扬着传统文化思想精华的同时,也使这些思想精华与现代文明相承接,与社会进步相适应。中国特色社会主义制度的民族特色,主要体现在四个方面:

---

① 《十六大以来重要文献选编》下,中央文献出版社2008年版,第428页。

一是追求社会和谐的制度理念。追求社会和谐是中华民族在长期的历史发展过程中形成的社会发展理念，在我国古代，不少思想家就提出了和谐的思想，比如，孔子提出了"礼之用，和为贵"的思想，墨子提出"兼相爱、爱无差"的思想，孟子描绘了"老吾老以及人之老，幼吾幼以及人之幼"的社会状态，这些都是对和谐的描绘或追求。在开创中国特色社会主义道路，确立中国特色社会主义制度的过程中，中国共产党继承了中华民族在长期历史发展过程中形成的追求和谐的理念，提出了构建社会主义和谐社会的目标，使中国特色社会主义制度具有了鲜明的追求社会和谐的民族特色。比如，我们在经济制度方面，在坚持以生产资料公有制为基础的前提下，鼓励、支持和引导非公有制经济的健康发展，实现公有制经济和非公有制经济的和谐发展；在分配制度方面，要正确处理效率和公平的关系，把效率和公平有机结合起来，实现按劳分配和按生产要素分配的和谐统一；在政治制度方面，在坚持中国共产党领导的前提下，贯彻依法治国的基本方略，积极发展社会主义民主，创新人民民主实现的新形式，保证人民群众当家做主基本权利的实现，更好地体现我国人民民主专政的国家性质，实现党的领导、依法治国和人民当家作主的和谐统一；在文化制度方面，要把继承和创新相统一，在继承中创新，在创新中发展，实现中华民族文化先进性、民族性、时代性的和谐统一，增强国家文化软实力；在社会建设和管理方面，要创新社会管理的机制体制，提高社会管理的能力和水平，完善各项制度，特别是健全和完善社会保障制度，为中国特色社会主义制度提供和谐的社会环境；在生态文明建设方面，要加强环境保护和生态建设，注重经济发展和生态保护的统一，实现科学发展、绿色发展，实现人与自然的和谐共生；等等。

二是追求共同富裕的制度目标。共同富裕既是社会主义的本质，也是社会主义的目标和根本原则，是中国特色社会主义制度的鲜明特色。追求共同富裕的社会发展目标，是中华民族的一个历史传统。《礼记·礼运》中曾对大同社会作了精彩的描述，以后历朝历代对理想社会的描述虽然各不相同，但几乎都主张天下大同，这成为中华民族对社会发展目标的共同追求。另外，中国传统文化中主张平均主义，反对贫富悬殊，认为贫富悬殊与人性的要求相冲突，是社会动荡的根源，只有平均、平等，才能体现人性的平等，才能实现"有田同耕，有饭同食，有衣同穿，有钱同使，无处不均匀，无处不保暖"的理想境界。平均主义的社会不是社会主义所追求的目标,但是,平均主义思想中包含着反对过度贫富悬殊、反对两极分化的内容,对共同富裕目标的实现仍然具有一定的启示。在确立中国特色社会主义制度的过程中,中国共产党继承了中华民族在长期历史发展过程中形成的追求共同富裕的发展目标,把共同富裕作为社会主义的本质和社会主义所追求的社会发展目标。邓小平指出:"社会主义原则,第一是发展生产,第二是共同致富。"①"社会主义不是少数人富起来、大多数人穷,不是那个样子。社会主义最大的优越性就是共同富裕,这是体现社会主义本质的一个东西。"②在中国特色社会主义制度发展和确立的过程中,我们一直强调必须以实现共同富裕为目标。

三是构筑民族共同体的制度形态。我国具有悠久的历史,从历史发展的进程看,我国自古就是一个统一的多民族国家。从公元前221年秦始皇统一中国到清朝的2000多年中,虽然有过像三国、南北朝时期短暂的分裂,但国家的统一和各民族的团结一直是中国历史发展的主流,形成了你中有我、我中有你的密不可分的格局,共同凝聚成伟大的中华民族,共同推动了国家的统一和社会的发展。在历史上,历代中央政权大多能根据少数民族的特点采取"因俗而治"的政策,创建了带有自治色彩的管理制度,这些政策对于维护民族团结和国家统一具有一定的积极意义。近代以来,我国沦为半殖民地半封建社会,外遭帝国主义的压迫,内处四分五裂的境地,只有各民族团结起来,才能战胜强大的敌人,求得国家独立和民族解放。中华人民共和国成立后,我们把马克思主义民族理论同我国处理民族关系的历史经验结合起来,继承了中华民族在长期历史发展过程中形成构建民族共同体的传统,把各民族的平等、团结和共同繁荣作为基本原则,从理论和实践上不断丰富和完善民族区域自治制度,并把民族区域自治制度作为中国特色社会主义政治制度的重要内容,使中国特色社会主义制度具有了鲜明的民族特色。

四是追求人的发展的制度价值。追求人的全面发展既是马克思主义所追求的价值目标,也是中华民族在历史上所追求的人的发展的价值目标。在我国古代,不少的政治家、思想家对人的发展从不同的角度进行了阐述。孔子认为教育培养的目标是"士"或"君子",他们要"志于道,据于德,依于仁,游于艺",认为教育的目标就是要实现人的发展。墨子主张教育应培养"贤士"或"兼士",应该"厚乎

---

① 《邓小平文选》第3卷,人民出版社1993年版,第172页。
② 《邓小平文选》第3卷,人民出版社1993年版,第364页。

德行,辨乎言谈,博乎道术",这实际上是德才兼备的思想。此外,宋代的王安石、明朝的王守仁、明末清初的颜元、清朝的戴震,都从不同的角度阐述了关于人的发展的思想。毛泽东继承了上述思想,提出了要培养德、智、体全面发展的社会主义接班人的目标,邓小平提出的"有理想,有道德,有文化,守纪律"[①]的目标,习近平提出的"有理想、有本领、有担当"的目标,同样体现了促进人的发展的思想。因此,中国特色社会主义制度追求人的全面发展的价值取向,是我们民族在长期历史发展过程中形成的传统,同样具有鲜明的民族特色。

二、彰显时代特色

任何制度都是一定历史阶段的产物,是随着社会发展而不断生成演化的,时势造英雄,时势也必然造就制度,只有具有顺应时代潮流、符合时代发展要求的制度才是好的制度,而中国特色社会主义制度价值体系便是顺应时代潮流、回应时代挑战、解决时代问题的必然产物。中国特色社会主义制度正是根据时代发展的要求,明确所要实现的目标和方向,体现了鲜明的时代特色。

邓小平最早为中国特色社会主义制度的发展赋予了时代特色,他在1984年10月6日会见参加中外经济合作问题讨论会的中外代表时,比较简明地用"两步走"来概括中国特色社会主义制度所要实现的战略目标。他说,我们第一步是实现翻两番,需要20年,还有第二步,需要30年到50年,恐怕是要50年,接近发达国家的水平。此后,他多次谈到第二个翻两番,有时候还很具体,即到21世纪中叶达到人均国民生产总值4000美元,建成中等发达水平的国家。1987年8月29日,他在会见意大利共产党领导人时明确提出并阐述了"三步走"战略:"我国经济发展分三步走,本世纪走两步,达到温饱和小康,下个世纪用三十年到五十年时间再走一步,达到中等发达国家的水平。这就是我们的战略目标,这就是我们的雄心壮志。"[②]因此,中国特色社会主义制度"改革的意义,是为下一个十年和下世纪的前五十年奠定良好的持续发展的基础。没有改革就没有今后的持续发展。所以,改革不只是看三年五年,而是要看二十年,要看下世纪的前五十年。这件事必

[①]《邓小平文选》第3卷,人民出版社1993年版,第28页。
[②]《邓小平文选》第3卷,人民出版社1993年版,第251页。

领坚决干下去"①。以邓小平为核心的党的第二代中央领导集体,带领全党全国各族人民深刻总结我国社会主义建设正反两方面经验,借鉴世界社会主义历史经验,作出把党和国家工作中心转移到经济建设上来、实行改革开放的历史性决策,科学回答了建设中国特色社会主义的一系列基本问题,成功开创了中国特色社会主义制度。

随着中国特色社会主义的发展,我们不断充实中国特色社会主义制度的改革目标,提出了更高的时代要求,时代特色愈加体现。江泽民指出:"展望下世纪,我们的目标是,第一个十年实现国民生产总值比二〇〇〇年翻一番,使人民的小康生活更加宽裕,形成比较完善的社会主义市场经济体制;再经过十年的努力,到建党一百年时,使国民经济更加发展,各项制度更加完善;到世纪中叶建国一百年时,基本实现现代化,建成富强民主文明的社会主义国家。"②以江泽民为核心的党的第三代中央领导集体,带领全党全国各族人民坚持党的基本理论、基本路线,在国内外形势十分复杂、世界社会主义出现严重曲折的严峻考验面前捍卫了中国特色社会主义,确立了社会主义初级阶段的基本经济制度和分配制度,开创全面改革开放新局面,成功把中国特色社会主义推向21世纪。胡锦涛指出:"只要我们胸怀理想、坚定信念,不动摇、不懈怠、不折腾,顽强奋斗、艰苦奋斗、不懈奋斗,就一定能在中国共产党成立一百年时全面建成小康社会,就一定能在新中国成立一百年时建成富强民主文明和谐的社会主义现代化国家。全党要坚定这样的道路自信、理论自信、制度自信!"③因此,改革开放是坚持和发展中国特色社会主义的必由之路。要始终把改革创新精神贯彻到治国理政各个环节,坚持社会主义市场经济的改革方向,坚持对外开放的基本国策,不断推进理论创新、制度创新、科技创新、文化创新以及其他各方面创新,不断推进我国社会主义制度自我完善和发展。以胡锦涛为代表的中国共产党人,不断推进实践创新、理论创新、制度创新,强调坚持以人为本、全面协调可持续发展,提出构建社会主义和谐社会、加快生态文明建设,形成中国特色社会主义事业总体布局,成功在新的历史起点上坚持和发展了中国特色社会主义。

---

① 《邓小平文选》第3卷,人民出版社1993年版,第131页。
② 《江泽民文选》第2卷,人民出版社2006年版,第4页。
③ 《胡锦涛文选》第3卷,人民出版社2016年版,第625页。

党的十八大以来,以习近平同志为核心的党中央,坚持把完善和发展中国特色社会主义制度,推进国家治理体系和治理能力现代化作为全面深化改革的总目标。提出推进国家治理体系和治理能力现代化,就是要适应时代变化,既改革不适应实践发展要求的体制机制、法律法规,又不断构建新的体制机制、法律法规,使各方面制度更加科学、更加完善,实现党、国家、社会各项事务治理制度化、规范化、程序化。更加注重治理能力建设,增强按制度办事、依法办事意识,善于运用制度和法律治理国家,把各方面制度优势转为管理国家的效能,提高党科学执政、民主执政、依法执政的水平。习近平总书记指出:"三十五年来,我们用改革办法解决了党和国家事业发展中的一系列问题。同时,在认识世界和改造世界的过程中,旧的问题解决了,新的问题又会产生,制度总是需要不断完善,因而改革既不可能一蹴而就、也不可能一劳永逸。"①因此,要把促进社会公平正义、增进人民福祉作为一面镜子,审视我们各方面体制机制和政策规定,哪里有不符合促进社会公平正义的问题,哪里就有改革;哪个领域哪个环节问题突出,哪个领域哪个环节就是改革的重点。对由于制度安排不健全造成的有违公平正义的问题要抓紧解决,使我们的制度安排更好体现社会主义公平正义原则,更加有利于实现好、维护好、发展好最广大人民的根本利益。可以说,改革开放以来的实践,之所以取得了巨大成功,就在于我们始终坚持中国特色社会主义这个时代主题。离开了这个时代主题,中国特色社会主义制度就不会成功,中国特色社会主义就失去了时代意义。没有了时代意义,也就没有了中国特色社会主义制度的创新和发展。

三、彰显文明特色

制度是人类实践的产物,制度与文化总是相伴而生。人类文明中被普遍接受并长期发挥影响力的制度常常首先表现为文化样态。文化是人类面对生存境况而积累的经验总和,而经验中最核心的部分就是对行为的肯定性的指导,这就是广义的制度,集中体现在习惯、道德等约定俗成的行为指南。在人类交往的深化中,利益问题日益凸显,因生存、生产需要的关系网络日渐社会化,因为利益分配而产生的制度逐渐浮现于社会表面,成为社会成员的行为规则。制度"就是在有

---

① 《十八大以来重要文献选编》上,中央文献出版社2014年版,第497页。

关价值的框架中由有组织的社会交互作用组成的人类行为的固定化模式"①。在这个过程中,文化孕育了制度,文化以一种潜移默化的方式,通过趋利避害的本能选择支配着人们的制度和行为。相对于公序良俗的制度,立法、行政等制度规范则具有社会表面性特质,处于上层建筑表层,但其根基也只能是文化,否则就是无本之木了。人类社会总是先经历某种经济关系的变化,并反映到人们的思想上而形成一定的政治观点,才在这种政治观点指导下建立起相应的政治制度。制度不仅是分配的副产品,也是文化的副产品。因而,"文化为体制之母"②。

正如世界文化是多元的,世界文明制度也是多样的。世界霸权主义的错误就在于他们只承认一种文化、一种文明制度,把自己的文化或制度看成是唯一的理想文化或制度,并企图通过各种方式诋毁或消灭其他文化或制度。一部苦难辉煌的世界科学社会主义历史极大地嘲讽了那些文化霸权主义的幼稚幻想。自俄国十月革命成功以来,人类社会进入"一球两制"时代即社会主义制度和资本主义时代。在2008年爆发的全球金融危机面前,中国特色社会主义显示出巨大的优势并取得骄人的成就,使资本主义世界不得不承认过去一次又一次唱衰中国所犯下的错误,不得不发出感叹:只有社会主义才能救中国,只有中国特色社会主义才能发展中国。中国特色社会主义经过40年的自我完善和发展,在经济、政治、文化、社会等各个领域形成了一整套相互衔接、相互联系的制度体系。中国特色社会主义制度,是我们对建设中国特色社会主义的规律性认识,意蕴人类制度文明的共同价值。

一是实事求是。每一个国家的历史文化等国情不同,因此,执政集团必须根据自身国情进行顶层政治经济制度设计。伴随着我国社会主义的改革实践的不断深入,中国特色社会主义制度的逐步建立和完善理论来自实践,理论又指导实践,在实践中不断深化和完善。中国特色社会主义制度的不断完善不是来自某种既定理论,更不是来自某个权威,而是遵循中国特色社会主义的伟大实践。中国共产党人在建立和完善中国特色社会主义制度的过程中,最具有哲学意义的方法论是倡导"摸着石头过河",做到"不唯书,不唯上,只唯实",在坚持马克思主义的

---

① [美]杰克·拉普诺等:《政治学分析词典》,胡杰译,中国社会科学出版社1986年版,第77页。
② [美]塞缪尔·P.亨廷顿等:《文化的重要作用:价值观如何影响人类进步》,程克雄译,新华出版社2010年版,第120页。

基本原理基础上,在具体制度上根据我国的具体实际出发,在小范围实验区,大胆地闯,大胆地实验。在整体战略措施实施上,谨慎地实行渐进性改革,有效降低了社会改革的成本和社会风险,实现改革、发展、稳定三者的统一。

二是以人为本。自人类进入阶级社会以来,人类就开始向往并孜孜以求探索理想社会。中国古代有"民本"思想、"大同社会",西方的空想社会主义以及西方为反对封建皇权、教会神权而提出"民主、自由、人权"等思想,这些人类进步思想引领人们不断进行社会制度变革,使社会制度不断从不文明走向文明,从低级文明走向高级文明。虽然资本主义制度较之以往的社会制度更具有"民主、自由、人权"特性,但与社会主义制度相比较,它永远摆脱不了维护少数人的固有社会阶级本性,即它的所有制度设计都是为少数人服务的模式。事实证明,资本主义世界用金钱打造的"选举民主"不能完全保证推选出社会真正精英,找到拯救自身危机的良策。在社会危机面前,他们的"选举民主"开出的解救社会危机的药方令人匪夷所思或者苍白无力。中国特色社会主义制度,从实现好、维护好最广大人民群众的根本利益出发,构建符合中国国情又符合社会主义原则的制度体系,维护和保障人民群众各项权益,从而受到人民的衷心拥护,这是中国特色社会主义制度具有世界历史意义的深厚社会基础。

三是开放包容。和平、发展、合作是世界的潮流。世界是由不同的国家和民族组成的,每一个国家和民族都拥有选择和保留自己的信仰、社会制度、发展道路和生活方式的权利。各国由于历史条件和文化传统不同,必然会选择不同的社会制度和发展道路,产生不同的价值观念。正是这些不同社会制度、发展道路和价值观念的存在,构成了当今世界的制度多样性。许多国家和民族在历史发展过程中所形成的制度文明都有自己的特色和长处,没有绝对的高低优劣之分,都是人类制度文明的重要组成部分。没有哪个国家的社会制度、发展道路可以成为普世样板,也没有哪个国家的价值观念可以成为其他国家必须遵循的准则。不同文化传统、社会制度、发展道路的国家和民族,应该相互尊重、相互理解,在不放弃自我的前提下进行平等对话和交流,学习对方的长处。中国特色社会主义以宽广的眼光看待世界的变化,以自信的胸怀面对世界的发展,尊重人类历史发展的客观规律,也尊重社会制度和发展道路上的自主选择。中国特色社会主义制度秉承"古为今用、洋为中用"的原则,在融入人类制度文明大潮中,推动中国特色社会主义这艘巨大航船乘风破浪、勇往直前。

世界上没有哪种社会体制是完美无缺的,都需要与时俱进。实践发展永无止境,认识真理永无止境,制度创新永无止境。中华人民共和国成立近70年来,中国共产党积极用动态的、进步的思维,在实践中不断调适、完善这套制度,不断实现具体体制机制的逐步完善。中国特色社会主义制度的世界历史意义就在于既坚持了马克思主义,又坚持了中国特色;既从中国实际出发,又遵循人类制度文明的共同价值理念。因此,这一具有世界历史意义的制度体系显示出强大的现实生命力和灿烂的发展前景。

第八章　在辨识他信中增强制度自信

党的十八大以来,始终强调要坚定中国特色社会主义的制度自信。习近平总书记在诸多重要讲话中,对制度自信的强调,有过之而无不及。然而,也有些人在他者他信的喧嚣中乱了阵脚,他们针对中国特色社会主义成长中的问题,以己不足比他者优,盲目崇拜和向往他者制度文化。这种在信念上自我矮化、完全仰视和盲从他者他信的行为,对于树立中国特色社会主义的制度自信是非常有害的。诚如习近平总书记说:"我们不是历史虚无主义者,也不是文化虚无主义者,不能数典忘祖、妄自菲薄。"①而只有知己知彼,方能释他者之迷惑。因此,我们要遵循古人"大道无亲,常与善人"的对待事物的态度,正确地认识和辨别他者。中国特色社会主义是作为资本主义对立物而产生的,对其的科学认识,离不开对资本主义的辨识。特别是要客观认识西方资本主义制度的弊病,进而改变盲从制度他信,更加坚定中国特色社会主义的制度自信。

第一节　正视西方资本主义的弊病

马克思认为,资本主义是人类摆脱封建主义人为束缚之后的一种人类进步,"这是迄今为止历史发展中的主要因素之一"。② 然而,由于资本主义国家运转遵

---

① 《牢记历史经验历史教训历史警示　为国家治理能力现代化提供有益借鉴》,载《人民日报》2014年10月14日。
② 参见《马克思恩格斯文集》第1卷,人民出版社2009年版,第537页。

循着资本逻辑,而资本的本性是贪婪地追求价值增值。金钱至上的资本关系,成为人们和社会关系的价值指向,它鼓励的是人性中向外获取的"欲望"。其结果正如孙中山在《〈人民报〉发刊词》中说的:"惟企强中国以比欧美。然而欧美强矣,其民实困"。这里,孙中山指出了资本主义在其强壮身体遮蔽下存在的弊病和危机。

一、客观认识西方资本主义制度的弊病

随着1648年英国资产阶级革命的胜利,人类社会从封建主义时代进入资本主义时代。在资产阶级取得政权的最初时期,新的资本主义生产关系与当时的生产力要求基本上是相适应的,从而极大地促进了资本主义的发展。然而,随着资本主义的发展,经济、政治、文化等各个领域都不可避免地呈现出弊病,它们成为当代资本主义挥之不去的重要特征。

(一)资本主导下的经济危机

依据马克思、恩格斯的看法,生产的社会化与资本主义私有制之间的矛盾是资本主义社会的基本矛盾,而这一矛盾的不断发展至激化必然导致经济危机。一定意义上说,资本主义经济危机是其旧的基本矛盾的终点,又是其新的基本矛盾的起点,如此循环往复,不得终息。自1925年英国发生第一次资本主义经济危机以来,几乎每隔十年就要发生这样一次危机。尽管危机过后资本主义国家会适度调整资本关系以缓解矛盾,但是依然不能解决根本问题。还是每隔一段时间,就以对生产力产生破坏的经济危机来缓解和压制日益尖锐的资本主义矛盾,如被媒体称为"屠杀百万富翁的年代"的1929—1933年危机、1937—1938年经济危机等。随着计算机的发明和运用,人类对客观世界的认识和改造进入新的阶段和高度,但是,依然改变不了资本主义经济危机的不可避免性。如1973—1975年、1980—1982年、1990—1992年皆发生了经济危机,且具有频繁性和经济周期缩短的特点。特别是2008年的全球金融危机,再次验证了资本主义生产社会化与资本主义生产资料私有制之间矛盾的根本性及其危机外化的不可避免性。

在资本主义社会里,经济危机实质是生产资料私有制和生产社会化这一基本矛盾激化的外化表现。在《资本论》中,马克思指出:"一切现实的危机的最终原因,总是群众的贫穷和他们的消费受到限制,而与此相对比的是,资本主义生产竭力发展生产力,好像只有社会的绝对的消费能力才是生产力发展的界限。"①这就是说,一方面,资本家追逐剩余价值的贪婪本性驱使,在竞争的刺激下盲目而一意孤行地扩大生产,将大批商品推送市场;另一方面,广大劳动群众多处于贫困,没有足够的支付能力去购买这些商品。这样,必然造成生产与消费之间、生产与市场之间严重失去平衡,从而使社会矛盾和问题层出不穷。于是,经济危机就产生了,只有它才能缓解这种生产与需求之间激化的矛盾及其带来的系列社会问题。从表面看,经济危机是资本家任由资本无限扩张的结果。但其本质是西方资本主义经济制度造成的后果。遵循资本逻辑,资本主义经济制度是以"自由市场"为核心,鼓励和放任资本贪婪增值的经济模式。这种模式迎合资本的喜好,以利润为目的,鼓励和维护所谓的技术创新、市场拓展和劳动力升级等。其结果是,在推动科技革命发生和发展的同时,现代生产力片面化、畸形化发展,引发经济危机。正如钱学森先生所言,科技革命是人认识客观世界的飞跃,它的发生必然带来生产社会化的极大提高和社会生产力的巨大发展,从而使资本主义生产社会化与私人占有之间的矛盾走向激化。而"危机永远只是现有矛盾的暂时的暴力的解决,永远只是使已经破坏的平衡得到瞬间恢复的暴力的爆发"②。资本主义就是通过这种不断爆发的经济危机使得"这些矛盾不断地被克服,但又不断地产生出来"③,"资产阶级,由于开拓了世界市场,使一切国家的生产和消费都成为世界性的了"④。随着"自由市场"冲破单个国家实体而走向区域,进而走向世界,这种资本逻辑带来的危机在全球范围蔓延开来。可以说,困扰世界经济运行的矛盾和问题使20世纪"成了人类流血和怨恨最深的世纪……美好的科学潜力和实际已发生的政治罪恶之间的对照,令人震惊"⑤。这是今天人类必须正视资本主义制度弊病的严酷现实。

(二)资本操控下的金钱政治

依据马克思主义经济基础与上层建筑的关系,不难理解,资本主义政治制度

---

① 《马克思恩格斯文集》第7卷,人民出版社2009年版,第548页。
② 《马克思恩格斯文集》第7卷,人民出版社2009年版,第277页。
③ 《马克思恩格斯文集》第8卷,人民出版社2009年版,第91页。
④ 《马克思恩格斯文集》第2卷,人民出版社2009年版,第35页
⑤ [美]兹比格涅夫·布热津斯基:《大失控与大混乱》,潘嘉玢、刘瑞祥译,中国社会科学出版社1994年版,第12页。

产生于资本主义经济基础并为之服务。这决定了资本主义政治制度实质上的资本操控,其宗旨是服务于资产阶级利益。在实际运行中体现为金钱与政治紧密结合而产生的金钱政治。具体表现为:

第一,金钱至上的政治权力。在资本主义国家里,政治权力是在资本主导下运转的,它的获得和行使离不开金钱财富的支持。正如美国经济学家阿瑟·奥肯说的,金钱确实能买到许多在我们民主制度中所不能销售的东西。实际和原则成了两回事。尽管一般来说,金钱不能直接买取额外的权利份额,但在实际上,它可以通过收买服务而制造更多更有利的权利。其最突出地体现在选举上,候选人提名除各种资格限制外,还实行诸如选举保证金制度等。竞选者同样需要庞大的资金作为后盾,如组织竞选班子,周游选区宣传演讲等竞选活动所耗费的资金是普通老百姓望尘莫及的。这一切充分体现了资本主义政治权力的资本性。在资本主义国家越来越多的经济大亨粉墨登场,开始担任政府的重要职务,这也就不足为奇了。这些占有资本的财富者掌握着政治权力,决定着国家和人民的命运。

第二,金钱特权下的法律不平等。资本主义国家的法律,同样离不开资本的主导,服务于拥有私有财产的富有者,其实际运行以"金钱特权"为转移。其宗旨是保障"私有财产神圣不可侵犯",而公民权利和自由不过是遮蔽其"金钱特权"的平等外衣。资本主义国家极力宣扬的"法律面前人人平等",不过是"金钱面前人人平等"。它对于有金钱作为后盾的财富者才有意义。资产阶级可以通过金钱求得有利于自己的法律判决,甚至有罪者可以通过金钱获得无罪释放或缓刑等。对于没有金钱作为"特权"通道的广大劳动群众,这种"法律面前人人平等"只是海市蜃楼。正如恩格斯所说:资产阶级"法律上的平等就是在富人和穷人不平等的前提下的平等,即限制在目前主要的不平等的范围内的平等,简括地说,就是简直把不平等叫做平等"①。

第三,金钱政治下的伪善民主。民主本是个好东西,是人类文明进步的标志,体现为权利与权力、多数与少数、自由与守法的和谐共生。通过民主,决策者可以选贤任能、修正决策,从而更好地服务于民。可是,当民主失去了这些本该有的品质时,就背离了人民,民主也就成了伪善的民主。相对于封建专制,资产阶级提倡

---

① 《马克思恩格斯全集》第2卷,人民出版社1957年版,第648页。

个性解放,这在民主道路上前进了一步。然而,依据马克思物质生产方式制约着政治和精神生活的原理,资本主义民主逃脱不了资本逻辑的掌控,其实质是金钱政治下的民主。这种民主实质上是"金钱民主"。它受金钱政治的支配,维护资产阶级的根本利益,保证私有财产不受侵犯。正如西班牙知名经济学家纳波莱奥尼接受采访时说的,西方民主一直在为金融寡头服务,而不是为人民服务。对于广大的劳动人民来说,真实享受到的是自由出卖劳动力的"民主","在最民主的资产阶级国家中,被压迫群众随时随地都可以碰到这个惊人的矛盾:一方面是资本家'民主'所标榜的形式上的平等,一方面是使无产者成为雇佣奴隶的千百种事实上的限制和诡计。"①资产本义就是以这种形式上的民主掩盖了其伪善的真实。

(三) 资本外衣下的精神危机

依据历史唯物主义,我们知道,"不是人们的意识决定人们的存在,相反,是人们的社会存在决定人们的意识。""这个意识必须从物质生活的矛盾中,从社会生产力和生产关系之间的现存冲突中去解释。"②在所有意识中,时代精神是一根贯穿其中并决定其特定的本质和品格的红线。资本主义上升时期的时代精神表现为反对宗教神学对人性发展的压抑,提倡人是自己的主宰,提出人生的目的就是个人的自由和幸福,树立理性权威,提倡科学原则。显然,这种以人为主体,探索人、自然和社会理性发展的精神,顺应了历史进步的要求和广大人民的呼声,为资本主义的确立及按其意愿改造世界立下了汗马功劳。然而,资本主义精神生成于资本主义经济关系,满足于资本贪婪本性,这也就注定其不可能越出资产阶级的历史局限性。资本主义精神以"对待物质财富的态度"为准则,鼓励和要求人们"投身于赚钱的事业"中,"并且固守着严格的资产阶级观点和原则"③。这种对"赚钱的事业"的激情,其精神内核是个人对财富的追逐,而这种资本主义精神成为资本无限增值的动力和支撑。

"货币的力量多大,我的力量就多大。货币的特性就是我的——货币占有者的——特性和本质力量。因此,我是什么和我能够做什么,决不是由我的个人特征决定的。"货币所具备的"无穷魔力"决定着人们的世界观和人生观,左右着人们

---

① 《列宁专题文集 论资本主义》,人民出版社2009年版,第241—242页。
② 《马克思恩格斯文集》第2卷,人民出版社2009年版,第591、592页。
③ [德]马克斯·韦伯:《新教伦理和资本主义精神》,于晓、陈维刚等译,三联书店出版社1987年版,第50页。

的精神追求。商品拜物教盛行,追求物质享受成为第一需要,人成为了商品的奴隶。为满足这种不断膨胀的物质需要,人需要获得更多货币,从而不得不忍受从事劳动的紧张感、痛苦感等种种非人的经历。弗洛姆说:"在工业化的国家里,人本身越来越成为贪婪的被动消费者,物品不是用来为人服务的,相反,人却成了物品的奴仆"①。如此,这种资本决定的物化生活追求束缚了人的心灵,人们无力欣赏物质之外的美,无力反思自己的精神价值。诚如马克思所言:"忧心忡忡的、贫穷的人对最美丽的景色都没有什么感觉;经营矿物的商人只看到矿物的商业价值,而看不到矿物的美和独特性;他没有矿物学的感觉。"②在越来越依赖科学技术的资本主义世界中,人作为活的附属物成为机器的一部分,人也越来越丢失属于人的"精神意识"。从表象看,在资本推动的商业文化大潮现实中,资本主义制度造就了比先前一切社会形式都更为多样和丰富多彩的精神活动,然而这种优势下隐藏的是人们空虚而没有着落的精神世界。这就是随着资本主义的进一步发展,被物质捕获的人们对人之为人的感性异化和对其人之为人的主体性丢失的,使人走向堕落,从而以精神创伤、心理变态、情绪悲观等病态精神征候呈现,实质是资本主义精神匮乏和危机的外化。对此,现代资产阶级思想家韦伯发出"专门家没有灵魂,纵欲者没有肝肠"的哀叹。

二、西方资本主义弊病的存在根源及走向

只要资本主义存在,资本就是其社会运转的主导因素,经济危机、金钱政治和精神危机就不可避免。这些危机的存在有着深层的资本主义社会根源。当资本主义危机发展到资本主义制度难以平衡和调控的时候,资本主义社会的末路也将到来。依据马克思、恩格斯对资本主义基本矛盾的分析,我们可从更深处真切把握西方资本主义弊病存在的真实根源及其未来走向。

(一)西方资本主义弊病的私有制根源

依据马克思、恩格斯的看法,资本主义弊病之所以不可避免,因为其根源于资本主义私有制。在资本主义社会里,只要私有制存在,最大化资本增值的根本价值指向就不可改变,而资本要获得增值必须扩大生产力,这又需要有足够的劳动

---

① [美]埃里希·弗洛姆:《在幻想锁链的彼岸》,张燕译,湖南人民出版社1986年版,第174页。
② 《马克思恩格斯文集》第1卷,人民出版社2009年版,第192页。

力为保障和动力。为了迎合资本增值对人力资源的需要,持续稳定地激发"劳动力"激情和"消费者"购买力,成为西方资本主义经济、政治和文化制度规划、设计所依据的根本取向。这种遵循资本逻辑生成的资本主义制度,在推动经济高速发展的同时,也做足了形式上政治民主和表面上丰富多彩的精神文化,这也被认为是资本主义优越性的最有力证明。然而,这种建立在私有制基础上的优越性呈现的背后,隐藏着金钱至上的实质及其往深处发展的危机。因为,在私有制社会里,不论是经济制度还是政治、文化制度的制定和实施,都是在这种"金钱至上"的物质力量掌控下运行的,其不遗余力地宣扬的"自由、民主、平等、人权"核心价值观,不过是为了更好地实现资本增值。这种制度下,劳动力激情的激发不是人们自愿的,而是外在"金钱至上"物质力量的驱使。这种力量以"金钱"为表现形式支配着人们的劳动。如此,人被资本所控制,沦落为资本实现增值的手段和工具。

资本主义私有制将社会一切维度凝聚在"金钱关系"之中,消解了衡量人生命价值的诸多社会文化要素,占有物质财富的多少成为衡量人生价值的唯一标准。表面看起来,资本主义私有制社会里的人比以往任何制度下的人都要多些自由,人们可以自由地追逐自己的财富,以此证明自身生命的存在和意义。实际上,人们失去了其本该有的自由,因为他们更加屈从于物的力量。这种物的力量以金钱为形式,成为资本主义制度制定和实施的价值向度。如此价值指向下生成的资本主义制度在维护资产阶级利益及统治的同时,使社会中人与人、人与社会之间的关系始终在异化中运行。驱动人们意志和行为的力量来自对金钱的崇拜和追求,从而,人们之间的彼此映照就自觉不自觉地带上了金钱的功利态度。随着资本主义往更深处发展,由于更进一步的分工和劳动异化,竞争成为普遍现象,这种异化关系也越来越尖锐,从而使社会关系的矛盾和对立比以往任何制度都明显而尖锐。因此,从本质上我们可以说,西方资本主义国家由于其私有制的不可侵犯,无论是经济制度还是政治、文化制度都以金钱为根本取向,它是西方资本主义弊病的深层根源。我们可以说,只要私有制存在,资本主义弊病就不可避免。

(二)西方资本主义弊病的意识形态根源

依据马克思历史辩证发展的观点,一种制度的形成源于特定时期的国家需要,国家是统治阶级维护自己统治的产物。这样,特定制度维护的是特定的阶级利益。资本主义国家是人类社会发展到一定历史阶段的产物,维护资产阶级的利益和统治是其主要的职能。而这些职能的实现,都是以制定和运行相应的经济、政治、文化等制度而获得的。这种制度形成的阶级根源,决定了其形成和运行无不以资产阶级的利益为根本指向,遵循资本的逻辑。资本的生命力在于不断地增值,也就是获取利润。故而,为了获取更多利润,资本主义制度以维护资本无限扩张本性为根本目的,最大化激发社会的生产能力。对一切有利于资本增值的行为给予政治上的充分支持,例如通过立法从形式上给予资产阶级剥削工人阶级合法化。同时,通过"自由、民主"等政治外衣,从意识上给予劳动者不得不劳动合理化,让他们把劳动看成是一种天职,能按照资本家规则,忠实地为资产阶级劳动。必要的时候,特别是资本主义早期,统治阶级还借助国家暴力,镇压广大劳动阶级对资本家的反抗。通过让资本在自由、平等、民主等制度外衣下运作而获得增值,资产阶级实现自己的利益追求。对无产阶级和广大劳动群众而言,这种制度无论是经济还是政治、文化,都表现出诸多的欺骗性和虚伪性。实质上资本主义制度不过是保障和说服他们心安理得地接受资本家的安排规定,找准自己的劳动力角色,安分守己地付出自己的劳动。

可见,在资本主义私有制下,资产阶级凭借其对生产资料的占有、支配和剥削雇佣劳动者,并无偿占有其创造出的剩余价值。而劳动者因丧失生产资料,为了生存不得不忍受资本家的剥削和支配,并毫无选择地为剩余价值贡献自己的生命。在资本主义社会,呈现出如法国原总理若斯潘曾说过的景象,在人们认为有更多自由的西方国家,却看到弱肉强食的法则:一部分人的豪富建立在另一部分人的贫困基础之上。其结果是造成整个社会中资产阶级和无产阶级利益的根本对立。资产阶级这般无视劳动者的生命价值,无所顾忌而又随心所欲地遵从资本逻辑,听从金钱利益支配去设计、制定和运行资本主义制度,必然招致越来越意识到自身权利和价值的劳动者的反抗和斗争。然而,资产阶级认识到:"政治统治到处都是以执行某种社会职能为基础,而且政治统治只有在它执行了它的这种职能时才能维持下去。"因而,为了维持统治和利益,二战后,面对工人阶级的反抗,资产阶级不得不采取一些缓和阶级矛盾、弱化社会对抗、关心公众生活等的措施。资产阶级对待无产阶级的手段,也就从早期无所顾忌的"大棒"政策演变为现代"大棒"加"胡萝卜"的新措施。现代资本主义国家所推行的"胡萝卜"公共职能,实质是资产阶级政治统治和经济特权的"保命"措施,以便资产阶级能继续满足追逐财富的欲望,为继续剥削无产阶级披上更为合理化、人情化的外衣,从而支撑起了资本继续剥削雇佣劳动力的经济关系。不可否认,资产阶级这些新措施的采用,一定程度上缓和了其与无产阶级之间的矛盾对立,促进了现代资本主义政治、经济、文化等各领域长时间的稳定和发展。然而,不论资本主义怎样改变统治手段,外衣制作得多么精美和华丽,尽管有时能达到掩人耳目的效果,但是只要资本主义私有制存在,其维护资产阶级利益的意识形态本质是不会动摇的。那么,无产阶级与资产阶级之间的根本对立就不会消失,而且随着资本主义的发展,他们之间的这种对立就越发尖锐而难以缓和,各种社会矛盾和问题也就越突出,进而引发出诸多社会矛盾。

(三)西方资本主义弊病伴随至资本主义灭亡

马克思说:"资本来到世间,从头到脚,每个毛孔都滴着血和肮脏的东西。"①随着资本主义的发展,资本家认识到,这种"滴着血"的赤裸裸剥削不利于资本增值的最大化,于是改为通过现代不见伤口的药物麻痹达到资本获利的目的。在150年前,马克思、恩格斯提出只要资本主义私有制存在,资本主义制度就存在对人的奴役和维护资产阶级的意识形态本质,资本主义经济、政治和精神等弊病和危机就不可避免且不可根除。人类对美、善的终极追求本质,决定了资本主义弊病和危机终将被根除。对此,资本主义自身是无法做到的,必须是一种新的更高更好的社会才能完成这一历史任务,马克思称这种社会为共产主义。马克思依据生产关系一定要适应生产力发展水平的历史规律而得出:"要使社会的新生力量很好地发挥作用,就只能由新生的人来掌握它们,而这些新生的人就是工人。"②这里"新生的人"就是建立共产主义以超越资本主义的人。这样,马克思就揭示了,在人类历史发展的长河中,资本主义不是一种一劳永逸的社会制度,而是同以往社会制度一样,只是历史的暂时社会制度形式,终将被更高的共产主义制度所取代。在共产主义制度取代资本主义制度的过程中,私有制被消灭,资本主义被消亡,西方资本主义弊病也将消失殆尽。

然而,马克思还认为,无论哪一种社会形式在它所能容纳的全部生产力发挥出来以前,是决不会灭亡的。列宁认为,共产主义取代资本主义前有一个历史"过渡时期",亦"就是已被打败但还未被消灭的资本主义和已经诞生但还非常幼弱的

---

① 《马克思恩格斯文集》第5卷,人民出版社2009年版,第871页。
② 《马克思恩格斯文集》第2卷,人民出版社2009年版,第580页。

共产主义彼此斗争的时期"①。这就揭示了,资本主义的灭亡和共产主义的到来,都不是人类可以预期的,也不是人类意志可以决定瞬间完成的,而是需要漫长的历史进化和演进,才能达成。当前发达资本主义国家困难重重,特别是2008年国际金融危机爆发,似乎开始陷入全面困境之中,但还不至于快速灭亡。一如以往危机,尽管很是严重且暴露诸多社会矛盾、弊病,但危机之后通过适当的"药物治疗",似乎又能获得回生。回望资本主义发展史,不难理解,资本主义弊病、危机也促使西方资本主义国家进行理论反思和相应的制度调整和改革。每次危机过后,资本主义国家都会进行全方位的社会调整和治疗。如1929—1933年危机后,资本主义国家普遍运用凯恩斯主义理论,推行政府干预市场政策,以化解自由主义带来的恶果,大搞福利制度抚慰资产阶级意识形态带来的社会创伤。从根本上说,这种调整和治疗是资本主义上层建筑自觉和不自觉回应了新科技革命带来的社会化生产进一步发展的需要。这是资本主义国家上层建筑在资本关系范围内的自我调整。这种危机过后的经验总结和调整,一定程度上顺应了生产扩大化的需要,延缓了资本主义制度的生命期。资本主义制度相伴相生的弊病,也就获得了同样长的生命延缓期。只有当资本冲垮所有阻碍其贪婪本性的力量的时候,资本主义制度的末日就来了,资本主义制度也就随之寿终正寝。

三、趋利避害,坚持和发展新时代中国特色社会主义制度

资本主义在灭亡之前的很长时期内,都是中国特色社会主义在这个世界相伴、相共、相争的制度伙伴。怎样与资本主义国家共处相伴,是中国特色社会主义发展面对的重大课题。基于上文对资本主义弊病及其存在根源和未来命运的分析,我们在与资本主义打交道的过程中既要谨小慎微,防止这种弊病带来的不必要麻烦,又要对自己的制度自信,既不妄自尊大,也不妄自菲薄,敢于善于发现并认可他者长处,正视别人的不足,趋利避害,理性对待和处理同西方资本主义国家的关系,坚持和发展新时代中国特色社会主义制度。

(一)做好同资本主义长期共存共处的心理准备

基于全球化的事实,部分学者提出诸如"超资本主义时代""新资本主义"、"全

---

① 《列宁专题文集 论社会主义》,人民出版社2009年版,第154页。

球资本主义""涡轮资本主义"等资本主义的终极未来。另一部分学者则断言,共产主义将要来临,"世界大同"指日可待。特别是2008年金融危机以来,有人认为西方资本主义对世界的主导也将终结,中国可以与之相抗衡。显然,这种认识缺乏理性思考,没有把握到资本主义生命的长期性特征。诚如苏联解体后,西方世界提出并宣传"第三条道路"一样。资本主义本身具有相当的适应和调整能力,具有较强的生命力,两种制度竞相共处将是一个长期的世界现象。冷战结束以来,虽然国际格局发生了很大的变化,但是西方发达国家的科技、经济、军事等硬实力,以及国际掌控力、影响力等软实力,都具有明显的优势。尽管由于2008年的金融危机而暴露诸多社会弊病和危机,其实力和能力看起来有所下降,但其综合实力和世界影响力依旧蔚然领先。中国特色社会主义事业虽然已经取得诸多成就,国际实力和影响力也随之增强,但仍旧处于社会主义初级阶段。国际共产主义运动的新高潮,还没有显示出预期的景象。这就决定了在很长时期内,中国特色社会主义建设所面临的时代特征依然是社会主义与资本主义的共存和竞争,要做好长期与资本主义打交道的心理准备。

(二)认识到资本主义在治疗弊病中的自我否定

马克思认为,人类社会是永不停息的客观存在,实践中不断自我否定地向前发展是人类历史性存在的根本性规定。资本主义发展同样遵循着这种历史发展的辩证法。资本主义各种弊病的存在及其获得治疗后的继续发展,是资本主义社会存在和发展的历史辩证法,即既有推动其发展的动力因素,同时也存在着阻碍其发展的自我否定并最终促使其灭亡的因素。资本主义被共产主义取代不是自然而为的,它是遵循历史辩证法的。其中,在治疗弊病时的自我否定是资本主义走向灭亡去往新制度的自觉和不自觉的选择。纵观资本主义发展史,资本主义弊病及其表现形式时而严重、时而缓和。在弊病严重时,资本主义国家就调整生产关系使其尽可能与进步了的生产力相适应,进而在一定时期内资本主义弊病得以缓解,推动资本主义向前发展。据此,不难理解马克思所说的:"在资产阶级社会的胎胞里发展的生产力,同时又创造着解决这种对抗的物质条件。"①随着资本主义的发展,生产力越来越发达、生产的社会化程度日益提高,资本主义弊病也越来

---

① 《马克思恩格斯文集》第2卷,人民出版社2009年版,第592页。

越尖锐、突出,资本主义的自我否定就越来越多。那么,在资本主义内部孕育和生成的社会主义因素就日益增多。现代资本主义国家计划经济、社会福利、政治民主等"社会化"因素,已然显现出了诸多社会主义特征。正如列宁所言:"社会主义现在已经在现代资本主义的一切窗口中出现。"①可以说,这种在治疗资本主义弊病中的社会主义因素的萌芽和孕育,是资本主义自身发展中的自我否定。随着资本主义往前发展,这种自我否定也就越来越多。与此相应,资本主义内部生长出的社会主义因素也就越来越多。当社会主义生产关系所需要的条件在资本主义内部孕育成熟的时候,资本主义走向自己的历史终点,社会主义取而代之,人类开始人之为人的生活。

(三)坚守中国特色社会主义制度,学习和借鉴资本主义文明成果

各个历史阶段上的文明成果是人类改造大自然、发展自己的文化、知识和技术的成果,它是人类共享的智慧力量,没有阶级和制度差别,可以为以后时代任何社会的生产方式所共享和采用。社会主义是资本主义发展的未来,这是人类历史发展的必然趋势。新时代中国特色社会主义在与资本主义竞争共处中,首先应该学习和借鉴资本主义一切文明成果。新时代中国特色社会主义建设,必须吸收和借鉴资本主义有益于生产力发展的先进经营方式、管理方法等,以此来推动其发展和壮大。列宁曾指出:"社会主义能否实现,就取决于我们把苏维埃政权和苏维埃管理组织同资本主义最新的进步的东西结合得好坏","我们不能设想,除了建立在庞大的资本主义文化所获得的一切经验教训的基础上的社会主义,还有别的什么社会主义"②。故此,新时代中国特色社会主义在与资本主义竞争的同时,更要有"利用资本主义来建设社会主义"的意识。"把资本主义所积累的一切最丰富的、从历史的角度讲对我们是必然需要的全部文化、知识和技术由资本主义的工具变成社会主义的工具"③。如此,在与资本主义竞相共处中,新时代中国特色社会主义才能显示出优越性,进而获得更多国际上的话语权,增强社会主义在世界范围的感染力和影响力,为人类实现美好的共产主义作出中国贡献。当然,在学习资本主义文明成果的同时,要时刻警惕西方资本主义的和平演变。在与他者合

---

① 《列宁专题文集 论资本主义》,人民出版社2009年版,第235页。
② 《列宁全集》第34卷,人民出版社1985年版,第170—171、252页。
③ 《列宁全集》第34卷,人民出版社1985年版,第357页。

作共处中,要坚守中国社会主义根本制度,防止被"资本主义化"。一方面要反对全盘西化,即完全忽视自己国家制度的优越性和民族性,盲目崇拜他者制度所宣扬的"自由""民主"等。另一方面要坚决抵制资本主义腐朽的东西,即对于物质观支配下的资本主义诸如败坏社会风气、道德精神堕落等丑恶颓废现象,要予以警惕和预防,否则,这些有害的东西就会乘虚而入,危害新时代的中国社会主义建设。

(四)坚定共产主义理想和信念,利用资本主义文明成果坚持和发展新时代中国特色社会主义

100多年前,马克思、恩格斯就科学地论证出人类对美好价值的不断追求,绝不会永远屈从于资本主义的奴役。资本主义在渐进治理的矛盾和弊病中,终将在历史的某个时期被共产主义所取代。在世界共产主义运动中,中国共产党把实现共产主义作为党的最高理想和最终目标,确立了社会主义制度,并取得了中国特色社会主义建设的巨大成就。党的十八大以来,中国特色社会主义建设面临着国内外形式的巨大变化和发展,怎样坚持和发展新时代中国特色社会主义,成为党和人民努力解决的重大时代课题。围绕这个课题,我们需要坚定共产主义理想和信念,利用资本主义坚持和发展新时代中国特色社会主义。马克思说:"前一代传给后一代的大量生产力、资金和环境,尽管一方面这些生产力、资金和环境为新的一代所改变,但另一方面,它们也预先规定新的一代本身的生活条件,使它得到一定的发展和具有特殊的性质。"[①]这里马克思指出了历史是各个时代的依次更替,而后一时代都是站在前时代的肩膀上获得优势发展的。新时代中国特色社会主义要获得制度安全和优势,就必须充分利用资本主义,改革和完善其具体体制。当前,中国特色社会主义的物质技术还没有得到应有的充分发展,这时借鉴反映现代社会化生产规律的资本主义市场经济体制、社会保障体制等手段和方法,有利于其获得社会主义本该有的"先进物质基础",增强实力和世界影响力,进而获得与资本主义竞争中的优势体现。正如邓小平所言:"社会主义要赢得与资本主义相比较的优势,就必须大胆吸收和借鉴人类社会创造的一切文明成果,吸收和借鉴当今世界各国包括资本主义发达国家的一切反映现代社会化生产规律的先

---

① 《马克思恩格斯文集》第1卷,人民出版社2009年版,第545页。

进经营方式、管理方法。"①

中国特色社会主义既不能在世界格局中孤芳自赏,又要反对视西方资本主义为一枝独秀。要认识到,社会主义与资本主义在竞争共处中要吸收对方有利于社会发展的因素而获得发展进步。我们要善于发现他者的可借鉴之处,大胆地学习其先进、进步的东西,抵制其腐朽、落后的东西,同时反对拿来主义,搞全盘西化。同时,我们也要意识到中国特色社会主义对于其他制度的渗透、影响。正如美国著名经济学家莱斯特·瑟罗指出:"过去150年间,是社会主义制度和社会福利国家制度提供了这种新思想的来源。来自这两种制度的某些因素渗入了资本主义道德结构。"②当然,在这两种制度竞相渗透的进程中,我们在利用资本主义的时候,要坚持独立自主、自力更生的原则,坚定共产主义理想和信念,发展新时代中国特色社会主义。一方面,只有坚持独立自主、自力更生,才能坚定共产主义理想和信念不动摇,在利用资本主义时不受制于资本主义,才能真正吸收和引进一切积极的、有益于社会主义的东西,进而更好地坚持和发展新时代中国特色社会主义。另一方面,只有坚持和发展新时代中国特色社会主义,才能保证在独立自主、自力更生原则下坚定共产主义理想和信念,利用资本主义的时候才能真正做到"以我为主,为我所用"。如此,我们才能既利用资本主义但又不被其所牵制,才能在与魔鬼同行时,"是你领着魔鬼走而不是魔鬼领着你走"③。

第二节 排除非马克思主义思潮的干扰

社会思潮以一定时期的社会存在为基础,以相应的意识形态为理论核心,反映该时期的社会政治经济生活状况,标示着该时期国家意识形态的整体状况。国家意识形态是国家政治系统的重要组成部分,恩格斯就曾经把国家看成是一种"意识形态的力量",马克思则说:"如果从观念上来考察,那么一定的意识形式的解体足以使整个时代覆灭。"④正是这样,意识形态领域历来是西方敌对势力同我国激烈争夺的高地,他们往往通过各种错误思潮的传播来消解我国马克思主义意

---

① 《邓小平文选》第三卷,人民出版社1993年版,第373页。
② [美]莱斯特·瑟罗:《资本主义的未来》,周晓钟译,中国社会科学出版社1998年版,第17页。
③ 《马克思恩格斯全集》第11卷,人民出版社1995年版,第552页。
④ 《马克思恩格斯文集》第8卷,人民出版社2009年版,第170页。

识形态的主流地位。近年来,西方各种非马克思主义思想潮流越来越多地在我国学术界和思想界粉墨登场,严重冲击着马克思主义主流意识形态在中国社会主义制度建设中的指导地位,威胁着我国社会主义制度的安全。其中危害最深的非马克思主义思潮有"新自由主义"、"宪政民主"和"历史虚无主义"等。对此,我们必须运用马克思主义观点给予有力回击,以排除各种非马克思主义思潮对新时代中国特色社会主义建设的干扰,牢牢掌握党对意识形态的领导权、管理权和话语权,巩固中国特色社会主义制度,增强我们的制度自信。

一、认清新自由主义经济制度的本质

20世纪90年代以来,随着"华盛顿共识"的形成和延展,西方新自由主义由学术理论演变为该理念指导下的经济制度模式并得以在全球蔓延。改革开放以来,新自由主义随着经济全球化大潮,裹挟着来到中国,试图改变与新自由主义本性不相符的中国特色社会主义经济制度本质,致使马克思主义思想在国家经济建设上的主体地位受到干扰。故而,认清新自由主义的本质,排除其对中国特色社会主义经济制度建设的干扰,对于坚持和发展新时代中国特色社会主义制度,增强制度自信意义重大。

(一)新自由主义经济理念的绝对性

"新自由主义"思潮派系繁多,观点不尽相同,但主要理论观点和特性基本一致,即将古典自由主义经济理论的"自由"予以理念绝对化,体现于经济制度就是主张绝对自由化、彻底私有化、全面市场化。这种制度以个人主义绝对自由为核心价值取向,实现全面私有制,反对和否定公有制,反对国家对经济的调控和干预。在世界交往中,新自由主义不顾他国国情地要求经济制度全面市场化和自由化,要求放弃国家对金融等战略性领域的控制,极力强调全球经济的资本主义自由化,其目的不过是为了在世界范围实行资本主义经济制度,以维护资本主义经济行为的绝对自由,满足资本贪婪增值的需要。其实,新自由主义这种绝对性自由理念,并不能普遍性地适合于所有国家的经济发展需要,也并不一般性地符合所有经济体发展的规律。就人类总体发展方向而言,新自由主义的"彻底私有化""绝对自由化""全面市场化"是有悖于人类经济发展规律的,尽管其在资本主义特定时期可能促进了经济大发展。这种绝对性"自由"在促进资本主义经济发展的同时,亦是造成不可克服的资本主义社会基本矛盾,致使资本主义社会各种弊端的周期性发作,终究以破坏生产力的方式来解决不定期的经济危机,以暂时性延缓整个社会的分化和对立。在国际上,合作共赢应该是全球经济发展的总趋势,而新自由主义主张全球经济的资本主义自由化和市场化,实际上是否定经济发展规律中的"特殊性",无视了他国依据国情进行国家经济监管的权力,更没有顾及这些国家经济发展有着自身的独特性。新自由主义不顾经济发展规律中的"特殊性",只是一味鼓动经济寡头将"彻底私有化""绝对自由化""全面市场化"于全球进行到底,在自己获取最大化利益的同时,却造成特殊经济体依照自己国家经济发展规律发展,其结果是全球范围内国家间发展的不平衡和不平等。

(二)新自由主义经济制度的现实危害性

新自由主义崇尚资本主义经济制度和价值的唯一性,无视世界经济发展因各国社会存在不同而具有多样性的特征,否定各国经济和社会发展模式的自我特色。这种绝对自由的理念,违反了经济发展规律中的特殊性,其作为一种理论存在是不合理的。理论上的不合理,用之于现实,自然带来诸多弊端,以致造成很大的现实危害。可以说,正是新自由主义导致苏联迅速解体,经济戏剧性地倒退。更近些的,2008年爆发由美国次贷危机引发的全球金融危机,使世界许多国家经济身陷危机之中,其中受害最为深重的是处于转型中的国家。这些转型中的国家,由于自身应对这种全面化自由经济模式的体制没有建构成熟,抽掉国家对市场的宏观调控,在危机到来时就茫然而不知所措,很难采取合理而有效的应对策略,其结果只能是不得不眼睁睁看着人民陷于灾难之中。新自由主义这种绝对性自由造成的现实危害,引起了世界包括西方国家有良心人士的关注和警觉,甚至一些维护资本主义制度的西方政治人物也开始反思这种绝对性"自由"的不合理性及其现实危害性。例如,针对2008年因美国次贷危机引发的全球金融危机,时任澳大利亚总理陆克文曾指出,本次危机正是过去30年来自由主义市场经济主宰经济政策的最终恶果。2013年在瑞典召开的世界达沃斯论坛,其核心内容基本以批评资本主义自由化、探讨资本主义终结论等为议题。

(三)坚持中国社会主义市场经济改革和发展方向

实行改革开放后,新自由主义思潮渗透于我国学术界和思想界,其意图是想诋毁马克思主义思想,以图谋取消马克思主义经济理论对我国经济制度建设的指导,而代之以新自由主义理论。新自由主义的代言者们竭力批判和否定公有制,极力论证和肯定私有制,鼓吹要全盘私有化、个人自由化、完全市场化而非国家调控化。他们将我国经济制度中诸如"使市场在资源配置中起决定性作用"曲解为"彻底市场化",否定我国宏观调控对经济增长的贡献,而将"发展混合所有制经济"解读为公有制企业"私有化",抽掉我国公有制对经济发展的贡献等。新自由主义的这些论调及其对中国经济发展的片面化解读,透露出其害怕中国特色社会主义制度优越性得以在全球彰显而产生蝴蝶效应,这也显示出其颠覆中国特色社会主义制度、中国共产党对国家经济制度领导的目的,以便其继续在中国、在全球绝对自由地满足资本贪婪本性,实现资本利益的最大化。然而,一些人士对于新自由主义本质及其在中国的目的,并没有清醒的认识和理解,甚至还与其相应和,为新自由主义摇旗呐喊。有鉴于此,我们要警惕在我国全面深化社会主义市场经济改革的特殊时机,新自由主义乘虚而入诱导中国改变社会主义性质和方向。今天,中国经济发展的实践优势已经证明,适合于本国国情的经济制度就是最好的经济发展模式,世界范围内的经济社会制度模式应该是多样的。一如2013年习近平总书记接受金砖国家媒体联合采访时说的:"正如一棵大树上没有完全一样的两片树叶一样,天下没有放之四海而皆准的经验,也没有一成不变的发展模式。"①公有制为主体、多种所有制经济共同发展是最适合我国现阶段国情的经济制度,我们必须坚定不移地坚守这一根本经济制度。这就需要我们运用马克思主义经济理论的基本立场、观点和方法,抵制新自由主义对中国特色社会主义经济制度建设的误导和干扰。要旗帜鲜明地坚持中国社会主义市场经济改革和发展方向,谨记党的十八大报告指出的"既不走封闭僵化的老路、也不走改旗易帜的邪路"。

二、辨识西方宪政民主政治的虚伪性

经济基础决定上层建筑,有什么样的经济制度,就有什么样的政治制度与其相适应。我国公有制为主体的经济发展模式,决定了中国的政治制度选择。然而,受到西方国家在全球推销宪政民主的影响,国内出现了诸如"宪政民主是唯一

---

① 《习近平接受金砖国家媒体联合采访》,载《人民日报》2013年3月20日。

的出路""中国应跟上世界宪政潮流"等宣扬和崇尚西方宪政政治而对自己政治制度缺乏自信的言论。在这种情况下,我们有必要辨识西方宪政民主政治虚伪的本质,增强中国特色社会主义政治制度自信。

(一)西方宪政民主政治制度的本质

"宪政民主"是西方政治思想的产物,它最初指向君主立宪制,是英国资产阶级革命不彻底的实体表现。随着西方资产阶级力量的发展,美国、法国等国家相继推翻旧的专制制度,取得彻底的资产阶级革命胜利,建立起资产阶级共和制,君主立宪制逐渐被彻底反封建的资产阶级宪政民主所替代。这种宪政民主,是近现代西方资本主义政治制度模式,它主张所有国家权力都运行于宪法的轨道,并受宪法的制约,宣称以这种法律体系规定和保障公民的权利。而"法的关系正像国家的形式一样,既不能从它们本身来理解,也不能从所谓人类精神的一般发展来理解,相反,它们根源于物质的生活关系,这种物质的生活关系的总和"①。这就指出了作为政治上层建筑的法律,是由其物质经济关系决定的,并服务于这一关系。由此,马克思揭露资产阶级法的本质:"你们的法不过是被奉为法律的你们这个阶级的意志一样,而这种意志的内容是由你们这个阶级的物质生活条件来决定的。"②换言之,以私有制为基础的资本主义物质经济关系,决定了运行于宪法轨道的西方宪政民主政治的本质是维护资本主义私有制,保障和实现资产阶级的利益。在现实中,它不过是资产阶级运用宪法的幌子,以三权分立、多党制、议会民主、普选制等运行方式,保障和实现其根本阶级利益和阶级意志。这种阶级本质的立场,决定了西方宪政民主政治制度所宣扬的"民主"对于资产阶级之外的阶级和群体来说是海市蜃楼,是虚伪的。

(二)西方宪政民主政治制度的先天性缺陷

西方宪政民主政治制度的虚伪本质,注定了其存有自身难以克服的先天性缺陷和不足。资本主义私有制和资本生产方式的根基,注定宪政民主制度受制于资本贪婪增值的本性,服务于资产阶级意志。这种资本专制下宪政民主的终究目的,诚如美国汉密尔顿所言,是"使少数阶级(富人和出身名门之士)在政治上享受特殊的永久的地位"。这就决定了西方宪政民主"始终是而且在资本主义制度下

---

① 《马克思恩格斯文集》第 2 卷,人民出版社 2009 年版,第 591 页。
② 《马克思恩格斯文集》第 2 卷,人民出版社 2009 年版,第 48 页。

不能不是狭隘的、残缺不全的、虚伪的、骗人的民主,对富人是天堂,对被剥削者、对穷人是陷阱和骗局"①。其现实中所呈现的多党制,不过是资产阶级中不同利益集团的政治组织形式,是他们轮流执政以实现各自利益的制度工具。而所谓的三权分立,也是资产阶级各大利益集团制度性分享国家权力的需要,以维护该阶级的整体利益,其宣扬的普选制更是一场资产阶级政党导演的金钱民主游戏。宪政民主委身于资本,必然导致其运行机制的金钱原则取向,这也是西方资本主义国家社会矛盾和问题的重要根源之一。然而,忠诚于资本主义制度的政治家们却一味自恋于其宪政民主,并委己以道义上的重任,向世界各国推销这一政治模式,不顾国情地干涉他国政治制度。西方宪政民主在全球的嚣张,实质是满足西方资本、商品全球扩展以获取更多资本利益的需要,具有传统殖民主义当代新变化的味道。他们试图通过宪政民主的全球渗透,以赢取更多的世界霸权,更好地满足西方资本的利益获得需要。于是,他们打着"维护人权、实行民主、反对专制"的旗号,肆意干涉他国内政,渗透和消解他国意识形态,其结果是导致这些国家社会动荡和混乱,造成其人民不得不长期处于苦难和恐怖之中。从东欧剧变到"阿拉伯之春"再到乌克兰的"橙色革命"等,都是西方宪政民主政治模式输出或照搬宪政民主所付出的惨重代价。

(三)坚持和发展中国特色社会主义的民主政治制度

西方宪政民主的先天不足及其现实危害,决定了其在历史发展长河中是暂时的现象,随着人类文明的进步发展,终将成为历史。对此,就连曾鼓吹"历史终结论"的美国学者福山近年来也多次哀叹"美国政治制度日渐腐朽"。鉴于此,在面对西方宪政民主模式对中国政治制度进行渗透和挑衅时,我们必须保持高度警惕,坚持和发展中国特色社会主义的民主政治。一个国家选择什么样的政治制度模式,取决于该国的历史文化、发展历程和现实国情。诚如党的十九大报告指出的:"世界上没有完全相同的政治制度模式,政治制度不能脱离特定社会政治条件和历史文化传统来抽象评判,不能定于一尊,不能生搬硬套外国政治制度模式","中国特色社会主义政治发展道路,是近代以来中国人民长期奋斗历史逻辑、理论

---

① 《列宁专题文集 论资本主义》,人民出版社2009年版,第238页。

逻辑、实践逻辑的必然结果。"①换言之，中国社会主义初级阶段的现实国情，以及中国历史文化和革命性质，决定了中国只能坚持和发展中国特色社会主义的民主政治，而决不能照搬西方的宪政民主模式。邓小平曾经说过："资本主义社会讲的民主是资产阶级的民主，实际上是垄断资本的民主，无非是多党竞选、三权鼎立、两院制。我们的制度是人民代表大会制度，共产党领导下的人民民主制度，不能搞西方那一套。"②在新时代，习近平总书记也强调："我们需要借鉴国外政治文明有益成果，但绝不能放弃中国政治制度的根本。"③

三、揭露历史虚无主义否定制度的历史必然性

水有源，树有根。历史是现实制度的根基，也是现实制度的一面镜子，可以正其"衣冠"。然而，近些年来，在国内外各种思潮的影响和作用下，一些人由"反思历史"走向了"否定历史"，出现虚无中国特色社会主义制度的恶劣行径，干扰了人民群众对新时代中国特色社会主义制度的认识和理解，给国家制度建设发展造成了极坏影响。因此，我们很有必要澄清历史虚无主义的本质，认清其现实动机和危害，为中国特色社会主义制度建设发展扫清障碍。

（一）历史虚无主义否定中国特色社会主义制度历史必然性

在我国，历史虚无主义可以追溯到新文化运动时期。当时为寻求中国的出路，一些人主张走"全盘西化"的西方道路，以"打倒孔家店"等方式全盘否定中国的历史和文化。改革开放以来，随着西方自由化思潮输入我国，一些人借着"反思历史"的时机，否定中国革命史，进而否定中国社会主义制度。近年来，随着我国社会主义制度改革的全面深化推进，社会矛盾和问题也叠加式呈现，社会各阶层、群体之间因差异性而发生的矛盾和冲突也时有出现。据此，一些人再次掀起历史虚无主义，质疑并否定中国的改革道路和社会主义制度选择的历史根基。从这些历史虚无主义出现的场景，不难看出，几乎都是社会转型时期。显然，面对国家危难或问题重重时，历史虚无主义者们就将过错归咎于"历史"，于是就虚无历史，进

---

① 习近平：《决胜全面建成小康社会　夺取新时代中国特色社会主义伟大胜利》，人民出版社2017年版，第36页。
② 《邓小平文选》第3卷，人民出版社1993年版，第240页。
③ 习近平：《在庆祝全国人民代表大会成立60周年大会上的讲话》，人民出版社2014年版，第15页。

而虚无现有制度的历史基础和必然性。现阶段我国历史虚无主义的虚无指向,不是虚无整体历史,而是选择性地虚无某一特定历史。他们不但虚无鸦片战争以来的民主主义革命史,否定其历史必然性和意义,而且还虚无新民主主义革命史。而这些历史正是中国特色社会主义制度选择的必然性基础,特别是新民主主义革命史是中国共产党领导的,对中国社会主义制度选择和建设作出了重大的历史贡献。更难以理解的是他们虚无中国特色社会主义制度建设取得的成就,否定改革开放前的中国制度探索,否定中国特色社会主义制度的历史必然性。

(二)历史虚无主义危害中国特色社会主义制度建设

从虚无指向容易看出,历史虚无主义是有所选择地对部分历史进行虚无和否定,而对另一部分历史却是给予赞美和肯定。他们虚无中国革命史以及中国共产党对革命的领导和马克思主义的思想指导,而这些根本要素决定了中国社会主义制度选择的必然性。显然,这种"选择性虚无",透露出的就不仅仅是方法论上的错误,而是一种政治意图和动机。习近平总书记在2013年6月主持中央政治局第七次集体学习时,对此予以揭示指出:"历史虚无主义的要害,是从根本上否定马克思主义指导地位和中国走向社会主义的历史必然性,否定中国共产党的领导。"这里,习近平总书记一针见血地揭穿了历史虚无主义反马克思主义、反社会主义制度的政治动机。他们与西方各种思潮相互应和,互助互为,以达到消解马克思主义指导地位和中国共产党的领导,直至颠覆中国特色社会主义制度的终究目的。历史虚无主义这种动机目的,有意无意地迎合了西方反共势力西化、分化中国的图谋。它的泛滥盛行,将会造成思想混乱,削弱中国人民建设中国特色社会主义制度的自信心和凝聚力。对此,2013年习近平总书记在学习贯彻党的十八大精神研讨班开班式上讲话中有一段论述帮助我们理解这一点,他指出:"'灭人之国,必先去其史。'国内外敌对势力往往就是拿中国革命史、新中国历史来做文章,竭尽攻击、丑化、污蔑之能事,根本目的就是要搞乱人心。苏联为什么解体?苏共为什么垮台?一个重要原因就是意识形态领域的斗争十分激烈,全面否定了苏联历史、苏共历史,否定列宁、否定斯大林,搞历史虚无主义,思想搞乱了,各级党组织几乎没任何作用了,军队都不在党的领导之下了。最后,苏联共产党偌大一个党就作鸟兽散了,苏联偌大一个社会主义国家就分崩离析了。"

(三)坚持唯物史观,认识和总结中国社会制度发展的历史规律

习近平总书记在纪念毛泽东同志诞辰120周年座谈会上指出:"历史就是历

史,历史不能任意选择,一个民族的历史是一个民族安身立命的基础。"①这里,习近平总书记指出了历史对于一个民族存在的重要性以及现实中的人应该实事求是地对待历史。对此,他如是说:"不能离开对历史条件、历史过程的全面认识和对历史规律的科学把握,不能忽略历史必然性和历史偶然性的关系。"②不难看出,习近平总书记表达了对待历史及其规律、必然性等的态度和原则,即坚持和运用马克思主义唯物史观的立场和方法。而历史虚无主义与马克思主义唯物史观的立场、观点和方法是相违背的。"选择性虚无"的历史虚无主义,以背离全面客观、实事求是对待历史的态度来研究和评价中国革命史,混淆了中国历史与新时代中国特色社会主义制度现实之间的联系和界限,将二者作了简单的割裂。他们依据某种现实意图或个人现实需要任意裁剪和改造中国革命史,这是遵循主观唯心主义方法论的结果。这种理论上与科学的马克思主义相背离,现实上与真实的中国革命史相脱节,必然导致其得出的结论缺乏正确性、科学性。毛泽东说过:"历史上不管中国与外国,凡是不应该否定一切的而否定一切,凡是这么做了的,结果统统毁灭了他们自己。"③可以说,历史虚无主义就是在做"凡是不应该否定一切的而否定一切"违背历史规律的事情。鉴于此,在新时代中国特色社会主义制度建设中要践行《关于新形势下党内政治生活的若干准则》中的规定:"全党必须坚决捍卫党的基本路线,对否定党的领导、否定我国社会主义制度、否定改革开放的言行,对歪曲、丑化、否定中国特色社会主义的言行,对歪曲、丑化、否定党的历史、中华人民共和国历史、人民军队历史的言行,对歪曲、丑化、否定党的领袖和英雄模范的言行,对一切违背、歪曲、否定党的基本路线的言行,必须旗帜鲜明反对和抵制。"同时,我们要坚持和运用马克思主义唯物史观认识和评价历史,系统而具体地考察和研究中国历史与社会主义制度选择的关联性。从中,我们认识和总结中国社会制度发展的历史经验和规律,再运用这一得来的经验和规律指导新时代中国特色社会主义制度建设,推动中华民族走向复兴。

---

① 习近平:《在纪念毛泽东同志诞辰120周年座谈会上的讲话》,人民出版社2013年版,第12页。
② 习近平:《在纪念毛泽东同志诞辰120周年座谈会上的讲话》,人民出版社2013年版,第11页。
③ 《毛泽东、周恩来、刘少奇、朱德、邓小平、陈云、江泽民、胡锦涛关于学习和总结历史的论语》,载《党的文献》2007年第5期。

第三节　用中国话语讲好中国制度故事

2013年,习近平总书记在全国宣传工作会议上提出"讲好中国故事,传播中国声音",自此,"讲好中国故事"成为新时代中国特色社会主义制度建设中的重要命题。习近平总书记在党十九大报告中指出:"讲好中国故事,展现真实、立体、全面的中国。"这就指出了"讲好中国故事"的目标指向是"展现真实、立体、全面的中国"。这里所讲的中国故事之"故事"并不是通常理解的经过艺术加工创造的"故事",而是"中国历史文化和社会主义建设实践"的一种隐喻说法。话语不是寻求规律的实证科学,而是探求意义的解释学。用中国话语讲好中国故事,就是运用中国哲学思维、文化观念、价值判断等建构起来的话语理论解释中国社会现象,表达中国认知、观点和态度,以达到展现真实、立体、全面的中国的目的。就制度来看,就是用中国话语解释和讲述好中国特色社会主义制度的深层理论和现实实践,表达出中国特色社会主义制度的国家和人民意愿、现实努力方向、世界取向和意义以及根本价值指向等,让世界真切地感知到其人民性和人类性,感受到它对世界和人类的真诚和担当。据此,我们需要明白从中国制度视角讲好中国故事的必要性与可行性,领会到中国故事的主要内容与精神实质,更重要的是要运用中国话语讲好中国制度故事。

一、讲好中国制度故事的必要性与可行性

中国故事指向并构成中国人的社会生活图景,是中国制度运行的外在体现,也就是说中国制度文化生发出中国故事。在这个意义上可以说,中国故事本身内生着中国制度的表现功能和对中国社会运动的解释功能,包含着中国社会制度价值的解释系统和话语功能。有鉴于此,当下讲好中国制度故事有着很大的必要性和可行性。

(一) 世界需要倾听真实的中国制度故事

中华人民共和国成立以来,中国人民在中国共产党的领导下,战胜了一个又一个困难,取得了一个又一个被世界称为"奇迹"的成就。今天,中国走向复兴已经成为不可争辩的事实,它以经济快速增长、综合国力不断提高和人民生活水平的显著改善为特征。当代中国的这一制度故事新篇,深深地吸引着今天全世界的关注。

第一,新时代被称为奇迹的中国发展引起世界对中国制度的关注和探究。随着

全球化的全面发展和深入,西方资本主义制度模式日渐显示出其经济发展的疲软衰弱,社会弊病难治。与此相对,中国却出现了"奇迹",经济持续稳步发展,人民生活水平大幅提高,综合国力和国际影响力大幅提升。同一个地球,同一片蓝天下的不同景象,自然激起了世界目光朝向"风景独好"的中国。发展中国家希望知晓中国复兴之路的制度密码,以借鉴中国发展的制度经验;发达国家希望认知和解读中国奇迹背后的制度根源,以寻求更多资本进入中国赢得更多国家利益。这种世界对中国发展现实及其制度原因的认知需求,激起国际社会关于中国道路、中国模式、中国问题等诸多领域的研究,以及对中国及其未来与世界关系的研究。中国奇迹动摇了弗朗西斯·福山曾一度鼓吹的历史终结论,《邓小平时代》作者傅高义、《论中国》作者基辛格等一批海外专家,也试图通过他们的话语讲述、展示和解读中国奇迹。尽管这种他者话语对中国理论和实践的阐释和解读有着不可避免的片面和不足,但是从中我们可以窥见国际社会渴望认识中国,希望知晓中国奇迹背后的真实原因。在这种国际社会需求下,恰逢其时地"讲好中国故事,传播中国声音",会收到事半功倍的效力和意想不到的效果。为此,新时代中国要把握好时机,用中国话语讲述中国制度故事,用中国理论阐释中国制度,将中国经验与世界共享,展现成长起来的大国责任和担当,进而提升中国的国际话语权。

第二,中国需要释疑解惑他者关于中国制度发展及其走向的偏见和误解。相比较曾经的积贫积弱,今天的中国已然面貌一新。不论是经济发展还是政治文化、社会生活,都取得了举世瞩目的发展成就,即便是被西方制度引以为独享优势发展的科学技术、信息工程、军事交通等,中国在这些方面也日渐发达。单就经济总体发展来看,中国已经跃居世界第二大经济体。面对当代中国如此快速的增长和发展,国际社会中的一些国家和利益集团,表现出诸多不安和焦虑。他们中的一些智囊和代言人,开始以西方"权力转移理论"、国际"零和博弈"规则以及"冷战"思维思考、分析和解读中国制度和中国发展及其未来走向。他们往往以曾经的苏联社会主义为参照,认为社会主义中国成长和强大起来后必然要威胁甚至变革现有的世界秩序,分割其他国家的现有国家利益。于是乎,诸如"中国威胁论""中国不负责任论""中国搭便车论"等各种诋毁和不信任中国及其未来的言论层出不穷、此起彼伏。即便是新时代为了中国人的美好生活而提出的中国梦的国家奋斗目标,也被一些人解读为是中国历史上"天朝帝国"情结的现代再现。对于中国市场经济制度、人民民主专政、民族宗教等制度政策也是想当然地予以非中国话语的分析和解读。面对这些对中国发展崛起的误解、疑虑和诋毁,中国需要积极主动地予以回应,讲好中国制度故事特别是中国特色社会主义制度下的和平发展故事。

(二)中国有能力、有责任向世界讲好中国制度故事

近代史上的中国,在世人眼里是一个多灾多难、经济落后且思想行为极为保守的国家。近年来,随着新时代中国全面接触和融入世界,中国人越来越认识到,中国需要彻底改变他者眼里刻板的中国形象,中国需要向世界展现真实、全面、立体的中国。这就需要中国讲述好自己的制度故事,解读好自己的国家制度。对此,今天的中国已经具备了这样的能力和自信。习近平总书记指出:"当今世界,要说哪个政党、哪个国家、哪个民族能够自信的话,那中国共产党、中华人民共和国、中华民族是最有理由自信的。"①中国人有能力做好中国的事情,就有能力讲好中国的制度故事。

第一,中华人民共和国成立以来取得的巨大成就,是讲好中国制度故事的根基底气。近些年来,西方资本主义伴随其越来越隐蔽而不可避免的弊病,发展越来越虚弱和缺乏动力,而中国特色社会主义制度却相对地显示出积极向上的发展新面貌。对此,国际上一些维护和崇拜资本主义制度者,总是不甘于承认中国特色社会主义的制度力量。于是,他们提出并争论着"中国还是不是社会主义?",将中国社会制度定论为"资本社会主义""国家资本主义""新官僚资本主义"等各种非社会主义性质,试图将中国发展成就归功于资本主义。针对这种唯我独尊的想当然言论和判断,我们应该更有理由、更有自信讲好中国制度故事。因为今天中国取得的辉煌成就,是中国坚持和发展社会主义制度的成果,它是我们讲好中国制度故事最为根本而看得见的底气。中华人民共和国成立以来,特别是改革开放以来,中国共产党以马克思主义为指导,带领人民确立了中国特色社会主义制度,开创了中国特色社会主义的国家复兴之路,创造了今天中国惊艳于世界的奇迹。一定意义上,行进中国家建设所取得的成就,证明了中国特色社会主义制度适合中国国情、符合中国人民意愿,在中国这片土地上具有不可替代的优越性。可以

---

① 习近平:《在庆祝中国共产党成立 95 周年大会上的讲话》,载《人民日报》2016 年 7 月 2 日。

说,中国特色社会主义制度从起初确立到今天的完善和发展,经历几十年的艰难和喜悦,使几千年古老而又悠久的中华民族在全球化的大潮中走向现代化,让中国从积贫积弱跃升为世界第二大经济体。同时,它使人类一直以来的社会主义理想在中国这片土地上得以实践、探索和在前进中发展,展现出了人类有能力、有智慧拨云开雾去建设人类命运共同体,走向共产主义这一更美好制度的希望与可能。中国特色社会主义这种理论和实践的经历和成就,构成中国制度故事的丰厚内容,也是讲好中国制度故事的根基底气。

第二,中华民族悠久的历史文化,是讲好中国制度故事的家底依存。中国特色社会主义制度不是无根之木、无源之水,它的价值理念很大部分根源于中华民族优秀的历史文化继承和发展。在人类历史发展的长河中,中华民族经历5000多年的探索努力,创造和累积了至今为人类共享的文明智慧。它对当代中国特色社会主义制度建设产生了深远影响,也对当代人类面临全球困境提供了价值引导。中华文化所追求诸如"仁爱、民本、诚信、正义、和谐、大同"等,顺理成章地渗透在中国特色社会主义制度建设及其全球治理的价值理念之中。可以说,新时代中国特色社会主义建设中提出的诸多治国理念和全球治理理念,如"带领人民创造美好生活""建设美丽中国""建构人类命运共同体"等,都是中国传统智慧在新时代的映照。中国传统智慧的新时代价值贡献,为讲好中国制度故事提供了深厚家底根基和资源,也增加了当代中国讲好中国制度故事的智慧能力和大国责任。习近平总书记在庆祝中国共产党成立95周年大会上,提出今天的中国要有"四个自信",并强调"文化自信是更基本、更深沉、更持久的力量"①。这里习近平总书记用"更基本""更深沉""更持久"三个形容词,强调明晰了文化对于一个国家、一个民族、一种制度等共同体建构和发展的根基性支撑和力量体现。中国共产党带领中国人民继承中华民族积累下来的文化智慧,同时结合马克思主义理论使传统文化智慧得以创新发展,使今天中国特色社会主义制度保持了坚定的发展能力和强大的自我修复能力。可以说,中国特色社会主义制度中沉淀着中华民族最深厚的精神和价值因素,并成为一种独特的精神标识呈现于今天的中国及其人民身上,它为实现中华民族伟大复兴提供了丰厚滋养和力量源泉,更是今天中国讲好中国

---

① 习近平:《在哲学社会科学工作座谈会上的讲话》,载《人民日报》2016年5月19日。

制度故事的根基所系、信心所在。

二、讲好中国制度故事的主要内容与精神实质

今天,世界越来越全球化、一体化,各种文明、各种文化在相交中相互碰撞,有时还会产生种种矛盾乃至冲突。在这种情况下,各国彼此坦诚展现自己,增进相互认识和了解,才能更好地因懂得而增加信任,和谐共处地促进各自发展和人类进步。中国已然成为世界重要的一员,需要向世界展现全面而真实的自己。那么,什么样的中国故事才能展现中国的真实面貌,体现中国的精神实质?这是讲好中国故事、展现真实中国必须要回答的问题。中国故事呈现为千姿百态,可以从不同视角去呈现中国状况及其话语效应。就当代中国制度来看,中国故事自然是真实地呈现中国人的制度选择、制度下的人情风貌以及制度下的中国世界交往等内容。

(一)中华民族复兴之路的社会主义制度选择

中华民族伟大复兴是近代以来中国人民的夙愿和梦想,是中国人民希望国家富强、民族振兴和人民幸福的共同心声。为实现中华民族伟大复兴的中国梦,中国共产党带领中国人民经历新民主主义革命、无产阶级革命及社会主义革命等艰难历史阶段,终至中华人民共和国成立选择了社会主义道路。这条社会主义的复兴之路是当代中国的故事新篇,也是讲好中国故事始终应该围绕的核心指向。它不是苏联制度故事,也不会成为美国制度故事,而是中国共产党带领中国人民确立、完善和发展中国社会主义制度的故事,具有中国特色的精神实质和内容表现。在去往复兴之路的进程中,经过中国共产党领导中国人民的奋斗和努力,中国特色社会主义制度越来越显示出自身优势和世界影响力。中国需要向世界讲述和展现中国及其人民这一伟大创举和对人类的智慧贡献。中国为什么要选择走社会主义的复兴之路,什么是中国特色社会主义制度,以及中国特色社会主义制度建设的世界意义及其未来走向等,都应该是我们要着重讲述和呈现的故事内容。我们要用事实说明中国复兴之路的社会主义制度选择的历史渊源和现实基础。中华民族伟大复兴的中国梦,凝结着近代以来无数仁人志士的心血和智慧,而中国独特的历史命运和文化传统以及特殊的现实国情,决定了只有选择社会主义制度才能救中国,才能发展中国,才能复兴中国。关于呈现中国特色社会主义制度

的样貌,我们就要讲好中国特色社会主义制度的基本内涵和精神实质,例如中国共产党的领导优势、中国特色社会主义市场经济制度建设、人民民主专政的政治制度选择、"人民至上"的制度指向等。同时还要讲好中国特色社会主义制度所追求的"国家富强、民族振兴、人民幸福"的现实价值努力和追求,及其"不仅造福中国人民,而且造福各国人民"的世界意义和未来走向。

(二)中国特色社会主义制度下的国民故事

依据马克思人的本质在现实性上是一切社会关系总和的观点,不难理解国民故事中蕴含着制度因素。不同制度下的人,体现着不同的生活方式、价值追求、精神风貌等人的生命品质。当下中国国民故事,能直接而感性地呈现中国人的生活方式及价值追求,是中国特色社会主义制度品质映照于现实的现象化表现。它在经验与情感上最能让世界触及当代中国的真实及其人民的内在。可以说,中国特色社会主义制度下的国民故事是中国特色社会主义故事的精神内核,最能体现出中国特色社会主义制度的"根"和"魂",应该是中国故事着力表达的内容。讲好中国人的现实生活故事,从而感知中国特色社会主义制度的人民至上性。可以说,人民生活面貌和幸福程度,是检验一种制度优越性的最好标尺。中国特色社会主义制度不仅有马克思思想的当代新发展,更有中华民族自身优秀品格的继承和发展,二者同一性的价值指向就是"人民至上"。满足和提升人民的美好生活需求,是中国特色社会主义制度运行的根本目的指向,也是其优越性和自信力的根本所在。而它的外在体现就是人民的现实生活状况和精神风貌。因此,我们要讲好中国特色社会主义制度下的国民故事,特别强调讲好中国人的现实生活故事,尽可能展现人们的生活细节和过程,映照出当代中国人的生活面貌和精神风貌。在这方面,林语堂应该是最为典范、最有良心的中国人。他的被称为现代版红楼梦的《京华烟云》,尽管是小说的艺术创造,但是通过它,世界知道了中国式家庭与社会及其内在的精神气质。诚如《傲慢与偏见》《安娜卡列尼娜》《飘》等让中国人感知到西方人及其家庭、社会精神一样。在今天,走向复兴的中国,需要更多如林语堂这样有中国良心的中国人,讲述中国特色社会主义制度下的国民故事。它能映照出潜藏其背后的中国特色社会主义制度品性,对阐释中国特色制度起着"润物细无声"的话语功能。当然,我们在"随风潜入夜"地展现中国特色社会主义制度优越性的同时,亦是不要隐藏其现实发展建设中"摸着石头过河"的艰辛和失误,及其给人们生活造成的暂时性困难。当我们将两种讲述并置在一起,什么制度取向,什么属于制度成长中的问题,就会不言而喻。如此,才能展现中国特色社会主义制度的现实性、可行性、合理性和优越性。

（三）中国特色社会主义制度建设中的和平发展道路

中国特色社会主义制度是马克思主义理论和中国传统智慧相结合的当代产物,中国人民的幸福和人类的解放,是其运行的根本指向和终究价值追求。它反映在国家对外关系上便是为和平发展的争取和努力。然而,面对中国崛起的事实,陷入自由经济、民主政治等制度困境的西方发达资本主义国家,却表现出诸多不安和焦虑。他们依据自己"权力转移""零和博弈"等西方思维理论,揣度和重构中国社会制度的现实动向和未来走向。在西方世界看来,崛起后的中国必然要变革现存的世界秩序,这将直接挑战他们对当今世界的掌控和统治,威胁资本主义在全球利益的实现。这种基于他者思维来理解中国发展走向的做法,具有很大的误读、误解和误判成分,并非真实的中国意愿。新时代的中国,必须要回答"崛起后的中国要走向哪里？"这一世界焦点问题,这就需要讲好中国特色社会主义和平发展的故事。其中,中国为什么选择走和平发展道路,什么是中国和平发展道路,中国怎样走和平发展道路等,应该是中国和平发展道路需要被讲述的主要故事内容。这就需要,在内容上一方面讲述和呈现近代以来中国及其人民所经历和感受到战争带来的不幸和灾难,用事实证明今天的中国人最为懂得安定和平的不易和珍贵,懂得和平发展对于中国和世界发展的重要性;另一方面呈现和平发展的中国传统智慧渊源,即中国传统文化中的"止于至善"价值观,承袭给当代中国"以道观物,物无贵贱"的交往观,并奉行"兼相爱、交相利"的国际关系观。同时,我们还要讲述好中国和平发展道路的理念内涵、基本主张和态度以及世界意义等。中国和平发展道路是新时代中国特色社会主义为实现"中国梦"和建构"人类命运共同体"而作出的国际战略选择。它遵循公平自由、民主和谐、合作共赢等人类一切文明的同一价值,继承和弘扬联合国宪章的宗旨和原则,坚持以合作共赢为核心的共处关系,主张构建协和万邦、命运与共的人类共同体。同时,要用事实说明中国和平发展道路的实践与努力,诸如为推进"构建人类命运共同体"而践行互荣互惠的国际义利观、睦邻友好的周边外交理念、合作共赢的国际关系及"一带一路"建设等。所有这些都有利于周边国家和世界的发展,更有利于亚洲和世界的和平,有利于世界的繁荣和稳定。这些都是讲述中国和平发展道路故事,应该要呈现给世界的中国意图,让世界从中感受到中国的担当和真诚。

三、用中国话语讲好中国制度故事

在了解为什么要讲好中国制度故事、讲什么中国制度故事的基础上,最为关键和核心的是要知道怎样讲好中国制度故事。中国故事是中国话语的题材资源,中国话语是中国故事的理论化及表达形式。中国特色社会主义制度要获取世界共鸣,赢得世界认同和接受,就要用中国话语讲好中国制度故事。这就需要新时代的中国总结和提炼好中国特色社会主义制度经验,创新出新时代中国制度理论,再运用这一理论阐释和表达中国特色社会主义制度的故事新篇。

(一)立足中国社会实践,提炼总结中国特色社会主义制度经验

这里的中国故事之"故事"并非通常理解的艺术创造,其实是中国社会发展实践的一种形象说法。这一概念提法,隐含了在总结中国实践经验时,要注重其形貌的真实性、立体化和意义内涵。中国人民的实践生活,是中国话语资源的"活水源头",也是产生话语效应的基础和动力。新时代,用中国话语讲好中国制度故事,首先需要理论工作者们深入考察和体验中国社会实践,提炼和概括中国特色社会主义制度经验。其中,最为根本而重要的经验是中国共产党的领导优势。中国特色社会主义制度的最大优势是中国共产党领导,这也是中国特色社会主义制度的最根本经验。中国共产党将马克思主义同中国实际相结合,确立符合我国实际的社会主义基本制度,为当代中国一切发展进步奠定了根本制度基础。中国特色社会主义制度从探索建立到今天取得"奇迹"般的成就,都根源于党团结带领人民坚持走中国特色社会主义道路,坚持改革开放新的伟大革命。其间,面对制度成长中的思想和体制障碍,不乏历经诸多千难万险,党带领人民付出诸多心血努力,攻克一个个难关。所有这些都体现了中国共产党在中国特色社会主义建设中的"主心骨"力量。

除此之外,中国社会主义制度经验,还体现在具有中国特色的社会主义经济、政治和文化领域。就经济制度而言,是构建运行有效的社会主义市场经济制度体系。这种制度选择,是解放和发展生产力的社会主义本质决定的,是我国社会主义初级阶段的基本国情决定的。社会主义市场经济制度,突破全面计划的僵化经

济制度模式,体现为以公有制为主体,多种所有制经济并存的经济发展模式。这种经济模式适应了中国社会主义初级阶段的生产力水平,坚持和完善了我国社会主义基本经济制度和分配制度,使市场在资源配置中起决定性作用,激发全社会创造力和发展活力,有力促进了我国人民生活水平和质量的普遍提高,国家及人民的面貌焕然一新,充分发挥了中国特色社会主义制度优越性。政治上,中国特色社会主义制度的经验体现为人民当家作主,就是把人民对美好生活的向往作为奋斗目标,坚持人民主体地位,依靠人民力量创造历史伟业。人民当家作主制度具体体现为,实行民主选举的人民代表大会的根本制度,形成中国共产党领导的多党合作与政治协商的新型政党关系,以及具有中国特色的民族区域自治、基层群众自治等制度。它是建立在中国基本经济制度基础之上的绝大多数人最广泛的民主,是人民民主与对敌人专政的辩证统一、民主选举与民主协商的统一以及党的领导、人民当家作主和依法治国的统一。人民当家作主是中国特殊社会政治环境和中华民族历史文化传统的产物,不同于西方历史文化产物的宪政民主政治制度模式,是最适合也是最切合中国民意的民主制度。文化上,中国特色社会主义制度经验,表现为培育和践行社会主义核心价值观,发展民族的科学的大众的社会主义文化,巩固全国人民团结奋斗的共同思想基础。这种文化选择,以提高全国人民思想觉悟、道德水准、文明素养以及全社会文明程度为根本目标指向。一方面坚持马克思主义在社会主义意识形态领域的主导权和话语权,树立共产主义远大理想和中国特色社会主义共同理想,将全体人民在理想信念、价值理念、道德观念上紧紧团结在一起。另一方面继承优秀传统、吸收外来智慧,面向人类未来,培育和践行社会主义核心价值观,并将其融入国民教育、精神文明创建、精神文化产品创作生产传播等社会发展各领域,以此转化为人们的情感认同和行为习惯,"止于至善"。如此,构筑中国精神、中国价值、中国力量,展现出新时代中国文化、中国精神的魅力和风采。

(二)借鉴中外理论智慧成果,创造出新时代中国制度理论

从理论指向上看,中国话语是指中国理论及其表达。要用中国话语讲好中国制度故事,仅仅有了中国特色社会主义制度经验的提炼和总结是不够的,还需要对其作出有力的理论阐释,进而使其合理化与合法化。这就需要将中国特色社会主义制度的实践及其经验总结上升至理论高度,形成中国特色社会主义制度理

论。可以说,这一制度理论是中国制度话语权的前提,争取制度话语权与提升中国特色社会主义制度理论程度是正相关的。中国特色社会主义制度理论提升到什么程度,中国对制度话语权的把握和争取也会到什么程度。唯有这样,中国特色社会主义制度理论,才能向全世界有力地解释中国特色社会主义制度实践和经验总结,进而才能在世界制度理论格局中平等地与西方制度理论对话交流,赢得其应有的国际地位和发言权。相应地,只有具有世界影响力的中国特色社会主义制度理论,才能对中国社会实践及其经验进行具有说服世界和影响世界的解释。故而,用中国话语讲好中国特色社会主义制度经验的故事新篇,需要基于中国特色社会主义制度的经验概括,反映时代声音,发掘中华民族自己的传统智慧,借鉴人类累积下来的真理成果,创造和建构新时代的中国特色社会主义制度理论。对此,最重要的就是中国要有制度理论自觉、自信意识,形成具有中国特色的制度理论话语,用以获取中国制度应有的国际话语权。

为此,一方面,对于中国制度理论要有明确的自我认知。既要明白中国特色社会主义制度理论的哲学根源、形成过程,又要理解这一理论的具体内容和特色及其实践指向和价值取向,还要理清其中哪些成分属于在中国本土生长起来的,哪些是属于汲取他者特别是西方资本主义制度的。另一方面,对西方制度理论特别是资本主义制度理论要客观地认识和判别。"见贤思齐,见不贤而内自省"。对于资本主义制度的合理成分,如有利于社会主义市场经济发展的先进管理体制等,可以通过中国化过程进行合理借鉴,而不是采取拿来主义;对其不符合历史发展规律的制度因素,我们也要有清醒的认识并观照自己的制度。当然,这种制度理论的自我认知和反思以及对他者制度的认识和评价,最终目的是要实现新时代中国特色社会主义制度理论的自我定位和创新。中国的理论工作者们,要在"自我"和"他者"制度理论认知的基础上,比较中国特色社会主义制度理论与西方资本主义制度理论的异同,在中国制度理论与西方资本主义制度理论的关系中发现优劣,"择其善者而从之,其不善者而改之",认真总结中国特色社会主义制度运行的深层理念,科学概括中国各个层次社会发展的经验,在此基础上创新中国制度理论和构建中国制度话语体系。这样创造出来的新时代中国特色社会主义制度理论,既因立足于中国历史文化和社会主义实践而具有中华民族本土特质,又因借鉴吸收人类智慧成果而具有世界人类的高度,体现出国际化、全球化的品质和资质。具备了这种制度话语,不仅能向世界真实地表达和阐释当代中国制度实践及其经验,而且能收放自如地应对各种他者话语对中国制度的言说。如此,中国制度面向世界就有了解释力和引导力,在世界制度理论格局中亦具有了竞争力和吸引力。

(三)运用新时代中国制度理论阐释和表达中国特色社会主义制度的故事新篇

中国特色社会主义制度的故事新篇,需要用中国话语去概括、阐释、讲述和续写。然而,长期以来,随着改革开放的全面深入,中国话语不断接受西方话语体系的影响,中国特色社会主义实践的阐释和表达,很大程度上受制于西方话语特别是社会科学理论知识的移植、嫁接运用,甚至他者话语代言,这必然导致一种"非真实中国"。例如,中国特色社会主义制度的未来,曾一度被他者理论预言在20世纪80年代末90年代初就会走向"历史的终结",即使侥幸度过了这一劫难,也会在邓小平去世或中国加入世界贸易组织后走向崩溃,又或在世界性金融海啸后走向没落。尽管这种他者理论对中国特色社会主义制度的阐释和预言,一次次被中国稳步快速发展的现实打破,但是确实给中国特色社会主义制度的理论和实践发展予以一定的干扰,给中华民族伟大复兴予以艰难和险阻。随着中国实力越来越强,对世界的贡献和影响也越来越明显,而这种干扰并没有平息,反而形式更加多样化。一定程度上说,这不能不归咎于中国特色社会主义制度经验和问题的他者阐释和讲述,没能运用新时代中国制度理论阐释和表达中国特色社会主义制度的故事新篇,形成可以平等对话交流的中国制度话语权。

中国社会主义制度具有自己独特的特色性和例外性,任何他者话语的理解和阐释都可能只是片面的、刻板的,也不能简单地套用西方理论来解释中国制度的经验模式,只有中国思维的中国理论才能将其全面而真实地展现。因此,在当前西方强势话语的冲击下,中国要运用新时代中国特色社会主义制度理论阐释和表达中国特色社会主义制度的故事新篇,形成和确立自己的制度话语权。因此,正确的做法是:

第一,争取制度话语的主体地位,平等地进行交流和对话。面对他者制度理论对中国制度实践的讲述,中国特色社会主义制度理论不能只是充当"复印机"或"留声机"的功能,而是有能力与它们平等地进行实质性交流和对话。中华文明素来推崇"韬光养晦",中国人向来是"多做少说"或"只做不说"。但"树欲静而风不止",你是韬光养晦,他者认为你是"暗度陈仓"。改革开放以来,我国总是在被动地应对各种挑战,例如针对国际上有人提出"文明冲突论",我们就提出"和文化"战略,但没有形成完整的理论话语,以剖析和批判他者理论,进而阐释和表达中国特色社会主义制度对于世界格局及其未来的观点和态度。在今天"西语主导"的境况下,在西方反华势力的布局和操作下,西方世界对中国充满了误解和偏见。当前中国崛起已然成为不争的事实。对此,国际舆论呈现出诸如"中国威胁论""中国崩溃论""中国责任论"等话语形式。之所以如此,除了其忧患于中国崛起之外,很大程度上归于国际社会对中国特色社会主义制度运行及其未来走向缺乏全面而客观真实的认识和理解。在这种现实情况下,争取制度话语的主体地位,平等地进行交流和对话,向国外阐释和表达中国的主张、态度和价值取向,成为新时代中国人必须要努力的方向。新时代,中国提出"人类命运共同体"理念及其实践中的"一带一路"倡议,已然显示出了中国特色社会主义应该有的世界态度和理论话语。它将合理解释和表达中国特色社会主义制度下的世界秩序观及实践努力,进而可与他者制度理论交流对话,以消除国际上对中国特色社会主义发展走向的置疑。

第二,打破"洋教条"的他者话语,用新时代中国特色社会主义制度理论阐释中国的制度新篇。中国特色社会主义制度理论需要对西方制度理论有所借鉴,但不是直接套用西方制度理论来解读中国社会实践,也不是让自己制度理论研究成为西方制度理论的复制品。我们自己就更不能再套用西方话语体系来说明解释中国特色社会主义制度的问题,不能再"言必希腊""话必欧美"地研究和讲述中国特色社会主义制度,这种"洋教条"的他者话语会裹挟他者价值对中国发展带来不利的影响,必须予以打破。我们要用中国特色社会主义发展的实际,结合中国丰富的历史文化理论资源而形成的新时代中国特色社会主义制度理论,来研究中国社会实践中的问题,阐释和表达中国特色社会主义制度的故事新篇。我们要把被称为"中国奇迹"故事背后的制度理论及意义向世界说明和呈现,把让"奇迹"产生的中国特色社会主义制度这一根本原因向世界阐释和表达,合理解释中国社会所发生的深刻变迁,说明中国社会转型的未来走向。如此,我们运用新时代中国制度理论阐释和表达中国特色社会主义制度的故事新篇,才不流于表面形式而具有了本质内容和理论依据,进而不论是中国特色社会主义制度理论还是实践都更具有说服力和吸引力,也就更有能力和自信批判和抵制各种错误思潮对中国社会主义道路的干扰和阻碍。

第三,实地调查研究话语客体的基本情况,主动设置对外议题。马克思说:"理论只要彻底,就能说服人。"要真正发挥新时代中国制度理论,阐释和表达中国特色社会主义制度的故事新篇的实际影响力,这就需要中国特色社会主义制度理论本身在逻辑上清晰、透彻,具有彻底性;在形式上深入浅出,文风朴素易懂,具有可接受性。然而,仅仅有彻底、可接受的理论还是不够的,理论还要回到实践,这就需要调查研究。毛泽东说,没有调查研究,就没有发言权。我们要结合国内发展的情况和国际交往的需要,组织专门力量深入思考和研究如何对外讲述好中国特色社会主义制度的故事新篇,明确应该对外阐释哪些制度议题。这就需要相关部门和人员做好海外的调研工作,了解国外不同人群的思想基础及其对中国特色社会主义制度的认知状况,了解他们对中国特色社会主义制度的兴趣点和疑问点,依据中国特色社会主义制度的实际运行情况及其立场,结合当前国际舆论的热点问题和国际上普遍关切的问题主动设计和引领议题。运用新时代中国特色社会主义制度理论,把中国特色社会主义制度从哪里来、正在做什么、向哪里去等向世界说明,把中国特色社会主义制度中的历史、政治、经济、文化等元素向世界阐释和表达,从而在解答他者对中国疑问的同时,向他者展现社会主义制度的中国。

第四,用新时代中国制度理论阐释和表达中国特色社会主义制度的故事新篇,就是要让世界认知一个全面而立体的真实中国。对此,除了具备彻底性的中国理论、丰富的中国经验之外,还要具备"融通中外"的话语表达能力,将中国制度理论和实践经验向世界阐释和说明,为世界所理解。这需要中国在阐释和表达中国故事的时候,关照话语表达的交互性理解,不能唱独角戏,而要使用他者能够理解的话语进行表达,注意话语讲述方式和语境。用中国制度理论讲述中国制度实践经验,要找到与世界利益、人类生活等相通的话语表达形式,以此展现中国制度经验故事,显现其中包含的真理的光辉和理想的力量。例如向世界传达人类命运共同体理念,对于该理念的认识论基础、理论依据、价值指向等人类通约性的东西要予以话语表达和阐释。这样才能让世界知道,中国阐释和表达的是什么,并且因其包含人类价值同一性而愿意倾听和接受、认可你所表达的内容。同理,我们要用新时代中国特色社会主义制度理论,阐释和表达中国正处于社会大变迁之中的现状,以及现有中国社会出现成长中的问题。这样,中国方能走进世界,世界亦能感受到真实的中国,进而真正地了解中国、理解中国、喜欢中国。

当然,制度自信不能仅仅停留于"听其言",还要让人"观其行",也就是要展示中国特色社会主义制度运行的效用和强力。这就需要中国在增强和展示综合实力的同时,要从中国光辉灿烂的历史文化中、从中国制度运行所产生的中国实力中、从中国共产党人的独特理论创造中去发掘制度自信的依据和基础。为此,我们要讲述好中国特色社会主义制度下中国所取得的伟大成就,讲述好中国制度的人类指向,围绕全球治理的重大国际议题,大胆主动地表明中国立场,表达中国观点和态度,阐释好中国的"人类命运共同体"理念及其"一带一路"倡议的实践努力,阐明中国为当代人类贡献出的中国智慧和中国方案。

第九章　在自强自觉中增强制度自信

中国特色社会主义制度是中国共产党带领中国人民长期奋斗、积累和创新的智慧结晶,是人类社会制度文明的重要组成部分。中国特色社会主义制度自信的底气和硬气,源自党和人民在中国特色社会主义制度实践和创新中的长期历练。党的十八大以来,以习近平同志为核心的党中央牢固把握时代形势和使命,坚守制度自信,在中国特色社会主义建设实践中不断发挥制度优势,增强制度自信,展现出了中国特色社会主义制度的强大生命力。制度建设是一个永恒课题。正如习近平总书记所言,"中国特色社会主义是特色鲜明、富有效率的,但还不是尽善尽美、成熟定型的。坚持制度自信不是自视清高、自我满足,更不是裹足不前、固步自封,而是要不断革新体制机制弊端,让我们的制度更成熟而持久。"[①]新时代坚持和发展中国特色社会主义,从根本上要求全党更进一步保持政治定力,以强烈的自强自觉意识增强制度自信。这对于决胜全面建成小康社会、实现两个一百年奋斗目标、开启全面建设社会主义现代化国家新征程具有重大意义。

第一节　自强彰显制度自信的魅力

对自身制度持以自信的民族,必定是一个自强的民族。同样,要进一步增强

[①] 习近平:《紧紧围绕坚持和发展中国特色社会主义　学习宣传贯彻党的十八大精神》,载《人民日报》2012年11月19日。

制度自信,也要求这个民族和国家必须保持自强的特质。中华民族是一个自强的民族,它不仅结合自身实际选择建立了中国特色社会主义制度,而且让中国特色社会主义制度在中国大地上开花结果,日益彰显出制度魅力。

一、自强的民族才会有自信

自强是一个国家和民族兴盛的黄金法则。世界是多民族、多国家的组合体。在这个多民族、多国家组合的"地球村",只有自强的民族和国家才会有真正的自信,才会在世界舞台上有自己一席之地和话语权。不自强的民族和国家,就没有自立和自信的资本,只能是依附强权苟活。纵览世界历史进程,英、法、美、德、日、俄等大国的崛起,无一不是以本国家民族人民的自强自立为根基的。历史上的伯利克里、恺撒、拿破仑、俾斯麦、彼得一世等之所以被视为英雄,重要原因就在于他们带领自己的民族和国家以自强不息的精神创造了辉煌,走上了鼎盛。

中国有悠久的文明历史,是世界上唯一文明没有中断的古国,这与中华民族自身的自强特质息息相关。秦皇汉武、唐宗宋祖、康乾盛世是中国古代最为辉煌的时刻,这些历史上的光辉离不开明君和英雄的功劳,更离不开人民的自强,正是他们的自强与自立,才得以塑造一个又一个辉煌。四大发明等历史文明,同样见证了中华民族是一个自强的优秀民族。1840年英国发动鸦片战争,敲碎了清政府闭关锁国的"美梦"。一系列丧权辱国条约的签订,直接将中华民族拖入了半殖民地半封建社会的"泥潭"。"天行健,君子以自强不息。"自强的中华民族并没有因此一蹶不振,而是走上了挽救民族危亡、复兴中华民族的道路。洋务运动、太平天国运动、戊戌变法、义和团运动、辛亥革命,都是无数优秀中华儿女在挽救民族危亡过程中的慷慨壮举,虽然一次次以失败告终,但这无不体现中华民族抵御外侵的自强精神本色。1921年7月23日,中国共产党第一次代表大会正式召开,标志着中国共产党诞生了。在中国共产党的领导下,中华儿女并肩作战一举推翻了帝国主义、封建主义和官僚资本主义"三座大山",建立了中华人民共和国,最终凭借自强的精神和壮举让中华民族"站起来"。中华人民共和国成立后,一穷二白的艰难处境摆在中国人民面前,加上帝国主义的虎视眈眈,中华民族面临着内忧外患的境地。但是,有着自强精神传统的中华民族并没有气馁,而是在中国共产党的坚强领导下,自力更生,艰苦奋斗,不断开辟社会主义建设道路。经过对历史经验的比较分析与借鉴,中国共产党带领广大人民群众开启了改革开放新的伟大革命的序幕,成功走出了一条中国特色社会主义道路。改革开放的伟大实践,见证的就是中国共产党和中国人民自强奋进的风格和优秀品质。40年来的改革开放实践,取得了举世瞩目的丰功伟绩,经济建设取得重大突破,人民生活水平迅速提升,综合国力显著增强,创造了中国发展的一系列奇迹。党的十九大报告提出,当前社会主要矛盾不是过去的"人民日益增长的物质文化需要同落后的社会生产之间的矛盾",而是转变为"人民日益增长的美好生活需求同发展不平衡不充分之间的矛盾"。这一新论断充分表明中国人民已经依靠顽强拼搏的精神让自己富起来了。不难发现,中华民族悠久的历史进程,见证了中华民族的辉煌,也见证了近现代以来中华民族站起来和富起来的奋斗历程,呈现了中华民族一幕幕自强奋斗的场景。自强的民族才会有自信,经历无数次风雨兼程,中华民族不仅造就了一个繁荣富强的中华人民共和国,同时也历练了民族自信的气质,向世人展现了中华民族不仅有自强的优秀传统,而且在自强的奋斗历程中收获了更多的自信。

《宋史·董槐传》中有云:"外有敌国,则其计先自强,自强者,人畏我,我不畏人。"在党的十九大报告中,习近平总书记结合国内外新形势,高瞻远瞩,提出了"决胜全面建成小康社会、实现两个一百年、开启社会主义现代化建设新征程"的新奋斗目标,这充分说明中国还处在强起来的历史进程中,中国共产党和中国人民奋斗的路还很长。自强才会自信,自强必须要有自信,这一对客观事实的精准判断不仅要求中华儿女继续保持自强的民族传统,同时也需要在自强的新时代奋斗过程中不断释放自信,展现自信,以自信增加自强的动力,又以自强来不断夯实自信的基础。

二、坚持自强是增强制度自信的理性选择

自强是主体日常生活和工作实践中表现出的拼搏精神和拼搏行为,是基于外在形势判断而从内心迸发出的可贵品质。"中国特色社会主义制度是当代中国发展进步的根本制度保障,是具有鲜明中国特色、明显制度优势、强大自我完善能力的先进制度。"①习近平总书记告诫全党要继续坚持制度自信,这既是习近平新时代中国特色社会主义思想的重要组成部分,又是道路自信、理论自信、文化自信的重要保障。同时,制度是一种建构设计,有不断完善的内在需求;制度又具有时代适应性,有随社会形势变化而不断发展的外在需求。坚持制度自信,需要在制度的动态完善与发展过程中不断注入自强原动力,否则就是无源之水、无本之木、"空中楼阁"。自强体现出的拼搏精神和拼搏行为,是制度完善与发展不可或缺的基本品质,对增强制度自信具有重要意义。

首先,自强能提供制度自信所需的物质基础。中国共产党和中国人民对中国特色社会主义制度的认同和高度自信,源于中华人民共和国成立以来中国特色社会主义建设在政治、经济、文化、社会、生态文明等领域所取得的巨大成就。伴随改革开放40年的发展,中国经济高速发展,中国人民迅速从一穷二白变成解决温饱,又很快从解决温饱变成物质宽裕而进入小康社会。正如"世界真正的统一性在于它的物质性。整个世界是物质的统一体,物质的共同本质属性就是它的客观实在性,它不依赖我们的主观意识而存在,并为我们的主观意识所反映。意识是自然界长期发展的产物,是人脑的机能和属性,是社会的产物;意识对物质具有能动反作用"②。物质上的富裕和满足增加了中国共产党和中国人民对中国特色社会主义制度的认同感,同时也对保障中国特色社会主义建设的中国特色社会主义制度形成了充分的自信。

其次,自强能为制度自信凝聚民族精神。民族精神是民族的灵魂,也是民族生存与发展的精神支柱。一个民族要有坚韧不拔的民族精神,才会有同呼吸、共命运的民族斗志,才会激励民族去发挥更大的创造力,才会有更旺盛的生命力和更牢固的民族凝聚力。民族精神为制度自信提供了坚实基础,成为制度自信保持旺盛生命力不可或缺的重要因素。制度自信是主体意识的积极表征。这种意识表征的产生,外在方面是因为制度实践和创新提供了丰厚的物质基础,进而增加主体对制度的自信。内在方面则是得益于中华民族坚韧不拔的民族精神,它支撑了制度的认同基础,托起了制度实践和创新的稳定平台,从而产生了良好的制度

---

① 中共中央宣传部:《习近平总书记系列重要讲话读本(2016年版)》,学习出版社、人民出版社2016年版,第26—27页。
② 陶德麟、石云霞:《马克思主义基本原理概论》,武汉大学出版社、湖北人民出版社2007年版,第87页。

效果,源源不断地为制度自信输送正能量。中华民族坚韧不拔的民族精神并不是天生就有,而是中华民族在长期的艰苦奋斗岁月中不断累积和锻造的民族气质。这种累积和锻造的民族优秀气质,也不是一成不变的,它诞生于民族自强的艰苦奋斗实践中,同样也需要在自强的艰苦奋斗实践中"保鲜"。通过自强,不断累积坚韧不拔的民族精神,为制度实践与创新提供源源不断的精神动力,进而为制度自信的增强"保鲜保质"。

最后,自强能为制度自信抵御各种风险。从基本价值层面看,制度能为社会秩序和政治秩序稳定提供有力支撑。没有制度的在场和支撑,就难有稳定的政治社会秩序。这已被历史和实践反复证明。社会秩序与政治秩序稳定的程度,与制度的绩效正相关。制度绩效高,社会秩序和政治秩序稳定程度就高;反之,制度绩效低,社会秩序和政治秩序稳定程度就低。进而言之,社会秩序与政治秩序的混乱与不稳,说明相对应的制度绩效低下。绩效差的制度,势必会消减公众对制度的认可度,从而也就难以保证制度自信。当前,中国正面临着错综复杂的国内外形势,一系列风险因素始终存在。从国际看,全球化的快速推进,使得国家、地区之间的政治、经济、文化、社会等层面交往频繁,但不同国家价值观的竞相交错对社会秩序和政治稳定提出挑战。同时,近年来逆全球化思维在一些欧美国家不断兴起,这进一步加剧了中国所面临的挑战和风险。特别是钓鱼岛问题、南海问题、朝鲜半岛问题等,进一步加剧了国际风险。从国内看,改革开放40年来,中国在政治、经济、文化、社会等层面取得了长足进步,但同时也出现了贫富差距拉大的严峻局面,加上房市、股市等压力,国内政治社会稳定也因此存在潜在风险。国内外双重的严峻风险,对中国特色社会主义制度建设提出了巨大挑战。如何能在高风险时代维持高绩效的制度,不仅是国家稳定和社会稳定的关键,同时也是保持高度制度自信的前提。对此,以自强的精神和实践来应对高风险的社会形势是一剂良药,进而成为制度自信的强有力保障。通过自强,可以创造更多的社会财富,增强国家综合实力,提升国际竞争力,从而保障中国在国际竞争中的优势,有效抵御各种风险。同时,通过自强,可以增强国家的财力和物力,解决好"人民日益增长的美好生活需求与发展不平衡不充分之间的矛盾",使最广大人民都能更加富裕和幸福,进而有效消减潜在的因贫富差距、失业等因素造成的社会风险。

三、依靠自强彰显制度自信的魅力

"在认识世界和改造世界的过程中,旧的问题解决了,新的问题又会产生,制度总是需要不断完善的。"①对于保障中国特色社会主义不断前行的制度而言,自强仍然是促进制度有序发展,维系强有力制度自信的一剂良药。结合当前中国现实,以自强来推动制度发展,彰显制度自信的魅力,需要从以下方面予以努力:

不断夯实物质自强硬实力。经济基础决定上层建筑。历史经验表明,一个国家、民族的兴旺,首先要创造更多的物质财富,这是亘古不变的硬道理。民以食为天,没有物质财富,人民生活就难以为继,更不用谈追求、理想。同时,物质决定意识,人们思想的积淀与升华,需要以物质为前提。发展经济、为人民为社会带来更多物质财富是国家的重要功能。而国家这种功能又往往需要制定相应的经济制度来予以实现。因此,经济制度与物质财富创造紧密联系,一定时期内物质财富创造越多,经济制度就越具有适应性,反之,物质财富创造越少,表明相对应的经济制度与当前形势不相适应。与社会形势相匹配,能带来更多物质财富的经济制度,必然会获取更多的人民认同,进而激发强烈的制度自信。反之,与社会形势不相适应,难以创造更多物质财富的经济制度,自然也就难以获得更多的认同。可以说,一个国家、民族物质财富的创造需要好的经济制度,而经济制度要获得的自信多少则又取决于其所带来的物质财富程度。

党的十一届三中全会以来,中国逐步走上了改革开放道路,明确了坚持以经济建设为中心,大力发展社会主义市场经济体制的经济战略。纵览40年来的改革发展历程,国家在经济领域取得了前所未有的成就,经济总量一跃成为世界第二,其他许多经济指标也都在世界名列前茅,人们生活更加富裕并已经步入小康社会。中国和中国人民确实富起来了。可以说,对"以经济建设为中心"国家经济战略的坚持,创造了令世人啧啧赞叹的"经济奇迹"。这一经济奇迹和辉煌业绩,更坚定了中国人民对"以经济建设为中心"和"发展社会主义市场经济体制"的信心和决心。展望未来,我国仍处于社会主义初级阶段,决胜全面建成小康社会、实现"两个一百年"奋斗目标、迈向社会主义现代化国家新征程,需要中国共产党带

---

① 中共中央宣传部:《习近平谈治国理政》,外文出版社2014年版,第74页。

领中国人民去创造更多的物质财富,这不仅要依赖中华民族自强的优秀传统,还需要毫不动摇地坚持以经济建设为中心,这样才会有更多的"中国奇迹",才会有更多更充分的物质财富,社会主义经济制度的自信魅力才会得到彻底彰显,进而中国特色社会主义制度自信才会永不褪色。

不断哺育精神自强价值力。精神是人在社会生产实践中通过大脑所产生的思想、意识和观念。物质决定意识,意识反作用于物质。人的精神观念一旦形成,就会对社会实践活动形成反作用,进而影响人的社会实践方向和行为。精神观念在层次上,有国家、社会、个人之分。经验表明,一个国家发展和秩序的维持,都是以国家层面的精神理念作为主流,并通过政治社会化方式向社会和个体进行宣传和引导,最大程度将国家、社会、个体的精神理念融合一致。于此意义上,对于国家层面的主流精神观念而言,它既是国家发展的价值方向,同时也是社会和个体发展的精神指引,进而成为一个国家和民族维系不可或缺的组成部分。换句话说,任何一个国家和民族,都会有相对应的精神理念,缺乏这种精神理念,国家和民族发展就是"无魂"的空洞体,找不到前进的方向。对于社会和个人而言,缺乏内在的精神理念,同样也是没有灵魂的肉体,缺乏发展的动力。故而,一个强有力的国家和民族,一定有强有力的精神理念在支撑。这种精神理念不仅塑造了一个国家的稳定和强大,同时也会强化民众对自己国家的认同与热爱,从而于内心深处不断激起对国家和民族的信心和信念。

在中国特色社会主义制度的建立与完善过程中,社会主义核心价值观这一主流精神理念的支撑作用不可忽视。党的十八大提出,倡导富强、民主、文明、和谐,倡导自由、平等、公正、法治,倡导爱国、敬业、诚信、友善,积极培育和践行社会主义核心价值观。社会主义核心价值观这一主流精神理念在国家层面的价值目标、社会层面的价值取向、公民层面的价值准则,为国家、社会、公民发展提供了方向,将各个不同层面的精神理念高度统一于社会主义核心价值观之中,成为各个不同主体日常实践的指引。实践一再证明,中国的发展、中华民族的复兴,离不开社会主义核心价值观这一主流精神理念的支撑,它不仅能收获中国特色社会主义各方面的成就,同时也能收获中国人民对中国特色社会主义的"四个自信"。展望未来,要夺取新时代中国特色社会主义的伟大胜利,要强化中国特色社会主义制度自信的根基,就需要不断培育和践行社会主义核心价值观,将其深入到国家、社会、公民各个层面,做到内化于心,外化于行。唯有如此,中国特色社会主义制度才能更加稳固。

不断夯实文化软实力。文化是人类社会的文明成果,也是一个国家竞争的软实力的体现。"软实力"是相对于"硬实力"而言的。它最早可以追溯到修昔底德的"观念力量"和葛兰西的"文化领导权"思想。但是,真正系统阐发软实力思想的是美国政治学者约瑟夫·奈(Joseph Nye)。在约瑟夫·奈看来,软实力"是一种能够影响他人喜好的能力"[①],它"是通过吸引的手段而不是强迫或收买的手段从而达己所愿的能力[②]"。"力量的这一方面,即使人随我欲,可称为间接的或者同化式的实力表现。这与用主动命令的方式使他人随我的意志而行动的实力表现形成鲜明对比。同化式实力的获得靠的是一个国家思想的吸引力或者是确立某种程度上能体现别国意愿的政治导向的能力。"[③]彰显软实力的主要载体是文化。因为软实力的实现和使用不是靠武力,而是文化和价值观所彰显出来的吸引力和感召力。正如约瑟夫·奈所言,"如果你能让他人仰慕你的观念,想你所想,你就用不着大张旗鼓地用胡萝卜加大棒驱使他们朝你的方向前进。诱惑往往比强迫更有效,诸如民主、人权和个人机会等价值观的诱惑力很深。"[④]根基厚实、理念先进的文化对制度建设发挥着巨大的积极作用,从内在角度看,先进文化是先进制度的重要保障。先进文化的哺育,可以引导公众塑造先进理念,进而推动国家制度建设,确保制度的先进性和科学性。从外在角度看,先进文化是制度的合法性保障。在先进理念指引下的先进制度,可以使先进文化深入公众头脑之中,并逐渐习得一种科学、健康的文化思维。这种以先进文化养成的惯性思维,必然会与以相同先进文化支撑起来的制度相契合,从而提升公众对制度的认知和认可度。公众对制度有高度的认同合法性,自然会在理念上推动制度由被动的自发理念提升为主动的自觉理念,进而增强对制度自信的定力。

中华民族在悠久的文明历程中,逐渐涵养了中华民族优秀传统文化、革命文化和社会主义先进文化。它们都是支撑中华民族经久不衰的文化因子。中华民

---

① [美]约瑟夫·奈:《软力量——世界政坛成功之道》,吴晓辉等译,东方出版社 2005 年版,第 5 页。
② [美]约瑟夫·奈:《软力量——世界政坛成功之道》,吴晓辉等译,东方出版社 2005 年版,第 5 页。
③ [美]约瑟夫·奈:《美国定能领导世界吗》,何小东、盖玉云译,军事译文出版社 1992 年版,第 25 页。
④ [美]约瑟夫·奈:《软力量——世界政坛成功之道》,吴晓辉等译,东方出版社 2005 年版,第 11 页。

族勤劳、奋进的优秀文化品质造就了中华儿女创造中国文明的辉煌;革命文化的养成激励了近代历史上中华儿女反抗压迫、推翻三座大山的勇气和斗志,最终建立了中华人民共和国;社会主义先进文化则像一缕缕春风,让中华儿女凭借自己的双手和智慧,将成立之初一穷二白的中华人民共和国建成为繁荣富强、民主文明、和谐美丽的现代化中国。文化是软实力,对中国特色社会主义制度建设发挥着重要的积极作用。强化中国特色社会主义制度自信,需要更进一步扎牢文化软实力,以文化软实力来提升中华民族的智慧,促成决胜全面建成小康社会和实现两个一百年奋斗目标的顺利实现,以此更加坚定中国人民对中国特色社会主义制度的信心和决心。

第二节　自觉补齐制度自信的短板

早在1978年10月,邓小平就强调,"过去行之有效的东西,我们必须坚持。特别是根本制度,社会主义制度,社会主义公有制,那是不能动摇的。我们建立的社会主义制度是个好制度,必须坚持。"①但是也要看到,中国特色社会主义制度还不是尽善尽美、成熟定型的,还存在不足,需要不断完善。诚如习近平总书记强调,"今天,摆在我们面前的一项重大历史任务,就是推动中国特色社会主义制度更加成熟更加定型,为党和国家事业发展、为人民幸福安康、为国家长治久安提供一整套更完备、更稳定、更管用的制度体系。"②这说明,在坚定制度自信过程中,要有忧患意识,理性认识到制度建设所存在的突出短板,努力形成一整套更加成熟、更加定型的制度。

一、制度建设是一个不断演进的过程

制度是由国家制定的一种社会行为规范,是国家维护政治秩序的主要工具,并以正式的法律、法规表现出来。制度具有强制属性,要求社会成员共同遵守;违背了正式制度,就会受到相应的制度惩罚。从发生逻辑上,制度体现为双重特征:

---

① 《邓小平文选》第2卷,人民出版社1994年版,第133页。
② 习近平:《省部级主要领导干部学习贯彻十八届三中全会精神全面深化改革专题研讨班》,载《人民日报》2014年2月18日。

一方面,制度是国家的一种理性设计,其目的是为规范社会成员的行为,以此实现良好的社会秩序。"人的选择是制度建设规律发生作用的条件和表现方式,人的选择可以使规律起作用的前提发生改变,从而造成不同的历史结局,给人们的利益带来不同的影响。"①受利益、知识、价值偏好等方面的影响,不同制度设计主体,往往会有不同制度设计内容和指向。另一方面,制度又有鲜明的时代性。不同时代的社会形势不同,对于制度的需求也会有所差异。因此,不同时代背景下,制度设计主体会依据社会形势变化主动进行制度变革与创新,从而就有新旧制度之分,这也即制度具有动态演变特质的内在逻辑。"在认识世界和改造世界的过程中,旧的问题解决了,新的问题又会产生,制度总是需要不断完善,因而改革既不可能一蹴而就、也不可能一劳永逸。"②历史事实表明,制度作为调节人类生产、生活关系,指导、规定人类社会实践的社会规范,是在经济基础和上层建筑的相互作用下产生的。纵观人类制度的发展史,刀耕火种催生原始社会制度,精耕细作催生封建社会制度,大机器大工厂催生资本主义制度、社会主义制度。可以说,制度演变总是在适应社会生产方式与生产关系相互作用过程中从低级走向高级形态。

中国特色社会主义制度是当代中国发展进步的根本制度保障,是具有鲜明中国特色、明显制度优势、强大自我完善能力的先进制度。作为当代中国发展具有明显优势的制度,它不是一蹴而就的,经历了形成、发展和不断完善的过程,是中国共产党几代人在长期社会主义建设实践中不断摸索、积累的产物,是集体智慧的结晶。中国特色社会主义制度形成于1956年,在此之前,有较长的酝酿期。新民主主义革命时期,毛泽东在《新民主主义论》中强调,要建立一个以工人阶级领导、工农联盟为基础的新民主主义共和国;1949年9月,《共同纲领》进一步明确了"中华人民共和国为新民主主义即人民民主主义的国家,实行工人阶级领导的、以工农联盟为基础的、团结各民主阶级和国内各民族的人民民主专政",这为中华人民共和国的制度框架奠定了重要基础。中华人民共和国成立,经过五年的社会主义改造期后,1954年出台《中华人民共和国宪法》,以法律的形式对中国社会主义各项制度予以明确。1956年党的八大召开,正式提出了社会主义制度在我国基本建立。然而,受国内外紧张形势影响,自1958年开始,中国社会主义制度开始遭

---

① 徐斌:《简论制度建设的规律》,载《理论视野》2012年第4期。
② 中共中央文献研究室:《习近平关于全面深化改革论述摘编》,中央文献出版社2014年版,第8页。

受打击。1978年党的十一届三中全会的召开,预示中国社会主义制度重新焕发新的生机和活力。邓小平在1982年9月党的十二大会上首次提出要"建设有中国特色社会主义"战略命题,与此相对应的中国特色社会主义制度也迎来了新的使命和发展机遇。党的十六大召开,中国特色社会主义制度体系开始正式形成。党的十七大召开,规范中国特色社会主义制度的中国特色社会主义法律体系基本形成。党的十八大在总结以往经验的基础上,第一次提出中国特色社会主义制度是互相衔接、互相联系的制度体系,包括根本制度、基本制度、具体制度以及中国特色社会主义法律体系等各方面,从而将中国特色社会主义制度置于更高的地位。2013年11月,党的十八届三中全会通过《中共中央关于全面深化改革若干重大问题的决定》(以下简称《决定》),是在新的历史起点上全面发展中国特色社会主义制度的纲领性文件,对于中国特色社会主义制度的发展具有里程碑意义。

中华人民共和国成立以来的事实证明,在中国特色社会主义制度的保障下,中国特色社会主义事业取得了巨大成就,政治、经济、文化、社会、生态文明等方面发展都达到了前所未有的高度,人民生活水平显著提高。习近平总书记指出:"坚持和发展中国特色社会主义,必须不断适应社会生产力发展调整生产关系,不断适应经济基础发展完善上层建筑。我们提出进行全面深化改革,就是要适应我国社会基本矛盾运动的变化来推进社会发展。社会基本矛盾总是不断发展的,所以调整生产关系、完善上层建筑需要相应地不断进行下去。"[①]立足当下中国现实,我们在取得巨大成就的同时,仍处于社会主义初级阶段,国内外纷繁复杂的社会形势、新的社会主要矛盾以及全面决胜小康社会、实现两个一百年目标、全面开启社会主义现代化国家建设新征程等新时代战略目标,都表明中国特色社会主义制度的使命没有完成,新时代中国特色社会主义制度远未定型,制度建设的步伐仍不能停下,需要中国共产党和中国人民结合新时代中国特色社会主义形势,群策群力,不断创新和完善中国特色社会主义制度,使其与新时代中国特色社会主义建设需求更加契合,进而为新时代战略目标的实现保驾护航。

二、坚定自信不等于忽略短板

中国特色社会主义制度特色鲜明、富有效率,但还不是尽善尽美、成熟定型

---

① 习近平:《推动全党学习和掌握历史唯物主义》,人民网,2013年12月4日。

的。这就是说,在坚定制度自信的同时,必须看到社会主义制度建设还存在不同程度的短板。总体上看,这些制度短板集中体现在三个方面:

其一,制度建设整体上落后于经济社会发展需要。从根本上讲,制度建设的原生推动力在于经济社会发展程度。经济社会发展到一定程度必然会对制度建设提出相应的要求。这既是制度建设自身的内在需求,也是经济社会发展对制度提出的客观需要。总而言之,制度建设与经济社会发展之间具有较强的相互依存和相互促进的关系。这个基本规律在古今中外大抵如此。然而,遗憾的是,当前制度建设的总体绩效明显落后于经济社会发展需要。党的十九大报告提出:"必须坚定不移贯彻创新、协调、绿色、开放、共享的发展理念。必须坚持和完善我国社会主义基本经济制度和分配制度,毫不动摇巩固和发展公有制经济……推动新型工业化、信息化、城镇化、农业现代化同步发展。"①这是对当前国家发展问题的深刻把握、科学规划,必须通过加强制度建设,建立具有现代化理念的制度、体制、机制。然而,从现实情况看,我国制度建设总体上落后于社会发展需要。这集中表现为:经济发展方面,社会主义市场经济体制下政府、市场与社会的关系尚未完全理顺,政府、社会、市场等多元主体的关系仍然缺乏明晰有效的制度框架。社会发展方面,不同群体的利益分配机制尚不合理,城乡二元结构导致教育、医疗、保险、社会救助等城乡差别问题依然较为明显。特别是收入分配制度不完善,税收制度、税务法制不健全。政治发展方面,民主法治的需求日益增长,但是制度化参与路径仍有待拓展,选举与协商合力发展的制度化渠道尚未完全打通。文化发展方面,通过制度安排,既能维护马克思主义指导思想,又能抵御外来多元文化思潮干扰的制度保障机制还未形成。

其二,过于重视制度数量而忽略制度质量。"制度质量是衡量和决定国家治理现代性的关键变量,优良的现代国家制度体系是现代国家治理体系的基本构成要素,有序推进现代国家制度建设是国家治理体系与治理能力现代化的基本路径。"②制度质量已成为制度体系建设的重要内容,而制度质量优良的判断标准在

---

① 习近平:《决胜全面建成小康社会　夺取新时代中国特色社会主义伟大胜利》,人民出版社2017年版,第21页。
② 李放:《现代国家制度建设:中国国家治理能力现代化的战略选择》,载《新疆师范大学学报(哲学社会科学版)》2014年第4期。

于,制度能否协调好人与人之间的交往关系,能否规范保障社会生活的生产有序运行,能否促进国家生产力的发展。作为一种公共产品,制度供给很难达到供需平衡的状态。当前,虽然一方面为了有效应对快速的经济增长和急剧的社会结构变迁所带来的一系列社会问题,另一方面也吸取了历史经验教训,制度建设不断取得新成绩,但在个别领域,制度供给多、质量低的问题依然存在甚至较为突出。比如,在网络信息化领域,制度建设一改过去几乎一片空白的状态,转而达到"井喷"地步,但是这些关于网络规范的制度,大多属于位阶不高、针对性弱、操作性不强的行政条例。在社会治理领域亦是如此。为营造良好的社会秩序,国家和地方围绕城乡社区建设、信访治理、法治社会建设等问题先后制定出台了大量的制度规定,有的地方甚至围绕某一个具体问题制定了详尽细则。但是有些制度规范彼此之间互不关联甚至相互冲突,远未对所要解决的问题形成制度合力。所以,在解决社会发展问题的过程中,制度建设主体受到能力的限制,往往剥离事物的本质而浮于表面,片面地看到问题的特殊原因,而看不到问题前后演变的内在联系。结果,制度建设往往追求数量的供给,不注重质量的打磨,制度建设不是靠社会发展的自然过程来实现的,而是对不断出现新问题的应急式对策,制度建设表现出急功近利式的随意性,从而造成制度量多质低的尴尬境地。

其三,制度执行力弱。制度的生命力在于执行。得不到有效执行的制度如同"牛栏关猫",根本难以发挥应有作用。客观而言,当前制度执行不力的情况比较普遍。"应付执行"、"选择执行"、"被动执行"、"机械执行"和"拒不执行"等是其典型形态。所谓"应付执行"就是对制度理解不透彻、敷衍塞责、应付了事、得过且过;所谓"选择执行"就是根据个人喜好和偏狭理解,选择对自己有利的执行,对自己不利的就不执行或拖延;所谓"被动执行"就是缺乏执行的主动性和自觉性,驴推磨一样被动迟缓地执行制度;所谓"机械执行"就是狭隘地理解制度的刚性特征,把制度视为教条,搞本本主义,机械死板地执行制度,根本没有深入理解制度刚性约束与灵活性应对的关系;所谓"拒不执行"就是对制度明目张胆地拒绝执行落实。李锦博士的一项有关制度建设的专题调查中,当被问及少数党员干部对中国特色社会主义制度不够自信的原因时,78.2%的受访者选择了"有法不依、执法不严、违法不究"。这里反映的就是制度执行力低的问题。也正如此,72.9%的人选择了要通过提高现有制度执行力来增强制度自信。诚如习近平总书记在十八届中央纪委三次会议上指出:"不能让制度成为纸老虎、稻草人,要说到做到,有纪必执,有违必查,不能把纪律作为一个软约束或是束之高阁的一纸空文。"制度之所以会被当作"纸老虎""稻草人""一纸空文",主要原因就是在传统思维的支配下,公众感性大于理性,使得法律制度等正式制度的刚性力量弱化,从而轻视、淡薄制度。"纸老虎"说明制度刚刚出台时具有很大的影响力,各方面都很重视,但随着时间的推移,制度执行意识逐渐淡化,制度口号多于制度操作。"稻草人"则形象地指出了制度建设的权威性低,制度只被当成外强中干的说法、建议,没有实际的约束力,对于违反制度的现象,要么追究不严,缺乏严格的奖惩机制,要么先严后松,不能一抓到底。"一纸空文"则精准地指出了制度建设执行力弱的突出表现,制度只是被写在文件上、贴在墙上,用来应付上级考核或装潢门面,执行者在处理事情时,制度原则性不强,常常碍于情面、因人而异,利用职权干预制度执行,表现出"权大于法""情大于理"的随意性。深层次看,制度执行力不强,同中国传统文化中的熟人规则有一定关联。费孝通先生在《乡土社会》中提出的"熟人社会",杜赞其先生在《文化、权力与国家》中提出的"文化关系网络",均表明"熟人关系"对制度、规则的执行有很大影响。在现代公共理性孱弱的情况下,不可避免地使一些人在想问题、办事情的时候习惯于找人、依靠关系、走后门。可想而知,在这种人情大于法则的情况下,制度的有效执行将会打下折扣。

三、补齐短板增强制度自信

党的十八届三中全会第一次明确提出,全面深化改革的总目标是完善和发展中国特色社会主义制度,推进国家治理体系和治理能力现代化。增强制度自信必须深化重要领域改革,破除一切妨碍科学发展的思想观念和体制机制弊端,构建系统完备、科学规范、运行有效的制度体系,要对国家与社会行为给予明确严格的规范,对所有不符合制度规范的社会治理方式坚决破除,使制度效益达到最大化。

其一,促进制度体系的系统优化。制度体系包括制度理论、制定设计、制度执行、制度检验等多个要素。制度系统中各部分既各有分工、互不冲突,又相互联系、协调配合,共同发挥作用,最终产生整体大于部分之和的效果。因此,制度体系系统优化不是各要素在孤立状态下各自发挥功能,也不是各个部分的机械组合或简单相加,而是强调各制度要素之间相互关联,构成一个不可分割的整体。党的十九大报告指出,继续全面深化改革的目标,"必须坚持和完善中国特色社会主义制度,不断推进国家治理体系和治理能力现代化,坚决破除一切不合时宜的思想观念和体制机制弊端,突破利益固化的藩篱,吸收人类文明有益成果,构建系统完备、科学规范、运行有效的制度体系,充分发挥我国社会主义制度优越性。"①制度建设面对的是充满复杂性、变幻性的多元社会。因此,制度设计必须系统性把握制度建设规律。如前所述,中国特色社会主义制度是一整套相互衔接、有机构成的制度体系,"就是人民代表大会制度的根本政治制度,中国共产党领导的多党合作和政治协商制度、民族区域自治制度以及基层群众自治制度等基本政治制度,中国特色社会主义法律体系,公有制为主体、多种所有制经济共同发展的基本经济制度,以及建立在这些制度基础上的经济体制、政治体制、文化体制、社会体制等各项具体制度。"②简而言之,中国特色社会主义制度包括政治、经济、文化、社会、生态等基本制度,以及在这些基本制度下的一些具体制度。所以,促进制度体系的优化,首先是要健全完善政治、经济、文化、社会、生态等领域的基本制度,让这些领域的制度都能齐头并进,共同构筑起中国特色社会主义制度体系的大厦,而不至于缺少某一个环节。在此基础上,再立足基本国情,调整制度结构,协调制度关系,协调全面制度建设与重点制度建设的关系,不断在实践中检验和完善制度,努力让制度体系发挥最大功能,让全体人民各尽所能、各得其所、和谐相处,使制度体系达到优化目标。同时,还要抓住制度建设的重点,着力进行经济体制与政治体制的配套改革,使其具有宏观层面的指导和规范意义,避免出现制度失衡的局面。最后还要在社会主义基本制度的框架内,明确制度间的制约与促进关系,加强制度间的联系和对接,对制度的功能进行整合,避免制度设计落入"头痛医头、脚痛医脚"的尴尬处境,从而形成制度间的良性运转机制。

其二,发挥制度的正效应。制度效应对于制度自信发挥着极为重要的作用,良好的制度效应是坚定制度自信的前提和基础。正如有人所言,"制度绩效决定了制度自信,有助于消除制度建设、变革过程中的'妄自菲薄',避免'数典忘祖'式

---

① 习近平:《决胜全面建成小康社会 夺取新时代中国特色社会主义伟大胜利》,人民出版社2017年版,第21页。
② 胡锦涛:《坚定不移沿着中国特色社会主义道路前进 为全面建成小康社会而奋斗》,人民出版社2012年版,第12—13页。

的改革实践。"①无数实践证明,制度效应越高,制度自信就会越强越持久。实际上,邓小平在改革开放之初就提出过同样的问题:"好的制度可以使坏人无法任意横行,制度不好可以使好人无法充分做好事,甚至会走向反面…领导制度、组织制度问题更具有根本性、全局性、稳定性和长期性。这种制度问题,关系到党和国家是否改变颜色,必须引起全党的高度重视。"②在这里他告诉人们的就是,要重视制度建设,激发制度的正效应。因为,制度是社会的"基础设施",是社会的行事准则,没有规矩难以成方圆,科学、系统的制度可以起到约束、矫正人们行为习惯、改善不良作风的作用,反之不严密、不规范的制度,就会诱使人去钻空子、犯错误。从这个意义上讲,激发制度效应提升制度绩效,成为推动制度自信的基本逻辑。何谓制度效应?"所谓制度的正效应一般包含着两个方面的涵义,一是指某一制度或制度体系实施过程和实施效果中产生的其中一种效应,即积极效应;二是指对某一制度或制度体系实施过程、效果的一种综合性评价,即经过正负效应抵冲之后的一种净正值结果和影响。"③如何提升制度绩效、发挥制度正效应?

一是增强制度对权力的约束力,防止权力滥用。绝对的权力导致绝对的腐败,将权力关在制度的笼子里,必须以制度明晰权力行使的范围、界定权力行使的边界,做到法无授权不可为、法有规定必须守。党的十八大以来,中央高度重视反腐倡廉工作,出台"八项规定",坚持"苍蝇""老虎"一起拍,有效净化干部队伍不正之风。这就是加强制度执行力的结果,理应继续坚持。二是以制度保障公民权利,促进民主政治建设。依靠制度建设保障公民参政、议政的权利,为公民政治参与提供平台保证和制度保障,完成社会多元主体参与管理国家事务的要求,为国家治理体系的完善和治理能力的提高以及良法善治局面的形成提供制度基础。三是以制度调节利益关系,提高社会经济组织运行效能。制度经济学家诺斯在《西方世界的兴起》中这样评价制度体制的作用:"有效率的组织是经济增长的关键,一个有效率的经济组织在西欧的发展正是西方世界兴起的原因。"④实践证明,有效率的组织要求,组织内部各要素之间相互配合,追求整体性利益结构一致,有

---

① 杨雪冬:《以制度自信推动民主政治建设》,载《中共浙江省委党校学报》2012年第6期
② 《邓小平文选》第2卷,人民出版社1994年版,第333页。
③ 张帆:《关于制度自信的理论思考》,载《求实》2015年第9期
④ 道格拉斯.诺斯、罗伯特.托马斯:《西方世界的兴起》,华夏出版社1989年版,第1页。

助于实现组织内部的有序运行。因此,要把制度作为连接现代社会组织各部分之间有序运行的脉络,打通利益关联,打破因不合理制度而造成的利益分化局面,从而降低矛盾冲突,促进经济社会的持续发展。

其三,提升制度的执行力。制度的效度及影响与制度执行如同车之两轮、鸟之两翼,二者相辅相成,共同展现出制度的整体面貌,共同决定着制度自信的强弱。在制度体系健全的情况下,制度执行力的高低与制度自信的强弱成正相关性。实践一再证明,制度执行是坚定和实现制度自信的关键。健全完善制度固然很重要,增强制度执行力以增强制度自信更重要。一个不能得到有效执行的制度,是不可能获得人们的信任和支持的。制度执行力简而言之就是制度制定出来以后能得到高效的贯彻落实,产生预定的目标。习近平总书记强调"靠制度",就是强调对于制度的全面贯彻落实,否则制度就会变成"纸老虎""稻草人"。因此,要从三个方面加大力度。一是要巩固扩大制度设置的群众基础,提高制度执行的认同度。人民群众是制度建设的最终执行者和评判者。只有体现公平正义原则,为大部分人民群众所认同的制度,才能得到有效执行。因此,在制度出台前,要在认真贯彻国家大政方针的同时,依据本地区的实际情况,深入基层,认真调研,广泛听取各方面的意见,及时汲取人民群众智慧,增强制度内容的针对性,使制度设置过程成为反映民意、集中民智的过程,让设定的制度得到群众的坚定拥护和广泛好评。二是加大制度宣传力度,提高制度执行的透明度。政府是制度建设的直接推动者,建设什么样的制度,又该如何执行制度,需要政府向公众宣传教育,灌输制度意识。因此,各级政府自身要能理解各种制度的精神实质,在此基础上通过电视、报纸、广播、网络等多媒体方式,积极宣传制度内容以及通报制度执行贯彻的情况,在潜移默化中提高公民的制度意识,减少制度解读的差异,使民众对制度的理解与政府保持一致性。三是加大制度执行的规范度,提高制度执行的权威性。法律作为制度建设的最终保障者,各种法律规范为不同层面制度的贯彻落实提供良好法制环境。通过法律建立制度的外部监督、保障机制,保持制度的连贯性,坚定维护制度的权威性,严格规范制度执行的程序,不让制度随着领导人的意见变化而改变;通过法律建立制度的惩戒、奖励机制,坚持在纪律、法律面前人人平等的原则,对一切依法而行、依制而行的人事要及时表彰和奖励,对于违反法律制度的行为,要及时追究,严肃查处。

第三节　改革创新注入制度自信的动力

改革创新是时代发展的潮流。坚定的制度自信与制度的改革创新密不可分。习近平总书记多次强调，制度自信不是自视清高、自我满足，更不是裹足不前、固步自封，而是要把坚定制度自信和不断改革创新统一起来。实践证明，在全面深化改革进程中，中国共产党人坚持制度自信和改革创新的有机统一，有力推动了中国特色社会主义制度的自我完善和发展。因此，要把制度建设摆在突出位置，充分发挥我国社会主义政治制度优越性。我们要坚持以实践基础上的理论创新推动制度创新，坚持和完善现有制度，从实际出发，及时制定一些新的制度，构建系统完备、科学规范、运行有效的制度体系，使各方面制度更加成熟更加定型，为夺取中国特色社会主义新胜利提供更加有效的制度保障。

一、改革创新是中国特色社会主义制度成长的基本逻辑

创新是一个民族生存发展的源泉动力。2013年10月21日，在欧美同学会成立100周年庆祝大会的讲话中，习近平总书记指出，创新是一个民族进步的灵魂，是一个国家兴旺发达的不竭动力，也是中华民族最深沉的民族禀赋。在激烈的国际竞争中，惟创新者进，惟创新者强，惟创新者胜。"明者因时而变，知者随事而制。"有卓越远见的民族，有积极追求的个人，总是把创新抓在手上、放在心上、付诸行动。从含义上看，创新是基于现有思维和现实条件上突破常规的理念与行为；从对象上区分，创新包含技术的创新、知识的创新、制度的创新、方法的创新等，各种不同类型的创新构成创新的统一体系；从功能上，创新不仅仅是突破常规、与众不同，它更体现为技术、知识、制度、方法等方面的创造发展，体现为人类征服自然、认识自然、改造自然的进步。经验表明，人类社会总是不断向前发展的，主导其发展演进步伐的推动力就是创新。人类社会技术、知识、制度、方法等方面的创新，既促进了各领域各方面的进步，同时也从总体上带动社会前进和发展，进而引领社会文明不断前行。人类社会从原始社会、奴隶社会、封建社会到资本主义社会、社会主义社会以及未来的共产主义社会的发展历程，既是创新发展的结果，也是对创新的体现。

中国特色社会主义制度是国家发展、人民幸福、社会安定的重要保障。事实

证明,在中国特色社会主义制度保障下,无论是政治、经济、文化、社会、生态文明等方面都取得了巨大成就。目前,我国国家综合实力在世界名列前茅,人们生活水平迅速提升,政治、经济、文化、社会、生态文明等各项事业迅速进入发展快车道,彻底改变了中华人民共和国成立之初一穷二白的境地。可以说,不仅站起来了,同时也真正富起来了。故而有理由坚信,中国特色社会主义制度是中国发展不可或缺的保障因素,是中国人民值得自豪和自信的制度法宝。当然,制度不是一成不变的,任何成功的制度总是在改革创新中不断发展完善,总是在自我成长过程中发挥更大的制度功效。一项制度如果只是僵化和固守,那么终究会因其滞后性而退出历史舞台。中国特色社会主义制度的伟大成功,正是得益于其不断完善的特性,得益于其在中国特色社会主义伟大事业中的不断成长。

中华人民共和国成立伊始,中国共产党第一代领导集体就开始对中国特色社会主义制度展开探索。1949年到1954年,属于社会主义制度建设的筹备阶段。1954年,第一届全国人民代表大会第一次会议通过了《中华人民共和国宪法》,从此建立起中华人民共和国的根本政治制度——人民代表大会制度。[①] 社会主义制度架构的基本确立标志着一个真正意义上的社会主义国家诞生了。此后开始进入社会主义制度初步发展阶段,在地方政府和基层政权等方面有了更细致的制度规定。"文化大革命"时期,社会主义制度遭受重创,制度建设基本处于停止状态。改革开放以来,中国共产党带领广大人民群众开创建设中国特色社会主义伟大事业,中国特色社会主义制度自此开始系统化和规范化。这一时期,中国共产党人从基本制度和具体体制两个层面构建了中国特色社会主义制度体系的主体架构。邓小平强调要把马克思列宁主义和中国实际相结合,依据中国的基本国情,发展"有中国特色的社会主义制度"[②],并提出了较为系统的社会主义制度改革理论,其中最具开创性和创新精神的就是"改革开放"和"一国两制",为中国迅速将主要任务从阶级斗争转移到经济建设上来发挥了巨大作用。以江泽民为代表的党的第三代中央领导集体继承和发展了中国特色社会主义制度,形成了"中国特色社会

---

① 参见习近平《设计和发展国家政治制度要从国情出发从实际出发——在庆祝全国人民代表大会成立60周年大会上的讲话》,载《中国人大》2014年第18期。
②《邓小平文选》第3卷,人民出版社1993年版,第218页。

主义制度"创新理论,提出制度发展说到底就是"一个体制创新的问题"①。以胡锦涛为代表的中国共产党人进一步完善和深化了中国特色社会主义制度理论,强调中国特色社会主义制度的保障功能和以人为本的发展理念。中国特色社会主义进入新时代,以习近平同志为核心的党中央对中国特色社会主义制度有了进一步的完善,并更广泛、更具体、更切实际地进行制度改革。党的十八届三中全会提出,全面深化改革的总目标就是要完善和发展中国特色社会主义制度、推进国家治理体系和治理能力现代化。在经济制度方面,坚持社会主义市场经济改革方向。② 在政治制度方面,实行人民民主专政、人民代表大会制度、中国共产党领导的多党合作和政治协商制度、民族区域自治制度,实行基层群众自治制度。在文化方面,建设中国特色社会主义核心价值体系,鼓励创新,百花齐放。③ 在党的自身建设方面,强调要强化党内制度约束,扎紧制度的笼子。④ 此外,在行政体制、民生、财税、投融资、金融、价格、统筹城乡、农业农村、科技等重点领域和关键环节加大改革力度,创新完善了一系列具体制度。比如深化供给侧结构性改革,改革公司注册资本登记制度,建立健全社会救助制度,全面建立临时救助制度,创新重点领域投融资机制,完善公共决策吸纳民意机制,改革完善知识产权制度,根据督查情况完善激励和问责机制等。事实证明,"这样一套制度安排,能够有效保证人民享有更加广泛、更加充实的权利和自由,保证人民广泛参加国家治理和社会治理。"⑤

从社会主义制度到中国特色社会主义制度,特别是改革开放以来中国特色社会主义制度探索的历史过程说明,中国特色社会主义制度始终处于动态的发展完善进程之中,体现出传承与创新两方面特性。就传承而言,中国特色社会主义制度是一脉相承的制度体系,后续的制度不是对前面制度的抛弃,而是保持着高程度的制度延续。就创新而言,中国特色社会主义制度始终处于动态的成长过程之中,伴随社会形势的变化,中国特色社会主义制度总是通过改革创新来保持制度

---

① 《江泽民文选》第 3 卷,人民出版社 2006 年版,第 120 页。
② 参见习近平《在庆祝中国共产党成立 95 周年大会上的讲话》,载《人民日报》2016 年 7 月 2 日,第 2 版。
③ 参见习近平《在哲学社会科学工作座谈会上的讲话》,载《人民日报》2016 年 5 月 19 日,第 2 版。
④ 参见习近平《在党的十八届六中全会第二次全体会议上的讲话(节选)》,载《前进》2017 年第 1 期。
⑤ 习近平:《设计和发展国家政治制度要从国情出发从实际出发——在庆祝全国人民代表大会成立 60 周年大会上的讲话》,载《中国人大》2014 年第 18 期。

的旺盛生命力。习近平总书记强调,"我们要坚信,中国特色社会主义制度是当代中国发展进步的根本制度保障,是具有鲜明中国特色、明显制度优势、强大自我完善能力的先进制度。"①中国特色社会主义制度最大的优越性和先进性,就在于它具有传承和创新的特质。进入新时代,更需发挥中国特色社会主义制度的优越性和先进性,理性看到中国特色社会主义制度远未定型:一方面,要以中国特色社会主义制度来保障好中国当下和未来各方面的发展;另一方面,又要在发挥制度保障功能过程中结合新阶段和新情况,不断发展和完善中国特色社会主义制度,始终保持中国特色社会主义制度的创新特性。

二、增强制度自信离不开改革创新

习近平总书记强调,制度自信不是自视清高、自我满足,更不是裹足不前、固步自封,而是要把坚定制度自信和不断改革创新统一起来。一方面,制度自信是改革创新的前提。制度主体对于一种制度的改革与创新,不是彻底抛弃,而是在正视该种制度正向功能和价值存在的基础上,结合时代需求对制度进行适当的修补完善。因此,对制度的改革创新,需要以制度自信为前提,对制度发展和未来失去信心,制度的改革创新就无从谈起。制度自信越强,改革创新动力就越大;反之,制度自信越弱,改革创新动力就越小。另一方面,改革创新又是制度自信的动力源泉。离开改革创新,制度自信就好比无源之水、无本之木,很快就会消沉。改革创新对于制度自信的作用,具体表现在三个方面:

首先,制度本身不是一劳永逸的,需要不断创新。制度是人们的一种理性设计,其目的是为了维护社会秩序和促进社会发展。同时制度又是客观社会形势的主观表达,受社会形势的影响较大。由此可见,制度并不是固定不变的,而是随社会形势变化而不断发展变化。究其原因,客观上,社会形势的变化预示着社会对制度的需求发生变化,从而新的社会形势会在客观上提出制度改革创新的诉求。主观上,人的制度设计来自对社会的理性判断,复杂社会形势必然对制度创新提出新的需求。在此意义上,社会形势的变化代表着制度成长的社会背景和社会需求发生改变,从而制度主体产生新的理性判断,进而对原有制度作出补充和完善。

---

① 习近平:《在庆祝中国共产党成立 95 周年大会上的讲话》,载《人民日报》2016 年 7 月 2 日,第 2 版。

制度创新不仅关系制度本身的发展"前途",更关系到一个国家的长治久安和社会的良好有序。开展制度创新,需要以"有效"为基本考量,从合法性与合理性双重维度予以努力。合法性层面,制度创新必须是以获取人民的认可为要义,人民是国家权力的主人,只有得到最广大人民的认可,制度创新才会有人民的拥护,创新的制度才会执行顺畅,有生命力。合理性层面,制度创新需要尊重客观事实,以社会形势需求来指引制度创新,以此制度创新才会顺应社会形势,才会在一定的社会形势中创造出更多的制度价值,才会为国家的长治久安和社会的良好有序保驾护航。

其次,改革创新能形成推动制度完善的压力和动力。制度完善既是制度发展的客观需求,又是制度主体的一种主观行为。没有制度主体的积极作为,激发创新也就无从谈起。人是有意识的动物,人对于制度完善的主观行为需要以相应的压力和动力为前提。压力与动力有所区别,压力是因责任引发的强烈被动意识,而动力则是在良好预期刺激下的强力主动意识。虽然两者含义不同,但都对制度主体作出的制度创新行为产生强烈的正向推动力。压力和动力理念越强,制度主体的制度创新行为就会越发强烈;反之,压力和动力理念越弱,制度主体的制度创新就越弱。改革开放以来,中国特色社会主义制度的不断完善,一个重要原因就在于改革创新的时代需求,对制度创新既是巨大压力,又是强大动力。压力方面,作为国家当下和未来发展的驱动力,改革创新的制度风险始终存在,改革创新的实际方向和实际方案直接决定国家发展的方向和状态。改革创新的方向与方案符合实际,顺应社会发展需求,改革创新就会有良好的预期效果;反之,改革创新的方向与方案不切实际,则改革创新就会产生负面作用。因此,改革创新的时代主流,就是制度创新的时代主流。改革创新如何能够体现时代需求,促进国家和社会快速健康发展,关键在于制度创新的程度,制度创新程度高,改革创新效果就能达预期;否则,制度创新程度低,改革创新效果就可能大大降低。因而,改革创新的内在需求无疑对制度创新会形成巨大的压力。动力方面,改革创新初衷在于促进国家政治、经济、文化、社会、生态文明等事业的快速发展,为社会创造更多的财富。当代中国发展的奇迹,改革开放让中国和中国人民富裕起来的事实,更坚定了中国特色社会主义制度的选择:就是要在改革创新中不断前行。对于制度完善而言,改革创新无疑会产生巨大动力。改革创新就是出路,改革创新就有收获。

这不是简单的口号宣传,而是发自人们内心深处的一种愿景。只要有改革创新,这种发自人们内心深处的愿景就会为制度创新提供持续的推动力。

最后,改革创新能根据不断变化的实际及时修补制度漏洞。"改革是社会主义制度的自我完善"[①]。制度具有时代变迁性,制度的发展和创新是持续性的过程,总会随着社会形势的变化而不断自我调整和完善。没有一成不变的制度。社会形势变了,制度就要随之发生变化,制度与社会形势逐渐不适应,就会变得僵化和陈旧,制度功能就会消退,进而导致制度退出历史舞台。只有随着社会形势变化的制度,通过制度主体的主观自觉,依据社会形势的理性判断对制度进行实时调整和完善,制度才会与社会形势始终保持适应性,制度的正向功能才会实时存在,制度也才能一直保持旺盛的生命力。

依据社会形势的变化进行实时的制度完善,修补制度中存在的漏洞,需要制度主体的主动积极,更需要制度主体对社会形势的精准判断。只有对社会形势有精准判断,才会有更充分的修补信息,才会对当前制度查漏补缺更加彻底、更加合理。改革创新是一种制度创新,更是一种实践创新。在改革创新过程中,需要将当前制度安排与制度实践对接起来,通过对两者的对接分析,可以更清晰厘清当前制度安排、制度运作机制、制度运作效果等方面问题,进而判断哪些制度是需要彻底革新的,哪些制度又是仅需要修补漏洞的。一般而言,对于制度绩效差、与社会形势完全不相适应的制度会选择放弃;而对于制度绩效好,与社会形势适应度较高但又存在问题的制度会选择制度修补。修补制度漏洞是制度完善的重要路径,它能有效提升制度绩效,进而增强人们对制度的自信心。改革创新对于修补制度漏洞的功能,不仅在于它能精准识别当前制度是应该废除还是应该完善,同时还能为修补制度漏洞的漏洞诊断、漏洞修补等方面提供充分的信息和合理的方案。

三、让改革创新注入制度自信的充足动能

制度自信来自制度实践的功效,来自制度的不断成长,改革创新是实现制度功效和制度成长的载体。"面对未来,要破解发展面临的各种难题,化解来自各方

[①]《邓小平文选》第 3 卷,人民出版社 1993 年版,第 142 页。

面的风险和挑战,更好发挥中国特色社会主义制度优势,推动经济社会健康持续发展,除了深化改革,别无他途。"①通过改革创新,可以为制度革新提供方向和路径,为制度完善、修补制度漏洞提供精准方案,保障制度功效和制度成长双丰收的良好效果。

其一,准确把握全面深化改革的总目标。改革创新是一项伟大工程,关系到制度建设和制度发展的成败,关系到国家的前途命运。党的十八届三中全会"坚持把完善和发展中国特色社会主义制度、推进国家治理体系和治理能力现代化作为全面深化改革的总目标②"。全面深化改革总目标的提出,是习近平新时代中国特色社会主义思想的重要组成部分,是党和国家人民基于中国特色社会主义伟大事业现实状态理性判断基础上提出的未来战略。全面深化改革总目标具有高度合理性和合法性的双重特性。全面深化改革总目标是基于中国特色社会主义建设事实科学判断提出的,具有鲜明的时代特征。同时,它又是党和国家人民群策群力、集体智慧的结晶,得到了广大人民的高度认同,具有厚实的合法性基础。全面深化改革总目标的双重特性决定了它在中国当下和未来发展的地位,决定了它对实践改革创新的方向指引。由此可见,以改革创新提升制度自信,需要以把握全面深化改革总目标为目标方向。

在坚持制度自信中,把握全面深化改革总目标,需要抓住三个问题:一是把握全面深化改革的精神实质。全面深化改革总目标是改革创新的总部署和总动员,它以完善和发展中国特色社会主义制度为主要目标,着力提升国家治理体系和治理能力现代化。国家治理体系是国家管理制度的总称,要求通过改革使得各项制度更加科学、规范和完善。治理能力现代化是运用国家制度管理国家事务的能力,要求通过改革,提高党科学执政、民主执政和依法执政水平。国家治理体系和治理能力是一个统一体,是一个问题的两个方面,终极目标就是治理现代化。这一精神实质为制度的改革创新提出了明确的目标指向,就是要千方百计在制度体系、制度执行等方面下功夫,努力实现制度的科学、高效、民主,进而达至现代化的要求。二是把握全面深化改革的目的和条件。改革创新的目的在于激发社会生产力,解放和发展社会生产力。这一目的意味着任何层

---

① 《习近平谈治国理政》,外文出版社2014年版,第86页。
② 中共中央宣传部:《习近平总书记系列重要讲话读本》,学习出版社、人民出版社2016年版,第42页。

面的制度创新,都要紧扣"促进生产力发展"这一核心和关键,努力实现社会生产力的大解放和大发展,同时又要坚持以人民为中心的理念,通过各项制度创新激发全体人民的积极性和创造性,散发出更大的社会活力,促进形成社会生产力和社会活力相互依存、共同促进的良好局面。三是把握全面深化改革总目标的重点和落脚点。我国仍处于社会主义初级阶段,坚持"以经济体制改革为重点,发挥经济体制改革牵引作用"①仍然是改革创新的主导思路,特别是要进一步加大社会主义市场经济体制改革。同时,要以为人民谋福祉作为改革的落脚点,倡导公平正义改革价值观,进而实现全面建成小康社会的伟大目标。

其二,让人民群众在改革创新中有更多的获得感,让改革发展成果更多更公平惠及全体人民。"人民是历史的创造者,是决定党和国家前途命运的根本力量。"②历史和实践证明,一个政党是否得到人民的拥护,关键看是否能为广大人民群众谋利益。只有能为人民群众谋利益,让人民群众得到更多的实惠,人民的获得感才会强烈,才会对党产生强烈的认同和拥护。中国共产党作为执政党,代表的是最广大人民群众的利益,一直坚持群众利益至上,并始终将全心全意为人民服务作为党的根本宗旨。这一根本宗旨的现实体现就是要为人民群众谋福祉,让改革成果惠及每一个人,在致富路上不落下一个人,这是中国共产党作为马克思主义政党的本质要求,是党执政为民的内在要求。同时,全心全意为人民服务根本宗旨的实现,在实践中则需要通过制度的方式得以保障和落实,否则就是"空中楼阁"。

改革开放40年,中国在政治、经济、文化、社会、生态文明等领域取得了前所未有的成就,人民生活水平迅速提高。但也出现了地区差距、城乡差距等发展不平衡不充分的问题,这在客观上导致部分群众获得感低,对制度优越性的认识有所迟疑。党的十九大提出我国社会主要矛盾已经转向"人们日益增长的美好生活需求与不平衡不充分发展之间的矛盾",说明关注民生、提升人民群众获得感成为今后工作的重心,这就需要以改革创新的路径,出台相对应的制度措施,使改革成果惠及全体人民,将其幸福感和获得感提升到更高档次。现实来看,尤其要重点

---

① 中共中央宣传部:《习近平总书记系列重要讲话读本》,学习出版社、人民出版社2016年版,第44页。
② 习近平:《决胜全面建成小康社会 夺取新时代中国特色社会主义伟大胜利》,人民出版社2017年版,第21页。

关注教育、就业、社会保障、医疗、住房、生态环境等方面问题,通过相应的制度供给,让全体人民能享受充分实惠。诚然,全体人民有了更强的获得感,才会对中国特色社会主义制度有高度的认同,中国特色社会主义制度自信的优势才会得到更好的彰显。

其三,勇做改革创新的实干家。"道虽迩,不行不至;事虽小,不为不成。"改革创新既需要勇于开拓的思维,更需要踏石留印、抓铁有痕的实干精神和务实作风。早在福建工作期间,习近平同志就指出,"我们需要的是立足于实际又胸怀长远目标的实干,而不需要不甘寂寞、好高骛远的空想;我们需要的是一步一个脚印的实干精神,而不需要新官上任只烧三把火希图侥幸成功的投机心理;我们需要的是锲而不舍的韧劲,而不需要'三天打鱼,两天晒网'的散漫。"①党的十八大以来,习近平总书记进一步强调,广大党员、干部特别是领导干部要大力弘扬实事求是、求真务实的精神,理解改革要实、谋划改革要实、落实改革也要实,既当改革的促进派,又当改革的实干家。进入新时代,面对实现中华民族伟大复兴的历史使命,我们在制度建设过程中更需要树立"实干兴邦"的务实精神,用实干推动发展、引领发展。对于制度建设而言,"实干"集中体现在三个方面:一是用实的精神查找制度建设存在的问题。问题是时代的声音。只有找准问题,才能让改革创新有的放矢。问题查找不准,改革创新就可能走弯路,甚至南辕北辙。制度建设也是如此。当前,无论是制度体系设计还是推动制度落实,都在不同程度上存在一些问题。这些问题成为制度创新的拦路虎,也影响和制约着人们对制度的信心。因此,要以强烈的问题意识为导向,以客观务实精神为指引,认真查找问题。二是用实的精神解决提升制度执行力。如前所述,制度执行不力的一个重要原因就是缺乏实的精神和作风。因此,着眼于提升制度执行力,必须实字当头,用求真务实的作风、踏石留印的信念来狠抓制度落实。三是用实的精神推广创新经验。改革创新的路径与方向,不仅依赖于党和国家自上而下的政策推动,还依赖于人民群众自下而上的经验推广。无论是政策推动还是经验推广,前提是需要有实践的充分证明。没有充分的实践证明,政策和经验可能就是拍脑袋的决策,就极有可能与现实相去甚远,就会引诱改革创新失败。因此,以改革创新注入制度自信的动能,落

---

① 习近平:《摆脱贫困》,福建人民出版社2014年版,第27页。

脚点就是要有大量的改革创新实践,鼓励地方政府结合自身的实际,大胆开展制度创新实践,摸索出更为有效的创新思路和样板。同时,要动员广大人民群众发扬中华民族勤劳奋进的优秀传统,"撸起袖子加油干",争做改革创新的实干家,真正成为改革创新潮流中的"排头兵"。

结语　以坚定的制度自信助推建设社会主义现代化强国

在全面建成小康社会决胜阶段、中国特色社会主义进入新时代的关键时期召开的党的十九大，是凝聚全国各族人民意志和力量、开启新征程实现新使命的历史性盛会。大会充分彰显了新时代伟大的理论创新和实践创造，吹响了决胜全面建成小康社会、实现中华民族伟大复兴的时代号角，是我们党团结带领全国各族人民在新时代坚持和发展中国特色社会主义的行动纲领，在党和国家发展进程中具有里程碑意义。

新时代孕育新思想，新思想指引新实践。"新时代中国特色社会主义思想，明确坚持和发展中国特色社会主义，总任务是实现社会主义现代化和中华民族伟大复兴，在全面建成小康社会的基础上，分两步走在本世纪中叶建成富强民主文明和谐美丽的社会主义现代化强国。"①建设社会主义现代化强国、实现中华民族伟大复兴是当代中国发展的主线，也是一代代中国共产党人孜孜不倦的不懈追求。纷繁世事多元应，击鼓催征稳驭舟。"从全面建成小康社会到基本实现现代化，再到全面建成社会主义现代化强国，是新时代中国特色社会主义发展的战略安排。"②它既需要我们持之以恒地追求最高理想，也需要不断推进国家治理现代化。这些都需要毫不动摇地坚持中国特色社会主义制度自信，在坚定的制度自信中奋

---

① 习近平：《决胜全面建成小康社会　夺取新时代中国特色社会主义伟大胜利》，人民出版社2017年版，第19页。
② 习近平：《决胜全面建成小康社会　夺取新时代中国特色社会主义伟大胜利》，人民出版社2017年版，第29页。

力实现中华民族的伟大复兴,实现社会主义现代化强国的目标。

第一节　在坚定制度自信中追求最高理想

"不忘初心,方得始终。中国共产党人的初心和使命,就是为中国人民谋幸福,为中华民族谋复兴。"①中国共产党自诞生伊始,就把实现共产主义作为自己的最高理想,把实现中华民族伟大复兴作为重大历史使命。共同理想与最高理想是统一的,没有最高理想就会失去最终目标,如果没有现阶段的共同理想,最高理想就会成为一句空话。马克思主义认为,"人们在自己生活的社会生产中发生的一定的、必然的、不以他们的意志为转移的关系,即同他们的物质生产力的一定发展阶段相适应的生产关系。这些生产关系的总和构成社会的经济结构,即有法律的和政治的上层建筑竖立其上并有一定的社会意识形态与之相适应的现实基础。"②经济基础决定上层建筑,上层建筑又反作用于经济基础。最高理想来源于现实,实现共产主义最高理想,需要坚定制度自信,在制度自信下坚定理想实现的决心,坚定不移地为实现共产主义而奋斗。同时,在实现最高理想的坚定信念里,不断增强中国特色社会主义制度自信。

一、实现共产主义是党的最高理想和最终目标

习近平总书记在中央政治局第二十六次集体学习时强调,"共产党人的根本,就是对马克思主义的信仰,对共产主义和社会主义的信念,对党和人民的忠诚。"习近平总书记的论述,高扬了共产主义理想旗帜,旗帜鲜明地表明了共产主义是共产党人的最高理想,为全体共产党人指出了奋斗目标,对于在全党立根固本和全社会筑魂强体具有重大指导意义。共产主义一定会在社会主义充分发展和高度发达的基础上实现,对它的崇高理想始终是共产党人保持先进性的精神动力。

(一)共产党人具有坚定的理想信念

作为一种精神现象,理想是人在改造世界和实践活动中的产物,追求着具体

---

① 习近平:《决胜全面建成小康社会　夺取新时代中国特色社会主义伟大胜利》,人民出版社2017年版,第1页。
②《马克思恩格斯选集》第2卷,人民出版社1995年版,第82页。

的社会生产生活的目标,又产生着对未来生活的美好愿景,期盼满足未来的物质和精神需求。一定程度上,理想是人们在实践中形成的、对未来的向往与追求,集中体现了人们的奋斗目标。信念与理想紧密相连,没有信念的理想只是脱离实际的空想而已。理想的形成需要一定的信念,追求理想实现的过程,体现着一种坚定和执着。古有"修身齐家治国平天下"者,律己"志当存高远",待人"惟贤惟德",行事"锲而不舍",为国"视死而如归"。对于古代圣贤,理想莫过于是心灵世界的一片净土,听其言,看其行,均是其理想追求的体现。成就"小我",有对于克己修身的理想状态的追求;成就"大我",将个人命运与国家命运紧紧相连,国家的发展,天下的兴亡,万民的苦乐,促使个人"坚志而勇为"。但理想的实现道路又是艰难的,"路漫漫其修远兮,吾将上下而求索",即使面对现实的困境,坚定理想信念的人始终勇敢面对现状,迎接挑战。理想的实现,需要"积土而为山,积水而为海",需要踏实走好每一步,完成每一个既定目标,才有可能实现最终目标。

中国共产党自诞生以来,始终坚定共产主义的理想信念,为实现共产主义而奋斗。党的97年的奋斗史,始终高举马克思主义伟大旗帜,在最高理想的追求中,一代又一代中国共产党人不惧流血牺牲,带领人民实现新民主主义革命的伟大胜利,成立新中国,建立社会主义制度,开展社会主义建设事业,为共产主义的实现奠定坚实的基础。改革开放以后,随着社会主义制度的逐步完善,特别是伴随着中国的迅速崛起,中国人民不仅成功开辟了中国特色社会主义道路,而且展现了实现共产主义的美好愿景。"共产主义"是最高理想,坚定共产主义一定会实现是党的理想信念。《共产党宣言》中指出,要达到共产主义必须经历长期的发展,而实现共产主义的第一步是通过革命,暴力夺取政权,建立社会主义国家,资本主义必会灭亡,社会必将发展到社会主义并最终到达共产主义。[1]在共产主义社会,将是"每个人的自由发展是一切人的自由发展的条件"。[2]从党的成长发展历史看,中国共产党带领广大人民群众推动中华民族从站起来到富起来、强起来的伟大飞跃,为中华民族伟大复兴奠定了坚实基础。如今,现代化强国的建设同样需要党的领导,进行伟大斗争,建设伟大工程,推进伟大事业、实现伟大梦想。为了保持党的先进性和纯洁性,需要党在坚定的理想信念中付出更为艰苦的努力。中

---

[1] 马克思、恩格斯:《共产党宣言》,人民出版社1997年版,第46—48页。
[2]《马克思恩格斯选集》第1卷,人民出版社1995年版,第294页。

国共产党是中国特色社会主义伟大事业的领导核心,需要凝聚力量,打造强大的凝聚力、向心力和亲和力,承担民族复兴的历史使命与责任,面对艰巨的任务自然需要坚定的理想信念。"共产主义理想信念,作为崇高的政治信仰,塑造着中国共产党的整个精神世界,鼓充、育化着它的革命情怀,支撑、顶撑着它的精神意志,统领、规范着它的全部革命行动、政治活动。"①

理想信念是共产党人精神上的"钙"。"理想信念坚定,骨头就硬,没有理想信念,或理想信念不坚定,精神上就会'缺钙',就会得'软骨病',就可能导致政治上变质、经济上贪婪、道德上堕落、生活上腐化。"②实现共产主义的道路是长期的、复杂的和艰巨的,我国尚处于社会主义初级阶段,还有很长的路要走,作为中国特色社会主义事业的领导核心,中国共产党人还面临许多困难与挑战,需要以久久为功的精神来付出努力。曾经的革命先烈,拥有坚定的共产主义信仰,在革命中言行一致视死如归,今日的社会主义现代化之路,同样需要共产党人把共产主义落到实处。在中国特色社会主义的道路探索中,有着坚定的理想信念,就是拥有能经受任何考验的精神支柱,能经受时代的考验,在困难与逆境里不消沉不动摇,在现代化的道路上坚定制度的自信,不退却不妥协,以更加积极的姿态、更加踏实的脚步,不忘初心,砥砺前行。

(二)由共同理想走向最高理想

实现最高理想,是实现共同理想的必然趋势和最终目的。共同理想与最高理想是统一的,没有最高理想就会失去最终目标,而如果没有现阶段的共同理想,最高理想就会成为一句空话。坚持和发展中国特色社会主义,实现共同理想,始终离不开共产主义这个远大目标。我们建设有中国特色的社会主义,"采取的各方面的政策,都是为了发展社会主义,为了将来实现共产主义"。③在中国特色社会主义伟大事业发展的征程中,我们的共同理想就是要把我国建设成为富强、民主、文明、和谐、美丽的社会主义现代化强国。历史和实践一再证明,只有实现共同理想,共产主义才有实现的基础和可能。

---

① 翟俊刚:《共产主义信仰的当代道德内涵》,南京大学出版社 2015 年版,第 153 页。
② 中共中央宣传部:《习近平总书记系列重要讲话读本(2016 年版)》,学习出版社、人民出版社 2016 年版,第 106 页。
③ 参见《邓小平文选》第 3 卷,人民出版社 1993 年版,第 112 页。

理想是有层次的，共同理想的共同性体现了共同成员最为普遍的、广泛的认同，目标追求的一致性。中国特色社会主义共同理想不是某一特殊个体或集团的理想，它体现了个人利益、集体利益和国家利益的统一，集中了我国工人、农民、知识分子和其他劳动者、爱国者的利益和愿望，有着广泛的群众基础，是现阶段全国人民的奋斗目标和精神动力，它包含了社会主义政治、经济、文化等方面的发展目标。中国特色社会主义共同理想，是理想与道路的结合，反映的不仅是一种理想追求，也是理想实现的道路选择，是历史与现实逻辑的有机统一。从辛亥革命到新民主主义革命和社会主义革命，中国人民在中国共产党的领导下结束了封建统治，建立了新中国，确立了社会主义制度，为当代中国的进一步发展奠定政治基础。在国家建立与国家发展的探索过程中，根植于中华文化土壤的优秀传统，继承先人之志，结合西方的优秀文化，在长期的发展实践中，中国找到了适合自己的发展道路。建设中国特色社会主义，是当代中国发展的客观需要，国家发展中实践与经验的总结。共同理想的提出来源于我国社会主义初级阶段的国情，并在每一时期的具体实践中不断得到扩充和完善。中国特色社会主义共同理想具有时代性，是基于社会主义初级阶段的国家理想。为实现最高理想，在国家发展的不同阶段会有不同的发展任务和目标。中国特色社会主义理想是中国社会主义现代化发展过程中的目标，基于中国的政治、经济、文化等各方面的发展状态，确立的发展目标。"经过长期努力，中国特色社会主义进入新时代，这是我国发展新的历史方位。"新的历史条件下，准确把握新起点、新使命、新征程。①新"两步走"中指出：第一阶段，从2020年到2035年，在全面建成小康社会的基础上，再奋斗15年，基本实现现代化；第二阶段，从2035年到本世纪中叶，在基本实现现代化的基础上，再奋斗15年，把我国建成富强文明和谐美丽的社会主义现代化国家。随着社会主义现代化事业的不断发展，中国特色社会主义共同理想也将不断实现。中国特色社会主义共同理想是全体中国人民认同和追求的理想。在历史发展中，中华民族实现了多民族的统一融合，基于共同的民族认同，形成中华复兴的强烈愿望。"中国特色社会主义共同理想，不是哪一部分人的梦想，而是全体人民共同的追求；不是成就哪一个人、哪一部分人，而是造福全体人民，其深厚源泉在于人民，根

---

① 参见黄守宏《科学认识我国发展新的历史方位》，载《党的十九大报告辅导读本》，人民出版社2017年版，第118页。

本归宿也在于人民。"①中国特色社会主义共同理想是最广大人民的根本利益,形成全体社会成员的共识,号召全体人民共同努力,团结一致。实现共同理想才能最终实现最高理想,在此过程中,不仅需要长期的艰苦奋斗,强大的精神支柱也是理想实现的关键,因而需要最高理想为制度自信提供强大的精神支柱。

二、最高理想是制度自信的重要精神支柱

最高理想与制度自信以社会主体意识为依托,同属于精神理念领域,最高理想规定着主体行为的目标与方向,制度自信则是行为目标实现的路径和载体。最高理想与制度自信两者之间联系紧密,制度自信可以为最高理想的实现提供源源不断的路径保障,而最高理想可以为制度自信提供不竭的精神支柱。没有制度自信,就没有实现最高理想的制度支撑,最高理想也只能是"空中楼阁";没有最高理想,就没有制度自信的动力,制度自信也就难有生命力。进而言之,制度自信推动最高理想的实现,会让制度自信得以在最高理想的目标下,发挥实质性的价值。最高理想也同样在制度自信中发挥重要的精神价值,为制度自信提供长期保持下去的恒久动力。

(一)坚定制度自信有助于促进实现最高理想

对于一个国家、一个民族来说,制度自信是保持民族精神独立性的重要支撑,有制度自信才有执着的坚守和自觉的践行。中国特色社会主义制度自信,既是对优秀传统文化的自信,对国家发展道路取得成就的自信,也是区别于其他民族,保持自我特色的自信。加强制度建设只有依靠这种自信的力量,才能有最高理想的实现,才能始终如一地坚持中国特色社会主义不动摇。没有正确道路,再美好的愿景、再伟大的梦想,都不能实现。中国特色社会主义道路是通往复兴梦想的康庄大道。一旦选择了一条正确的道路,就需要一以贯之的持久的坚持。这些坚持只有在制度自信下才能得到真正实现,进而促进最高理想的实现。

坚定制度自信能为最高理想的实现带来前进的勇气。勇气是一股精神劲,让人面对任何困难与挑战时不惧所遇,对于共产主义远大理想来说,勇气是必要的。回首过去,中国的发展之路充满了中国人民的英勇精神的闪光,社会主义制度的

---

① 中共中央宣传部编:《习近平总书记系列重要讲话读本(2016年版)》,学习出版社、人民出版社2016年版,第9—10页。

建立充满曲折,无数人前赴后继,几代人蹒跚前进,面对过天灾人祸,忍耐过贫穷饥饿,正是怀着打破旧社会建立新社会的勇气,坚持社会主义发展道路,从而实现中国特色社会主义制度的不断完善、日臻成熟。对于中国未来发展,我们需要随时准备迎接挑战。国际环境复杂多变,机遇与挑战并存,面对全球化的双刃剑,中国人民要有坚定信心,要相信在中国共产党的领导下一定能战胜艰难险阻。历史和实践证明,坚定制度自信会带来勇气。要有足够多的勇气,才能让我们继续前行;要具备"千磨万击还坚劲,任尔东西南北风"的精神,才能促进理想的实现。

坚定制度自信会带来实现最高理想的底气。底气是使人胸有成竹、临危不惧的法宝,中国特色社会主义制度自信来源于中国特色社会主义实践,带来坚持中国特色的底气。在历史和实践的检验下,全体人民一起努力,千年文明的积淀、人民的智慧结晶,让国家在发展道路上已经实现了无数个宏伟目标,对于最终理想的实现自然多了许多底气。在中国特色社会主义发展道路上,中国特色社会主义制度的优越性逐步显现,并带来了各项建设事业的巨大成就。对中国特色社会主义制度的自信,给广大人民群众带来了坚持走中国特色社会主义道路的底气,促进最高理想的实现。

坚定制度自信会带来实现最高理想的恒心与毅力。中国特色社会主义制度自信让人民拥有实现理想的恒心,可以一直坚持正确道路,直到最高理想的最终实现。恒心与毅力是一种坚持,对于长时间艰苦奋斗下才能实现的最高理想来说,必须要始终坚持中国特色社会主义制度,一直保持着自信的面貌。理想可以是远大的,但束之高阁的远大理想只能是空想。党带领人民进行28年的浴血奋战,完成新民主主义革命,40年的改革开放使中国特色社会主义不断走向辉煌。最高理想的实现不是一蹴而就的,但是坚定的制度自信让人民在追梦路上不妥协不放弃,始终以"咬定青山不放松"的精神,促进最高理想的实现。

二、最高理想为制度自信输送源源不断的动力

制度自信不能只是一时的自信,需要长期保持,即使面对最高理想的漫长的奋斗过程,或者是在此过程中面对困难与曲折,制度自信都需要提供源源不断的动力来源。

最高理想是制度自信动力来源的基础,能为制度自信带来持久生命力。制度自信的动力来自内部和外部两个方面。内部动力主要指制度本身的逐步完善与发展,一个不断创新发展的制度是可以不断适应变化发展的外部环境的,因而拥有强大的生命力,获得自信。最高理想指引制度发展及完善,增强制度执行力。制度的建设需要具体的实践过程,复杂多变的环境,亦需要制度不断发展创新,拥有持续运转的动力。最高理想为制度在不同阶段的发展及完善提供标准,指引制度建设不会偏离最高理想实现道路的主线,让制度建设在国家经济、政治、文化等各方面都得以贯彻落实。除了制度内部的动力来源,外部的动力也对制度自信的塑造发挥重要作用。最高理想指引在现代化建设中坚持中国特色社会主义制度,增强制度认同感。对于自信来说,广泛的人民认同,对于中国特色社会主义制度的认可十分重要。最高理想指引下的人民有了共同的奋斗目标,基于最终目标的实现,使得长期坚持中国特色社会主义制度成为可能,从而增强了认同感,提高了制度自信。中国的国家发展始终坚持社会主义道路。作为国家治理根本的中国特色社会主义制度,具体表现为人民代表大会制度的根本政治制度,中国共产党领导的多党合作制度和政治协商制度、民族区域自治制度以及基层群众自治制度等基本政治制度,中国特色社会主义法律体系,公有制为主体、多种所有制经济共同发展的基本经济制度,以及建立在这些制度基础上的经济体制、政治体制、文化体制、社会体制等各项具体制度。①毫不动摇地坚持中国特色社会主义根本制度和基本制度,是对中国道路的坚持,是对最高理想的坚持。中国特色社会主义制度带来的巨大成果,在全体人民的基本认同下,为中国道路提供自信动力。制度本身的完善和广泛的认同让制度发挥功能,增强制度有效性。"制度是整个社会中的重要部分,规范着社会成员的行为,确保整个社会有序生存、正常运行与健康发展;规范国家的政权行为以及与国家政权密切相关的其他政治实体的行为的准则。"②中国特色社会主义制度可以实现社会各个方面的有效协调,确定社会秩序,在为社会提供一个相对稳定的框架的同时,也为国家建设事业营造良好的环境氛围。最高理想指引下的中国特色社会主义制度,不仅仅是一套严格的制度规范,还为制度带来了生机与活力,让人民的不断奋斗有了理想蓝图,带来光明前景,各

---

① 参见本书编写组《推进国家治理体系和治理能力现代化》,国家行政学院出版社 2014 年版,第 19 页。
② 浦兴祖主编:《当代中国政治制度》,复旦大学出版社 1999 年版,前言,第 1 页。

项事业得以在有秩序的和谐氛围里逐步推进。

三、以最高理想为指引增强实现制度自信的定力

信仰是一种精神追求，定力是一种意志形态，信仰定力是一种面对困难百折不挠，始终坚持正确立场的体现。在中国的现代化进程中，不少人曾对中国社会主义道路持以质疑态度，但是最终都以失败而告终。未来，在中国特色社会主义发展过程中，还有许多困难需要克服。对此，我们需要坚定的理想信念支撑人民对中国道路的自信和最高梦想一定会实现的决心。

（一）最高理想集合智慧指引前进方向

最高理想不是任何一个人的随意论断，是全体人民无数智慧的结晶，为全体人民指明了前进的方向。若国家有了好的发展道路，但没有实现梦想的定力，理想也只是空想的乌托邦。在最高理想指引下的中国特色社会主义制度建设是逐步完善的。中国道路选择具有独特的中国特色，是国家在发展中继承优秀传统文化中的精神。在这条道路上，党带领人民"摸着石头过河"，实现国家独立自主的发展模式，凝结着无数人的智慧创造，向世界展示了中国人民的智慧结晶。

鸦片战争以来，优秀的中华儿女在着力探索解救中国的处方。其中，既有农民起义，也有改良运动，还有革命斗争。但都失败了。最后，历史和人民选择了中国共产党。中国共产党带领广大人民群众夺取了革命胜利，建立了新中国。最高理想是一代又一代人在探索中结合实践不断总结出的，是历史与现实决定的。过去，在最高理想的指引下，中国共产党带领中国人民找到适合中国国情的发展道路。今后，也可以在最高理想的指引下，不断融合众人之智，推进现代化强国建设。即使面对制度中的弊端，我们也有理由相信可以不断完善制度，进行自我更新。

（二）最高理想凝聚力量合力共创辉煌

中国的现代化建设之路需要全体人民的共同努力，最高理想的确立为全体人民树立了共同奋斗的目标。最高理想凝聚的力量是全国各族人民大团结的力量。中华民族一家亲，共同铸就最高理想，最高理想也让全国各族人民凝成一股重要力量。13亿多中国人民聚合的磅礴之力，将充分发挥人民的力量，实现伟大目标。只要心往一处去，劲往一处使，汇聚的力量是强大的，是可以克服任何困难的。全体人民在最高理想下，攻克了许多国家建设中的重要难题，见证了无数个中国奇

迹。我们有理由相信，在最高理想下，只要坚定理想信念不动摇，我们是可以翻过未来道路的任何一座高山。人心齐，泰山移。再高的山，只要齐力同心，可以发挥巨大的力量。

"能用众力，则无敌于天下矣；能用众智，则无畏于圣人矣"。中国的现代化强国之路，就是众人之事，集众人之智，合众人之力。最高理想则是一股凝结众人之智、凝聚众人之力的绳子。只有握住理想绳子，不断增强现代化强国之路的制度自信，就能拥有克服任何困难的底气与勇气。最高理想是秉承先人之志的体现，是最广大人民的利益体现，是需要无数人的共同努力才能实现的。"不积跬步，无以至千里；不积小流，无以成江海"。最高理想作为全体人民的智慧结晶，同样需要人民的共同努力才能最终实现。

（三）最高理想彰显旗帜指引发展道路

最高理想指引人们牢固树立正确的世界观、人生观、价值观。对于个人来说，最高理想可以引导更好更全面的发展，能让其保持健康积极的状态，明确发展目标，做好个人成长的人生规划，实现自身的价值追求。对于国家来说，最高理想让国家的各个阶段的发展都有了明确的发展规划。历史和实践表明，建设社会主义现代化强国和实现中华民族伟大复兴，既需要物质上强大起来，也需要精神上强大起来。这种精神的重要来源就是坚定最高理想。

在最高理想下，人民会有积极心态，作出正确选择。"中国特色社会主义道路是实现社会主义现代化、创造人民美好生活的必由之路，是实现中华民族伟大复兴的必由之路。当代中国的历史性变革和历史性成就，都无不争辩地证明，中国特色社会主义这条道路走得通、走得对、走得好。"[①]对于国家来说，最高理想的目标对国家的各项事业发展提出了更高的要求，在中国特色社会主义的道路上以最高理想的实现为最终目的，一切道路、行为及准则的选择，都应当符合社会发展方向，都应当符合梦想实现的最终目的。中国特色社会主义制度的确立及完善，不应当偏离最终理想的轨道，任何时期都要以最终理想的实现为标准，检验发展道路的正确性及科学性。中国的发展道路从来不是满足于现状的，在不同时期都有不同的发展目标。只有不断的奋斗，才能在迅速变化的世界环境中占据优势。在

---

① 中共中央宣传部：《习近平新时代中国特色社会主义思想三十讲》，学习出版社2018年版，第23页。

前进道路上,总结经验及教训,"吃一堑,长一智","前事不忘,后事之师",才能使中国制度建设与发展道路相适应、相协调。

第二节　在坚定制度自信中推进国家治理体系和治理能力现代化

国家治理水平既是检验一个国家治理能力的重要参照,又是坚定制度自信的重要基础。党的十九大报告指出,"必须坚持和完善中国特色主义制度,不断推进国家治理体系和治理能力现代化,坚决破除一切不合时宜的思想观念和体制机制弊端,突破利益固化的藩篱,吸收人类文明有益成果,构建系统完备、科学规范、运行有效的制度体系,充分发挥我国社会主义制度优越性。"[①]推进国家治理现代化需要坚定对中国特色社会主义制度的自信,同时也要充分认识到,"今天,摆在我们面前的一项重大历史任务,就是推动中国特色社会主义制度更加成熟更加定型,为党和国家事业发展、为人民幸福安康、为社会和谐稳定、为国家长治久安提供一整套更完备、更稳定、更管用的制度体系。这项工程极为宏大,必须是全面的系统的改革和改进,是各领域改革和改进的联动和集成,在国家治理体系和治理能力现代化上形成总体效应、取得总体效果。"[②]这说明,必须把坚定制度自信与推进国家治理现代化紧密结合起来。

一、坚持制度自信是推进国家治理体系和治理能力现代化的前提

坚持制度自信与推进国家治理现代化之间具有密切联系,中国特色社会主义制度为国家治理现代化确定了前进方向,国家治理现代化及其水平进一步彰显中国特色社会主义制度效能。对于改革开放和中国发展来说,全面激发社会主义制度的优越性,提高中国共产党的治国理政能力,需要有效的国家治理体系和过硬的国家治理能力。

(一)推进治理现代化是坚持和发展中国特色社会主义制度的内在要求

国家治理现代化与中国特色社会主义制度是有机统一体。一方面,中国特色

[①] 习近平:《决胜全面建成小康社会　夺取新时代中国特色社会主义伟大胜利——在中国共产党第十九次全国代表大会上的报告》,人民出版社 2018 年版,第 21 页。
[②] 中共中央宣传部:《习近平总书记系列重要讲话读本(2016 年版)》,学习出版社、人民出版社 2016 年版,第 73—74 页。

社会主义制度是推进国家治理体系和治理能力现代化的重要保障,确保国家治理现代化沿着正确的方向前进;另一方面,国家治理现代化能进一步彰显中国特色社会主义制度的生命力和优越性。但是,在坚持和发展中国特色社会主义制度过程中,必须坚持发展的眼光。"所谓'社会主义社会'不是一种一成不变的东西,而应当和任何其他社会制度一样,把它看成是经常变化和改革的社会。"中国特色社会主义是不断发展的进程,现在一切都在于实践。邓小平认为,"在革命成功后,各国必须根据自己的条件建设社会主义。固定的模式是没有的,也不可能有。"① 确实如此,实践总是在不断发展的。当前,中国特色社会主义进入新时代。在这个过程中,中国特色社会主义制度始终有着光明前景。"中国特色社会主义制度对中国的发展目标、使命和形态都具有很强的决定性和规范性,让国家治理现代化发展的方向与性质实现了基于国家制度本身的逻辑进行的体制与机制的开发与完善。"② 推进国家治理现代化,对于制度而言,"基础制度追求永久不变,国家宪法制度作为公民最基本的权利确定并保护下来;基本制度最好长久不变,强调稳固性,在我国四项基本政治制度,即人民代表大会制度、共产党领导的多党合作和政治协商制度、民族区域自治制度和基层群众自治制度,也允许各国依据自身的历史、文化等条件,做出适合国情的安排;具体制度要求适时改变,各种政策性的规章制度,不合时宜就应该及时废弃,因世事的变化而不断创新,保持与时俱进"③。

中国特色社会主义道路,是实现社会主义现代化的必由之路,是创造人民美好生活的必由之路。历史和实践证明了中国特色社会主义制度的优越性,集中体现了中国特色社会主义的特点和优势,为国家治理现代化提供保障。由此可见,中国特色社会主义制度发展的目标指向之一就在于推进国家治理现代化。邓小平认为,充分发挥社会主义制度的优越性要实现三方面的要求,"经济上,迅速发展社会生产力,逐步改善人民的物质文化生活;政治上,充分发扬人民民主,保证全体人民享有通过各种有效形式管理国家、特别是管理基层地方政权和各级企业事业的权力,享有各项公民权利,健全革命法制,正确处理人民内部矛盾,打击一

---

① 《邓小平文选》第3卷,人民出版社1993年版,第292页。
② 林尚立:《当代中国政治:基础与发展》,中国大百科全书出版社2016年版,第378—384页。
③ 俞可平主编:《推进国家治理与社会治理现代化》,当代中国出版社2014年版,第36—37页。

切敌对力量和犯罪活动,调动人民群众的积极性,巩固和发展安定团结、生动活泼的政治局面;组织上,迫切需要大量培养、发现、提拔、使用坚持四项基本原则的、比较年轻有为的、有专业知识的社会主义现代化建设人才。"①当前,强调坚定中国特色社会主义制度自信,就是要在推进国家治理现代化进程中坚持和完善中国特色社会主义制度,实现政治、经济、文化、社会等各项制度之间的协调配合,发挥中国特色社会主义制度的鲜明特色,确保国家政治发展,实现经济绩效,促进社会稳定,提高人民生活水平。

(二)坚定制度自信是实现国家治理现代化的重要保障

制度自信是国家现代化的前提,对于国家的现代化发展来说,制度建设至关重要,制度自信就是对中国发展道路充满信心,解决国家治理现代化的治理体系建设问题。坚定的制度自信可以增加全面深化改革的勇气,使中国特色社会主义制度往更好的方向发展,推进国家治理现代进程稳步进行。客观而言,当前在推进国家治理体系和能力现代化的过程中,还存在诸多问题、面临诸多挑战。此时,不仅需要具备相应的能力,更需要坚定信心,坚信依靠制度的自我完善能不断革除弊端,让制度发展更加成熟而持久。特别是面对制度中的不合理部分,可以通过大力改革、作出适当调整,进而更好地坚定制度自信。

制度自信拒绝盲目自傲,坚持做自觉和清醒的制度自信者。我们既要借鉴人类政治文明发展成果,也要坚守中国特色主义制度,真正做到守正创新的有机统一。"面对后现代社会兴起,发达国家的治理变迁遭遇了现代性危机;面对中等收入陷阱,发展型国家的治理变迁遭遇了包容性危机;面对经济与社会的转轨,转型国家的治理变迁遭遇了制度化危机。中国的治理体系与治理能力现代化过程中,需要引以为戒。"②在推进国家治理现代化进程中,要看到治理问题是每个国家在自身的发展阶段中都会遇到的问题。坚定中国特色社会主义制度自信,就是要警惕西方国家演绎的"自由""民主""人权"等价值观念被鼓吹为"普世价值",看到所有价值观念都有具体的社会政治内容,都会随经济社会条件的变化而变化,把握住我国社会主义制度的中国特色。

---

① 《邓小平文选》第 2 卷,人民出版社 1994 年版,第 322 页。
② 俞可平主编:《推进国家治理与社会治理现代化》,当代中国出版社 2014 年版,第 92 页。

二、国家治理体系和治理能力现代化彰显制度自信

全面深化改革的总目标就是完善和发展中国特色社会主义制度,推进国家治理体系和治理能力现代化。这是完善和发展中国特色社会主义制度的必然要求,是实现社会主义现代化的应有之义。推进国家治理体系和治理能力现代化,通过现代化的治理体系发展来夯实制度自信的基础,即对国家的各项制度进行完善,使之与现代化发展进程相适应;通过现代化的治理能力提高来让制度更加自信;通过能力的提高,使制度的优越性得以有效发挥。治理体系与治理能力的协调统一,让中国特色社会主义制度在现代化过程中彰显制度自信。

(一)实现治理体系现代化夯实制度自信的基础

"国家治理体系,是个综合性概念,包括国家治理主体,如党、政府、民间团体以及广大人民群众;亦包括国家治理客体,如政治、经济、文化、社会和生态环境等等;同时还包含国家治理的道路、理论、制度、政策和方法等等。"[①]推进国家治理体系和治理能力现代化,势必要求对国家各项制度进行改革。因为,实践已经清晰表明,"治理不同于统治,治理主张通过政治国家与公民社会、公共机构与私人机构合作、协商来解决涉及公共利益的问题,治理的目标是促进政府管理方式和统治理念的转变,逐步形成一种保护公共利益和个人权利的治理与服务型政府。国家治理现代化是国家治理现代化中制度现代化和人的现代化的有机统一。"[②]国家治理体系从国家层面、领导层面到整个社会治理体系都需要通过制度化的发展,完善制度建设,打造良好的制度体系,从而实现制度自信。

首先,法律体系是中国特色社会主义制度体系的重要组成部分。通过依法治国的法律体系建设,推进科学立法、严格执法、公正司法、全民守法进程,促进国家治理体系的不断完善,实现体系中整体与部分的协调,让国家治理不断走向法治化、科学化与专业化,进而达到夯实制度基础和提高制度自信的目的。国家治理现代化强调法治国家建设,对于国家治理体系来说,法律体系是重要的组成部分。在改革开放时期,邓小平就说,"现在的问题是法律很不完备,很多法律还没有制定出来。往往把领导人说的话当做'法',不赞成领导人说的话就叫做'违法',领

---

① 本书编写组:《推进国家治理体系和治理能力现代化》,国家行政学院出版社 2014 年版,第 9—10 页。
② 人民论坛编《大国治理:大智慧与大视野》,北京联合出版公司 2015 年版,第 215 页。

导人的话变了,'法'也就跟着改变。所以应该集中力量制定刑法、民法、诉讼法和其他各种必要的法律,如工厂法、人民公社法、森林法、草原法、环境保护法、劳动法、外国人投资法等等,经过一定的民主程序讨论通过,并且加强检察机关和司法机关,做到有法可依,有法必依,执法必严,违法必究。"[1]依法治国应该是国家治理在现代化法治精神中的体现,任何个人或组织不能超越法律,凌驾于法律之上。"没有规矩不成方圆",国家治理决不能是任何人的随意治理,不能超过法律规定的范围。国家权力来源于人民,政府需要为人民服务,维护人民利益,而法律则是全体人民意志的体现。国家治理是在法律范围内的符合法律规定的合法行为。邓小平指出:"为了保障人民民主,必须使民主制度化、法律化,使这种制度和法律不因领导人的改变而改变,不因领导人的看法和注意力的改变而改变。"[2]

其次,社会治理创新是完善中国特色社会主义制度的重要路径。从一般层面看,"社会治理是指政府、社会组织、企事业单位、社区以及个人等诸行为者,通过平等的合作型伙伴关系,依法对社会事务和社会生活进行规范和管理,最终实现公共利益最大化的过程。"[3]打造共建共治共享的社会治理体系,使国家与社会关系出现新局面。社会治理框架体系,"使得社会领域中的多元利益主体将能够共同参与公共管理的过程,从而有机会为自身的利益要求说话,同时为公共事务承担输送资源的义务;国家也能够做到既还权于民,又保持自身的权威和主导能力,从而有机会获取更多的合法性支持。"[4]通过社会治理体制创新,为全体社会成员广泛参与开拓合法渠道,积极引导发挥社会力量参与社会治理,集众人之智,办众人之事,继而使纠纷解决、权利行使、利益表达及维护等,都在合理有序的环境下得以有效实现,引导社会行为的规范化、有效化。

最后,健全完善的政府管理是彰显中国特色社会主义制度自信的必备凭借。政府是国家产生以来就随之产生的伴生物,它代表国家实施管理。在一个国家,只有得到有效执行的制度才能汲取人们对它的信任和支持。而制度的有效执行,很大程度上则维系于良善的政府管理方式。正如此,在成为执政党以后,中国共

---

[1]《邓小平文选》第2卷,人民出版社1994年版,第146—147页。
[2]《邓小平文选》第2卷,人民出版社1994年版,第146页。
[3] 张小劲、于晓虹编著:《推进国家治理体系与治理能力现代化六讲》,人民出版社2014年版,第80页。
[4] 马西恒:《转型中的社会治理》,上海交通大学出版社2006年版,第5页。

产党极力推进政府管理方式革新。客观而言,过去一段时间,政府管理在理念上倾向于"一统独大",方式上倾向于自上而下,手段上倾向于行政命令。这种管理模式虽然在短期内有效,但是随着实践的不断发展,人们逐渐认识到它在公共事务治理中的诸多弊端和不足。现实问题"倒逼"着人们不得不对传统的政府管理方式作出调整和优化。在这个过程中,政府管理在理念上逐渐从单一管理向政府与社会互动合作转变;在手段上,逐渐开发运用大数据技术支撑,强化政务数据集成整合、协同应用和统一管理,"互联网+政务服务"日渐成为政府管理的新载体;在方式上,法治逐渐成为政府管理的主要载体。实践证明,政府管理创新不仅提高了政府管理效率,而且进一步彰显了中国特色社会主义制度效能,增强人们对中国特色社会主义制度的自信。

(二)推进治理现代化让制度更自信

如前所述,国家治理现代化是一个国家治理体系和治理能力的有机结合。治理体系是治理能力的基础,治理能力是展现治理体系是否科学合理的重要标识。历史和实践证明,只有提高国家治理能力,才能充分发挥国家治理体系的效能。国家治理能力是国家治理体系中各方面相互协调、共同发展的基本素养。总之,二者是现代国家治理中相辅相成的两个方面,共同构成现代国家治理的重要内容。

国家治理现代化是制度建设目标实现的重要保障,并由此促进社会成员对中国特色社会主义制度更加自信。现代化的治理体系和治理能力会带来现代化的发展,使制度得以有效实施,让人民可以看见制度的绩效,对其作出合理评价,切实感受到制度优越性所带来的改变,由此增强人民对中国特色社会主义制度的自信。实践证明,改革开放以来,"我们党团结带领全国各族人民不懈奋斗,推动我国经济实力、科技实力、国防实力、综合国力进入世界前列,推动我国经济地位实现前所未有的提升,党的面貌、国家的面貌、人民的面貌、军队的面貌、中华民族的面貌发生前所未有的变化,中华民族正以崭新姿态屹立于世界东方。"[①]可以看出,在推进治理体系和治理能力现代化的过程中,由于实现了效率与公平的兼顾,制度不仅带来了更多的社会财富,也让全体中国人民充分享受了更多的实惠。这不

[①] 习近平:《决胜全面建成小康社会 夺取新时代中国特色社会主义伟大胜利》,人民出版社2017年版,第10页。

仅会保持中国人民对中国特色社会主义制度自信的存量,同时也会因持续的发展和不断的实惠激发中国人民对中国特色社会主义制度自信的增量。

三、以坚定的制度自信推动国家治理体系和治理能力现代化

建立在国家制度背景下的制度自信,不仅是对本国政治文化的肯定,更是对其他民族优秀文化的借鉴与发展,随着时代的发展不断焕发新生,具有与时俱进的时代特征。以坚定的制度自信推动国家治理体系与治理能力现代化,需要坚持中国特色,博采众长,与时俱进。

（一）制度自信要求在推进治理现代化过程中坚持中国特色

中国的治理现代化发展,是基于中国社会的变革,需要体现中国特色。中国特色是区别于过去国家发展模式的创新,也是区别于他国发展模式的独特发展。中国的制度发展有着中国传统政治文明的背景,在中国的发展道路上也有借鉴西方发展道路的实践。

中国特色体现在人民代表大会制度的根本政治制度上。"中国特色社会主义的国体是人民民主专政,作为国家最高权力机关的人民代表大会,保证人民当家作主的实现,通过民主选举、民主协商、民主决策、民主管理、民主监督,保障人民权利和利益,让广大人民群众以主人翁的地位投入社会主义建设事业中,激发人民的积极性、主动性和创造性,是维护人民利益的最广泛、最真实、最管用的民主。"①区别于"三权分立",人民代表大会制度让国家的各项决策在议行合一的基础上,实现了政策的民主化与科学化以及质量与效率的双重保障。其特色还体现于在发展中坚持中国共产党领导的多党合作和政治协商制度,民族区域自治制度和基层群众自治制度等基本制度。中国共产党的领导体制的确立和延续,不是一成不变的,而是处在不断调适过程中,不断修正自己,适应变化,获取能量,对于保持基本政治稳定和国家治理可持续,至为关键。中国共产党的性质、历史使命与责任体现了党代表和维护人民的利益,带领人民完成了新民主主义革命和社会主义革命,推进了社会主义建设事业,开辟了社会主义道路,改变了国家命运,创造了民族的辉煌。在新时代,仍要坚持党的领导地位,发挥其领导核心作用,带领人

---

① 沈春耀:《加强人民当家作主制度保障》,载《党的十九大报告辅导读本》,人民出版社 2017 年版,第 266—267 页。

民实现更高的飞跃。"在中国共产党的领导下,实行多党派合作,这是我国具体历史条件和现实条件所决定的,也是我国政治制度中的一个特点和优点。"①区别于西方政治中的多党轮流执政有着在朝党和在野党的区分,中国特色的政党制度是中国传统文化与现实的产物,在避免权力争夺的混乱的同时,让民主成为可能。在中国多民族融合的大背景下,中国创造性地实现民族区域自治,建立自治机关,行使自治权,实现少数民族人民自己决定自己的事务。中国自古以来就是追求大一统的国家,在统一的多民族国家里,各民族的共同经历让各民族共同发展、共同合作成为可能,区别于西方的联邦制政体,中国的民族区域自治制度维护了国家统一,有利于民族融合,保证了各民族的发展。针对中国地大物博、人口众多的特点,中国的基层群众自治制度,使广大人民群众依法直接行使民主权利,"自我管理、自我服务、自我教育、自我监督"的制度,扩大了民主范围,维护了人民的利益。

在推进治理现代化过程中,要坚持中国共产党的领导,人民当家作主和依法治国是有机统一的。中国特色不仅是基本制度与根本制度的坚持,还是各个领域的全方位的系统的改革,体现在制度的制定到运作的各个方面。在坚持党的领导地位的同时,也要坚持人民民主。中国的国家政权是人民当家作主,人民民主的实现需要推进民主政治的"制度化、规范化和程序化","发展更加广泛、更加充分、更加健全的人民民主","发展社会主义民主政治,必须保证人民当家作主为根本,坚持和完善人民代表大会制度、中国共产党领导的多党合作和政治协商制度、民族区域自治制度以及基层群众自治制度,更加注重健全民主制度、丰富民主形式,从各层次各领域扩大公民有序政治参与,充分发挥我国社会主义制度优越性"。②推进法制建设可以保障三者的有机结合。制度自信是对中国制度中优秀内容的认可,适合中国发展道路的制度包含了中国传统政治文明的优秀部分,在国家发展过程中仍保持强大的生命力。推进国家治理现代化的过程是对中国传统政治文明中精华部分的继承与发扬。

(二)制度自信要求在推进治理现代化过程中博采众长

制度自信不是固步自封,需要借鉴人类优秀成果,推进国家治理现代化也是

---

① 《邓小平文选》第 2 卷,人民出版社 1994 年版,第 205 页。
② 徐鸿武、李敬德、朱俊峰:《制度自信:在习近平总书记系列重要讲话精神指引下推进民主政治建设》,社会科学文献出版社 2016 年版,第 150—151 页。

如此。根植于中国传统文明土壤的中国发展是一个不断吸收优秀文化的过程。对中国制度的自信仍需要对人类优秀成果的兼收并蓄。国家治理现代化是一个打开国门走向世界的过程，在此过程中，西方治理的先进经验对中国发展有益的部分，我们需要积极吸收。在改革开放时期，市场机制的引入，让中国开始迎接新的面貌，迈向世界舞台。人类文明的多样性，使得各个国家的发展模式也不尽相同。随着全球化的发展，任何一个国家都与世界各国建立联系。对于现代国家治理而言，治理的开放性和包容性逐渐成为一种潮流和趋势，任何一个国家都不可能关起门来搞建设，在治理错综复杂的问题时必须借鉴、汲取他人经验。

不可否认，推动国家治理现代化是实现当代中国发展目标的重要内容。这既是奋力实现"中国梦"的要求，也是推动中国发展的战略抓手。然而，实现现代国家治理需要在坚持自身国情的基础上合理吸收其他国家的有益经验。因为，现代国家治理虽然因国家性质不同而有所区别，但是在应用技术、操作手段等方面具有一定程度的共通性。这就意味着，不同性质的国家可以相互借鉴。事实上，各国的发展模式之间有着文明的相互交流，中国的现代化发展也应当借鉴优秀文化之所长。西方治理模式中通过政策工具的使用和政府服务外包等各方面的先进经验，对于推进中国治理现代化如何提高政绩绩效有很多值得借鉴的地方。[①]更何况，"当今世界处在历史进程演变加快，和平与发展仍是时代主题，全球治理体系深刻变革，不同制度模式、发展道路深层次较量和博弈，在世界大变动中把握机遇，赢得主动，需要推进治理现代化，借鉴各国的优秀文明成果。"[②]面对全球化的浪潮，问题的解决需要人类的共同智慧，中国需要站在国家富强、人民幸福和民族复兴的高度，以解放和发展社会生产力、解放和发展社会活力为目标，认清世界发展潮流，立足中国国情，大胆借用人类政治文明的一切先进经验，在人类智慧中找到国家治理的新方案、新思路。

正如习近平总书记在纪念马克思诞辰 200 周年大会上的讲话中指出，我们坚持在改革中守正出新、不断超越自己，在开放中博采众长、不断完善自己，不断深化对共产党执政规律、社会主义建设规律、人类社会发展规律的认识，不断开辟当

---

① 参见何增科、陈雪莲主编《政府治理》，中央编译出版社 2015 年版，第 61—73 页。
② 中共中央宣传部：《习近平总书记系列重要讲话读本（2016 年版）》，学习出版社、人民出版社 2016 年版，第 41—42 页。

代中国马克思主义、21世纪马克思主义新境界！我们推进国家治理现代化、健全完善中国特色社会主义制度，既需要立足本国实际，也需要参照借鉴其他国家先进经验。正所谓，取长补短、博采众长。汲取他人经验，正是为了借别人之长，补己之短。

第三节　在坚定制度自信中实现中华民族伟大复兴

"实现中国梦必须走中国道路、弘扬中国精神、凝聚中国力量。"①这为党团结带领人民继续把中国特色社会主义事业向前推进，为实现中华民族伟大复兴的中国梦而努力奋斗指明了方向。中华民族伟大复兴中国梦是海内外中华儿女的共同梦想，凝聚中国力量就是全国各族人民大团结的力量，弘扬中国精神就是弘扬以爱国主义为核心的民族精神和以改革创新为核心的时代精神。

一、实现中华民族伟大复兴是中国人民的不懈追求

中华民族伟大复兴中国梦是近代以来中华民族最伟大的梦想，中华民族的伟大复兴是对昔日辉煌的追忆，也是对未来前景的美好追求。中华民族伟大复兴的实现需要中国精神支撑，坚定的制度自信砥砺中华民族奋力前行。

（一）民族复兴在历史中不断传承

中华民族的伟大复兴中国梦在历史长河中有着不同的体现。"复兴"一词贯穿中华民族的整个历史发展脉络，中华民族的伟大复兴在中华民族的发展中有着强大的力量，是国家及民族发展的需要，不仅有着丰富的内涵，更有着现实逻辑。"文景之治、贞观之治，康乾盛世等，属于中国历史上的辉煌时期，更在全世界享有盛誉，直到19世纪之前，作为中央之国的中国，不仅是东亚贸易体系的中心，而且在整个世界经济中即使不是中心，也占据支配地位。"②天下一统、四海归心一直是历朝历代的追求，大一统的思想也一直为人民所接受。早期的中华民族在战争与分裂中逐步形成汉族与其他各少数民族的融合，文化交流逐步加深，让统一的民

---

① 中共中央宣传部：《习近平总书记系列重要讲话读本（2016年版）》，学习出版社、人民出版社2016年版，第10页。
② 人民论坛编：《大国治理：大智慧与大视野》，北京联合出版公司2015年版，第5页。

族不仅仅是国家版图上追求的统一,更是各民族间认同感的整体认知的统一。政治上的统一、制度的不断完善,为中华民族伟大复兴奠定了坚实基础。在近代中国历史中,无数仁人志士为了中华民族的伟大复兴前赴后继。但是,农民阶级、资产阶级改良派和革命派都没能承担起领导中国民主革命的重任。历史最后选择了中国共产党。在新民主主义革命时期、社会主义革命和建设时期、改革开放和社会主义现代化建设新时期,党带领广大人民群众顽强拼搏、接续奋斗,迎来了救国、兴国和强国三件大事,从根本上改变了中华民族和中国人民的前途命运,为中华民族伟大复兴谱写了光辉篇章。"救国是实现中华民族伟大复兴的根本前提,中国人民奋勇救国的波澜壮阔的历程结束了旧中国半殖民地半封建社会的命运,实现了中国从几千年封建专制政治向人民民主的伟大飞跃;兴国是实现中华民族伟大复兴的重要基础,为当代中国进一步发展奠定根本政治前提和制度基础,实现了中华民族由近代不断衰落到根本扭转命运、持续走向繁荣富强的伟大飞跃;强国是实现中华民族伟大复兴迎来光明前景,开辟中国特色社会主义道路,确立中国特色社会主义制度,实现了中国人民从站起来、富起来到强起来的伟大飞跃。"①

历史和实践一再证明,实现中华民族伟大复兴是中国人民的不懈追求。其过程虽经历了曲折,但最终迎来了中国崛起的新时代。新时代中国的崛起,从一个人口大国到综合国力强国的转型,以和平的方式实现了国家的崛起,深刻改变了中国社会,也同样影响了世界。中国经济实力的显著上升,成为世界第二大经济体,但国家振兴不仅是经济实力的提高,更是民族自信的提升、国家软实力的提升。新时代的中国建设不仅是国家的独立与繁荣,更是实现国家在世界舞台上的强大。正如习近平总书记所言,"实现中华民族伟大复兴,就是中华民族近代以来最伟大的梦想。这个梦想的实现凝聚了几代中国人的夙愿,体现了中华民族的整体利益,是每一个中华儿女的共同期盼。"②

(二)复兴之梦在现实中不断前行

中华民族的伟大复兴中国梦是对广大人民群众追求美好幸福生活的现实反

---

① 曲青山:《实现中华民族伟大复兴是近代以来中华民族最伟大的梦想》,载《党的十九大报告辅导读本》,人民出版社2017年版,第141—142页。
②《习近平谈治国理政》,外文出版社2014年版,第36页。

映。从国内发展来说,改革开放和社会主义现代化建设取得显著成就,同时,也面临一些困难和挑战。正如党的十九大报告指出:发展不平衡不充分的一些突出问题尚未解决,发展质量和效益还不高,创新能力不够强,实体经济水平有待提高,生态环境保护任重道远;民生领域还有不少短板,脱贫攻坚任务艰巨,城乡区域发展和收入分配差距依然较大,群众在就业、教育、医疗、居住、养老等方面面临不少难题;社会文明水平尚需提高;社会矛盾和问题交织叠加,全面依法治国任务依然繁重,国家治理体系和治理能力有待加强;一些改革部署和重大政策措施需要进一步落实;党的建设方面还存在不少薄弱环节。社会主要矛盾已经发生转变,逐渐转变为人民日益增长的美好生活需要和不平衡不充分的发展之间的矛盾。新的矛盾不仅说明我国生产力不足、经济总量不大,同时也表明中国尚处于社会主义初级阶段。这就意味着,进入新时代,更需要实现中华民族伟大复兴。发展是解决所有问题的钥匙。国内问题需要着力解决,需要民族复兴来解决,通过全国各族人民的团结一致、勠力同心,奋力实现中华民族的伟大复兴,全面建成小康社会,全面建设社会主义现代化强国。

就国际形势而言,应对错综复杂的国际形势同样必须推动中华民族伟大复兴。全球化的发展,使中国在分享人类命运共同体发展成果的同时也面临来自西方的挑战,如何在挑战中扬长避短,利用有利条件,规避不利因素,赢得发展的新机遇?此外,世界市场的逐渐形成,全球信息网络的普及,文化的相互交流与冲突,各国联系的加深,对国家安全带来的挑战等也都是值得思考的问题。"世界处于大变革大调整时期,和平与发展仍然是时代主题,但同时世界面临不稳定性突出,世界经济增长动能不足,贫富分化日益严重,地区热点问题此起彼伏,恐怖主义、网络安全、重大传染性疾病、气候变化等非传统安全威胁持续蔓延,人类面临许多共同挑战。"[①]处于国际环境中的中国同样不能避免,国际形势的变化对于中国提出了更高的挑战。应对这些挑战,必须奋力实现中华民族伟大复兴,继而以新的姿态屹立于世界民族之林。

二、今天比任何时候都更接近中华民族伟大复兴

在党的十九大报告中,习近平总书记指出,现在,我们比历史上任何时期都更

[①] 习近平:《决胜全面建成小康社会 夺取新时代中国特色社会主义伟大胜利》,人民出版社2017年版,第58页。

接近中华民族伟大复兴的目标,比历史上任何时期都更有信心、有能力实现这个目标。中华民族充满自信,日益走近世界舞台中央,迎来了实现伟大复兴的光明前景。

党的十八大以来的五年,是砥砺奋进的五年,也是党和国家发展进程中很不平凡的五年。"面对世界经济复苏乏力、局部冲突和动荡频发、全球性问题加剧的外部环境,面对我国经济发展进入新常态等一系列深刻变化,我们坚持稳中求进工作总基调,迎难而上,开拓进取,取得了改革开放和社会主义现代化建设的历史性成就。"①无论是从哪个方面看,"五年来的成就是全方位的、开创性的,五年来的变革是深层次的、根本性的。五年来,我们党以巨大的政治勇气和强烈的责任担当,提出一系列新理念新思想新战略,出台一系列重大方针政策,推出一系列重大举措,推进一系列重大工作,解决了许多长期想解决而没有解决的难题,办成了许多过去想办而没有办成的大事,推动党和国家事业发生历史性变革。这些历史性变革,对党和国家事业发展具有重大而深远的影响。"②可以说,这些变革和成就,其力度之大、范围之广、效果之显著、影响之深远,在党和国家历史上都是开创性的,真正推动久经磨难的中华民族迎来了从站起来、富起来到强起来的伟大飞跃,为新时代实现中华民族伟大复兴奠定了稳固基础。

全面深化改革为实现中华民族伟大复兴提供了充足动力。"物不因不生,不革不成。"马克思主义唯物史观认为,生产力与生产关系、经济基础与上层建筑之间的矛盾运动,决定着社会性质的变化和经济社会发展水平。当生产关系不适应生产力的时候,必然引起变革和调整。中国共产党在40年前开启的改革开放,就是着眼于调整和变革不适应社会主义生产力发展要求的生产关系。事实证明,中国人民在党的领导下进行的这场伟大革命,已经成为决定当代中国命运的关键一招,也是实现"两个一百年"奋斗目标、实现中华民族伟大复兴的关键一招,并成为40年来中国社会发展的主旋律。习近平总书记明确指出,我们党靠什么来振奋民心、统一思想、凝聚力量?靠什么来激发全体人民的创造精神和创造活力?靠什

---

① 习近平:《决胜全面建成小康社会　夺取新时代中国特色社会主义伟大胜利》,人民出版社2017年版,第2页。
② 习近平:《决胜全面建成小康社会　夺取新时代中国特色社会主义伟大胜利》,人民出版社2017年版,第8页。

么来实现我国经济社会快速发展、在与资本主义竞争中赢得比较优势？靠的就是改革开放。这也是党的十八大以来以习近平同志为核心的党中央奋力推进、着力深化各领域改革的重要原因。全面深化改革激发了各领域、各战线、各群体的积极性，其深度、力度和广度都是过去一段时间所不能比拟的。在这个过程中，中国共产党以强烈的历史担当精神，带领广大人民群众既"摸着石头过河"，又注重思想解放、加强顶层设计，不断研究新情况、解决新问题、总结新经验，使社会主义在中国大地上焕发出蓬勃的生机与旺盛的活力。一些顽疾得到逐渐清除、体制障碍得到破解、思想共识逐渐形成，各方面事业发展呈蒸蒸日上的良好态势。这段波澜壮阔的历程表明，只有社会主义才能救中国，只有改革才能推动中国特色社会主义事业继续前进，才能助力实现中华民族伟大复兴。

中国精神为实现中华民族伟大复兴注入了更大正能量。人是需要一点精神的，一个民族同样如此，也离不开精神支撑。正所谓，"志不强者智不达"，中国的发展离不开强大的精神力量。对于个人来说，精神解决的是理想与现实的矛盾问题，给予其生存奋斗的力量；对于一个国家来说同样如此，追求和实现宏伟的中华民族伟大复兴，必然呼唤中国精神，培育中国精神。作为一种重大力量，中国精神来源于中国特色社会主义实践，并反作用于实践，影响着人的行为与活动。中华民族伟大复兴之路具有强大的精神基础，同时也需要拥有强大的精神力量。在中国几千年文明中，爱国、改革创新、奋力拼搏等精神，已融入中华儿女的血脉中并不断赓续。这些中国精神一旦形成便具备相对稳定性，但也不是永恒不变的。它会随着社会实践的不断变化，得到扩充。比如，长征精神、西北坡精神、"两弹一星"精神、抗震救灾精神、载人航天精神，等等。这些精神在当代仍然闪耀着智慧的光芒，支撑和推动着国家建设事业的发展，使中华民族以昂扬的精神面貌迎接民族复兴的到来。历史和实践证明，中国精神对内同腐朽、落后势力斗争，对外抵抗侵略，艰苦卓绝，不懈奋斗，一步步推进中华民族伟大复兴。

对于实现中华民族伟大复兴而言，最重要的力量是党的坚强领导。在中国，东西南北中，党是领导一切的。没有什么比党还大的力量。历史和实践证明，中国共产党的领导，是中国人民和中华民族的幸福所系。实现中华民族伟大复兴，同样需要党的领导，而且需要不断提高党的领导力和战斗力。党的十八大以来，以习近平同志为核心的党中央通过一系列举措，特别是针对一段时间里存在的腐败现象,以及党的领导被忽视、淡化、弱化的状况,果敢提出全面从严治党,并通过改革完善党的领导体制机制,全力增强党团结带领人民应对重大挑战、抵御重大风险、克服重大阻力、解决重大矛盾的能力。强有力的举措,使长期存在的严重隐患得以逐渐清除,党的战斗力和凝聚力更加凸显,为党和国家事业发展提供了坚强政治保证。党的执政能力得到显著提高和明显增强,必然为中华民族伟大复兴奠定坚实基础。

三、以坚定的制度自信奋力实现"中国梦"

全国各族人民一定要增强对中国特色社会主义的理论自信、道路自信、制度自信、文化自信坚定不移沿着正确的中国道路奋勇前进。这为坚持和发展中国特色社会主义、努力实现中华民族伟大复兴中国梦指明了方向。坚持中国特色社会主义根本制度和基本制度,确保实现"中国梦"的方向不会偏离;坚定中国特色社会主义制度自信,能引导广大人民群众坚定实现"中国梦"的理想信念;坚持中国共产党的领导,为实现"中国梦"提供坚强保障。

(一)坚定的制度自信为实现中国梦指明前进方向

坚持中国特色社会主义制度自信,就是坚持中国特色社会主义根本制度和基本制度,作为国家治理根本的中国特色社会主义制度,具体表现为人民代表大会制度的根本政治制度,中国共产党领导的多党合作制度和政治协商制度、民族区域自治制度以及基层群众自治制度等基本政治制度,中国特色社会主义法律体系,公有制为主体、多种所有制经济共同发展的基本经济制度,以及建立在这些制度基础上的经济体制、政治体制、文化体制、社会体制等各项具体制度。①坚持中国特色社会主义制度是实现中国梦的重要保障。在中国发展进程中,中国特色社会主义制度实现了国家的繁荣富强,实现了民族振兴,在国家经济、政治、文化等各个领域都取得了显著成就。即使面对全球化带来的不利影响,中国特色社会主义制度也指引人民化险为夷,承受了各种考验。

"中国特色社会主义制度是当代中国发展进步的根本制度保障,是具有鲜明中国特色、明显制度优势、强大自我完善能力的先进制度。这一制度体现在经济、

---

① 参见浦兴祖主编《当代中国政治制度》,复旦大学出版社1999年版,前言,第1页。

政治、文化、社会、生态文明各个方面。"①当今世界发展存在不确定性,在面对世界其他国家政治发展中的各类问题时,中国特色社会主义制度的优越性逐渐显现。中国特色社会主义制度不仅对本国,而且对其他国家建设发展也都带来宝贵的经验和方法。中国特色社会主义道路是实现中国梦的必由之路,它不仅是基于中国实际国情的务实道路,更是追梦的道路。众所周知,当前人民追求经济的持续稳定增长,同样期待生态文明建设的完善,达到质量与效益的双重标准;追求国家治理深化改革,同样期待党政廉政建设巩固,实现政治发展的公开透明;追求科学技术的重大突破,同样期待教育医疗保障的贯彻落实,实现城乡区域的协调发展。新时代人民日益美好的生活需要,不仅在于解决衣食住行等温饱问题,还要满足人民群众日益增长的民主、法治、公平、正义、安全、环境等方面的要求。中国梦正是推动人的全面进步,社会的全面发展。中国特色社会主义制度为实现中国梦指明前进方向,确保中华民族伟大复兴的中国梦能顺利实现。实践证明,当前中国特色社会主义制度指引中国人民在中国特色社会主义道路上越走越自信。

(二) 坚定的制度自信为实现中国梦提供精神动力

坚定中国特色社会主义制度自信,就要发挥全体中国人民的力量和智慧,为"中国梦"提供强大的精神动力。中国作为一个人口大国,国家各项建设的实施都具有极大的挑战性,在国家发展建设中汇集人民的智慧和力量,可以克服任何困难,实现任何目标。这是实现中国梦的重要保障。

实现中国梦,对中国特色社会主义制度就要有坚定的自信。"世界上没有完全相同的政治制度模式,政治制度不能脱离特定社会政治条件和历史文化传统来抽象评判,不能定于一尊,不能生搬硬套外国政治制度模式。"②这就要使中国特色社会主义制度不成为僵化的、教条式的固定模式,而要不断与时俱进。制度自信,正是通过深化改革扩大开放、不断推进制度创新的制度自信。中华民族伟大复兴的中国梦,是整个民族发展中锲而不舍的追求,既要有实现梦想的决心与定力,也要有坚持中国特色社会主义制度坚定不移的自信。为了实现中国梦,制度自信必须得到一以贯之的坚持。进入新时代,以习近平同志为核心的党中央提出和深刻

---

① 中共中央宣传部:《习近平新时代中国特色社会主义思想三十讲》,学习出版社,2018年版,第24页。
② 习近平:《决胜全面建成小康社会 夺取新时代带中国特色社会主义伟大胜利》,人民出版社2017年版,第36页。

阐述了中华民族伟大复兴的中国梦,这是着眼于坚持和发展中国特色社会主义提出的重要战略思想。它已经成为激励中华儿女团结奋进、开辟未来的一面精神旗帜。

(三)坚定制度自信为实现中国梦提供坚强保障

中国共产党的领导是中国特色社会主义制度的最鲜明特质,这为实现中国梦提供了坚强保障。中国的国家发展始终坚持社会主义道路,其中,党的领导对于社会主义现代化国家建设具有重要意义,其重要性体现在方方面面。"要在幅员广大、民族结构多元的国家内保持内在的一体化,需要领导;要使十三亿人口的国家解除生存危机,实现温饱和平,需要领导;中国要快速经济与社会发展,迈向现代化,需要领导;要使人口巨大、资源有限的国家成为世界大国,实现民族复兴,需要领导;要保证中国在全球化的世界中,不惧风险,不惧压力,站稳脚跟,拥有一席之地,需要领导;中国要完成国家建设、建设经济繁荣、社会和谐、政治民主、文化厚实的国家,需要领导。"①中国共产党正是让中国现代化建设的伟大事业有了坚强的领导核心。作为执政党,中国共产党领导人民建设现代国家。在实践中,中国共产党用科学的理论武装头脑,用严格的法律准绳规范行为。历史和实践一再证明,在推动中华民族伟大复兴的征程中,中国共产党有着广泛的群众基础,能为中国梦的实现团结一切可以团结的力量,保持党和国家的活力,集中力量办大事、有效应对前进道路上的各种风险挑战。

中华民族伟大复兴的中国梦,需要中国特色社会主义制度来支撑和保障。正如习近平总书记指出:"我们要坚信,中国特色社会主义制度是当代中国发展进步的根本制度保障,是具有鲜明中国特色、明显制度优势、强大自我完善能力的先进制度。"中国特色社会主义制度既吸收了中国传统政治文化的精华和人类政治文明的有益成果,又克服了其中的弊病和不足。坚持中国特色社会主义制度能够保障中国人民在前进的道路上凝聚力量、攻坚克难,这就是我们的制度自信。可以想象,在不断推进中国特色社会主义实践的征程中,中国特色社会主义制度必定能为实现中国梦提供更系统完备、更成熟定型、更行之有效的制度保障。坚定中国特色社会主义制度自信,我们就一定能实现中华民族伟大复兴的梦想。

---

① 林尚立:《当代中国政治:基础与发展》,中国大百科全书出版社2016年版,第105—106页。

全面建成小康社会、加快推进社会主义现代化、实现中华民族伟大复兴，必须始终高举中国特色社会主义伟大旗帜，坚定不移坚持和发展中国特色社会主义，坚定对中国特色社会主义的道路自信、理论自信、制度自信、文化自信。中国特色社会主义是实践、理论、制度的紧密结合，中国特色社会主义道路是实现途径，中国特色社会主义理论体系是行动指南，中国特色社会主义制度是根本保障，中国特色社会主义文化是精神力量。进入新时代，国际国内环境发生深刻变化，人民的利益需求发生改变，对国家的治理体系与治理能力的现代化发展也提出了新的指标。社会主义现代化强国建设，需要坚持制度自信，需要认识中国特色社会主义制度的优越性，需要对中国道路充满信心，需要坚持走中国道路不动摇，在任何困难与诱惑面前不妥协，在任何挑战与挫折面前不退却。坚持制度自信，不仅仅要看到中国特色社会主义好的一面，还要意识到发展中的不足之处，推进政治、经济、文化等制度的不断完善，尽管目前我们在现代化发展中依然面临严峻复杂的问题，但是，只要我们坚持坚定的制度自信，不断修复完善中国特色社会主义制度，就一定能实现中国梦。

现代化强国建设，需要放眼国际。坚持制度自信不仅需要坚定不移地坚守自己的根和本，还需要吸收人类文明成果。因为，全球化的发展不仅体现在经济贸易的往来，而且也蕴含着合作共赢、相互借鉴。要善于从他国经验中汲取有益的营养成分，为我所用。在此基础上，立足于国家发展实际走出一条适合自己的发展道路。

现代化强国建设，需要体现大国担当。人类是一个命运共同体。全球的秩序与安全需要所有国家的配合与维护，国际问题的解决也同样需要每个国家的积极参与、协商合作。良好的国际环境可以实现共赢，可以让全体成员在和平环境中实现发展。曾经饱受战火的人类，需要安静地坐下来思考共同生活的家园，如何在彼此尊重中友好相处，共同发展。对于中国来说，坚定中国特色社会主义制度自信，需要构建中国话语权。而中国话语权的构建需要让国际社会看到中国的发展不仅对中国有利，而且会给世界其他国家带来机遇。打开国门，就要在行动上积极参与国际事务，接受国际友好往来，抓住新时代国家发展的机遇，推动中国走向世界，在中国的角度看世界，在世界的角度看中国。

主要参考文献

[1] 马克思恩格斯文集. 第1卷. 人民出版社,2009
[2] 马克思恩格斯文集. 第2卷. 人民出版社,2009
[3] 马克思恩格斯文集. 第3卷. 人民出版社,2009
[4] 马克思恩格斯文集. 第4卷. 人民出版社,2009
[5] 马克思恩格斯文集. 第9卷. 人民出版社,2009
[6] 马克思恩格斯全集. 第32卷. 人民出版社,1998
[7] 马克思恩格斯选集. 第3卷. 人民出版社,1995
[8] 列宁全集. 第12卷. 人民出版社,1987
[9] 列宁选集. 第2卷. 人民出版社,1995
[10] 列宁专题文集(论社会主义). 人民出版社,2009
[11] 毛泽东选集. 第4卷. 人民出版社,1991
[12] 邓小平文选. 第3卷. 人民出版社,1993
[13] [英]托马斯·莫尔. 乌托邦. 戴镏龄译. 商务印书馆,1982
[14] 马布利选集. 何清新译. 商务印书馆,1960
[15] 欧文选集. 第2卷. 柯象峰等译. 商务印书馆,1981
[16] 傅立叶选集. 第3卷. 汪耀三等译. 商务印书馆,1982
[17] 巴贝夫文选. 梅溪译. 商务印书馆,1962
[18] 圣西门选集. 第3卷. 董果良等译. 商务印书馆,1986
[19] 中共中央文献研究室编辑. 建国以来毛泽东文稿. 第6册. 中央文献出版社,1992
[20] 中共中央文献研究室编辑. 建国以来毛泽东文稿. 第10册. 中央文献出版社,1996
[21] 中共中央文献研究室编辑. 邓小平年谱(1975—1997)(上)(下). 中央出版社,2004
[22] 中共中央文献研究室编辑. 建国以来重要文献选编. 第1册. 中央文献出版社,1992
[23] 中共中央文献研究室. 江泽民论有中国特色社会主义(专题摘编). 中央文献出版社,2002

［24］中共中央文献研究室编.习近平总书记重要讲话文章选编.中央文献出版社,2016

［25］习近平谈治国理政.外文出版社,2014

［26］中共中央宣传部.习近平新时代中国特色社会主义思想三十讲.学习出版社,2018

［27］中共中央宣传部.习近平总书记系列重要讲话读本(2016年版).学习出版社、人民出版社,2016

［28］十八大以来重要文献选编.中央文献出版社,2014

［29］世界社会主义五百年.学习出版社,2014

［30］中国特色社会主义读本.学习出版社,2013

［31］顾海良.马克思主义发展史.中国人民大学出版社,2013

［32］童星.科学社会主义的理论与实践.南京大学出版社,2006

［33］胡乔木.胡乔木回忆毛泽东.人民出版社,2003

［34］师哲口述,李海文著.在历史巨人身边——师哲回忆录(修订本).中央文献出版社,1995

［35］顾龙生编著.毛泽东经济年谱.中共中央党校出版社,1993

［36］肖贵清.制度自信——中国特色社会主义制度研究.高等教育出版社,2017

［37］杨学龙.中国特色社会主义制度自信研究.人民出版社,2018

［38］徐鸿武,李敬德,朱峻峰.制度自信.社会科学文献出版社,2016

［39］马福运,徐贵相.制度自信:风景为何这边独好.北京联合出版公司,2014

［40］玛雅.制度自信——一个其他模式选择的存在与成功.外文出版社,2015

［41］鲁鹏.制度与发展的关系研究.人民出版社,2002

后 记

为进一步帮助干部群众深刻理解和坚定中国特色社会主义"四个自信"的理论内涵和实践要求，不断将学习贯彻习近平新时代中国特色社会主义思想和党的十九大精神引向深入，中共江苏省委宣传部组织有关专家和实际工作部门的同志，编撰了四卷本"中国特色社会主义'四个自信'研究丛书"。中共江苏省委常委、宣传部部长王燕文同志担任丛书编委会主任，对书稿写作的总体思路、基本原则和内容架构等提出指导性意见。省委宣传部副部长赵金松具体组织编撰工作。

本卷由夏锦文主编。夏锦文同志主持本卷编撰工作，负责提出编写思路和大纲结构，并最后审稿、统稿。具体章节的写作分工如下：导论，夏锦文；第一章，束锦；第二章，孙肖远；第三章、第七章，刘勇；第四章，周建超；第五章，孟宪平；第六章，章寿荣、钱宁峰；第八章，王永贵；第九章，陈朋；结语，夏锦文、陈朋。本卷在提纲拟定和修改完善过程中，得到了张首映、郭广银、李向军、李菱、王庆五等多位理论名家和学者的具体指导。丛书还参考借鉴了有关专家的前期研究成果。省委宣传部理论处与江苏人民出版社承担了具体组织协调和编辑出版工作。在此，一并致谢。

编 者

2018 年 12 月

图书在版编目(CIP)数据

制度自信 / 夏锦文主编. —— 南京：江苏人民出版社，2018.12
（中国特色社会主义"四个自信"研究丛书）
ISBN 978-7-214-23185-7

Ⅰ.①制… Ⅱ.①夏… Ⅲ.①中国特色社会主义—社会主义制度—研究 Ⅳ.①D621

中国版本图书馆CIP数据核字(2018)第301849号

书　　　名	中国特色社会主义"四个自信"研究丛书·制度自信
主　　　编	夏锦文
责 任 编 辑	陈　颖
责 任 校 对	王　溪
装 帧 设 计	赵春明
责 任 监 制	王列丹
出 版 发 行	江苏人民出版社
出版社地址	南京市湖南路1号A楼,邮编:210009
出版社网址	http://www.jspph.com
照　　　排	江苏凤凰制版有限公司
印　　　刷	南通印刷总厂有限公司
开　　　本	718毫米×1000毫米　1/16
印　　　张	24.5　插页2
字　　　数	384千字
版　　　次	2018年12月第1版　2018年12月第1次印刷
标 准 书 号	ISBN 978-7-214-23185-7
定　　　价	65.00元

（江苏人民出版社图书凡印装错误可向承印厂调换）